丛书阅读指南

U0888522

章首导读
以言简意赅的语言表述本章介绍的主要内容。

教学视频
紧密结合光盘，列出本章有同步教学视频的操作案例。

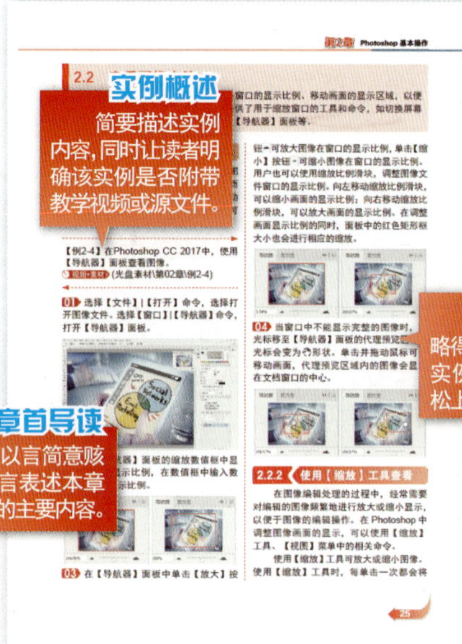

实例概述
简要描述实例内容，同时让读者明确该实例是否附带教学视频或源文件。

操作步骤
图文并茂，详略得当，让读者对实例操作过程轻松上手。

知识点滴
在文中加入大量的知识信息，或是本节知识的重点解析以及难点提示。

进阶技巧
讲述软件操作在实际应用中的技巧，让读者少走弯路、事半功倍。

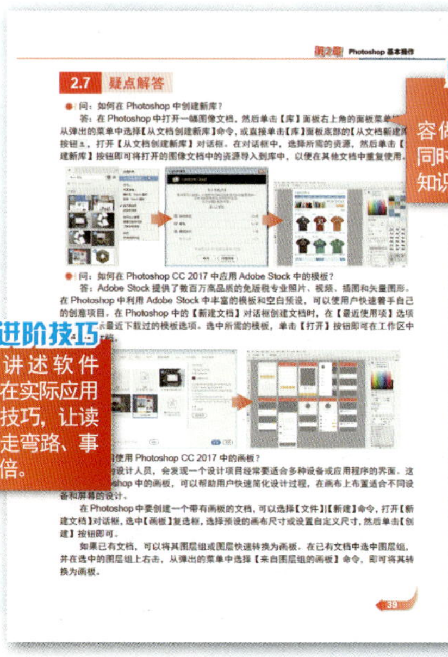

疑难解答
对本章内容做扩展补充，同时拓宽读者的知识面。

云视频教学平台

光盘附赠的云视频教学平台能够让读者轻松访问上百 GB 容量的免费教学视频学习资源库。该平台拥有海量的多媒体教学视频，让您轻松学习，无师自通！

图1

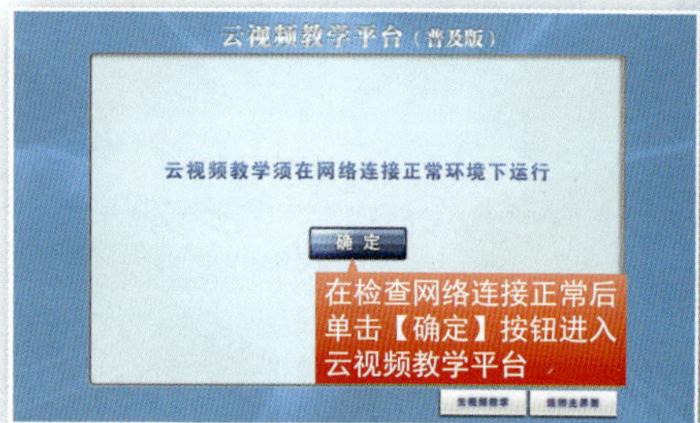

图2

图3

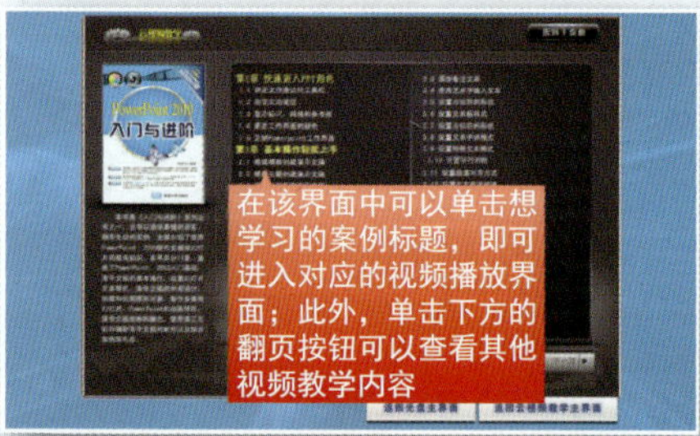

图4

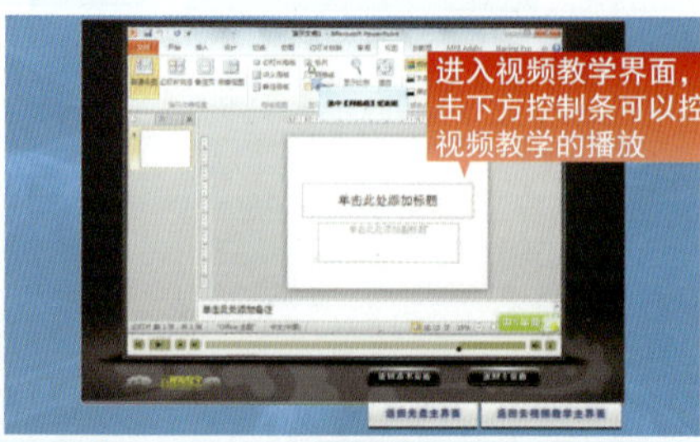

图5

光盘使用说明

光盘主要内容

本光盘为《入门与进阶》丛书的配套多媒体教学光盘，光盘中的内容包括 18 小时与图书内容同步的视频教学录像和相关素材文件。光盘采用真实详细的操作演示方式，详细讲解了电脑以及各种应用软件的使用方法和技巧。此外，本光盘附赠大量学习资料，其中包括多套与本书内容相关的多媒体教学演示视频。

光盘操作方法

将 DVD 光盘放入 DVD 光驱，几秒钟后光盘将自动运行。如果光盘没有自动运行，可双击桌面上的【我的电脑】或【计算机】图标，在打开的窗口中双击 DVD 光驱所在盘符，或者右击该盘符，在弹出的快捷菜单中选择【自动播放】命令，即可启动光盘进入多媒体互动教学光盘主界面。

1. 进入普通视频教学模式
2. 进入自动播放演示模式
3. 阅读本书内容介绍
4. 单击进入云视频教学界面
5. 打开赠送的学习资料文件夹
6. 打开素材文件夹
7. 退出光盘学习

光盘使用说明

普通视频教学模式

图1

光盘运行环境

- 赛扬 1.0GHz 以上 CPU
- 512MB 以上内存
- 500MB 以上硬盘空间
- Windows XP/Vista/7/8/10 操作系统
- 屏幕分辨率 1024×768 以上
- 8 倍速以上的 DVD 光驱

图2

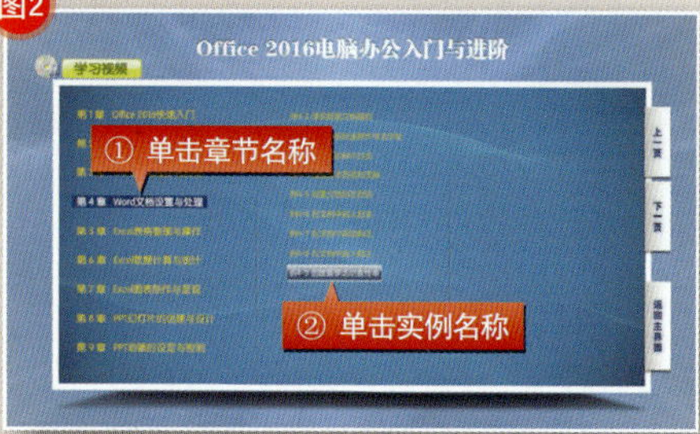

图3

自动播放演示模式

图1

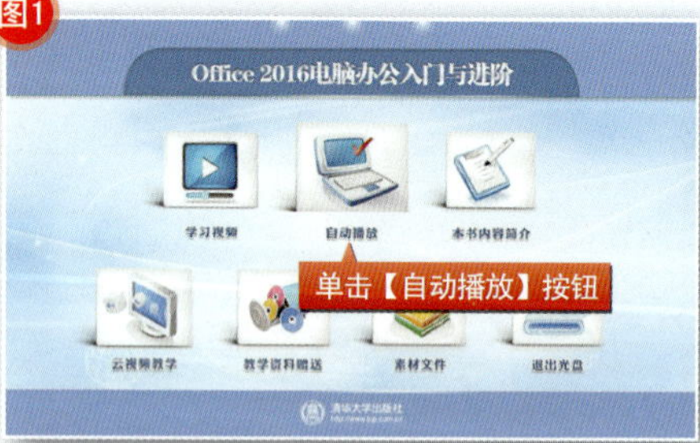

图2

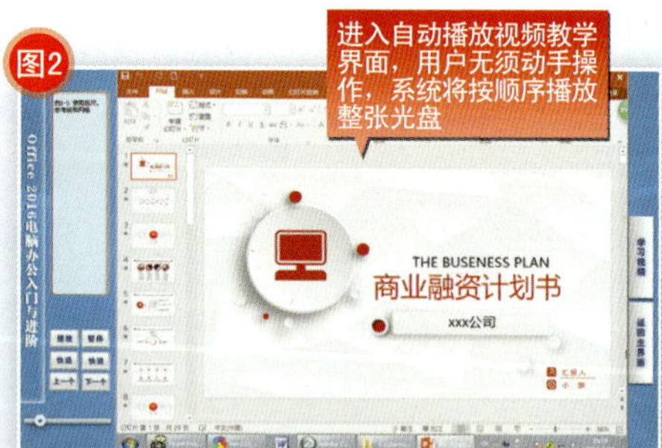

赠送的教学资料

图1

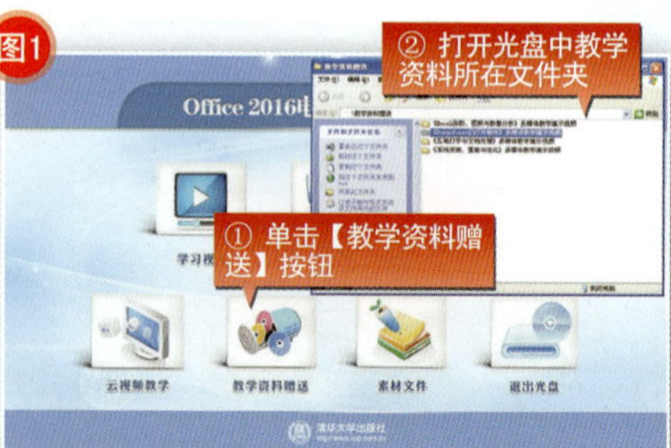

图2

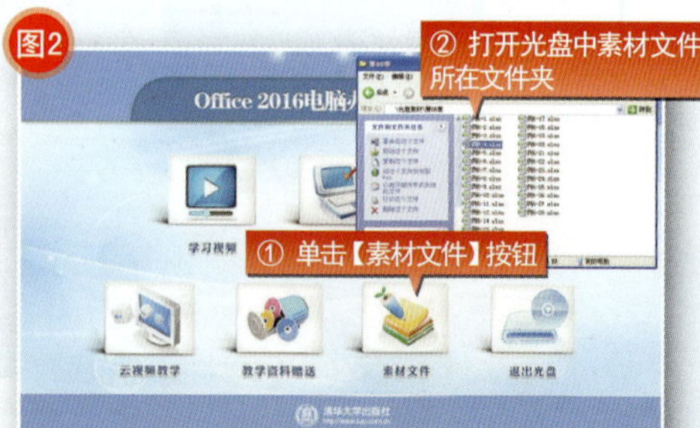

阿里巴巴主页

使用淘宝助理

添加宝贝分类

编辑宝贝详情页

使用卖家中心

使用千牛工作台

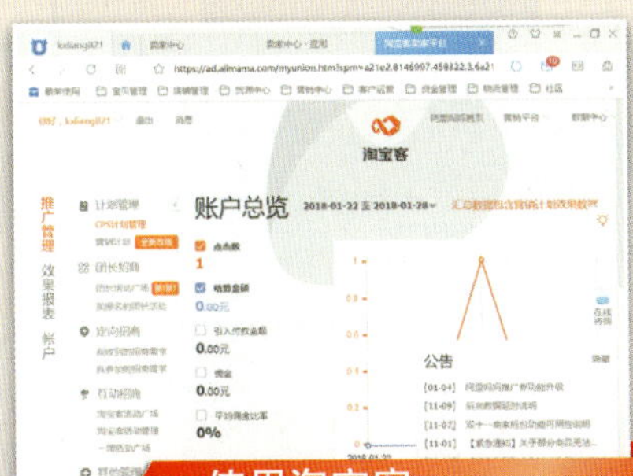

使用淘宝客

选择店铺模板

使用淘宝直通车

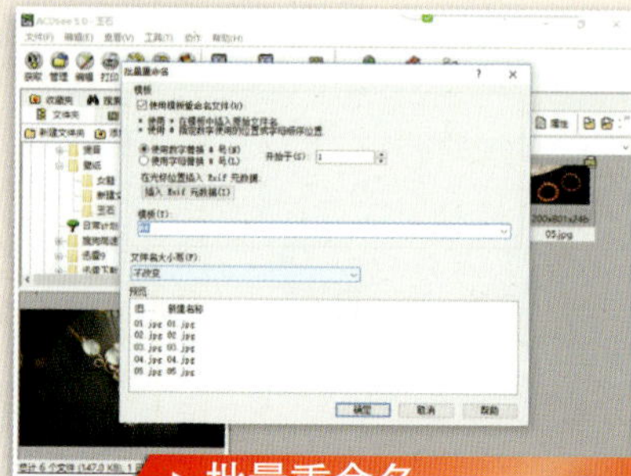

批量重命名

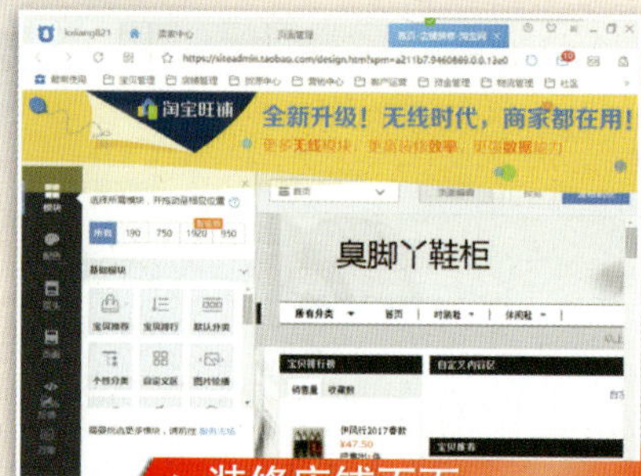

装修店铺页面

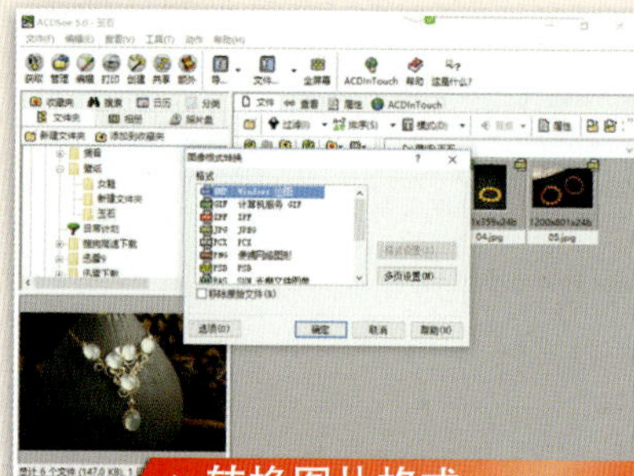

转换图片格式

在店铺里使用模块

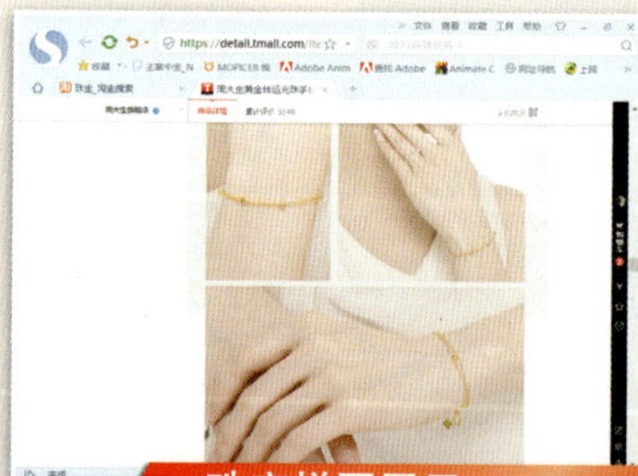

珠宝拼图展示

调整图片曝光

修复图片曝光不足

入门与进阶

淘宝开店做金冠

孔祥亮 ◎ 编著

清华大学出版社
北京

内容简介

本书是《入门与进阶》系列丛书之一。全书以通俗易懂的语言、翔实生动的实例，全面介绍在淘宝开店如何快速成为金冠卖家的相关知识。本书共分12章，涵盖的内容有：淘宝开店须知事项，轻松申请网店资格，寻找好货源的秘诀，轻松发布店铺宝贝，美化描述宝贝细节，精装修淘宝店铺，推广和营销淘宝店铺，沟通买家促成交易，完善客户售前售后服务，运营网店的其他工具，做好商品的包装和物流，塑造店铺品牌形象。

本书内容丰富，图文并茂。全书双栏紧排，全彩印刷，附赠的光盘中包含书中实例素材文件、18小时与图书内容同步的视频教学录像和3～5套与本书内容相关的多媒体教学视频，方便读者扩展学习。此外，光盘中附赠的"云视频教学平台"能够让读者轻松访问上百GB容量的免费教学视频学习资源库。

本书具有很强的实用性和可操作性，是面向广大电脑初中级用户、家庭电脑用户以及不同年龄阶段电脑爱好者的首选参考书。

图书在版编目(CIP)数据

淘宝开店做金冠 / 孔祥亮　编著．—北京：清华大学出版社，2019

(入门与进阶)

ISBN 978-7-302-50895-3

Ⅰ．①淘…　Ⅱ．①孔…　Ⅲ．①网店—网络营销　Ⅳ．①F713.365.2

中国版本图书馆CIP数据核字(2018)第190025号

责任编辑：胡辰浩　袁建华
封面设计：孔祥峰
版式设计：妙思品位
责任校对：牛艳敏
责任印制：李红英

出版发行：清华大学出版社
网　　址：http://www.tup.com.cn，http://www.wqbook.com
地　　址：北京清华大学学研大厦A座　　**邮　　编**：100084
社 总 机：010-62770175　　**邮　　购**：010-62786544
投稿与读者服务：010-62776969，c-service@tup.tsinghua.edu.cn
质 量 反 馈：010-62772015，zhiliang@tup.tsinghua.edu.cn
印 装 者：北京博海升彩色印刷有限公司
经　　销：全国新华书店
开　　本：150mm×215mm　　**插　页**：4　　**印　张**：16.75　　**字　数**：428千字
(附光盘1张)
版　　次：2019年1月第1版　　**印　次**：2019年1月第1次印刷
定　　价：68.00元

产品编号：062149-01

前言

熟练操作电脑已经成为当今社会不同年龄层次的人群必须掌握的一门技能。为使读者在短时间内轻松掌握电脑各方面应用的基本知识，并快速解决生活和工作中遇到的各种问题，清华大学出版社组织了一批教学精英和业内专家特别为电脑学习用户量身定制了这套《入门与进阶》系列丛书。

丛书、光盘和网络服务

双栏紧排，全彩印刷，图书内容量多实用 本丛书采用双栏紧排的格式，使图文排版紧凑实用。从而在有限的篇幅内为读者奉献更多的电脑知识和实战案例，让读者的学习效率达到事半功倍的效果。

结构合理，内容精炼，案例技巧轻松掌握 本丛书紧密结合自学的特点，由浅入深地安排章节内容，让读者能够一学就会、即学即用。书中的范例通过添加大量的“知识点滴”和“进阶技巧”的注释方式突出重要知识点，使读者轻松领悟每一个范例的精髓所在。

书盘结合，互动教学，操作起来十分方便 丛书附赠一张精心开发的多媒体教学光盘，其中包含18小时左右与图书内容同步的视频教学录像。光盘采用真实详细的操作演示方式，紧密结合书中的内容对各个知识点进行深入讲解。光盘界面注重人性化设计，读者只需要单击相应的按钮，即可方便地进入相关程序或执行相关操作。

免费赠品，素材丰富，量大超值实用性强 附赠光盘采用大容量DVD格式，收录书中实例视频、源文件以及3～5套与本书内容相关的多媒体教学视频。此外，光盘中附赠的云视频教学平台能够让读者轻松访问上百GB容量的免费教学视频学习资源库，在让读者学到更多电脑知识的同时真正做到物超所值。

在线服务，贴心周到，方便老师定制教案 本丛书精心创建的技术交流QQ群(101617400、2463548)为读者提供24小时便捷的在线交流服务和免费教学资源；便捷的教材专用通道(QQ：22800898)为老师量身定制实用的教学课件。

本书内容介绍

《淘宝开店做金冠》是这套丛书中的一本，该书从读者的学习兴趣和实际需求出发，合理安排知识结构，图文并茂，由浅入深、循序渐进地讲解在淘宝开店如何快速成为金冠卖家的相关知识。全书共分为12章，主要内容如下。

第1章：介绍在淘宝开店须知事项。

第2章：介绍申请网店资格的方法和技巧。

第3章：介绍寻找好货源的方法和技巧。

第4章：介绍发布店铺宝贝的方法和技巧。

第5章：介绍美化描述宝贝细节的方法和技巧。

第6章：介绍精装修淘宝店铺的方法和技巧。

第7章：介绍推广和营销淘宝店铺的方法。
第8章：介绍沟通买家促成交易的方法和技巧。
第9章：介绍完善客户售前售后服务的方法和技巧。
第10章：介绍运营网店的其他工具的使用方法。
第11章：介绍做好商品的包装和物流的方法和技巧。
第12章：介绍塑造店铺品牌形象的方法。

读者定位和售后服务

本书具有很强的实用性和可操作性，是面向广大电脑初中级用户、家庭电脑用户以及不同年龄阶段电脑爱好者的首选参考书。

如果您在阅读图书或使用电脑的过程中有疑惑或需要帮助，可以登录本丛书的信息支持网站(http://www.tupwk.com.cn/improve3)或通过E-mail(wkservice@vip.163.com)联系，本丛书的作者或技术人员会提供相应的技术支持。

除封面署名的作者外，参与本书编写的人员还有陈笑、杜思明、高娟妮、熊晓磊、曹汉鸣、何美英、陈宏波、潘洪荣、王燕、谢李君、李珍珍、王华健、柳松洋、陈彬、刘芸、高维杰、张素英、洪妍、方峻、邱培强、顾永湘、王璐、管兆昶、颜灵佳、曹晓松等。由于作者水平所限，本书难免有不足之处，欢迎广大读者批评指正。我们的邮箱是huchenhao@263.net，电话是010-62796045。

最后感谢您对本丛书的支持和信任，我们将再接再厉，继续为读者奉献更多更好的优秀图书，并祝愿您早日成为电脑应用高手！

《入门与进阶》丛书编委会
2018年6月

Contents 目录

第1章　淘宝开店须知事项

第2章　轻松申请网店资格

第3章　寻找好货源的秘诀

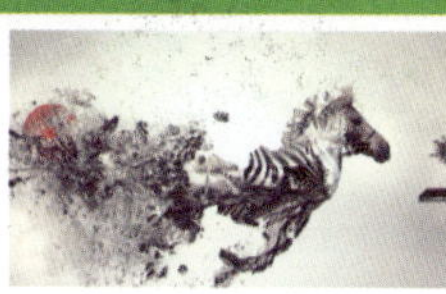

第4章 轻松发布店铺宝贝

第5章 美化描述宝贝细节

第6章 精装修淘宝店铺

第7章 推广和营销淘宝店铺

第8章 沟通买家促成交易

第9章 完善客户售前售后服务

第10章 运营网店的其他工具

第11章 做好商品的包装和物流

第12章 塑造店铺品牌形象

第1章 淘宝开店须知事项

淘宝网是目前国内最大的网络商圈，要想通过淘宝网创业，拥有一间淘宝店铺是必不可少的。在淘宝网开店并不难，本章将介绍筹划准备网店的一些基本常识。

对应光盘视频

例1-1 在淘宝网中打开各类应用界面

1.1 开店前的准备

在淘宝网开店前，先来认识一下什么是淘宝网，为什么要在淘宝网开店，网店的经营模式有哪些，以及淘宝的各项规则。了解了这些基本知识才不至于在开店时一头雾水，手忙脚乱。

1.1.1 了解淘宝网和网店

淘宝网成立于2003年5月10日，由阿里巴巴集团投资创办。

淘宝网是中国深受欢迎的网购零售平台，拥有近5亿的注册用户，每天有超过6000万的固定访客，同时每天的在线商品数已经超过了8亿件，平均每分钟售出4.8万件商品。

淘宝网目前业务跨越C2C(Consumer to Consumer，即消费者对消费者)和B2C(Business-to-Consumer，即商家对消费者)两大部分。商品数目众多，分类齐全，大到汽车、家电，小到服装、饰品一应俱全。根据国内著名互联网分析机构艾瑞咨询调查显示，淘宝网占据国内电子商务80%以上的市场份额。

淘宝网提倡让用户真正从网上交易中获得利益，培养更多、更忠实的网上交易者的理念，并倡导诚信、活泼、高效的网络交易文化，坚持“宝可不淘，信不能弃”。2008年，淘宝网和中国最大的网络广告交易平台阿里巴巴合并，使得淘宝网成为广大网民网上创业和以商会友的首选。

在淘宝网上开店是互联网时代背景下诞生的一种新兴商业模式，利用网络丰富的信息资源和广泛、迅速的传播性，可以为商品寻找更多买家。

1.1.2 开网店的优势

淘宝网店与常见的实体店铺相比具有以下几个优势。

1 投资风险较小

建立网络店铺的成本相比于实体店铺要少很多，许多网上交易平台都为卖家提供租金较低的网络店铺，有些甚至免费提供网络店铺；建立网络店铺的卖家可以根据买家的订单去进货，不会因为积压货物而占用大量的资金；网络店铺的经营活动主要是通过网络进行的，基本不需要房租、人工工资、管理费等方面的支出。

2 经营方式灵活

网络店铺的经营活动是借助互联网进行的，经营者可以根据个人情况全职经营或兼职经营。网络店铺的营业时间也比较灵活，只要可以及时对消费者的咨询给予回复就不会影响经营。开设网络店铺不需要像实体店铺那样必须经过严格的注册登记手续。网络店铺在销售商品之前甚至可以不需要存货或者只需要少量存货，因此可以随时转换经营项目，进退自如。

3 限制因素少

实体店铺的经营常会受到营业时间、营业地点、营业面积等因素的影响，而网络店铺不受这些因素的限制。只要服务器不出问题，网上店铺可以24小时、365天不停地运作，没有专人值守，都可照常营业。买家可以在任何时间登录网络店铺进行购物。

由于网络店铺基本不受经营地点的限制，消费者群体也来自网络，因此，网络店铺的卖家甚至足不出户即可经营网店。网店的商品库存量也不会被店面面积限制，只要商家愿意，网络店铺中可以摆放成百上千种商品。

4 消费市场巨大

网络店铺在互联网上开设，上网的人群都可能成为网络店铺中商品的浏览者与购买者。消费者的范围可以是全国的网民甚至全球的网民。只要网络店铺的商品有特色，宣传得当、价格合理、经营得法，每天将会有相当数量的访问流量，从而极大地增加销售机会，取得良好的销售收入。

5 宣传推广费用低

对于开设实体店铺的商家来说，一般需要在广告方面付出大量的资金，对店铺进行宣传包装，以吸引消费者。而网络店铺宣传的费用则低廉很多，少量的费用就可以吸引大量的网上购物人群。例如，在淘宝网中进行宣传时，商家只需要少量的费用，就可以让自己的商品成为某个搜索关键字中排名靠前的商品，从而吸引大量的网上消费者浏览该商品。

1.1.3 网店的经营模式

在了解网络交易平台后，用户应该根据自身的实际情况，选择一种适合自己的淘宝网店经营方式。一般情况下，网络经营商的经营方式主要有以下3种。

- 网店与实体店相结合：网店与实体店结合是网上店铺与开设的实体商铺相结合的经营方式。这类网店因为拥有实体店铺的支持，在商品的价位、销售的技巧方面都更有优势，也更容易取得消费者的认可与信任。一般的网络商城都是网店与实体店相结合的。
- 全职经营网店：经营者以网上店铺为获利的唯一来源，因此经营者将全部精力都投入到网站的经营上，将网上开店作为自己的全部工作。
- 兼职经营网店：经营者将经营网店作为自己的副业，经营网店只是为了增加收入(或作为一种爱好)。主要的经营人员以在校学生和时间比较宽裕的职场人员为主。

1.1.4 哪些人适合开网店

网上开店由于自身的各种优势，为一些想要创业，却又没有门路的人提供了一个很好的网络平台，但在开店前首先要根据实际情况，了解一下自己是否适合开设网店。很多群体都比较适合开设网店，本节主要归纳了以下几类。

1 小型企业管理者

对于小型企业来说，利用网络店铺来进行销售无疑是一种必然需要的选择。过去，名不见经传的中小型企业，要想把产品推广出去，送进大型商场非常困难，可如今网络店铺提供了广阔平台，解开了中小企业产品“销售难”的死结。不受地理位置、经营规模、项目等因素制约，只要上网就能资源共享，中小型企业同样可以与知名大品牌进行平等竞争，而且还可以开展以前想都不敢想的全球经营。

2 具有货源的小商户

如果有产品资源，现在需要更好地销售推广，就可以在网上开店，通过一次性投资，专业的推广，自己的产品马上就可以销售出去。在网上开店的一个必要因素就是货源，有货源的小商户在网上开店是一种很有眼光的选择。

3 长期在线的网络用户

对于长时间在线的人来说，开设网店也是不错的选择，每天照料好自己的店铺，就肯定会有一定的收获。

- 经常在网上活动，可以找到更多网上客户资源，可在客户服务上尽可能做到尽善尽美。
- 经常在网上活动，可学到更先进的技术，可以把自己的网上商店打理得更好；花费时间来照顾推广自己的网店是一件简单的事情。

4 自由职业者

不少自由职业者也很喜欢上网冲浪，他们开设网络店铺并不在意自己的东西能卖多少钱，而是希望那些平时逛街所觅来的东西同样会有人欣赏和喜爱，其目的是通过开店来充实生活，寻找一些志趣相投的朋友。因此这类人投资风险较小，还可以以此为契机，拓宽社会圈子，为今后的发展作铺垫。

5 在校大学生

大学生平时的学习生活比较清闲，对网络的应用得心应手，上网开店是很多大学生创业、社会实践的练兵场。

从大学生选择网店这条创业路，可以侧面证明，网上开店创业风险小。在网络店铺的开设初期，由于知名度低，生意量小，因此开网络店铺的第一步就是要让买家知道有这么一间店铺。卖家可以利用各种网络交流方式让买家找到店铺的链接，建立起知名度就迈出了创业的第一步。

6 公司白领

工作紧张而又有节奏的白领，白天工作是接触网络的，开一家自己的网上小店，也是一件非常有意义的事情。店铺虽小，但意义却不同，在这里可以体会自己做老板的感觉，在这里可以结识更多朋友，休息期间在网上上传自己买回来的新产品，那也是一种心灵寄托，也是一份事业，并且可以增加个人收入。

1.2 软硬件的准备

在对淘宝网和网上开店的基本常识有所了解后，如果你想踏踏实实地开一家网店，那么就要做一些必要的准备工作，主要包括心理准备和物质准备。

1.2.1 做好心理准备

网上开店具有以下优势：节省店面租金，启动、运营成本低，人流量大，区域覆盖率广，商品信息不受时空限制，传播速度快等。这些优势，促使成千上万的网民涌上网络平台开设店铺。

尽管网上开店前景无限好，但新开的店铺能够站稳脚跟并生存下来的并不多。很多卖家因为最初的几个月收益不理想就放弃努力了，甚至连自己的账号都懒得登录了。

之所以出现这种情况，是因为很多人开店时的心理准备不足，认为网上开店很简单，只要把商品发布上架，就可以坐着收钱了。其实不然，网上开店和网下开店一样，机遇与风险并存。要想成为一个成功的卖家，开店前的心理准备非常重要。

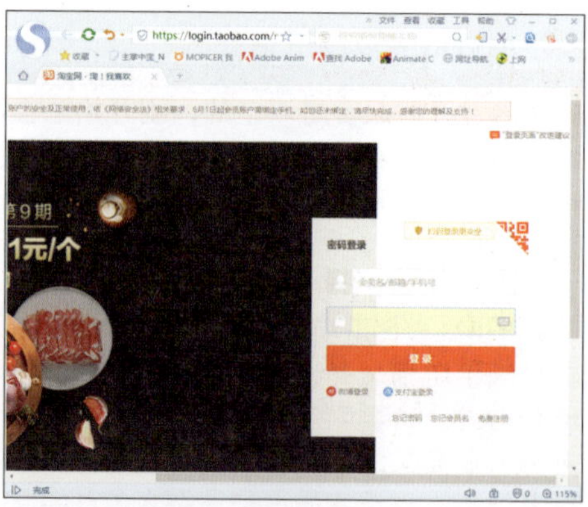

1 做好专心、用心的准备

开店的初期对于新手卖家来说比较辛苦，每天在没有信誉度的情况下，要不厌其烦地回应每位上门的顾客，才有可能获得一份利润微薄的交易订单。

另外，网店不同于实体店，网店只有通过文字、图片体现卖家的用心程度，以及对顾客的关注。顾客从这些细节中，看到了你的用心，并建立了信任感，才能不断提高小店的信誉和销售成绩。

2 保持快乐、积极的心态

要把经营网店当作一种快乐，让相隔遥远的买卖双方不再感到陌生。这样在网店交易时，才能让双方互相信任与理解。

如果卖家能时常保持一颗积极、快乐之心，在日常交易中多一份平和、多一份体谅，让顾客感到你的用心贴心，以及对其的尊重，还怕没有好评和回头客吗？

3 做好持之以恒的准备

网上开店起步是艰辛的，刚开始总会有这样那样的问题困扰卖家，哪一方面注意不到都会使浏览量上不去，从而导致销售量下降，最终影响店铺的生存状况。

这时需要卖家有恒心、耐心、信心和平常心，并付出比别人更多的努力。同时总结经验，吸取教训，每天进步一点点。这样坚持到底，就一定会获得成功。

4 保持不断进取的精神

网上创业与网下经商在许多方面有很多不同，面对每天不断更新的资讯，卖家只有不断地学习新知识，每天进步一点，不断吸取经验和教训，养成对新生事物的适应能力，才能生存下来。

5 坚持求胜的决心

因为网上创业门槛低，所以竞争越来越激烈。在淘宝网上，同样一款商品就可以找到成百上千的卖家，在这样激烈的竞争条件下，如果没有决心，只是等待商机，指望天上掉馅饼，那是不可能成功的。要想在网上创业成功，一定要下定决心，排除万难，做最后的胜利者。

1.2.2 准备必要硬件

网上开店虽然不需要租用店铺，但一些必要的硬件设备也是不可缺少的。

1 一台接入网络的电脑

网店的经营离不开计算机和网络，上传商品、与客户沟通、交易等一系列操作都需要在网络的支持下进行。

一台配置较好的电脑和畅通的网络都可以大大提高网店的经营效果。

另外，平板电脑对于一些想把网店做大做好的网店经营者来说是不错的选择。它便于携带，即使出门在外，只要能上网，就可以随时做生意。使用自行携带的电脑上网，一些账户资料就不容易泄露，网上开店的安全系数也可大大提高。

2 一部方便联系的电话

在网店的经营过程中，很多客户喜欢用电话与卖家直接取得联系，一方面是出于想更直接地从卖家口中对商品做一个了解，另一方面也是想确认卖家的真实性。因此，一个方便联系的电话就可以大大增加顾客对自己的信任感，更利于与客户沟通。此外，一些稍年长的消费者，由于打字速度较慢，对网上购物的流程和相关软件的使用并不十分适应，电话联系卖家的方式更适合他们。

3 用于为商品拍照的数码相机

网上开店所有的商品都是通过图片的形式向客户展示的。因此，在货物上架前，卖家需要使用数码相机对商品进行拍摄。一部好的数码相机可以拍出漂亮的商品图片，使买家对商品有更直观的了解，给买家留下深刻的印象，激发其购买欲望。

在选购数码相机时，不要盲目地认为价格贵的就一定能拍出好的照片，还是要根据自己的实际需要进行选择。

4 处理资料的传真机与打印机

在网店经营中，传真机一般用于收发同客户和货源供应商之间的合同和相关协议。打印机则主要用于打印文本资料和订单。通常情况下，在网店经营的初期，这两种设备的使用率不是很高。这两件设备主要针对一些网店规模较大和订单量较多的卖家。经营者可根据自己的实际情况和资金条件进行选择性配置。

1.2.3 准备必要软件

有了支持网上开店的硬件设备，还必须有软件支持，才能对网店进行有效的运作和管理。

1 网上交流软件

在网上开店，卖家需要使用一些聊天工具与买家进行交流、解答买家的疑问。在淘宝网开店，可以下载其自带的聊天软件阿里旺旺。它是淘宝网为淘宝用户量身定做的一款免费商务沟通软件，能帮助卖家轻松寻找客户，发布、管理商业信息，及时把握商机，随时洽谈生意。

此外，目前常用到的交流工具软件还有腾讯QQ、微信等。买家可以使用多种聊天软件，和不同类型的客户沟通，抓住更多的商机。

2 图片编辑软件

商品图片是网上开店很重要的一部分。仅用简单的数码相机拍摄不出精美图片，还达不到吸引眼球的视觉效果。

一款适用的图片编辑软件就可以成为卖家制作精美图片的得力助手。当然，这也需要卖家掌握一些运用图片编辑软件对图片进行修饰和美化的技能。目前常用的图片编辑软件有很多，其中主要有ACDSee、Photoshop、光影魔术手等。

以Photoshop软件为例，该软件作为平面设计编辑领域中的佼佼者，集图像编辑、图像合成、校色调色及特效制作等功能于一体，能充分满足买家对于网店图像处理和网店设计方面的需求，是一款功能较为强大、应用领域较宽的图片编辑软件。

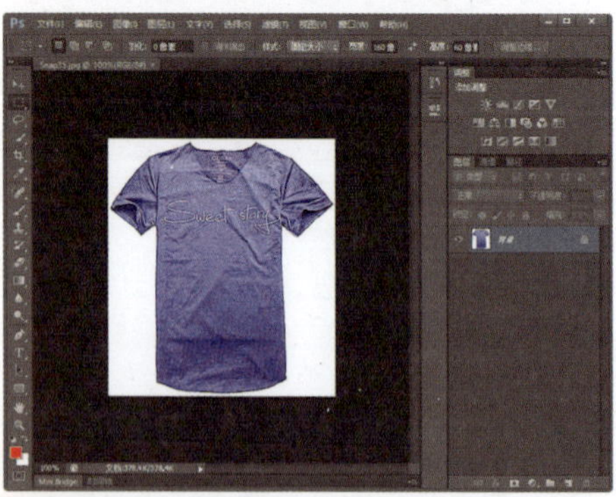

3 文字编辑软件

使用文字编辑软件可以编写一些交易合同和店铺宣传文案。Microsoft Office中的Word是最为常用的编辑软件，操作简单方便，学会Word基本的操作后，即可将其运用到网店的文字编写中。

4 其他各类应用软件

除了以上3种必要的软件外，还需要一些工具，例如一个符合自己使用习惯的浏览器，一个好用的计算器，一个方便上传宝贝的小工具等。

- 浏览器：除了IE浏览器以外，360浏览器、火狐浏览器和搜狗浏览器等都是非常符合用户使用习惯的浏览器，用户可根据自身习惯进行选择。

- 计算器：Windows操作系统自带有计算器附件，另外用户还可通过网络下载符合自己使用习惯的计算器软件。

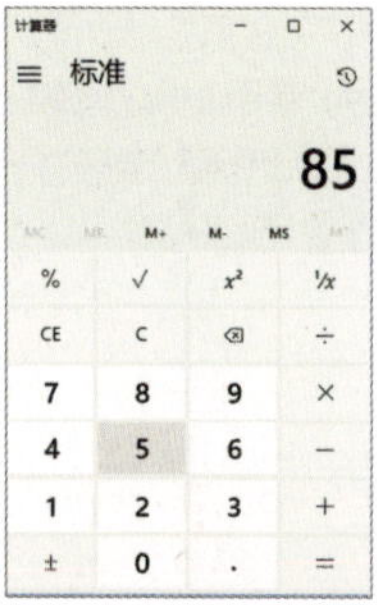

● 宝贝上传：在淘宝网，宝贝上传工具首选淘宝助理。

1.3 深入调研做好定位

开店前的调研是一个非常重要的环节，它关系着网店经营商品的选择和网店经营的方向。做好市场调研，充分了解了市场的需求，开店就能有正确的方向。

1.3.1 经营项目类型的定位

打开淘宝网的首页，可以看到淘宝店铺类型主要分为虚拟、服装、鞋包配饰、运动户外、珠宝手表、数码、家电、美容护发、母婴用品、家居建材、美食特产、日用百货、汽车、车品、文化玩乐、本地生活等几大类。用户应根据市场的需求、自身的特点和爱好等因素来确定经营的主项目类型。

1.3.2 店铺经营特色的定位

按照店铺的经营特色可将店铺分为跟风型店铺、差异型店铺和智力型店铺。

1 跟风型网店

每段时间内市场都会自发形成一些消费热点，跟风型网店主要经营时下比较畅销的商品。正因如此，这类网店的客源比较稳定，经营服装服饰、数码配件、美容用品等商品的店铺都属于跟风型店铺。由于此类店铺众多，竞争最激烈，而且利润也被其他卖家分摊，如果店铺缺乏个性或者价格优势不明显，就很容易被市场淘汰。

2 差异型网店

买家在选购商品时往往会倾向于选择有个性的商品，差异型网店就是针对这类顾客的。差异型网店销售的商品要么有地域特色，要么有民族特色，要么有个人特色，所以店铺拥有特定的顾客群体，客源能够保证。

3 智力型网店

智力型网店其实属于差异型店铺中的一种，店主根据市场的需求，将自己的脑力劳动转化为商品，在网店中销售。淘宝网中从事网店装修的店铺，就是典型的智力型网店。不仅为新开网店的卖家提供方便，也为拥有网页设计能力的卖家带来了商机。

1.3.3 面对客户的定位

如果网店的经营者能够将注意力集中在具体的几类客户的身上，也可以收获不小的影响力，实现店铺宣传效果最大化的目的。

1 讲原则的理智型买家

此类买家的特点是：个人原则性强、购买速度较快、确认付款快。

理智型的买家一般受教育程度较高，在网上购物有原则、有规律。他们通常是在生活中很负责任的人，所以自己买东西前也比较理智，大部分理智型买家在购物前会先研究自己要买的东西，逐一对比哪一种最适合自己，然后才选择购买。他们一般最关心商品本身的优缺点和自己是否需要。通常会本着对卖家负责的态度及时确认付款，并给予好评，而且会在好评里简单描述。

面对理智型买家时，卖家一定要做理性诉求。因为此类买家在购物前多数心中已有定论，所需要的只是卖家以自己的专业知识来分析产品的优势和劣势，从而帮助他们确定是否下决心付款购买。如果卖家强行向他们推销宣传，很容易引起这类买家的反感，而且如果无法以理性的态度处理问题，客户将认为卖家的专业知识不够，从而失去对店铺的信任。

另外，理性型买家通常会信守诺言，并同时会要求卖家也信守诺言，他们最重视的是卖家实事求是。

2 爱讲价的贪婪型买家

此类买家的特点是：讲价狠、爱挑剔、稍有不满意就会给店铺中评甚至差评。

淘宝网的文化是强调顾客至上，维护良好的网络购物环境，但在这个前提下，卖家们也需要擦亮眼睛来保护自己的利益。要想赚贪婪型买家的钱并不容易，因为首先这类买家永远抱着不相信卖家的初衷开始购物，购买时他们最关注商品的价格，其次才是质量；而到评价时往往以各种理由挑剔，或者以差评、中评相威胁来获取赔偿。

对贪婪型买家，如果店铺本身没有绝对自信的质量和服务优势，建议不要接下他们的生意。因为时间和人力对于网店经营而言都是成本，这样的买家，其贪婪往往没有底线，一味地满足他们的要求，店铺所耗费的精力要远远大于收益。如果一定要与他们进行交易，要注意保留旺旺聊天记录、照片、发货记录等证据。淘宝网是强调公平的平台，拥有证据能够说明一切。

3 看广告的冲动型买家

此类买家的特点是：不注重商品的质量和性能，但关注广告。

现在淘宝网上很大一部分的买家都是女性，女人的钱好赚，因为女人花钱太感性。女人自己也说："对，花钱可以带来快感。"其实有些男人也一样。有些买家在网上购物时容易被一时冲动的意识战胜理智，经常买一些用不着的东西，广告及旁人的意见会影响这些人的购物决定。这种买家在买东西时完全凭借一种无计划的、瞬间产生的强烈渴望，以直观感觉为主，新产品、新服务项目对这些人的吸引力较大，年轻的男性买家在这类买家中所占的比例很大。由于这一类的顾客一般对接触到的第一件合适的商品就想买下来，而不愿意反复做比较，因此他们能够很快做出购买决定。

另外，由于冲动型买家在网上选购商品时，容易受到商品外观质量和广告宣传的影响，所以毫无疑问，做好商品的描述和店铺的装修就成了重头戏(人所获取的信息量80%来源于视觉，就算不是冲动型的买家也喜欢逛漂亮的店铺)。

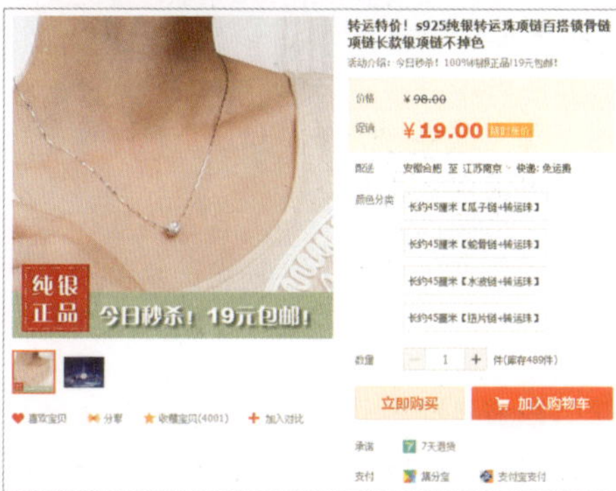

4 重评价的舆论型买家

此类买家的特点是：喜欢关注商品页面中其他买家对产品的评论。

舆论型买家有一个鲜明的特点，那就是他们喜欢猜测别人的想法。此类买家不仅关心商品本身，还关心有多少别的买家买了这款商品，关心别人对商品的看法。

舆论型买家非常在意周围人对商品的评价，他们的购买行为常常受到他人意见的左右。例如，在淘宝网上，以前标题带有“瑞丽”字样的衣服非常好卖，现在带有“女人我最大”宣传标志的化妆品十分抢手，都是这个道理。

淘宝网提供的一个功能，可以让人看见别的买家在看某件商品时还看过什么其他商品，就是根据买家的“从众”心理而研发的。

既然舆论型买家的购物决定容易受到外部的刺激，那么网店客服就应该用积极的态度，给予此类买家强有力的正面暗示。在遇到此类买家时，客服不仅可以把商品的功能、外界的广告宣传尽量展示，还可以把商品销售以来其他买家给出的好评展示出来。

另外，淘宝网还有“超级买家秀”功能，很多淘宝旺铺会专门把“超级买家秀”作为一个页面展示出来，都是为了增强买家的信心，从而促进店铺的生意。

5 难取信的谨慎型买家

此类买家的特点是：在购物时，凡事

总会想“可靠吗？”。

随着电子商务环境中交易可信度、物流配送和支付等方面的不断完善，越来越多的人加入到网络购物的队伍中。但是与线下的实体交易相比，网络交易还有很大的不确定性。淘宝网每天都会有很多新买家加入网上购物的行列中，他们中有些人对网络交易通常会表现得疑虑重重，从而谨慎地挑选商品，在最后付款阶段也通常拿不定主意。

对于这样的买家，如果是在线下的实体店购物，销售人员可以通过观察顾客的表情，有针对性地鼓励他们，给他们营造一种安全、亲切的氛围。但是在淘宝网上，由于买家看不到卖家的表情，这种传统的做法未必能够奏效。此时，就需要卖家们通过网络聊天，让买家从文字和图片中感受到自己的“笑脸”。卖家可以与买家一起寻求相互之间的共同点，首先让买家把自己当成朋友，从而排除他们的紧张情绪，尽量使他们放松下来，然后再通过中肯的介绍，向买家介绍店铺中的商品(注意不要夸大其词，否则会适得其反)。

另外，卖家还可以通过一些有力的证据向买家证明自己的实力。比如有的卖家把自己的进货单和实体发货单都拍照上传到网上。

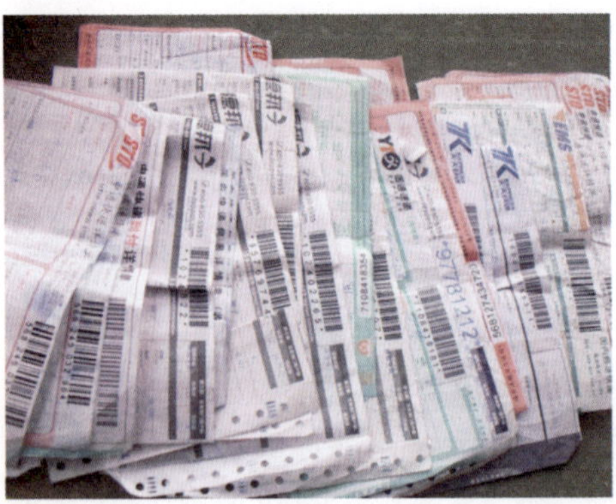

6 图方便的习惯型买家

此类买家的特点是：到了一定时间，会自动产生购物的习惯。

在淘宝网中有些商品有一定的独特性，会让特定群体的买家形成一定的思维定式，不断重复地购买。此类习惯型买家可以分为两种。

- 行为习惯型买家：有些网络游戏玩家在淘宝网购买游戏点卡是习惯性的，他们在第一次通过店铺购买点卡后，往往出于方便，会凭借自己以往的习惯和经验持续购买，这种购买习惯不容易受到他人的影响，并且一般很少与卖家进行沟通，交易过程也非常迅速。

- 情绪习惯型买家：在淘宝网很多店铺都有自己的“粉丝”，这些店铺大部分都提供“秒杀”活动。店铺有活动时，新货上架后很短的时间内就被“抢购”一空，其交易记录都以秒为时间间隔，其主要顾客就是以情绪型买家为主。

习惯型买家是所有网店梦寐以求的追求对象。对于此类买家，卖家们必须保持自己店铺产品的特性、品质及良好的服务，还必须经常了解客户购买和使用店铺商品的情况。

1.3.4 参考借鉴优秀网店

一个成功的网店都会经历从量变到质变的过程，优质的服务带来的口碑和回头率都是质变的保证。但在开店前要做好足够的心理准备，生意冷清时不能轻易放弃，应积极找出生意不好的原因，并谋求对策。抓住市场需求，经营得法，网店的交易量自然会逐步上升。交易量有了一定保证后，要总结经验，巩固已有的成果，争取更大的进步。

而对于新手卖家而言，向成功经营的店主借鉴开店经验，是提升交易量的捷径。在开店前，可以参考成功店主的以下经验：

- 力求做到专业化，熟练掌握店铺中各种商品的详细信息，能够对买家的提问给出专业的指导性建议。
- 经营有特色的商品，及时跟踪消费热点的变化，不断寻找新的店铺利润增长点，不断对店铺进行完善。
- 热心为每一位顾客服务，及时耐心地回复买家提出的问题，对于一些交易中的细节问题，如快递费用，一定要解释清楚，避免不必要的纠纷。即使最后没有达成交易，也会给买家留下一个好的印象，挽留住潜在的客户。
- 认真发布每一件商品，发布商品时，不要盗用其他店铺的描述和图片，要有详细的商品描述。要使用自己拍摄的商品实物照片，这样不但能给买家留下很好的印象，也在一定程度上减少了解答买家疑问的工作量。
- 买家通过支付宝付款后，卖家应及时发货，在发货前要对商品的质量进行检查，不能把与店铺描述不符的商品发给买家。选择信誉比较好的快递公司，保证商品的运输安全，如果因特殊情况延迟发货，应在第一时间通知买家。
- 与老客户保持联系，对老客户进行回访或当有新商品上架的时候通知买家，这都是很好的沟通方式。
- 增强自我保护意识，避免因网络欺诈造成损失。
- 要有吃苦耐劳和坚持不懈的精神，不断总结经验，提高自己的服务质量。及时更新店铺内的宝贝，使店铺时刻保持新鲜感，并充满活力。

1.4 熟悉淘宝的各类规则

为了使网络交易更加安全、可靠，给广大消费者营造一个健康、有序的购物环境，促使淘宝卖家规范经营，淘宝网制定了一系列交易规则。淘宝网的交易规则很多，这里仅对商品发布管理规则、信用评价规则以及投诉规则做简单介绍。

1.4.1 商品发布管理规则

淘宝卖家可以根据自己的意愿选择经营的商品类别，但必须遵循一定的商品发布规则。淘宝卖家在上传商品信息前，应了解关于禁止与限制发布的物品种类，并予以遵守。一旦淘宝网发现有任何违反本规则的物品信息，淘宝网有权立即予以删除，并保留给予相关用户警告、冻结直至终止其账户的权利。

如果卖家拥有完全相同和商品的重要属性完全相同的商品，淘宝网规定只允许使用一种出售方式(即从一口价、拍卖中选择一种)，发布一次。如果违反了以上规则，即可判定为重复发布，并将受到淘宝网的相关处罚；如果要发布不同的商品，必须在商品的标题、描述、图片等方面体现商品的不同，否则将被判定为重复铺货。

淘宝网将以下商品判定为违规商品：标题、图片、描述等不一致的商品(除虚拟商品和服务性质的商品外，其他商品以无图片形式发布)，发布缺乏必要要素的商品，发布必要要素相互不符的商品，商品信息中包含诽谤、谩骂、色情、暴力威胁等言语以及其他非商品信息等。

1.4.2 信用评价规则

淘宝网会员在使用支付宝服务成功完成一笔交易后，双方均有权对对方交易的情况进行评价，这个评价亦称为信用评价。

评价分为“好评”“中评”“差评”3类，根据不同的评价对应不同积分，具体为“好评”加一分，“中评”不加分，“差评”扣一分。

在交易中，作为卖家，其信用等级根据积分可分为20个等级。其中4~250分为红心等级，251~10000分为蓝钻等级，10001~500000分为蓝冠等级，500001分以上(含500001分)为皇冠等级。

每个自然月中，相同买家和卖家之间的评价计分不得超过6分(以淘宝订单创建的时间计算)。超出计分规则范围的评价将不计分。14天内相同买家、卖家之间就同一商品的多个好评只计1分，多个差评只记“-1”分。

店铺评分生效后，宝贝与描述相符、卖家的服务态度、卖家发货的速度3项指标将分别平均计入卖家的店铺评分中，物流公司服务评分不计入卖家的店铺评分中，但会计入物流平台中。

进阶技巧

买家的级别划分与卖家类似，根据积分将买家分为20个等级，积分越多，等级越高。

1.4.3 淘宝投诉规则

卖家在交易过程中如有违规出价、付款未发货、拒绝履行承诺的服务、网上描述不符、拒用支付宝、诱惑买家买货等行为，或有买家无故恶意评价等情况，可向淘宝网提供聊天记录等相关证据对对方进行投诉，淘宝网依据不同行为将给出不同的处理结果。在淘宝网中，买卖双方都要遵循基本的交易规则和道德规范，创造良好的网上市场交易环境。

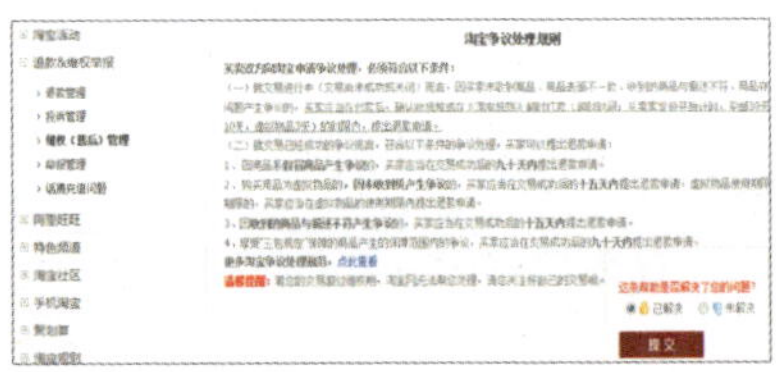

1.5 进阶实战

本章的进阶实战部分通过具体操作向读者介绍淘宝网的各种应用界面，帮助初次接触淘宝网的用户大致了解淘宝网的整体结构。

【例1-1】在淘宝网中打开各类应用界面。

视频

01 启动浏览器，在地址栏中输入网址：www.taobao.com，然后按下Enter键，打开淘宝网首页。

02 单击【请登录】链接，打开登录界面，输入用户名和密码，单击【登录】按钮即可登录淘宝网。

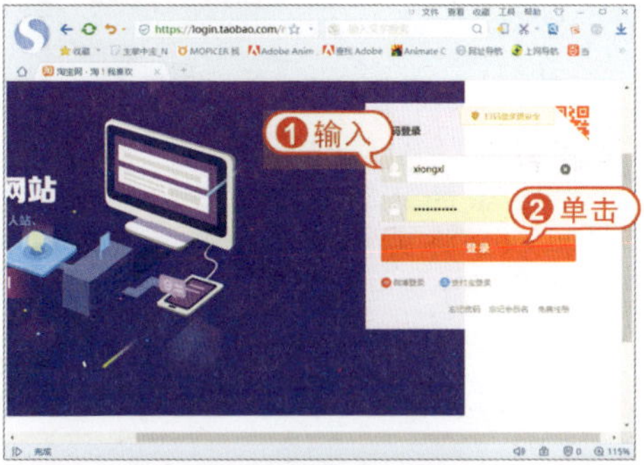

03 如果用户在淘宝网购买了宝贝，那么登录自己的账户后就可以查看自己购买的宝贝了。将鼠标指针悬浮在【我的淘宝】链接上方，然后选择【已买到的宝贝】链接，即可查看自己买到的宝贝。

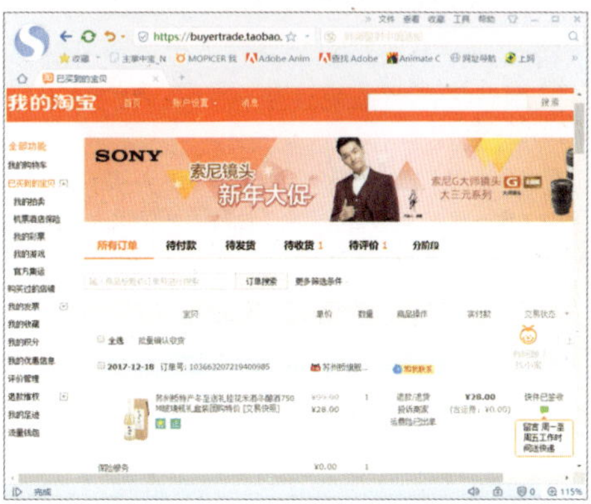

04 若用户是店主，那么可以在主界面中单击【卖家中心】链接，进入卖家中心。

05 在卖家中心界面左侧的导航栏中，用户可分别进入【已卖出的宝贝】【评价管理】等界面查看关于卖家的各种数据。

06 为了使用户能够方便地找到自己所需的内容，淘宝网提供了网站导航服务。在淘宝网主界面中单击【网站导航】链接，即可打开网站导航页面。在网站导航页面，用户可找到各类应用入口。

07 淘宝网为用户提供了各种买卖服务，在淘宝网主界面的左侧，可看到各类主题市场。

08 在主题市场同一栏里单击【天猫】超链接，可打开天猫商城(在天猫商城，用户可享受更多、更丰富的购物体验)。

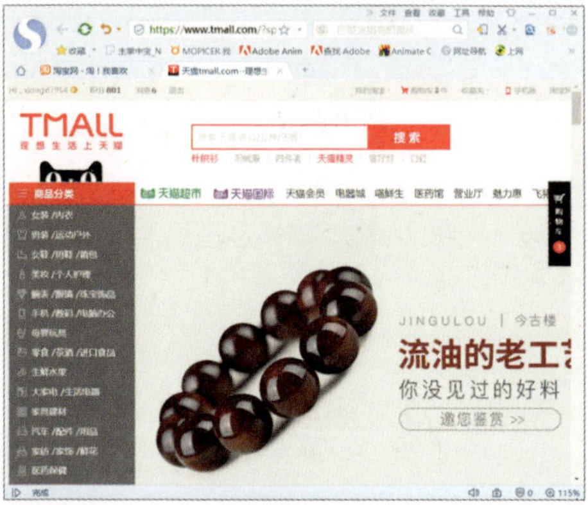

09 在淘宝网主页的最下端还包括其他一些功能和应用，包括消费者保障、新手上路、付款方式和淘宝特色等几大类。

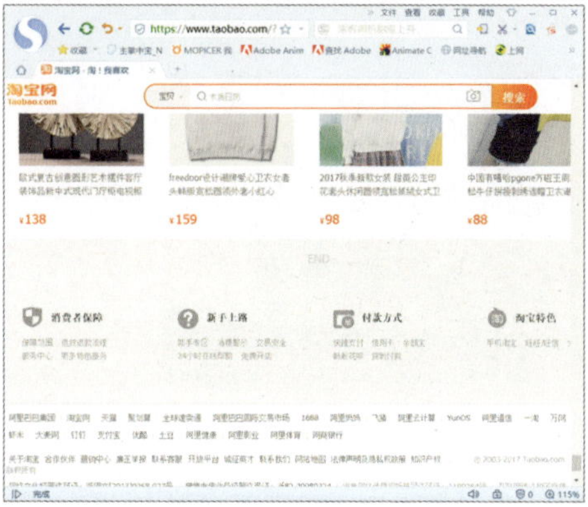

1.6 疑点解答

问：什么是品牌代理？

答：品牌代理是电子商务中较常见的一种经销模式。所谓品牌代理，是指由品牌商授权，在品牌授权商和授权经营商之间充当中间人的角色，负责协助双方寻求共同利益，处理好双方之间关系的公司或个人。目前很多企业开始注重品牌意识，极力宣扬品牌文化，品牌代理的商品种类越来越多元化。从服装、食品等日用品，到各种数码产品。通常加盟正规的品牌代理商需要支付一定的加盟金，这是代理商取得某一品牌经营权的必要投资，一般在签约时应一次性支付。

问：什么是个人开店？什么是团队开店？

答：在筹划淘宝开店时，自己一个人经营商铺固然没有决策上的分歧，但里里外外就一个人势必会非常辛苦，如果与他人团队合作，采用分工，就能够达到省时省力的效果。个人开店与团队开店的区别如下。

- 个人开店：淘宝网上很多成功的营销团队都是由个人开店发展而来的。个人开店指的是网店的经营完全由一个人独立负责，从进货、产品拍照、处理图片、编写宝贝说明到商品的上架、销售、打包、发货、售后服务等都是由一个人完成。
- 团队开店：由两个人或两个以上的个体组成一个团队，共同经营网店，称为团队开店。团队开店的优势是团队中每个成员可以发挥自己的特长，使网店的经营与管理有条不紊。

第2章

轻松申请网店资格

做好了一系列的准备工作，并找到合适的货源后，就可以在淘宝网上把自己的小店开起来了。本章将介绍如何注册成为淘宝会员，如何开通支付宝，如何在淘宝网中使自己的小店顺利开张。

对应光盘视频

例2-1　找回支付宝密码

2.1 注册电子邮箱和淘宝会员

要在淘宝网开店，首先得是淘宝会员，在注册成为淘宝会员前，还要准备好一个电子邮箱，本节介绍注册电子邮箱和注册淘宝会员的方法。

2.1.1 注册电子邮箱

在淘宝网开店前，先要注册成为淘宝网会员。正常情况下，注册时填写信息，同意服务条款并提交后，会有邮件发到用户的注册邮箱，收到邮件后，还需要激活网站账户才可成功注册会员。而且为了确保安全，相关网站都会将注册码与验证信息等资料发送到相关邮箱中。此外，在进行账户密码修改等操作时，电子邮箱也是最常用且最安全的辅助工具。

因此，在注册成为淘宝网会员前先要注册一个电子邮箱。

现在很多网站都提供免费的电子邮箱服务，比较常用的有以下几种。

- 网易邮箱：国内最早提供电子邮箱的服务商，用户可使用Outlook、Foxmail等电子邮件客户端收发和管理邮件。

163 网易免费邮 mail.163.com

- 新浪邮箱：收发邮件速度较快，用户可以将图片和文件分别存储到网络相册和网络文件夹中。其具备垃圾邮件过滤器，邮箱容量有1GB、2GB等多种标准可供选择。

sina 新浪邮箱

- QQ邮箱：QQ邮箱是腾讯公司于2002年推出的，向用户提供安全、稳定、快速、便捷的电子邮件服务，已为超过1亿的邮箱用户提供免费和增值邮箱服务。

Mail QQ邮箱 mail.qq.com

- 139邮箱：139邮箱是中国移动提供的电子邮件业务，以手机号@139.com为后缀的免费邮箱。它具备常规互联网基础邮箱功能，又充分发挥手机的优势，让用户可以方便直接地通过手机短信、彩信或者WAP上网等方式，随时随地收发和管理邮件，将办公移动化进行到底。

下面以新浪邮箱为例介绍申请免费电子邮箱的方法。

启动浏览器，在地址栏中输入网址http://mail.sina.com.cn，然后按Enter键打开【新浪邮箱】首页。

单击【立即注册】链接。打开注册免费邮箱页面，填入注册的基本信息。

填写完成后，单击【立即注册】按钮，即可成功注册邮箱并自动转入邮箱主界面。

2.1.2 注册淘宝会员

注册淘宝会员非常简单，只需要提供必要的身份证明并填写相应的信息即可完成注册。在淘宝网的会员注册过程中，为了注册的顺利进行，应注意以下几点。

- 进入淘宝网新会员注册页面后，根据提示填写基本信息，包括会员名、密码和邮箱等信息，一般都为必填项目。
- 香港地区会员的申请方式、填写内容与内地会员大致相同，但港澳地区的用户不支持手机注册方式，若在淘宝网进行会员注册，只能选择邮箱进行注册。
- 会员名的要求。淘宝网的会员名一经注册便不能更改，因此填写会员名时应仔细。会员名由5~20个字符(包括小写字母、数字、下画线和中文)组成，一个汉字为两个字符。
- 在填写电子邮箱时最好输入一个常用的电子邮箱地址，因为淘宝网会向邮箱发送确认邮件和所有交易的邮件。
- 输入校验码时要确认输入法是在英文的半角状态，只有在这个状态下输入校验码才有效。
- 若没有收到确认信，不要关闭启动账户的页面，可以在该页面中更改电子邮箱地址，然后单击【重新收取激活信】超链接进行尝试。

要注册淘宝会员，可按照以下步骤进行：

启动浏览器，在地址栏中输入淘宝网的网址http://www.taobao.com，按Enter键打开淘宝网首页，然后单击【免费注册】链接。

打开填写账户信息页面，根据提示输入手机号和相应的验证码，单击【下一步】按钮。

在打开的页面中输入手机收到的淘宝账号校验码后，单击【确定】按钮。

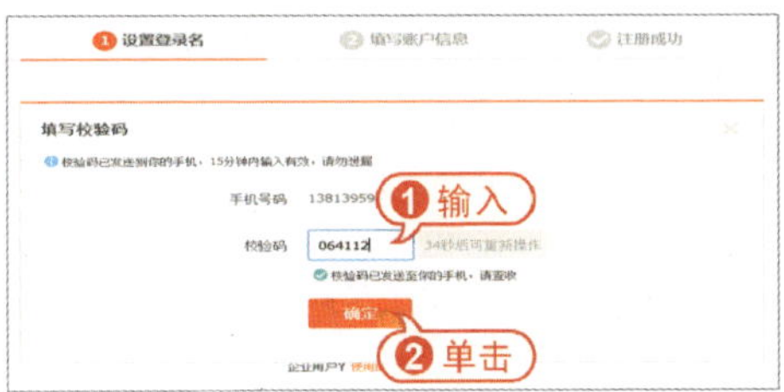

在打开的页面中的【电子邮箱】文本框中输入自己的电子邮箱地址，然后单击

【下一步】按钮。

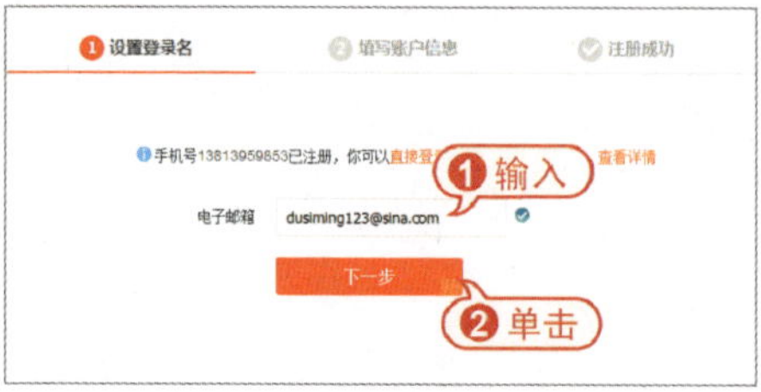

在打开的页面中单击【立即查收邮件】按钮，打开电子邮箱页面。

在打开的邮箱页面中单击【商讯信息】链接。

在打开的【商讯信息】界面中单击来自淘宝网的电子邮件。

在打开的邮件内容页面中单击【完成注册】按钮。

返回淘宝网注册页面，然后在页面中输入淘宝登录密码并设置淘宝账户名称，再单击【确定】按钮。

2.2 管理淘宝账户信息

完成淘宝会员的注册后，接下来即可编辑个人信息，完成各种必要信息的填写，补充身份资料和设置密码保护等。

2.2.1 编辑个人信息

对淘宝会员账户个人信息的编辑主要包括设置用户的真实姓名、性别、生日和头像照片等。

登录淘宝网并设置个人账户信息的方法如下：

首先启动浏览器，在地址栏中输入淘宝网的网址http://www.taobao.com，按Enter键打开淘宝网首页，然后单击【亲，请登录】链接，如下图所示。

在打开的淘宝网登录界面中输入淘宝账号和密码，然后单击【登录】按钮。

登录淘宝网，网页将自动转入淘宝网首页，然后单击页面上方的【我的淘宝】链接。

进入【我的淘宝】页面，单击头像图片。

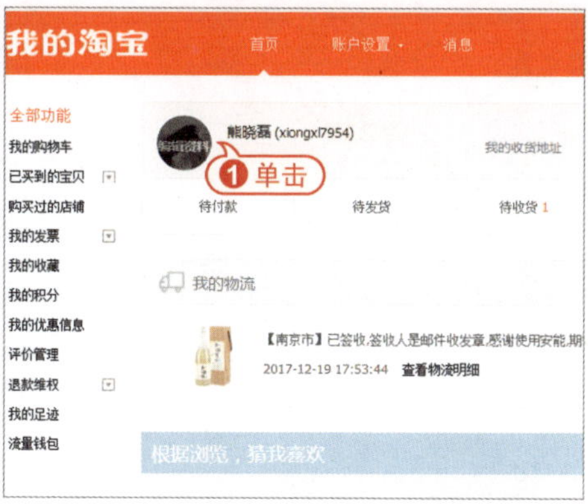

打开【我的淘宝】的个人资料页面，单击【当前头像】区域中的【编辑头像】链接。

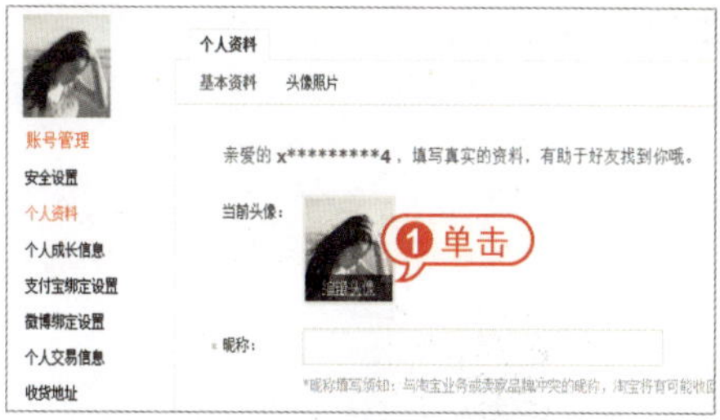

打开头像设置页面，该页面中有两种设置头像的方式，一种是本地上传，一种是直接使用摄像头拍照，这里单击【本地上传】按钮。

在打开的对话框中选中一个图片文件后，单击【打开】按钮。

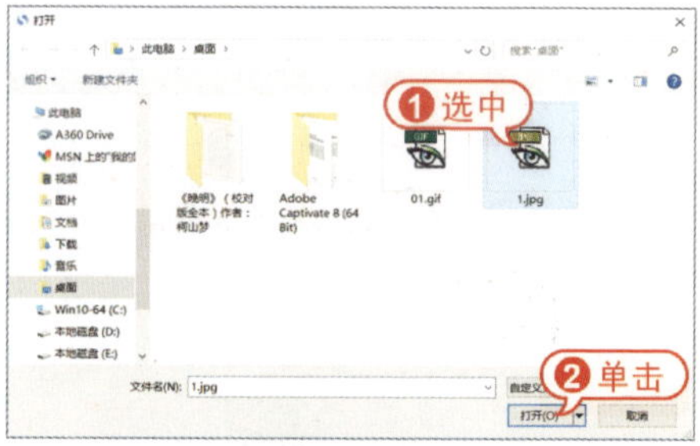

在页面中设置头像图片的显示区域，然后单击【保存】按钮。

成功设置账户头像后，淘宝网将提示在30秒后生效。最后，刷新网页即可在页面左上方显示设置的头像效果。

2.2.2 设置密码保护

为了防止淘宝会员的账号被不法分子窃取，淘宝网提供了密码保护功能，通过该功能可以更有效地保护自己会员账户的安全。

为账户设置密码保护的方法如下：

首先启动浏览器，打开淘宝网首页并登录自己的淘宝网账户，单击【我的淘宝】链接，进入【我的淘宝】页面，然后单击头像，单击【账号管理】选项区域中的【安全设置】选项。

在打开的选项区域中，单击【密保问题】选项后方的【设置】链接。

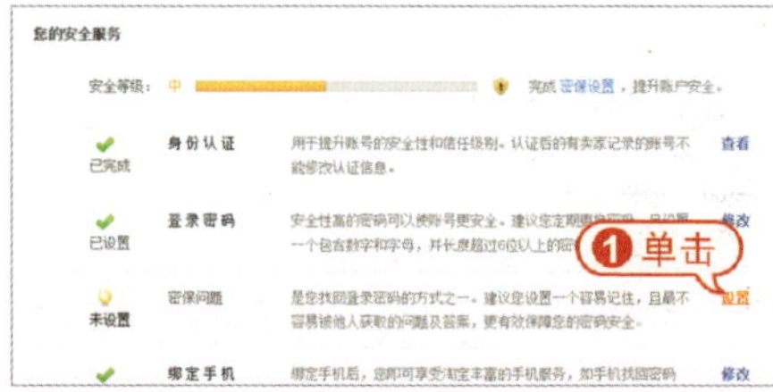

进阶技巧

要修改账户密码，在【登录密码】选项后面单击【修改】链接即可执行修改操作。

在打开的页面中设置淘宝账户的密保问题后，单击【确定】按钮完成密保问题的设置。

2.3 开通支付宝

支付宝是淘宝网推出的网上安全支付工具，是淘宝网用来支付现金的平台。支付宝就像商店里的管理员，用户在淘宝网上的所有商务活动都需要通过它来进行协商和管理，所以，用户要在淘宝交易必须要成为支付宝会员。

2.3.1 支付宝账户的作用

在淘宝网交易平台，为了保证买家的实际利益，则要求交易双方都成为支付宝会员，资金流通的不是网上银行的电子钱，而是支付宝账户里的电子钱。多了支付宝账户这个资金中转站，购物程序会相对麻烦一些，但为了免除网上交易中人们常有的后顾之忧，这点麻烦就不算什么了。

为了理解这一点，这里详细讲解在淘宝网上用支付宝购物的流程：买家首先需要把网上银行的电子钱充值到自己的支付宝账户里，然后拿着支付宝账户里的电子钱到淘宝网的网店，看中需要的宝贝，单击鼠标拍下，把支付宝账户上的可用资金转给支付宝管家。由支付宝通知卖家买家已为此宝贝付了货款，要求卖家尽快发货，在买家没有收到宝贝前，这笔货款一直存放在支付宝管家那里，等到买家收到宝贝，并对收到的宝贝确认后，支付宝才把这笔货款转到卖家的支付宝账户上。如果因种种原因买家对收到的宝贝不满意，还可以向卖家提出退款要求，经卖家同意，支付宝可以把这笔货款再退还给买家。

在淘宝网上的所有交易细节都是支付宝这个忠实管家按程序执行的。从这个购物流程可以看出，买家要想享受淘宝网这个交易平台带来的种种好处，必须要学会如何把网上银行的钱转到自己的支付宝账户这个电子钱包里。

2.3.2 注册并激活支付宝账户

启动浏览器，进入支付宝网站，网址是www.alipay.com。

单击【登录】按钮，打开下图所示页面，首次登录支付宝时，要求用户填写支付宝相关选项和真实的身份信息。

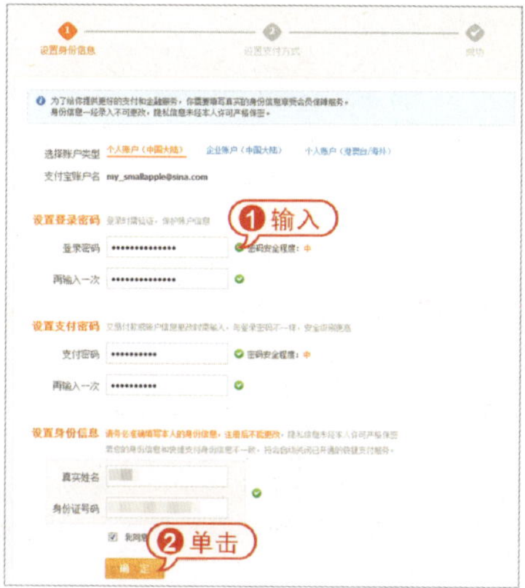

填写完成后，单击【确定】按钮，打开下图所示页面，要求用户输入身份证号和银行卡卡号。

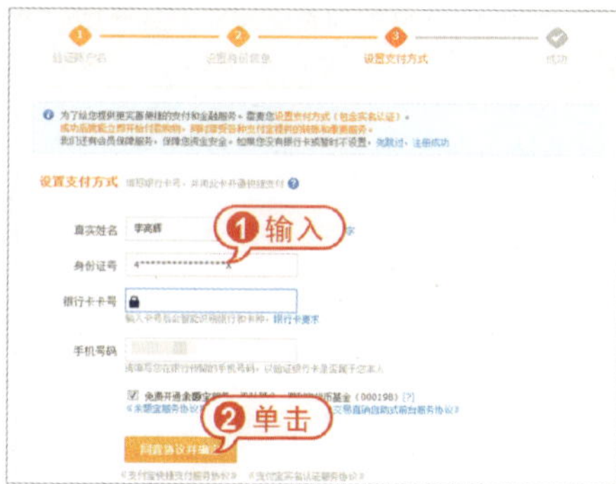

输入完成后，单击【同意协议并确定】按钮，打开下图所示页面，然后输入手机收到的校验码。

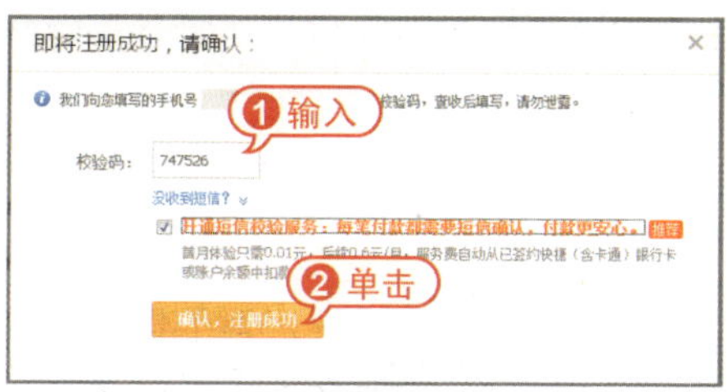

单击【确认，注册成功】按钮，打开下图所示页面，此时，支付宝账户成功开通。

2.3.3 进行支付宝实名认证

要在淘宝网上进行商务活动，首先要对申请的支付宝账户进行实名认证。

支付宝实名认证服务是由支付宝(中国)网络技术有限公司提供的一项身份识别服务，它同时核实客户身份信息和银行账户信息。通过支付宝实名认证后，可以在淘宝网上开店、出售商品，增加支付宝账户拥有者的信用度。此外，进行支付宝认证后还可以参加一些支付宝会员的优惠活动，利用这些活动可以提高支付宝账户拥有者的信用度。

支付宝实名认证有如下优势：

- 支付宝实名认证为第三方提供，更加可靠和客观。
- 由众多知名银行共同参与，更具权威性。
- 同时核实客户身份信息和银行账户信息，极大地提升了其真实性。
- 认证流程简单、易操作，认证信息及时反馈，客户实时掌握认证进程。

进行支付宝实名认证的方法如下：

首先启动浏览器，进入支付宝网站，并登录自己的支付宝账户，在账户的首页系统会提示用户尚未通过支付宝实名认证，用户可单击【未认证】链接。

在打开的页面中单击【立即认证】按钮。

在打开的页面中输入用户的真实姓名、身份证号以及支付宝支付密码等信息后，单击【下一步】按钮。

在打开的页面中单击【上传证件】链接。

单击页面中【个人信息所在面】选项后的【点击上传】按钮。

在打开的对话框中单击【选择个人信息所在面图片】选项。

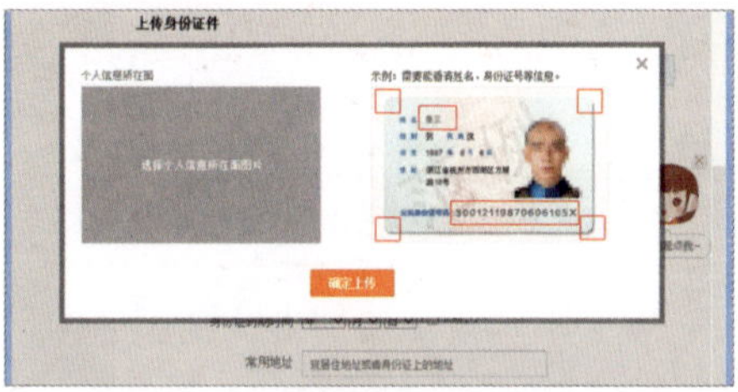

在打开的对话框中选中自己的身份证正面照片文件，然后单击【打开】按钮。

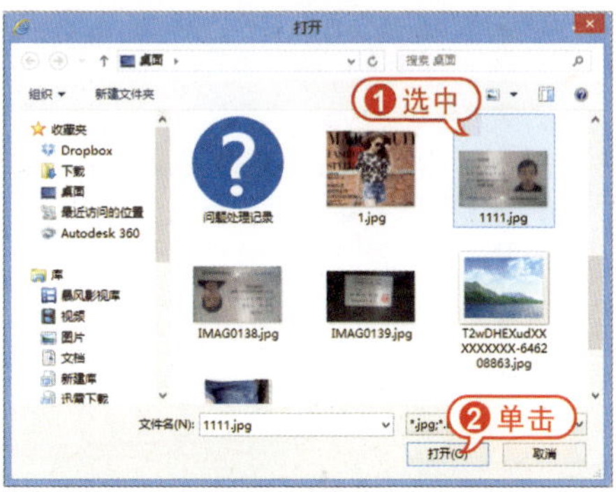

单击【国徽图案面】选项后的【点击上传】按钮。

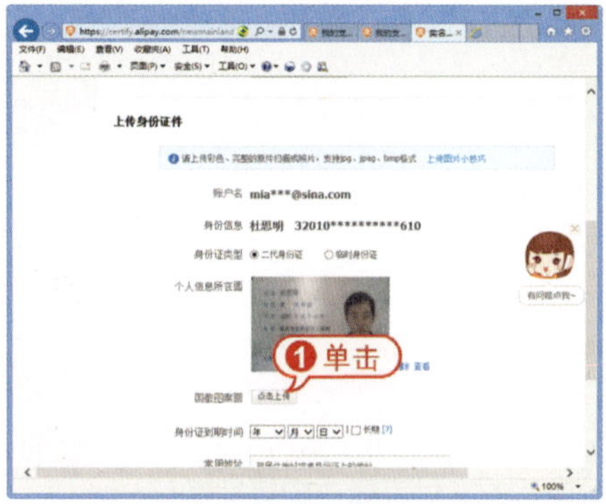

在打开的对话框中使用同样的方法，上传身份证背面的照片文件，完成后单击【确定上传】按钮。

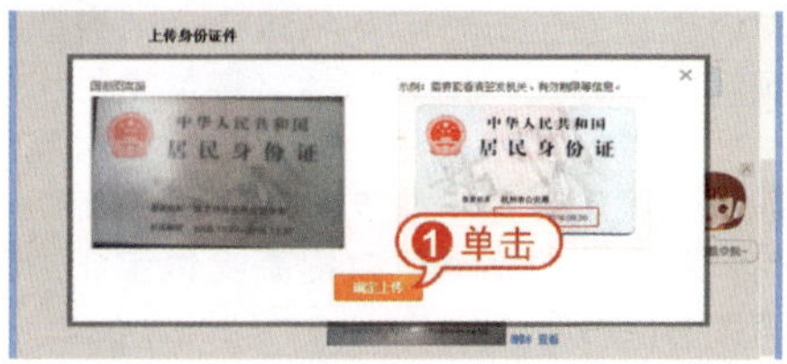

在【身份证到期时间】选项区域中设置身份证的到期时间，在【常用地址】文本框中输入自己的常用地址，然后单击【确认提交】按钮。

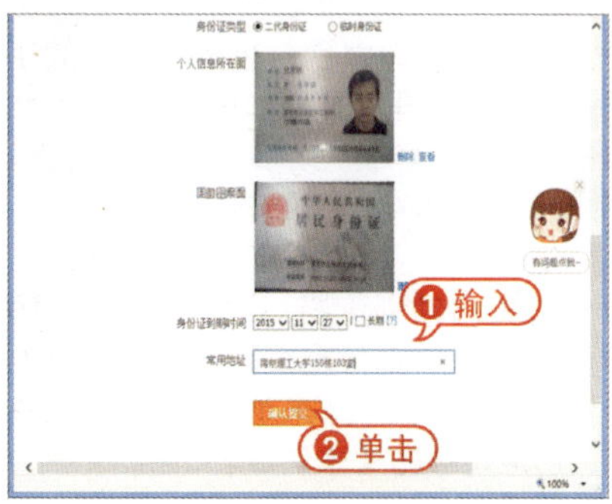

在打开的页面中填写银行卡号与手机号等信息，然后单击【同意协议并确定】按钮。

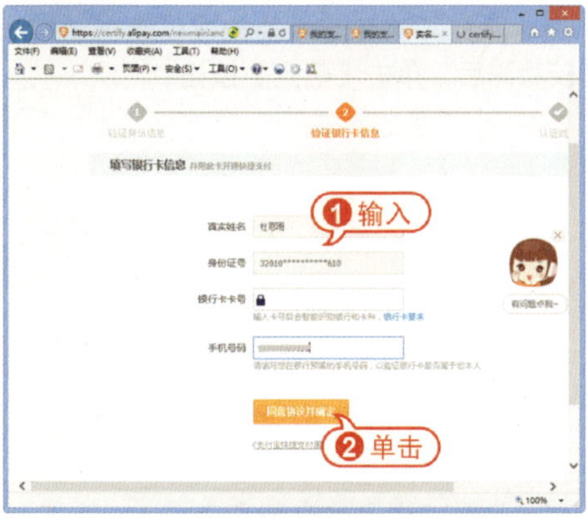

支付宝会在1至2个工作日内向该银行账户汇入一笔一元以下的确认资金。收到支付宝确认汇款金额后，填写打入卡内的金额，即可通过支付宝实名认证。

2.3.4 申请支付宝数字证书

随着网络的普及，人们面对和处理的都是一些数字化信息。针对这一情况，需要一种方便快捷的数字凭证来确保账户的安全，支付宝数字证书也就在这样的需求下诞生了。

支付宝数字证书是由权威公正的第三方机构，即CA中心签发的证书。以数字证书为核心的加密技术可以对网络上传输的信息进行加密和解密、进行数字签名和签名验证，确保网上传递信息的机密性、完整性。

使用了数字证书，即使用户发送的信息在网上被他人截获，甚至用户丢失了个人的账户、密码等相关信息，仍可以保证其账户和资金的安全。支付宝数字证书具有以下特点。

- 安全性：支付宝推出的双证书解决方案避免了传统数字证书方案中由于使用不当造成的证书丢失等安全隐患；支付宝会员在申请数字证书时，将同时获得两张证书，一张用于验证支付宝账户，另一张用于验证会员当前所使用的电脑，即使会员的数字证书被他人非法窃取，仍然可以保证其账户不会受到损失。
- 唯一性：支付宝数字证书会根据用户身份给予相应的网络资源访问权限；申请使用数字证书后，如果在其他电脑登录支付宝账户，在没有导入数字证书备份的情况下，只能查询账户，不能进行任何操作，以此增强账户使用安全性。
- 方便性：支付宝数字证书能即时申请、即时开通、即时使用；用户可以根据不同情况量身定制多种途径维护数字证书，例如通过短信、安全问题等；另外，用户不需要掌握相关专业知识也可以轻松掌握使用数字证书的方法。

知识点滴

CA是认证机构的国际通称，是指对数字证书的申请者发放、管理以及取消数字证书的机构。

无论是通过支付宝个人实名认证的账户，还是通过支付宝商家实名认证的用户，都可以申请支付宝数字证书。支付宝会员可以通过申请数字证书，增强账户的使用安全性。

申请支付宝数字证书的方法如下：

首先启动浏览器，进入支付宝网站，并登录自己的支付宝账户，然后单击账户界面中的【提升】选项

在打开的页面中单击【数字证书】选项后的【申请】按钮。

在打开的页面中单击【申请数字证书】按钮。

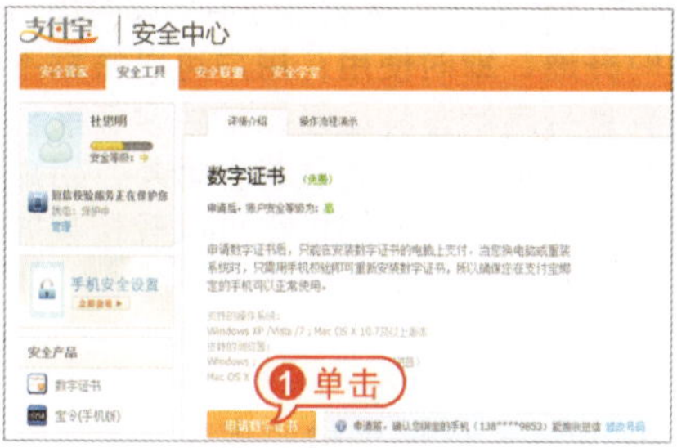

在打开的页面中输入身份证号和验证码等信息后，单击【提交】按钮。

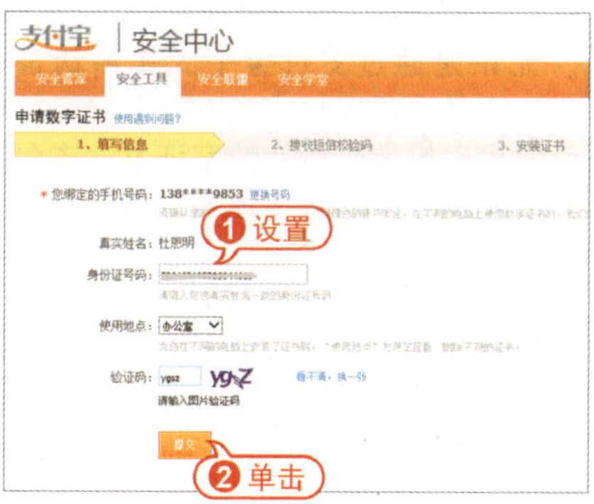

在打开的页面中输入手机收到的短信校验码后，单击【确定】按钮。

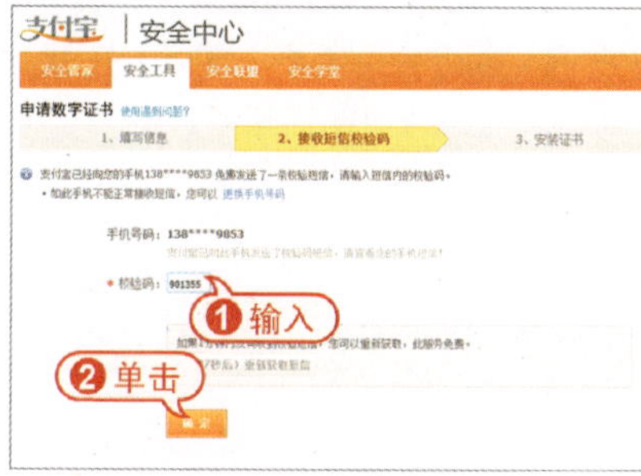

此时，将开始安装数字证书，安装成功后，打开下图所示的页面，完成数字证书的申请和安装。

知识点滴

此外用户还可以申请取消数字证书。数字证书取消后不会影响该证书在银行系统的使用。但是用户的支付宝账户将会失去数字证书的保护功能。如有必要，用户可以重新申请证书。

2.4 申请网银并为支付宝充值

要往支付宝中充值，需要先将钱存入银行卡中，然后使用银行卡的网上支付功能进行充值。因此用户必须拥有一张可以进行网上支付的银行卡。

2.4.1 申请网上银行

目前可以给支付宝账户充值的银行有：中国工商银行、招商银行、中国建设银行、中国农业银行、深圳发展银行、中国民生银行、兴业银行、广东发展银行、上海浦东发展银行和交通银行等。

如果希望将钱存入支付宝账户中，首先需要办理上述某个银行的银行卡。以办理工商银行的牡丹灵通卡为例，带上自己的身份证到最近的工商银行营业点，填写一份【个人银行结算账户/牡丹灵通卡/活期一本通存折/电子银行开户(注册)】申请书，在填写的过程中需要注意以下几点：

- 在申请表的【申请网上银行】一栏中，选中【开通网上银行】复选框。
- 在【证书选择】选项区域中的U盾和电子银行口令卡的两个复选框中任意选中一个。这两者的使用权限不同，使用U盾可以获得较高的交易限额，但是需要支付额外的费用；而银行口令卡的交易限额较低，但是不需要支付额外费用。

电子银行口令卡正面　　电子银行口令卡背面（覆膜刮开后的示意图）

- 完成申请表的填写后，将其连同身份证一起交给银行工作人员，按照要求进行操作，即可获得银行卡。
- 如果在填写申请表的过程中选择使用U盾作为证书，则在申请银行卡成功后会获得一个类似于U盘的硬件。在需要通过网上银行支付款项时，必须将U盾插入电脑的USB接口中才能成功支付。

“银联在线支付”是中国银联为满足各方网上支付需求而打造的银行卡网上交易转接清算平台，也是中国首个具有金融级预授权担保交易功能、全面支持所有类型银联卡的集成化、综合性网上支付平台。涵盖认证支付、快捷支付、小额支付、储值卡支付、网银支付等多种支付方式，可为用户境内外网上购物、水电气缴费、商旅预订、转账还款、基金申购、慈善捐款以及企业代收付等提供“安全、快捷、多选择、全球化”的支付服务。

UnionPay 银联　在线支付 Online Payment

在为支付宝充值时，用户如果使用银联快捷支付，可以避免网银支付烦琐程序，加快交易进程。

要开通银联快捷支付，用户可以登录https://www.95516.com，然后根据网站的提示，注册账户并关联自己的银行卡即可。

2.4.2 为支付宝充值

用户在给支付宝充值时，可以先将银行卡中的钱转到余额宝中，然后再从余额宝中将钱充到支付宝中，从而保障资金的安全。

为支付宝充值的方法如下：

首先登录自己的支付宝账户，然后单击【余额宝】选项区域后的【转入】按钮。

在打开的页面中设置从银行卡转账到余额宝的资金数额，然后单击【下一步】按钮。

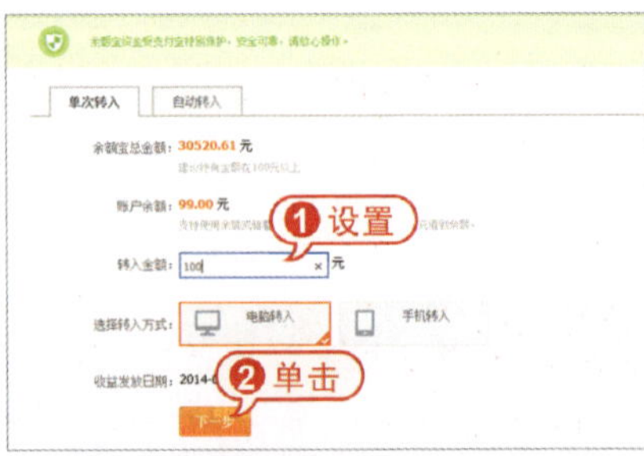

在打开的页面中选择使用的银行，然后单击【下一步】按钮。

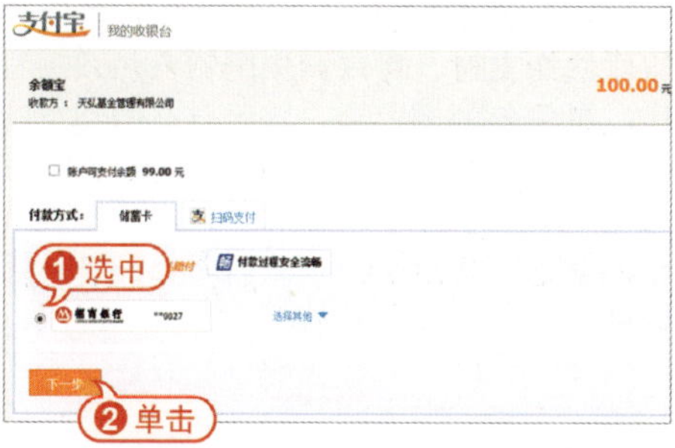

在打开的页面中输入支付宝密码和手机短信收到的校验码，然后单击【确认付款】按钮。

完成资金向余额宝的转入后，在打开的页面中单击【我的支付宝】链接。

在打开的页面中选中返回支付宝页面，并在该页面中单击【余额宝】选项区域中的【转出】按钮打开余额转出页面。

选中页面中的【转出至账户余额】选项卡，然后在【转出金额】文本框中输入转出的金额，在【支付宝支付密码】文本框中输入支付宝密码。单击【确认转出至账户余额】按钮，即可将余额宝中的资金转入支付宝。

2.5 拥有自己的网店

卖家注册成为淘宝网会员，开通支付宝账户，并对支付宝进行实名认证后，就可以开设自己的淘宝店铺了。有了自己的店铺，卖家便可以发布与管理商品，开店做生意了。

2.5.1 给店铺起名

在淘宝网注册时，允许会员使用中文、英文和数字来命名，这个名字是不能修改的，但是店铺的名字是可以根据自己的想法随时更换的。

为网上店铺起个好店名，可以帮助卖家打开商品销路，产生品牌效应；只有取一个便于搜索的名字，才能在买家搜索时，及时进入他们的搜索范围；而一个高度概括且具有强烈吸引力的名称，对买家的视觉刺激和心理影响都会起到重要作用。它不仅能迅速吸引买家的目光，而且能给人以美的享受，从而产生进店看一看的冲动。

下面总结了取个好店名的一些要点和技巧。

- 店铺名要包含LOGO店标名。如果卖家的淘宝店名能够刺激和维持店标的识别功能，店铺的整体效果就加强了。这样店铺名和LOGO店标名两者可以互相促进。

- 店名要简洁，有高度的概括性。简洁的名字便于卖家和消费者进行信息交流。
- LOGO上的店名，读起来要朗朗上口，响亮畅达。这样的店铺只要买家打过一次交道，就可以记住该店铺，忌LOGO上的店名读起来拗口、吃力。
- 店铺名要尽量包含人们容易搜索的关键字信息。这样人们在搜索店铺时就容易搜到该店铺。
- 店铺名可以包含店主ID名。如果店主能在论坛活跃起来，成为论坛名人，店铺也会随之成为名店。
- 店铺名应该能尽量反映商品的种类。这样的好处是买家一看到店铺名字，就能清楚地知道店铺具体是卖什么的，便于记忆。但注意不要明确经营产品的性能和用途，那样会不利于店铺的进一步发展。
- 店铺名可以经常更改，要有潮流感，能打动各时期买家的心。
- 如果卖家经营某一固定类型的产品，面向一些固定阶层的顾客，还可以面向顾客起店铺名。
- 店铺名可以取得有一定的寓意。店名要让买家能从中得到积极的联想，而不是消极的联想，但是不能过分追求联想，而将店名复杂化。
- 店名尽量要起得格调高雅一些。店名的格调可以反映出店主的素质和经营头脑，格调高雅，会使买家的心理附加值大大增加。相反，一旦店名落入了低俗，只会惹人生厌。
- 店铺名用字吉祥。生意场上无论买方还是卖方，都是希望能够大吉大利。

2.5.2 申请自己的店铺

在淘宝网上申请一家独立店铺，虽然目前不需要任何费用，但卖家必须通过支付宝实名认证(非支付宝关联认证账户)，并通过开店考试即可启用店铺。需要注意的是一张身份证只能开一家店铺，而且不允许重复铺货式开店。

在淘宝网申请一个店铺的方法如下：

首先启动浏览器，登录自己的淘宝网账户，单击【卖家中心】链接。

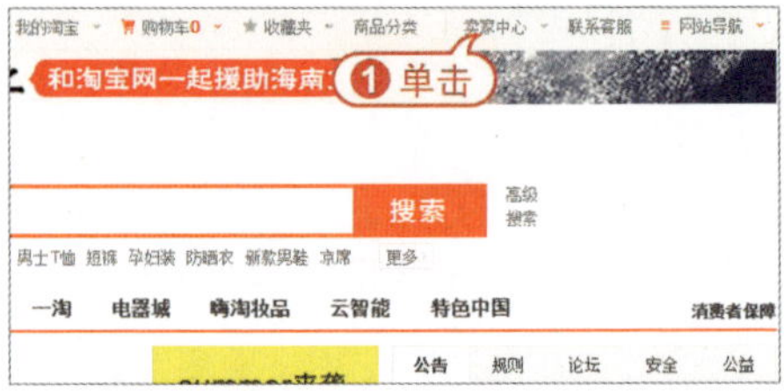

进入卖家中心，单击【创建个人店铺】按钮。

阅读开店须知条款，然后单击【我已了解，继续开店】按钮。

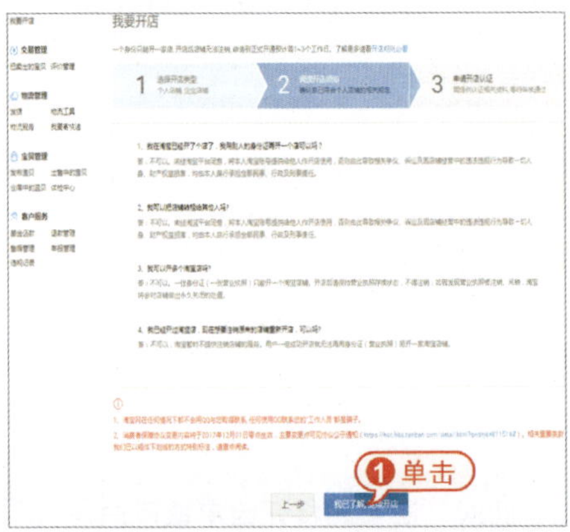

在打开的【免费开店】选项区域中单击【淘宝开店认证】选项后的【立即认证】链接。

在打开的页面中单击【立即认证】按钮。

打开【淘宝身份认证资料】页面，按要求在手机上安装【钱盾】，并按要求在手机上完成操作。

此时，淘宝网将开始审核用户信息，显示如下页面，等过了审核期并成功通过审核，即可准备开店。

返回【我要开店】页面，单击【下一步】按钮。

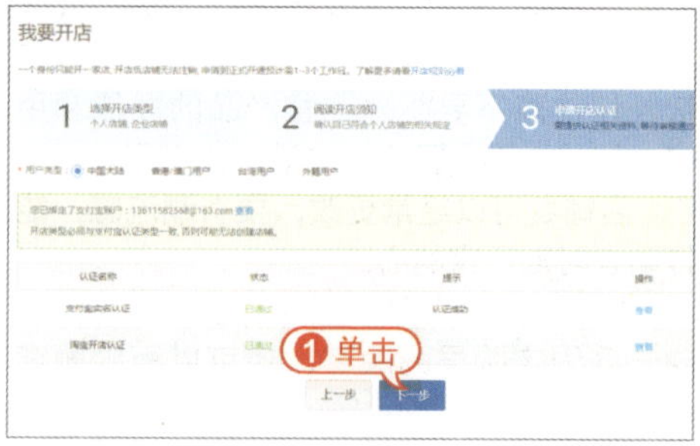

弹出【阅读开店协议】界面，单击【同意】按钮。

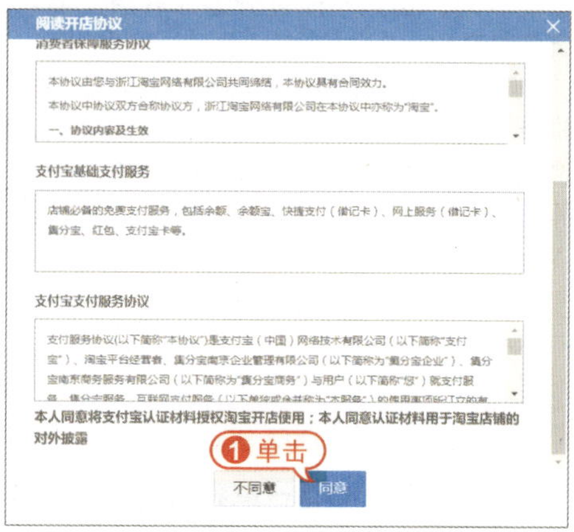

在打开的网页中将提示店铺创建成功，单击页面中的【完善店铺信息】按钮。

在打开的页面中，用户可以设置店铺的名称、简介、标志等信息。

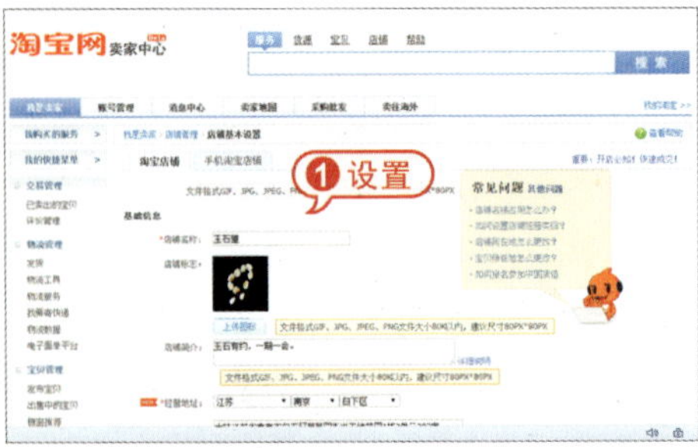

完成店铺信息的设置后，单击页面下方的【保存】按钮即可。

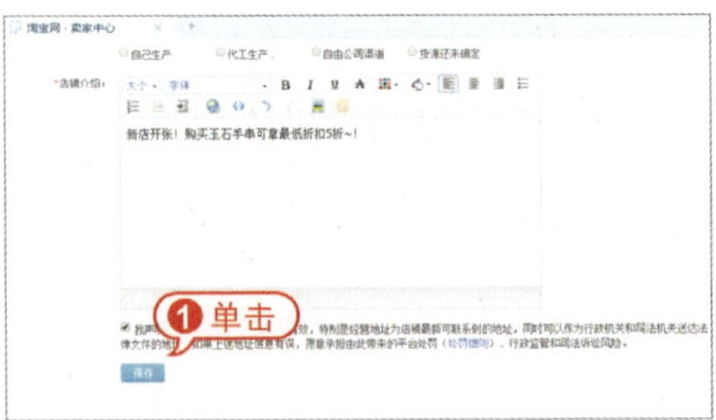

重新进入【卖家中心】，首页显示店铺的各种数据。

2.5.3 免费升级智能版旺铺

淘宝网为了帮助低级的卖家能渡过开店初期的难关，更好地成长，现针对1钻(不含1钻)以下的卖家免费开通智能版旺铺功能。

要开通淘宝智能版旺铺功能，享受免费的智能版旺铺，可采取以下操作：

首先需要进入店铺，在左侧【店铺管理】一栏中单击【店铺装修】链接。

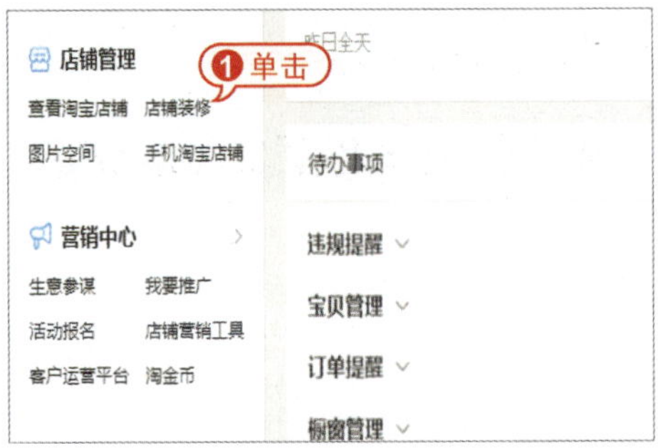

因为我们的店铺等级较低，信誉低于5颗星，所以此时系统会提示我们可以免费申请智能版旺铺。单击【立即升级】按钮进行升级。

在默认打开的【店面装修】选项卡下，用户可以在PC或手机平台中添加模块、装修店铺或进行其他宝贝设置。如果习惯原来的普通店铺操作模式，还可以单击【退回到基础版】链接恢复基础版店铺。

此后，即可对店铺首页、宝贝页面等几个区域模块进行具体的装修管理。

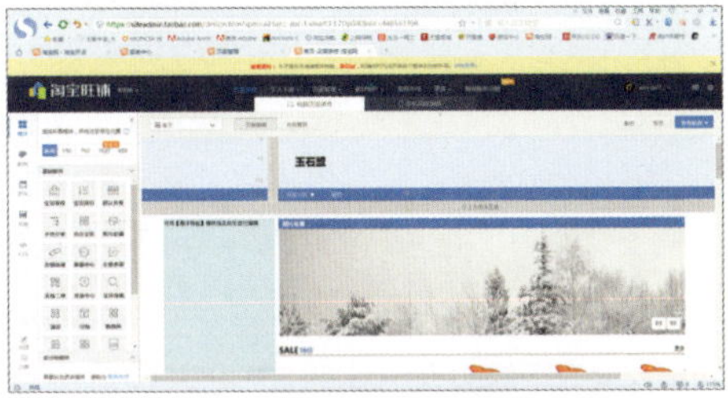

2.6 进阶实战

本章的进阶实战部分是为支付宝网站找回丢失的支付宝密码实例操作，用户通过练习可以巩固本章所学知识。

如果用户为支付宝账户申请了密码保护，那么当用户忘记了支付宝登录密码或支付宝登录密码被不法分子恶意篡改时，就可以通过密码保护功能来找回密码。

【例2-1】利用密码保护功能找回丢失的支付宝密码。视频

01 启动浏览器，打开支付宝网站的首页，网址为：https://www.alipay.com。单击【登录】按钮。

02 在登录界面中单击【忘记登录密码？】链接，打开找回登录密码的页面。

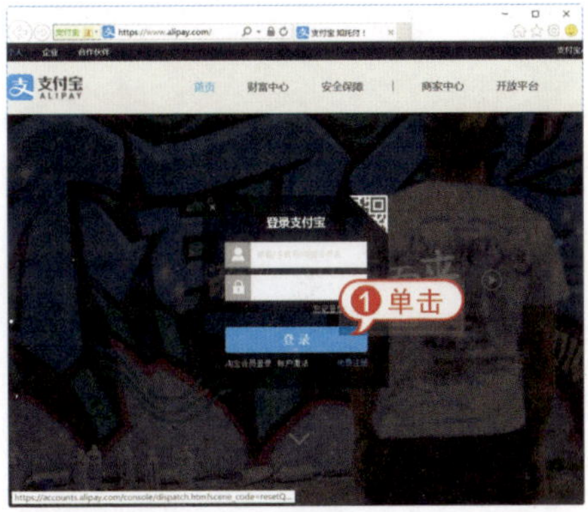

03 输入自己的支付宝账户名和验证码，然后单击【下一步】按钮。

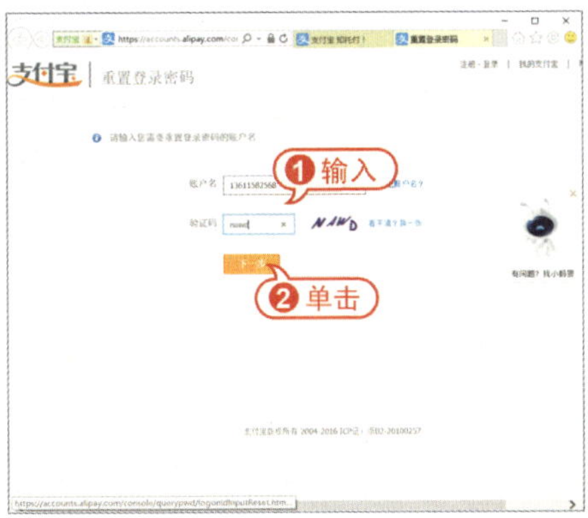

04 选择重置密码的方式，本例单击【通过验证短信】选项后方的【立即重置】按钮。

05 输入手机收到的校验码，单击【下一步】按钮，然后输入新密码，单击【确定】按钮即可。

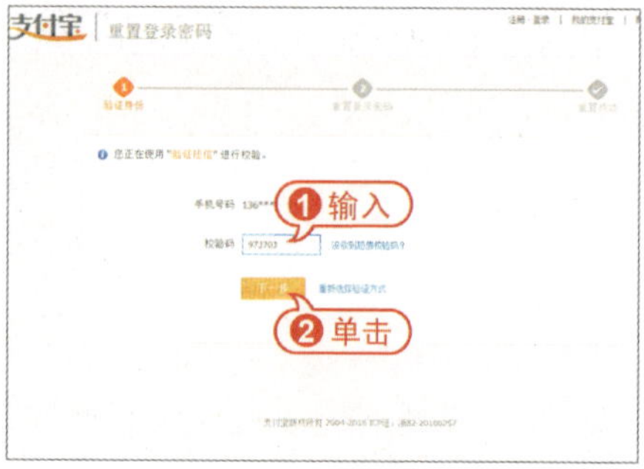

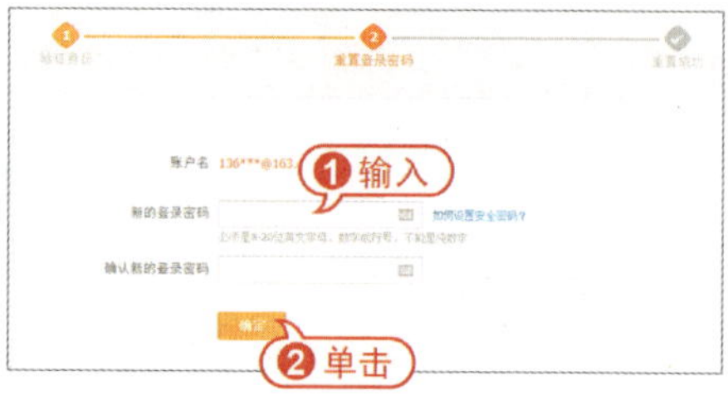

2.7 疑点解答

问：设置安全性高的密码，应该遵循哪些原则？

答：应遵循的原则如下：

- 密码设置尽量复杂，不要有规律，一定要使用英文字母加数字或符号的组合密码。千万不能因为怕自己忘记而设置过于简单的密码，这样很容易导致账户的不安全。一定要养成习惯，把自己的密码都记录在笔记本上，方便查询。
- 不用自己的会员名或者会员名的一部分作为密码。
- 不用别人很容易得到的电话号码、生日、身份证号等个人信息作为密码。
- 不要使用自己的姓名、配偶的姓名、宠物的名字等作为密码。
- 不要使用与淘宝或自己爱好有关的词或短语作为淘宝、支付宝密码。
- 不要使用邮件地址中的一部分作为密码。如电子邮件是accbbe@sina.com，而将accbbe作为密码。
- 密码长度至少为6位以上，使用不含空格的多个词，如63258jzm#$。

第3章

寻找好货源的秘诀

要想网店能够赚钱，物美价廉是关键，怎样才能做到物美价廉呢？这就需要有一个好的货源。对于初次经营网店的卖家可以通过实地寻找货源，也可以依靠网络寻找货源省下进货开支。

对应光盘视频

例3-1 使用百度搜索货源
例3-2 在阿里巴巴寻找货源
例3-3 在供销平台查找货源

3.1 选择合适的商品

要想经营好网店，拥有物美价廉的货源是首要条件。找到一个好的进货渠道，店铺的销售和后续服务才能得到保证，才能有好的销售业绩和长远的发展前景。因此，选择货源对于所有卖家来说是非常重要的。

3.1.1 进货的定位

对于许多新手卖家来说，在网上开店很容易，选择进货却很难。所进货物的市场前景、利润空间、进货数量、进货质量、库存和流动资金的比例如何控制、补货时间、如何确定补货数量及供货商的承诺，都需要有一定的选择标准，如果没有准确定位，就会从根本上影响商品的销售与网店的生存。

1 从市场和消费群体的需求定位

进货之前要深入了解市场和消费者群体的需求，对市场走向有足够的了解，熟知流行趋势、业内信息及市场动向等。这就需要卖家有很好的判断力，结合市场走向和消费群体需要这两方面去决定商品的款式和数量。

进货比的就是卖家的眼光和判断，卖家要对自己选货的眼光有绝对信心，也要有投资的风险意识和心理承受能力，进货过程中要对批发商表现出足够的诚意，用数量来争取到优惠的批发价格。

2 以商品的经营模式定位

批发和零售的经营模式都能赚取利润，但是批发和零售最大的区别是，以批发模式销售单件商品的利润低，只有通过加大销售量才能赚钱，而零售模式销售单件商品的利润高，但销量要比批发模式小。

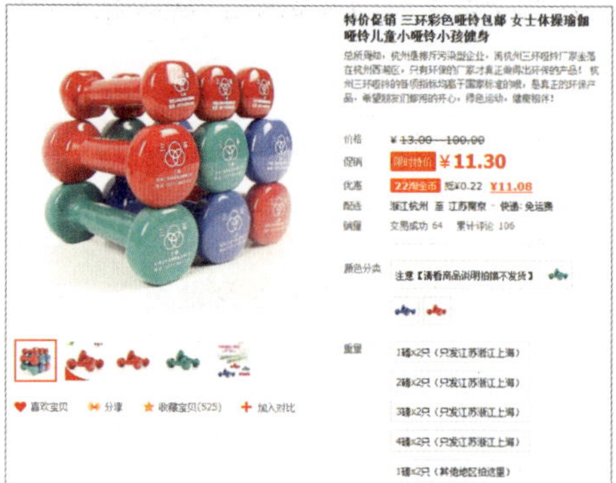

开店初期，由于对市场还不够了解，大部分经营者不会进太多的商品，只选择每种商品都只进一小部分作为样品，通过样品逐渐了解消费者和市场的需求，一旦发现该商品的需求量很大，销售火爆，再去联系供货商进行补货，这样做相对稳妥、风险小，所以这也是很多卖家起步时常用的进货方式。

但这种方式有一个缺点，那就是一次进货量较小导致很多批发商不愿意合作，即使同意合作，进货的价格也要比大批量进货的价格高出很多，从而导致商品的成本提高，必然导致销售时的价格缺乏竞争力，很多顾客就会因为价格过高而放弃购买，无形中干扰了用户对这个产品市场前景的判断。

3 从市场分析定位

第一次开店的新卖家会比较茫然，不

知道从哪里做起，因此首先需要为自己找到一个市场定位，如果从经济投入方面衡量，想先进行小投资，再慢慢做调整，那么经营的方向和定位是很重要的。

卖什么价位的商品，决定着消费群体。主要针对白领阶层的消费群体，可进一些品牌服装、化妆品、首饰、箱包以及限量版的饰品，价位可略高，但是品质要好，最好是开专卖店，给顾客一种专业的感觉，可信度更高；若针对学生消费群体，就要款式时尚漂亮、价格实惠，主要是靠薄利多销。

4 从进货数量定位

进货数量包括进货金额、商品的种类以及每款商品的数量等，只有十多件商品的店铺和有上百件商品的店铺相比，后者显然对于买家来说选择的余地更大、更具吸引力。当卖家对市场和消费群体有一定的把握和认识后，就可以锁定某个种类的产品，把有限的资金集中投入到有限的种类中，才可能因单件产品的大批量进货，而要求供货商给予最低的批发价格。

在锁定某些种类的商品时，每款的数量又可细分为店铺里上架的数量、库存储备的数量和两次进货期间实际的出货数量。网店经营和传统经营有所不同，基本上不需要实物陈列，如果没有开设实体店，提供上门取货服务的话，陈列数量和库存数量应该相等。

3.1.2 进货的要点

了解了进货的定位，再来了解进货的要点，卖家应注意如下几点。

1 做好进货前的准备工作

在进货之前，先去做一个市场调查，通过各种渠道查询商品的基本情况、质量鉴别方法、批发价格及运费等信息；接下来走访一些实体店，了解同类商品中不同品牌的柜台售价，再比较一下网上的售价，核算出销售这类商品可能获取的利润空间；通过交流来辨别哪些批发商服务真诚、热情、讲信誉，为以后可能进行的合作打下一定基础；准备好与供货商洽谈时具体的合作细则。

2 学会和批发商打交道

与批发商打交道最重要的是不讲外行话和不做过头事。刚开始进货时，最好就在本地的批发市场进货，一次少进一点，进货的次数可以多一些，争取与批发商建立良好关系，成为批发商重视的老客户，这样拿货也会更方便，有时补货也能享受到批发价格。同时，还可以与他们寻求更深层次的合作，让自己的货源更稳定，商品更丰富，且市场竞争力更强。

3 把握进货时间

如果是在批发市场进货，人们一般都会选在早上去，因为时间很充裕。但实际上，早上批发市场里人特别多，以实体店经营者为主，如果此时去进货，批发商很忙，没有太多时间接待客户。尽量在批发商空闲的时间段去进货，增加与批发商面对面的交流，从他们那里了解商品的第一手资料，这样对产品的销售是非常有用的。

4 学会讨价还价

批发商都很关心客户的进货量，在开始进货时，可以告诉批发商进货量很大，这样，批发商会给出一个适当的进货价格，这时，先别急着下单，拿走一张名片，并在上面记下中意的款式、价格，然后货比三家，获得一个满意的进货价格。

5 学会降低风险

进货时，应仔细挑选货物，耐心看样品，查看做工是否精细、质量是否过关，从而降低商品换货的概率。整理货品时一定要记住货号，多向批发商询问销量较大的商品的特征和信息，尽量选大多数客户都喜欢的款式，而不是全凭自己的喜好。如果对材质和性能不熟悉，应当场咨询批发商。对于一些不能立刻从外观分辨出好坏的商品，应与批发商事先达成出现质量问题可换货的协议。

6 掌握一定的进货技巧

在进货时，可以手里拿一些进货单，然后带上批发时可能用到的口袋和小推车，进入店铺前先看看商家的门牌，然后再进去，批发商就会以为这是来补货的老顾客，态度会好很多，一般也不会随便乱报价格。

多收集一些商家的名片，并在名片上记录商品的款式，进行详细的登记和整理，在遇到一家批发商无货的紧急情况时即可通过电话询问别家。

3.1.3 进货的禁忌

无论是网上进货，还是到批发市场进货，卖家都需要注意一些细节。这些细节会直接影响与供货商的关系，从而影响店铺的经营和发展。

- 不要贪多：刚开始经营店铺还不能完全把握顾客的品味，因此最好多款少量地进货。看看顾客的反应再进行补货。不能盲目地因为货源不足，而过多地进货，若出现压货的情况，将得不偿失。
- 不要贪便宜：刚开始经营店铺还不能完全把握整个市场的行情，不要因为商品便宜，在不可以打开包装袋查看商品的情况下，就购买这些商品。购买这种商品可能会因残次量太大最后得不偿失。因此，应尽量避免这样的情况发生。

- 尽量在同一家批发商拿货：即使发现别家比他们的便宜，也尽量去和同一家谈，表达想长期合作的意愿，争取拿到便宜的价格。如果在网络上进货，在同一家拿货，也可以在一定程度上节省运费。
- 不要在批发商店里慢慢检查商品：从批发商处进货后，先将数量清点清楚，然后尽量减少检查商品的时间，这样可以增加与批发商之间的信任。可以在购入商品之前约定调换货品的条件，回去后发现产品有问题可以马上调换。
- 不要因很小的价格差距与批发商纠缠不休：批发商单件商品的利润很低，全靠批量销售来赚取利润，所以商品价格的下调不可能向零售一样，批发商的价格调整空间一般都在2%~5%之间，如果坚持要求获得更多优惠的折扣，会引起批发商的反感，而不愿进行合作。
- 不要盲目代销。尽管代销的进货风险很小，减小了资金压力和风险，但没有库存和资金压力，卖家不会用心想办法把东西卖掉，其销售动力不如自己备货的店主，业绩也难有所突破。代销所付出的时间成本也是经营成本之一，因此对于想把网店开好的经营者来说，最好不要选择代销。
- 不要舍近求远。能够在本地的批发市场进货的最好在本地进货，有时舍近求远，在其他地方进货，可能会出现价格比本地市场便宜的情况，但卖家也要考虑容易出现运费较高，残次品较多等风险。

3.1.4 初次进货数量

对于初次进货，卖家往往有些漫无目的，不知道该进多少货，进些什么货合适，经常会碰到拿完货回到家再次翻看，对一些货品又有些不满意的情况。

为了避免这样的情况发生，有以下几点建议可供用户参考。

- 每次不要带太多现金，强制性地对进货量有所控制。
- 不要失去主见，完全被批发商意见所左右。有的新手去拿货，因为不了解和不熟悉市场行情，所以看到别人拿什么货自己就拿什么货，批发商说什么好卖就按批发商的意见迅速购进，这样完全没有主见的进货态度往往造成货品混乱、不易搭配，更无从谈个人风格，所以去之前一定要分析好经营定向，是走低档还是中档路线。
- 注意季节性。以进服装为例，服装进货的季节时间一般会比市场提前2至3个月，所以不要看现在是炎炎夏季，但批发市场的生产厂家们已经在忙着准备秋衫了。如果卖家还在大张旗鼓地进夏季尾货，在为占了厂家换季的便宜而得意时，卖家拿回来的货也可能会因换季卖不上价，或需求少形成销售不理想的后果。

知识点滴

确定进货金额最简单的方法就是将整个店铺单月所有的经营和管理费用加起来，然后除以利润率，得出的数据就是每月要进货的金额。

批发和零售最大的区别是：批发商卖单个商品的利润低，只有通过大量的出货才能赚钱，而零售商卖单个商品的利润高，但出货量要比批发商少。

开店初期，大多经营者由于不想压太多的商品，因此他们会选择每种商品都只进一小部分作为样品，通过样品去渐渐了解消费者的市场需求。当发现该商品的

需求量很大时，再决定去补货，虽然这样做相对稳妥，风险要小。但这种方式也有一个缺点，就是当卖家向批发商提出购买单件产品时，要么就是没有人愿意给货，要么就是即使给货，价格也要比批发价格高出很多。这样一来，这件商品较高的进货价格加上一定的利润，必然会导致价格没有竞争力，很多顾客都会放弃购买，无形中干扰了专家对这个产品市场前景的判断。

因此专家需要深入了解客户人群的需求，对自己的选货眼光有绝对的信心，进货过程中给予批发商足够的诚意和信心，用数量来为自己争取拿到好的批发价格。

1 关于进货种类

进货商品种类第一次应该尽可能多，因为卖家需要给顾客各种产品供他们选择。当对顾客有了一定的了解时，卖家就可以锁定一定种类的产品了，因为资金总是有限的，只有把资金集中投入到有限的种类中，才可能做到单个产品进货量大，要求批发商给予更低的批发价格。

当卖家锁定某些种类的产品时，单个商品种类的数量可以细分为陈列数量、库存数量和周转数量。陈列数量就是放在货架上的数量，库存数量就是仓库里面备货的数量，周转数量就是在两次进货期间实际的出货数量。从有多年经营经验的经营者得出的结论看，起码每个单品要有3个才能够维持一个比较良性的商品周转。

当进了一件商品又出现了热销，卖家很快就需要为这个商品单独补货，这时无论从所花费的时间和资金上看，都是得不偿失的。而卖家不补货，又只能眼睁睁看着顾客失望地离开。 但如果卖家进了3件同样的商品的话，在销售完这3个产品的期间其他的产品也很可能需要补货，这样卖家就可以一次性去补货来提高补货的效率，从而节约补货开支。

2 关于批发商的支持

能影响批发商对卖家的支持有两个因素：第一个是卖家的首次进货金额，如果卖家首次进货金额太少，批发商就会认为卖家没有实力，或者卖家对他的产品信心不足；第二是补货的频率，如果卖家经常到批发商那里去补货，即使数量不多，但批发商还是认为卖家的货物周转快，能够为他带来长期的效益。批发商对卖家的支持表现在一旦有新货会尽快通知卖家，而且可能下次进货的时候他会自动把价格调整下来。还有就是批发商如果认为卖家是重要客户，一般都会向卖家透露近期哪类商品热销，了解这些行情会让卖家对市场和客户判断更准确。

3.2 寻找进货渠道

有了货源，网店才能顺利开张。但对于初次经营网店的卖家来说，如何寻找货源一直是困扰他们的最大难题。要想通过网店赚钱，货源很关键。

3.2.1 从批发市场进货

大多数卖家都会想到批发市场进货，这是大家熟悉的一种进货方式，也是迅速取得货源的有效途径。

1 批发市场进货的优缺点

在开设网店的最初阶段，由于销售量不大，很多新手卖家都会选择从当地的批发市场进货。在进货前，首先要认识到批发市场存在的一些优缺点。

优　点	缺　点
能够亲身接触商品实物	商品在质量和做工方面鱼龙混杂，需要一定的鉴别能力
批发价格相对于市场价格便宜	商品定价不规范，需要有一定的议价能力；有些批发市场的起批量较大，成本较高
商品款式丰富，选择余地较大	需要和多家批发商保持合作，并且需要卖家有一定的市场意识
批发商一般比较稳定	容易出现货物出门，概不负责的情况，应注意和批发商谈好调换货等问题
熟悉市场行情，了解流行趋势	从批发市场进货的卖家多，容易造成某一商品的高重复率，不利于竞争

2 寻找批发商

批发商分为大批发商与小批发商，其中大批发商有一级、二级和三级批发商。大批发商适合网店已经有些规模，有一定实力的中等卖家。

- 一级批发商一般都是直接由厂家供货，很容易用搜索引擎找到，并且他们能提供稳定的货源，货品的利润空间较大。但是一级批发商因为订单较多，换货麻烦，并且一般不退货。如果找一级批发商进货，有可能出现售后服务跟不上的情况。
- 二级和三级批发商，适合刚刚起步的小卖家。这些小批发商大都是从零售业转为批发的，他们对自己批发的商品和顾客需求比较了解，掌握商品的流行趋势。

小批发商常常信誉度不明，不能从第三方得到诚信证明，所以在与小批发商交易时，先小批量合作开始，等了解了他的行事方式和服务态度后，再进行大规模的合作。

与大批发商交易，在订货前，一定要将商品细节和服务方式确定好。如果订货数额较大，最好能签订规范的售货合同。

在与批发商打交道的过程中，还要注意，在各大批发市场，批发商之间也是有合作的。有些小批发商本身没有货，他会从别的批发商手里拿到商品，再批发出去。这样，跟他打交道，肯定会增加进货成本。要避免这种现象，就要不怕麻烦，多跑几个批发市场，不漏掉任何可能的机会，才能确定进货源头，避免上当受骗。

一般来说，每个批发商都会有主打商品，这类商品都是他们从关系好的厂家直接进货，价格上具有一定的优势。如果不嫌麻烦，找多个批发商，分别批发他们的主打商品，可以得到许多实惠；如果嫌麻烦，那还是找售后服务较好的批发商，避免今后在退换货时发生纠纷，浪费时间和金钱。

3 与批发商沟通

在与各类批发商打交道时，应该注意一些细节，它可以帮助卖家成功达到目的。

- 要注意个人形象，要落落大方，不拖泥带水，要充满自信，给人以“做大事”的印象。
- 说话要内行、有水平、有见地，不要被人小看。
- 要善于和批发商交朋友，投其所好，争取好的价格和调换货的好处。
- 对价格不要过于计较。如果为了小钱和批发商反复砍价，会让他看不起。如果卖家能与批发商合作直爽一些，会赢得更多合作机会。
- 如果是新开店，进货较多，可说服批发商为卖家开业铺货，垫付货款。这样进货比较多，可以受到批发商的重视，卖家可以在下一次进货时把上次的欠款还清。这样，不仅可以充分利用批发商的资金优势，还可以赢得良好的信誉。

- 在调、换货等售后服务问题上，要事先与批发商达成一致，以免以后出现经济纠纷。协议内容可以是什么货品能换，什么货品不能换，换货周期是多长等。
- 要相信自己的眼光和直觉，不要过分相信批发商的话。例如，服装批发商在向客户推荐款式时，总是会说，这个款式销量很好，某商品马上售空等，这其实是批发商的一种手段。如果因此而轻信，很容易造成货品积压。

- 与批发商的每一次货款交易，都要保留好凭证。如进货时对方开具的发货单等，最好有专门的夹子存放。如果对批发商有欠款，一定要在还清欠款后，请对方开具收条并妥善保管。对方如因种种原因，再次要求还款时，要保证有依据说明货款已经还清，否则容易造成经济纠纷。
- 从批发商处直接进货，虽然价格略高一点，但是因其可以少量进货，且服务态度又比较好，因此这是很多新手卖家的首选。另外，一些实体小店也是网店卖家一个不错的选择。这些实体店一般位置比较偏僻，因此商品价格也比较低，而且质量还不错，最重要的是这些小店里的商品，在批发市场上不常见到，所以跟这些小的实体店店主商谈批发时，进货价可商量的余地较大。

4 批发市场进货技巧

在批发市场找到货源后，可先进少量的货试卖。如果销量好，再考虑增加进货量。

下面总结了批发市场进货的一些技巧，以供读者参考。

- 即便是第一次来进货，也要装作是熟客的样子，跟批发商讨价还价。
- 在批发市场进货，要注意观察辨别出批发商场上的“托儿”，这些“托儿”都是批发商找来的一些假装来进货的人。
- 即使是在同一个批发市场进货，同样的货也要多比比、多逛逛、多问问。
- 进货要到货物比较集中，种类较多，客流量大的地方。
- 批发市场商品品种丰富，但是多了一个批发商环节，会导致价格偏高，另外可能在买卖中对批发商的信誉不是很清楚，有可能上当受骗。

5 批发进货注意事项

作为怀揣梦想辛苦创业的新手卖家来说，开店容易，但进货难，特别是要进到合适的货物更难。下面总结了作为一个新手卖家，从批发市场进货时需要注意的事项。

- 不宜与同城同行一起进货：不宜与同城同行一起去进货主要是避免造成所进货品重复而带来不必要的竞争。此外，在进货时，主观思想也会受他人的影响而偏离。商场如战场，竞争是无情的、残酷的，所以这个细节必须要考虑。
- 穿着打扮与交谈技巧：新手去进货时，一般那些批发商都能从他的语言和打扮上看出个大概，因为大多穿得跟平时一样，手上也没有标志性的拿货小推车，问价时喜欢问多少钱一件？这件怎么卖？或可以拿几件等，批发商通常会有意地加价，因此建议如果货不多用不上小推车的话，可以手上拿1至2个批发市场最常见的大塑料袋(最好以黑色为主，因为装的什么谁也看不到)，问价时以“怎么批”或“打包多少”为主，不要问多少钱一件等市场上零售的问法。

多家问价：在批发市场，衣服、鞋帽、包包、饰品等店铺林立交错，眼花缭乱、目不暇接，所以鱼目混珠假扮厂家而投机取巧的大有人在，行话就叫“炒货”，碰到此类情况，最简单有效的应对方法就是第一次去先不要急于拿货，多问多看多转，把市场行情摸清，做到心中有数，才能游刃有余。

钱货要当面清点：这里所说的清点有两层含义，一是当面清点好钱款，二是当面清点好货品。清点钱款时，注意杜绝收到假币的情况发生。清点货品时要尽可能细致地检查(在人头攒动的批发市场，特别是紧俏新品被人疯抢时，少发货、发错颜色、尺码、款型的事经常发生)，遇到有问题的货品时应当立即调换。如果是数量大的批发货品，虽然厂家承诺有问题可以调换，但很多拿货的人是不会有耐心去一件件细致检查的；而这里的检查是针对新手网店店主这样的小卖家来说的，进货数量不多又没时间经常去的小卖家，完全可以做到当面检查和当面调换，把瑕疵和损失概率减到最低。

记下中意店铺的联系方式：每个店家的风格都会有所不同，所以淘货也会受到这样的主观影响，去批发市场淘货，如果遇到适合自己风格的店铺，建议留下名片，作为今后长期合作考虑的对象，同时也方便找到店铺。此外，与店铺联系比较方便，一些诸如进货、退货、补货等情况可以通过电话联系。

3.2.2 寻找厂家进货

从正规的厂家进货，货源更加充足。如果长期合作的话，一般都能争取滞销换货等条件。但是，厂家要求的起批量非常高，以外贸服装为例，厂家要求的批发数量至少要近百件甚至上千件，达不到这个数量不但拿不到最低的价格，甚至可能连基本的合作都争取不到。

因此，从厂家进货，一般不适合小量批发的新手卖家。如果卖家有足够的资金储备，并且认准不会有压货的危险，或不怕压货，也可以去找厂家进货。

如果卖家选定的经营产品在网下不算热销，或者商品本身有一定的品牌效应，最好能到厂家拿到最低价格的货源。如果卖家能得到厂家的支持，既可以提升网店的专业形象，又可以顺利开展网上业务。但是，这种进货渠道需要卖家具备独到的眼光，只有这样，卖家才能尽量避免压货局面的出现。

从厂家进货虽然可以拿到最低价格，并且货源充足，但因厂家发货都是跑量，所以卖家可能会有压货的风险；另外，商品卖出以后，换货有时会很麻烦。这些利弊都需要新手卖家在进货前考虑清楚。

3.2.3 寻找代理商进货

寻找代理商，实质就是寻找批发商。所不同的是代理一般只是经营一个品牌，并且，这个品牌在消费者中已经有了知名度。网上经营这类产品会比较顺利，因为许多网上消费者在搜索物品时，搜索品牌名是最为方便的。

寻找品牌代理商，最简单的方法就是去产品的官方网站，查询所在地一级代理商的信息。其实，在淘宝网上很多大卖家，就是某类产品的省一级代理，或者就是厂家。找到代理商后，谈好价格，尽量利用他的产品资源。卖家需要做的就是把他的商品图片、信息上传到自己的小店，而不必存货到家，由代理商替自己发货。现在，淘宝网上存在的许多加盟连锁店，也是这样取得货源的。

3.2.4 寻找外贸尾单货源

国内的外贸加工企业在完成国内的订单后，将剩下的一部分产品在国内另行处理和销售，这些剩下的产品就是外贸尾单货。外贸尾单货的进价低，利润很可观，是当下十分抢手的货源。

1 外贸尾单的种类

目前，市场上的外贸尾单通常可以分为外贸原单、外贸跟单、外贸追单和外贸仿单4种。

- 外贸原单是在出口质检中没有达到品牌商的要求而被品牌商退回的，或因加工方交期延误退回的，但并不影响其正常外观和使用的货品。一般情况下，一些国外知名品牌是不允许有外贸原单货流入国内市场的。因此，外贸原单大都为国外一些不知名品牌或在国外知名但在国内不被人熟知的品牌。

- 外贸跟单是指厂家用完成出口订单后剩余的部分面料和辅料，按照外贸的款式生产的未经检验的货品。这类货品在品质上基本和尾单货没有太大区别，但在一些材料的做工和质地上无法与国外的相提并论，一些专业人士还是一眼就能辨别出其中的不同。

- 外贸追单是当加工的原料已经用完，品牌商需要追加订单的时候，国内的加工厂商自行采购一些相似的面料按照原单进行加工而生成的货品。这类外贸尾单货虽然无法与原单相比，但质量还是可以得到保证的，毕竟厂家也希望可以和品牌商并驾齐驱。

- 外贸仿单是厂家选用和订单相似的面料进行仿制而成的产品。由于其利润的可观性，如今服饰一类的仿单在市场上很泛滥，产品质地也是参差不齐。

2 外贸尾单的优点

目前，外贸尾单货之所以受到很多网店卖家的青睐，是因为外贸尾单在销售中具有以下几个优点。

- 价格较低：一些加工外贸尾单的厂家为了清理库存，回笼资金，会以极低的价格处理外贸尾单。然而，正是因为外贸尾单的价格极低，一些厂家会要求买家全部包下所有尾货。这对于销售渠道狭窄的经营网店的卖家来说还是存在很大压力的。
- 品质有保证：外销商品从下单到加工、检验，再到出口，每个流程相比国内的商品生产都要严格很多，且由国外品牌商提供原料和设计方案，即使是一些被退货的产品，品质也是有所保证的。
- 走在时尚前沿：外销的商品主要针对的是国外市场，在流行时尚方面，国外市场的流行趋势一直是国内市场的风向标，引领着国内的潮流动向。如日系风、英伦风、欧美风等，备受时下年轻人追捧。

3 外贸尾单的缺点

虽然外贸尾单货无论在品质还是价格上都有着绝对优势，但也并非人们想象中的那么超值。其实，外贸尾单货也存在一些缺点。

- 假货较多：由于外贸尾单货在品质、时尚性和价格上都具有很大的优势，使其成为如今市场上炙手可热的货源品种。因此，许多厂家会打着“外贸尾单”的旗号出售自己的库存。若用户没有一点外贸知识，就很容易上当受骗购入无法适销的产品。
- 数量有限：一般真正的外贸尾单货数量有限，要争取到外贸尾单货的机会不多。况且，一些出口外销的生产厂家长期与外商交易，有一定的资质和门槛，不屑与个体经营者交易。因此，对于网店卖家来说，要拿到外贸尾单货并不容易。

4 判断外贸尾单的方法

对于一些缺乏专业知识的新手卖家来说，判断外贸尾单货的真假是较困难的一件事。那么，如何才能鉴别真正的外贸尾单货呢？下面就介绍几种简单的鉴别方法以供用户参考。

- 看面料和辅料的质量。真正的外贸尾单服饰面料一般都是进口的，以天然材质为主，如真丝、牛皮、纯棉等，且手感很舒适。
- 看面料细节，有些面料带有印花图案，外贸尾单服饰通常会采用先进的印染技术，在印花工艺流程上相对复杂和考究。若一时无法鉴别，可以先到正品的专卖店体验一下真货，再做出比较。
- 一般一些知名的国外品牌不会将当年的

新款以外贸尾单的形式在外销售，通常拥有品牌授权资质的专卖店才可能出现。因此，若看到市场上外贸尾单中有某品牌的新款样式，大多都为仿制品。

3.2.5 寻找有民族特色的货源

中国的经济发展让越来越多的外国人开始关注中国，关注中国文化。一些具有中国传统民族特色的工艺品开始以全新的姿态展现在流行的舞台，并且创造着巨大的经济财富。

我国是一个多民族的国家，各民族都有着自己特有的传统和文化，民族特色工艺品为我国的民族文化增添了许多亮丽的色彩，同时也蕴含着无限商机。

- 文化价值：各民族丰富多彩的风俗民情，是一个活的历史博物馆。在丰富的文化背景下，民族特色商品店不再是单纯地销售产品，而且也在传递一种民族文化。

- 原生态价值：民族特色工艺品大都为纯手工制作，保留传统的制作工艺。在作品的背后，可以看到一个民族的民风民俗、历史文化以及祖先赋予他们的勤劳和智慧。

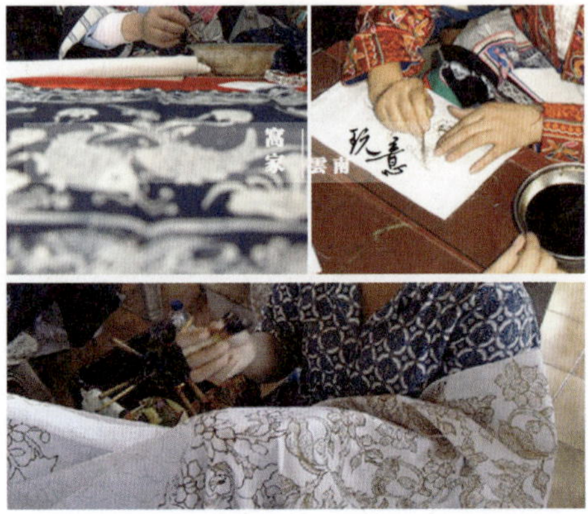

- 实用价值：很多人都把传统文化产品当作观赏品，而忽略其实用性。其实，很多民族特色工艺品在实用性上一点不比普通的商品差。

当然，民族特色工艺品也有其局限性，不仅要考虑商品的来源和销路，还要考虑其成本和顾客的心理价位等。

- 民族特色工艺品具有地域性，如果亲自找货源，进货价格加上运输费用会导致成本较高。
- 民族特色工艺品主打特色文化，不符合一些顾客的品位。
- 民族特色工艺品对国外的顾客更具吸引力，但目前联系国外客户的途径并不多，对新手卖家来说比较困难。

3.2.6 寻找有地域特色的货源

所谓“靠山吃山、靠水吃水”，利用地理优势来寻找和发展货源，也不失为一个好方法。

沿海地区拥有丰富的水产资源，盛产各类海鲜，是人们餐桌上的美味佳肴。一些干制海产品更是味道鲜美，深受人们的喜爱。沿海地区的卖家可以充分利用沿海的资源优势，将一些海产品干制后拿到网上出售，如鱿鱼干、虾干等干制海产品，这些海产品都是网上十分畅销的休闲食品。

在我国的一些依山地带，山区特产通常是当地居民发展经济的优势资源。如茶叶、黑木耳、山核桃以及一些山笋蘑菇等，都是山区特有的“珍宝”。

目前很多山货都以真空包装出售，是比较适合在网上销售的一种产品。

3.2.7 自创虚拟货源

随着互联网的发展，一些以网络为依托的虚拟货源也在网上兴起。凭借自己的智慧，运用网络技能自创无形货源，也是开网店赚钱的一种好方法。

虚拟货源之所以受到很多人的欢迎，是因为其具有以下几个特点。

- 成本低，除了需要具备一些软件外，基本不需要任何投入。
- 无须进货，无库存，经营项目较灵活，一种项目经营效果如果不佳，可以及时更换其他项目。
- 卖家可以充分发挥个人才能，做出受买家欢迎的宝贝。

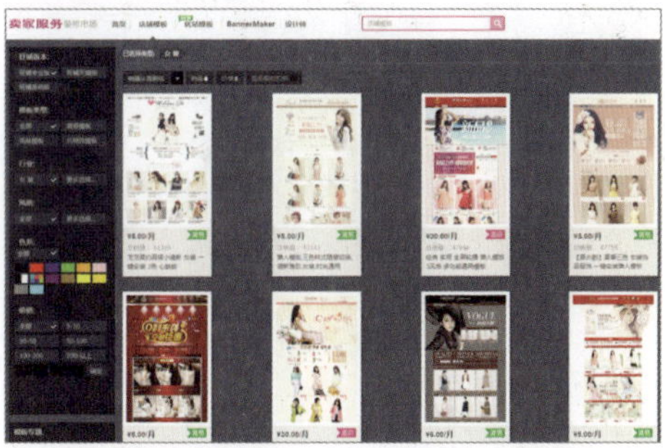

目前网络虚拟商品主要有游戏币、手机话费充值、个性签名、网店装修以及专业设计等，这就需要卖家懂得一些网络技术，具有一定的设计能力。

3.3 通过网络寻找货源

网上货源品种多，货物周转渠道少，价格也相对便宜，对于卖家来说，依靠网络寻找货源可以省下一笔进货开支。随着电子商务的发展，网上进货已成为一种主流方式。

3.3.1 网上进货的优势

作为网络时代的网店卖家，依靠网络寻找货源已是众多卖家必学的“生意经”。网上进货主要具有以下几个优势。

- 紧跟时尚潮流，网络总是掌握着最新的流行资讯，各种时尚信息一搜便知，只要看看商品的点击率就可以知道哪种商品最受欢迎。

- 成本低。网上进货不用卖家亲自去货源地取货，可以省下进货时的路费、食宿费等额外费用，使进货成本大大降低。
- 灵活自如。卖家可以根据库存的多少调整进货计划，随时在网上购进货品，补充库存，不但选择余地较大，而且还可以享受批发价。
- 货物价格便宜。由于省略了中间商和代理商，因此货物的价格往往比本地市场要便宜。

有了网络这个平台，不仅扩大了商品的销售渠道，也给网店卖家提供了更加多元化的货源，只需要用鼠标轻轻单击，就可轻松找到想要的货源。

3.3.2 使用百度搜索货源

百度是目前国内规模最大的中文搜索引擎，它提供了简单易用的免费服务，用户可以在瞬间得到相关的搜索结果。网店卖家可以利用百度搜索自己想要的货源信息。

【例3-1】使用百度搜索引擎搜索货源。

视频

01 打开百度首页，在搜索栏中输入货品的关键词，单击【百度一下】按钮，即可搜索到许多关于该货品的信息。

02 在浏览器的地址栏中输入网址：http://www.baidu.com/gaoji/advanced.html，然后按下Enter键，可以进入百度高级搜索页面，在该页面中用户可对搜索条件进行更详细的设置。

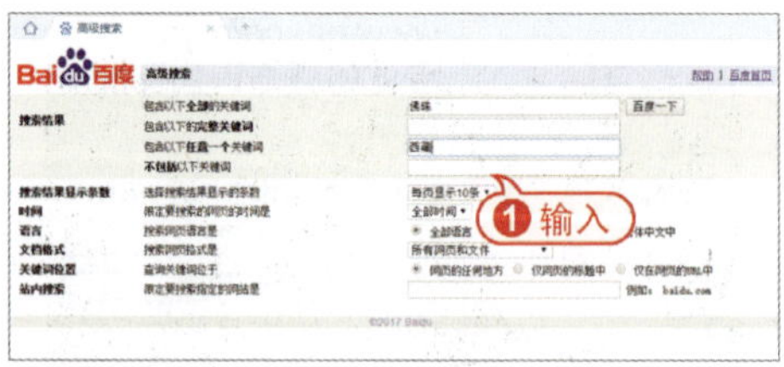

03 单击【百度一下】按钮，即可按要求搜索相关信息。

知识点滴

使用高级搜索功能可以缩小搜索范围，并可以按照个人意愿进行搜索。

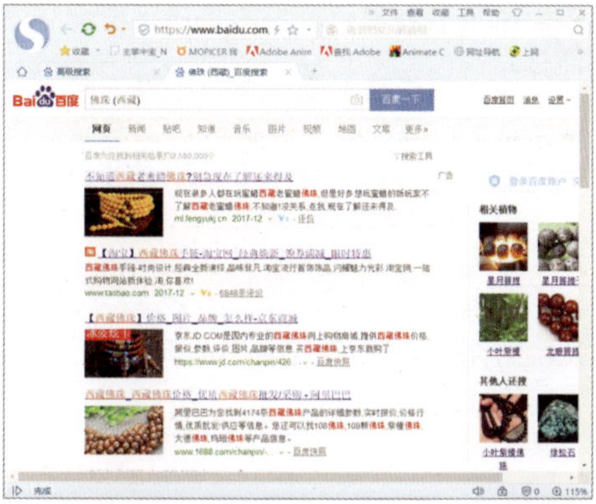

3.3.3 在行业批发网站找货源

如果卖家想要经营一些比较常用的商品，如服装、饰品、箱包等，一般在网上都有这些商品专门的批发网站。

行业批发网站是专业网站，资讯比较全面，且供求信息比较多，也比较新。下面列举一些比较知名的行业批发网站供卖家参考。

网站名称	网　址
聪慧网	www.hc360.com 货源充足，堪称中国第二行业网站
中国服饰网	www.efu.com.cn 专业的服饰销售及批发网站
中国饰品网	www.jewelchina.com 提供各大饰品企业信息资讯，安全可靠，是国内知名的饰品门户网站
中国批发网	www.zgpfw.com 面向礼品公司、精品店、网店、淘宝卖家、外贸公司及各级批发商的小商品配送网站

3.3.4 在阿里巴巴寻找货源

阿里巴巴是全球最大的网上采购批发市场，拥有近千万的注册会员，其货源储备相对完善，批发商实力雄厚，适合于大量采购的成熟卖家。

如果当地没有合适的批发市场及其他进货渠道，也可以选择在阿里巴巴网上寻找进货渠道。在现实生活中，要找到好的并且合适自己的厂家并不容易。当然如果想找行业龙头老大也是很容易的，但是很可能因为进货量不能满足厂家要求，最终不能如愿。但是在阿里巴巴就容易多了，只要具备一定的网络基础知识，就可以很容易地找到所有相关行业的厂家资源。在这些厂家资源中，通过优胜劣汰就有可能“淘”到优质的货源。

另外，到阿里巴巴进货，很多中小城市的卖家就不用千里迢迢地跑到大城市去考察货源、拿货、发货了。在许多有关淘宝的经验中，都提到了从阿里巴巴进货是个好方法。这种方法对于许多苦于没有货源的新手来说，确实很有吸引力。下面就详细讲解如何到阿里巴巴进货。

1 搜索商品信息

淘宝网卖家可以通过阿里巴巴的主页来搜索商品信息，而且在淘宝专属货源基地进货也会相对安全。

【例3-2】通过阿里巴巴主页搜索货源。

视频

01 访问http://china.alibaba.com，打开阿里巴巴的主页。

02 在阿里巴巴主页的【货源】搜索文本框中输入要查找的货源名称，例如输入“佛珠手串”，单击【搜索】按钮。

03 此时即可查找到相应的产品信息，单击所需进货的产品。

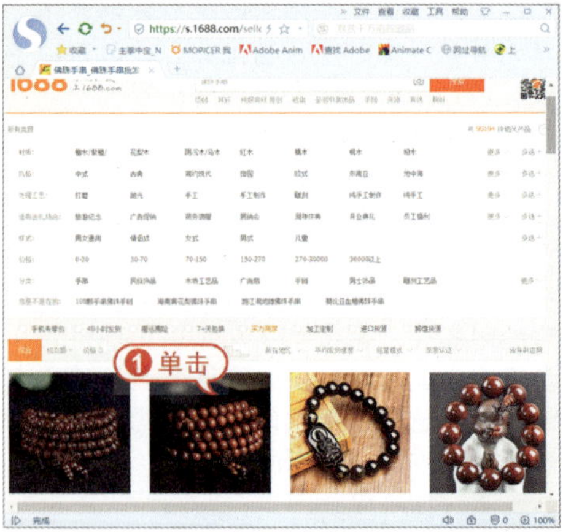

04 在商品购买页面上单击联系人名称旁的阿里旺旺图标。

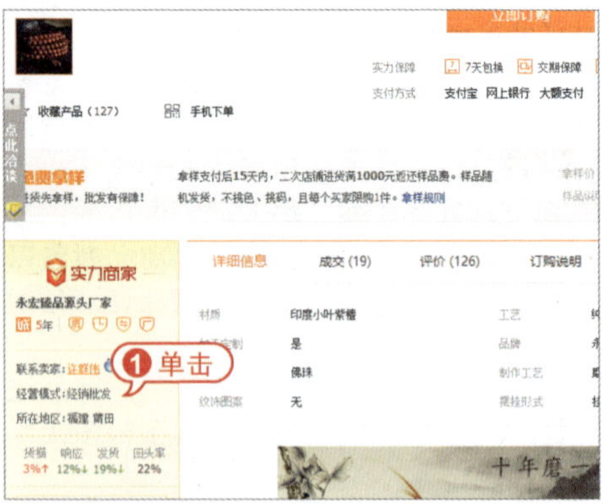

05 添加进货商家为阿里旺旺联系人，然后通过阿里旺旺进行交谈(在搜索进货产品时，阿里巴巴会将所有有关的搜索产品信息都分类，只要单击相应类别就可以看到具体商品信息和供货商的信息了)。

2 批发直达

【批发直达】是阿里巴巴旗下的一个商品批发网站，提供原材料、工艺品、家居日用品、服饰、小商品等货源的批发。

通过【批发直达】搜索货源的方法如下：

首先启动浏览器后输入网址：http://pifa.china.alibaba.com，然后按下Enter键，打开阿里巴巴批发直达的主页。

单击【厂家批发】链接，打开厂家批发页面，在搜索文本框内输入“手套”(默认在“厂家批发”文字后)，单击【搜索】按钮。

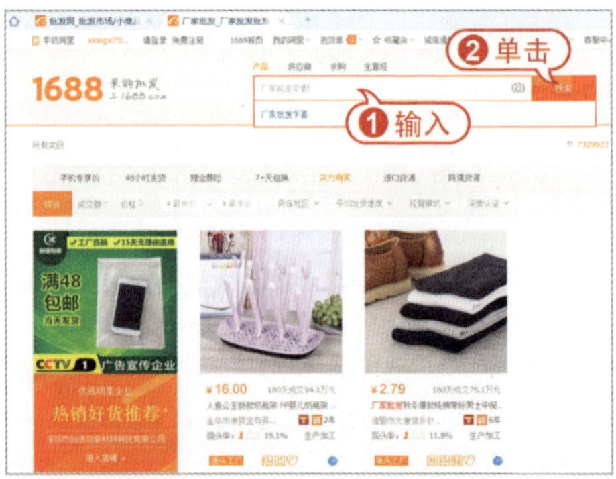

此时即可查找到相应的产品信息，在【批发直达】页面上方的【所有类目】区域中，用户可设置具体的筛选条件。

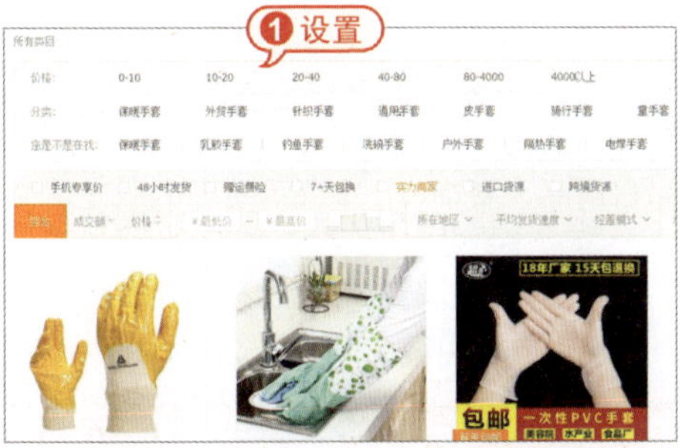

系统将自动按照用户的选择筛选出符合条件的商品。

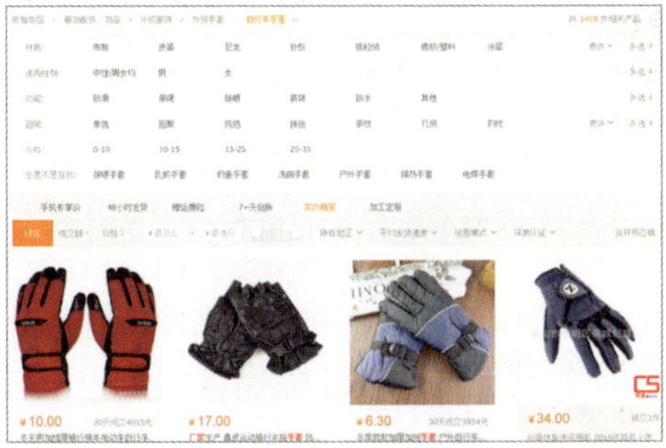

3.4 加入淘宝供销平台

供销平台是淘宝网为卖家提供的一个货源批发平台。卖家只需一个淘宝账号就可以选择需要的货源进行下单，使用支付宝支付货款即可批发到优质货源。

3.4.1 淘宝代销的优缺点

供销平台是淘宝网专门为商家提供代销、批发的服务平台，这一平台是完全平等开放的。

1 淘宝代销的优点

随着淘宝规模的不断扩大，淘宝供销平台(https://gongxiao.tmall.com/index.htm)应运而生，搭建起了厂商和客户之间的桥梁，使得供应商能够充分利用分销商的资源进行商品销售。

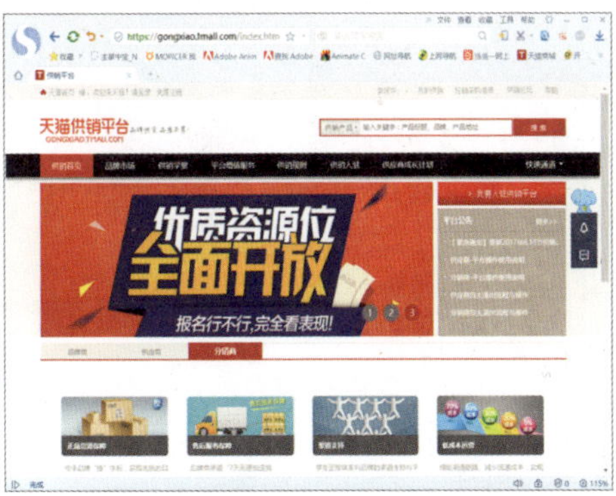

对于供应商而言，加入供销系统可以迅速搭建起高品质的网络渠道，挑选出数百万优质卖家帮忙销售。依托淘宝网高效的管理平台，供应商可以进一步降低产品成本，保证库存同步。相比传统的供销方式，通过淘宝的供销平台还可以限制和监控零售价格，达到规范市场的目的。此外，供销平台会自动生成采购单，可以有效地防止串货等问题。

供销平台上的供应商通常采取免费加盟、一件代发货等服务，使分销商零库存、零风险，其渠道加盟成本和经营成本降到了最低；此外，加入淘宝供销的供应商一般都属于优质供应商，其商品质量以及提供的售后服务都有一定的保证，相对而言风险较低。

因为不用亲自进货，也无须对商品进行过多的管理，网络代销受到了很多大学生或白领人士的喜爱。

作为当下较为普遍的一种网络开店的销售形势，网络代销自然有它一定的优势。对于新手卖家而言，加入淘宝供销平台具有以下优点：

- 卖家无须为进货资金发愁，不需要亲自进货。

- 不存在商品压货的风险，即进即销，在商品售出之前，卖家无须承担任何费用。
- 商品供应商提供商品图片，卖家不需要修饰图片，网站下载即可上传。
- 商品供应商提供完备的商品说明。在商品说明中，提供全面的商品介绍，包括尺码、尺寸、颜色、面料、品牌介绍等，并有客服随时回答商品相关问题。
- 商品供应商以代销卖家名义代为发货，卖家只需要向供应商提供买家相关收件信息，供应商即可直接将商品寄给买家。
- 供应商提供货源，商品种类丰富、全面，可供选择余地较大。

2 淘宝代销缺点

淘宝代销作为一种商品销售的新模式，为许多网上开店的卖家提供了新的选择。然而，淘宝代销还是有风险的。代销模式主要存在以下几个缺点：

- 代销卖家见不到商品实物，不能为买家提供品质的保证，退换货情况较为普遍。
- 卖家没有亲自接触过商品实物，无法回答买家的询问，服务很难做到位，很难得到买家的好评。
- 同一商品供应商旗下拥有代销商少则数家，多则几十甚至上百家，并且有统一的经营模式定位，很难有突破，竞争十分激烈。
- 供应商和卖家在售货与发货上各司其职，若供应商在发货上出现差错，代销卖家很容易招致买家不满。
- 买家用支付宝支付货款后，卖家向供应商支付了货款，如遇邮寄中货物被损坏、快递途中丢失货品、商品与描述不符、商品被人冒领等情况，货款将有风险。
- 一旦出现货物的质量问题，代销卖家无法确保供货商能兑现售后承诺，买家怨声载道，卖家得不偿失。

另外，代销卖家在销售商品时也会受到价格的限制，即必须遵守供应商的定价规则，不能随意调整价格。这虽然在某种程度上避免了恶意竞价，但是代理商的商品没有价格优势，很难得到买家的垂青。当货源商的知名度扩大，买家容易发现供应商并直接和货源商成交，这直接导致代理网店卖货更难，利润更低。

3.4.2 选择合适的供应商

做好网店代理关键在于选择一个好的产品和一个好的供应商。

首先，新手卖家可以参考以下要点选择一个好的代理项目：

- 擅长的主营行业。卖家选择自己熟知行业的商品是促进自身成长及提高订单量的必备条件。
- 产品质量可靠。能够保证产品质量和保障消费者权益，是分销商和供货商合作的前提，也是避免出现交易纠纷的前提。
- 售价低、利润大、竞争小的商品。这种商品可减少积压货款，降低资金风险，获得更多利润。
- 功能简单、使用容易的商品。这能避免分销商因看不到实物，无法为买家解决问题的尴尬。
- 网下设有专卖店的高价格、高利润的品牌商品，对买家来说网上买更实惠的商品。

其次，有了好的产品还不够，还需要有好的分销政策和供应商。

- 做网店代理不用缴纳任何费用。不承担货款回收风险，不用垫付货款。
- 详细的产品描述。供应商应该提供完整详细而且富有细节图的产品描述，避免分销商只能凭想象向买家介绍商品。
- 良好的售后服务。供应商良好的售后服务可以确保消费者在收货后如果遭遇到产品质量问题或运输问题能够得到良好解决。
- 累积销售额越高，供应商返回的额外利润越高，避免有实力和无实力的分销商使用同一个代销价。
- 供应商绝对不做零售。代销商不用和供应商竞争，不会被利用来变相为供应商做免费广告。
- 良好的库存管理。避免出现买家下单之后，供应商缺货，并且无法及时补货，造成分销商被差评的情况。
- 运费优势。如果供应商收取的快递费用高于市场平均价格，将会对生意的成交造成阻碍。
- 配送时间。了解供应商大致的订单处理流程及配送时间，结合自身经营习惯，做好完美搭配。
- 渠道激励。除了商品的毛利外，成熟的供应商还会不失时机地为分销商提供销售返点、推广支持，以及提供节假日特价产品等配合分销商进行销售。
- 店铺装修。一家成熟的供应商会提供关于供应商品品牌方面的装修或者推广方面的素材，与分销商达到双赢效果。
- 配置分销商客服。商品的问题咨询、快递问题、订单相关问题的沟通、售后服务渠道沟通等都需要供应商的客服来协助分销商完成。

确定了经营项目类型后，就可以通过供销平台来搜索货源了。

在天猫供销平台的【品牌市场】页面中，可以根据商品分类搜索货源，或在搜索栏中直接输入商品名称搜索货源。

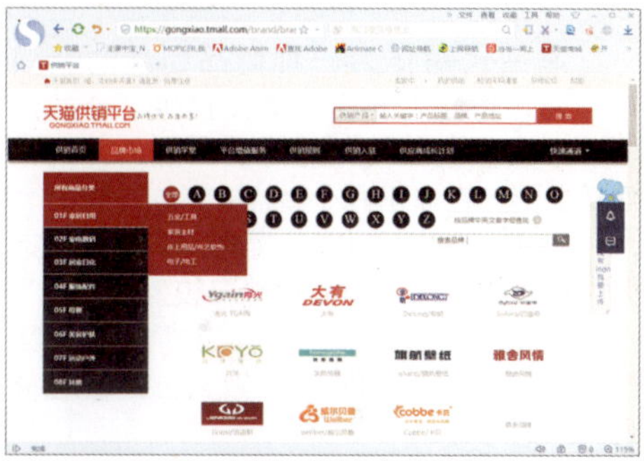

3.5 网上进货须知

虽然网上进货给卖家带来了便利和实惠，但卖家在进货时如果不多加留意，很容易被网上的不良商家欺骗。本节来归纳总结一些网上进货的防骗和交易技巧。

3.5.1 网上进货防骗常识

对于新手卖家来说，在通过网络进货时，一定要提高自己的安全意识，防止受骗。用户可参考以下几点。

1 查看公司/个人经营资质

正规的公司销售网站一般都有公司简介或公司的注册号、资质证书等相关信息。在进货前最好能电话联系到网络供货商，若能在其实体店查看则更保险。如果是以个人名义注册的批发商，则要查看其是否具有约束机制，如淘宝网规定使用支付宝进行交易，若该商户不使用支付宝进行交易，则要三思而后行。

2 商家是否有不良记录

要验证该批发商是否属于正规注册商家，可以在网上对其进行相关搜索，包括介绍、宣传、注册信息等，如果有违规等不良记录或顾客投诉信息，也能有所了解。可查看淘宝批发商的店铺信用等级以及买家评价等信息。

3 谨防价格陷阱

虽然网上进货价格相对便宜，但商家还是会保留一定的利润空间，若价格与市面上的相差太大，则需谨慎。

4 以低价物品成交

第一次和批发商进货时可以先尝试性地购进一些低价的商品，有了第一次交易的经验可以增进对该商家的了解，对其销售、发货、客服等方面有深刻的体会和感受。如果一切都还满意，则可以放心与其进行下一次交易。

3.5.2 网上进货交易技巧

随着互联网时代的到来，网上进货已成为一种趋势。网上进货虽然对卖家来说可以省下不少进货成本，但往往一些卖家由于贪图网上进货价格便宜，不懂得进货的技巧，给自己造成很大的损失。下面介绍网上进货时的小技巧。

1 找可信度高的网站

在网上搜索批发网站时，如不多加注意，很有可能进入带有病毒的网站或恶意网站。因此，卖家最好选择一些正规的货源网站。

如果淘宝卖家一开始没有网上进货的经验，那么可以去淘宝社区搜索一些有进货经验的卖家写的帖子进行借鉴。如果能够联系到发帖的卖家并咨询一些可信度较高的货源网站则更好。

2 关注批发细节

网站进货要注意仔细辨别货源图片，避免进到一些以图片冒充实物或实物与图片有极大落差的商品。

3 多与网络批发商交流

多与批发商交流，在交流中可以了解批发商的真实性。如果确实觉得可信，再与对方进行交易，避免上当受骗。

3.6 进阶实战

本章的进阶实战部分为在供销平台查找货源这个综合实例操作，用户通过练习从而巩固本章所学知识。

【例3-3】在供销平台查找货源，并申请与供应商合作。视频

01 登录淘宝网首页，进入卖家中心，选择【卖家地图】选项，在打开页面中单击【供销平台】链接。

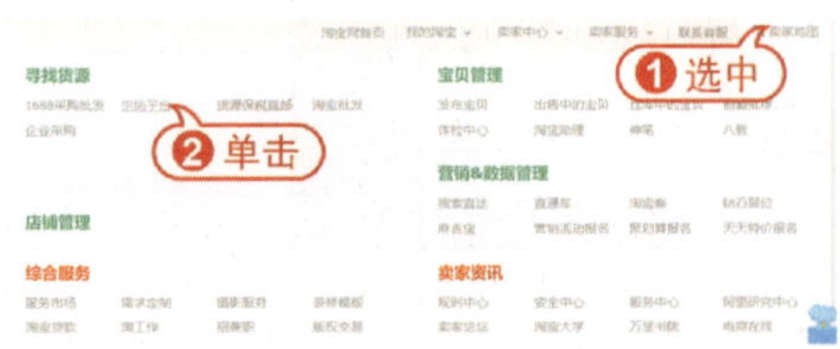

02 打开供销平台首页，然后在页面中的文本框中输入“菩提子”，并单击【搜索】按钮。

03 在打开的商品列表页面中单击选择感兴趣的商品。

04 查看该商品的详细信息，然后单击【查看供应商招募要求】链接。

05 如果符合招募条件，并有意向与该供应商合作，可单击【申请合作】按钮。

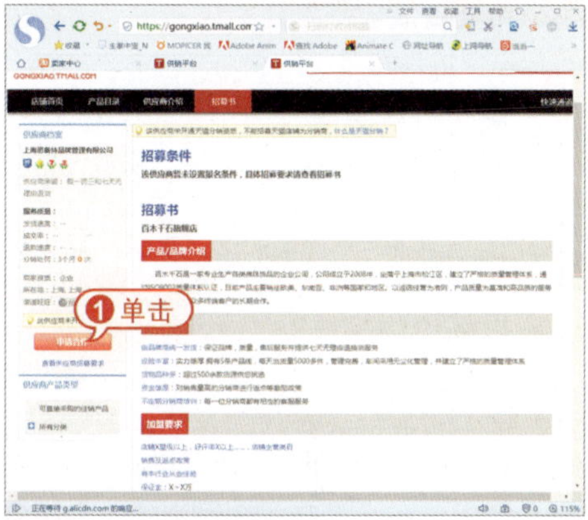

06 在打开的页面中可查看该供应商的详细介绍和具体的分销细则。

07 在页面的最下端可输入给该供应商的留言，然后选中【同意以上服务条款】复选框，单击【提交申请】按钮，可提交代销的合作申请书，此时等待供应商确认即可。

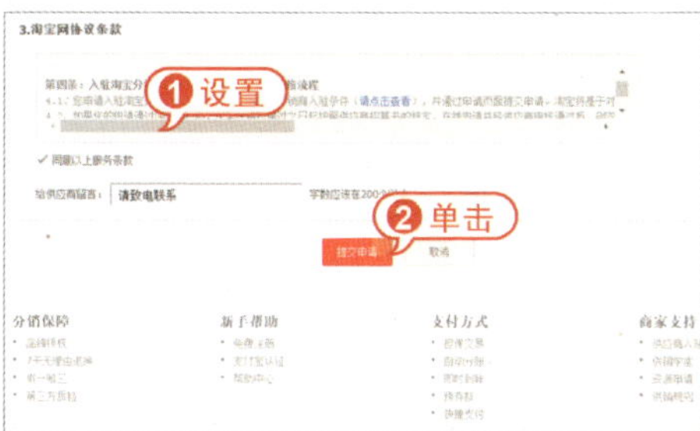

3.7 疑点解答

问：网络代销要注意哪些问题？

答：无论是在网络还是一些媒体杂志上，随处可见加盟品牌代理的广告信息。面对众多的品牌，很多人都不知所措。代理商对于品牌的选择关系到自身的销售业绩。要想成为品牌代理商要注意以下问题：

- 了解该品牌，了解厂家，了解产品。要加盟代理一个品牌，必须对该生产企业、品牌理念以及产品性能等有一个全面的了解，包括企业类型、规模、信誉以及品牌的影响力和主要消费群等。一是为了避免代理陷阱，二是为了看看自己是否有能力为该品牌做代理。
- 认识到代理存在的风险。成为品牌代理也并非加盟就可以高枕无忧，代理商除了要承担一部分如成本、库存、人力等自身经营的风险外，还要承担来自生产企业带来的风险，如厂家本身产销协调不准确、货品供应安排不合理，导致缺货、断货，不仅会给代理商带来很大的损失，也可能使代理商苦心积累的客户关系因此受到伤害。此外还有诸如产品的质量出现问题，企业诚信问题、更换代理或缩小代理区域等风险，需要代理商做好充分的心理准备。
- 注重契约文化。在和企业签订代理协议时，要明确代理的区域、时限，还要明确供应产品的清单、价格、货款支付方式、退换货条款、销售奖励；出现产品质量问题，厂家需要如何取证，在多长时间内处理；厂家市场控制不力造成其他代理商窜货，需要提供哪些证据给厂方确认，如何弥补损失，需要多长时间；市场上出现假货，厂方如何处理等。
- 关注库存量。库存量太大，流动资金被占用，产品一旦跌价或企业更换代理，损失很难估量；库存量过小，客户要货得不到及时供应，就要承担一定的违约责任。这就需要代理商给自己设定一个安全库存数，当然这要根据自己的销售情况而定，对一定时期内的销售情况做一个观察、总结。代理商千万不要被某一时期过高或过低的产品销售量而误导，因为某些产品的销售量会受一定季节和时效的影响，要注意其变化的因素，不要因为产品销售一时增加而盲目加大库存量，一旦销售回落，产品就会积压，不利于销售。
- 与厂家搞好关系。在与厂家的合作中，要处理好与厂家的关系，明确代理的职责和权利，遵守相关协议，不要为蝇头小利违反商规，给厂家造成不好的印象。

第4章

轻松发布店铺宝贝

在淘宝网上成功开店后，就可以在店铺中发布宝贝了，在宝贝发布之前先要设置宝贝分类和运费模板，并将宝贝描述所需的图片上传到图片空间中，这样在上传宝贝的时候才不至于手忙脚乱。

对应光盘视频

- 例4-1 添加父分类
- 例4-2 添加子分类
- 例4-3 按件数设置运费模板
- 例4-4 上传宝贝图片
- 例4-5 新建文件夹
- 例4-6 设置自动添加水印

4.1 设置宝贝分类

宝贝分类就是淘宝网为卖家设计的专柜陈列区。卖家现在要做的就是为宝贝量身定做一些柜子，这样当宝贝上架时，可以分门别类地摆放。

4.1.1 添加父分类

对于店铺中的宝贝，我们可以为其设置总的分类，这个分类称为父分类。

【例4-1】为店铺添加父分类。视频

01 登录淘宝网并进入卖家中心，单击左侧【店铺管理】分类下的【宝贝分类管理】链接，进入宝贝分类管理页面。

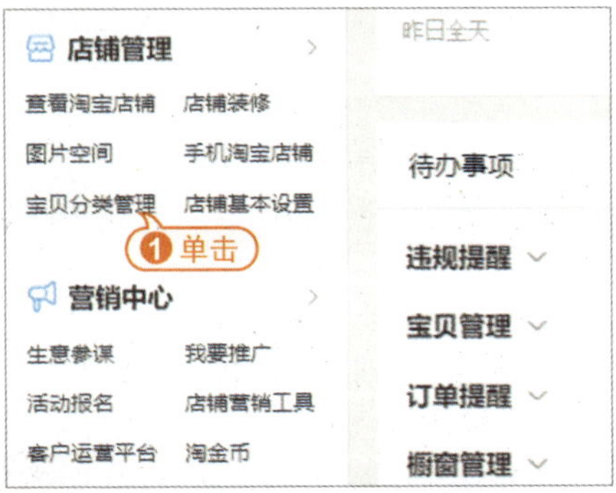

02 单击【添加手工分类】按钮，打开一个新的分类文本框，并在该文本框中输入分类的名称。

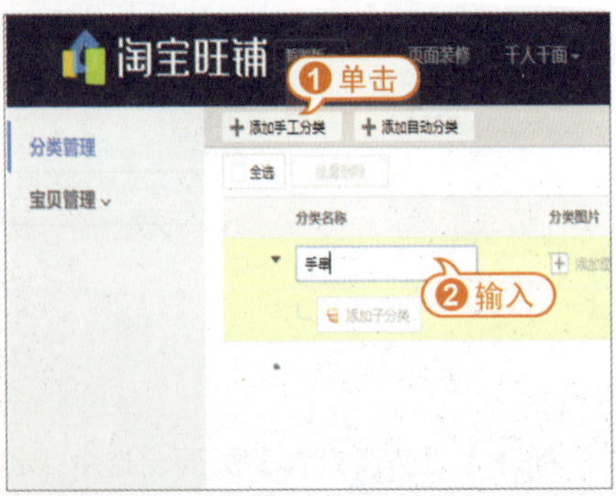

03 输入完成后按下Enter键，即可保存新建的父分类。

4.1.2 添加子分类

为了对店铺中的宝贝进行细分，在父分类下还可以添加子分类。

【例4-2】为店铺添加子分类。视频

01 继续【例4-1】的操作，单击父分类下的【添加子分类】按钮，打开一个新的分类文本框。

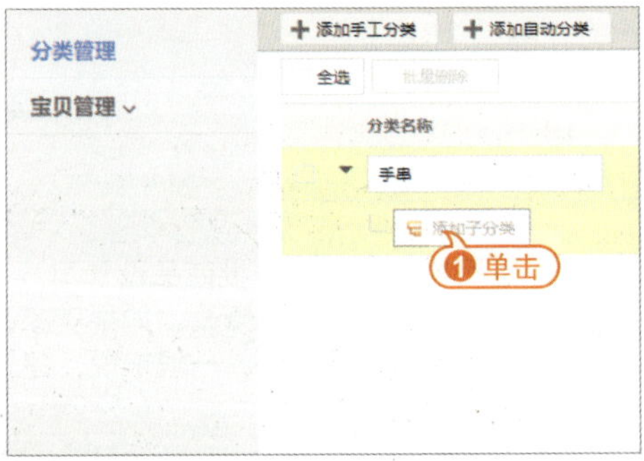

02 在新分类文本框中输入子分类的名称。

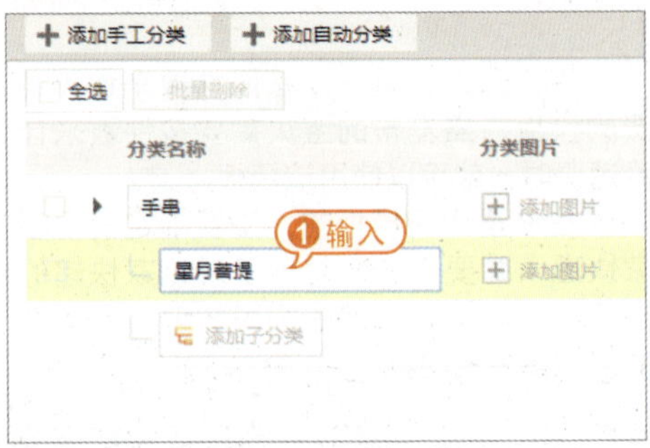

03 输入完成后在页面空白处单击即可保存新建的子分类。使用同样的方法，可以制作更多的子分类。

04 完成宝贝分类的创建后，单击页面右上方的【保存更改】按钮。

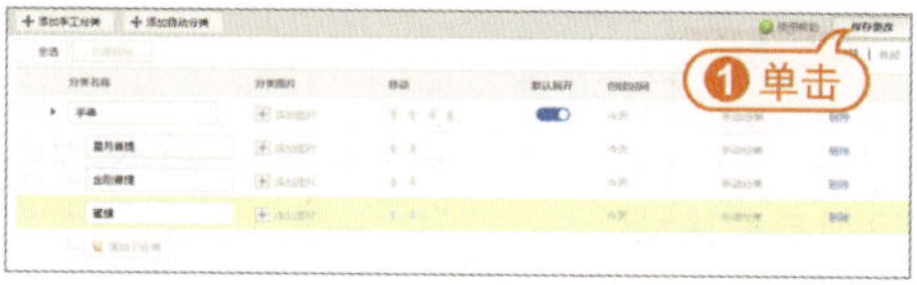

4.1.3 管理宝贝分类

对宝贝分类的管理主要包括调整宝贝分类的位置以及删除宝贝分类等。

要调整宝贝分类的位置，单击分类名称后方的↑或↓按钮即可。

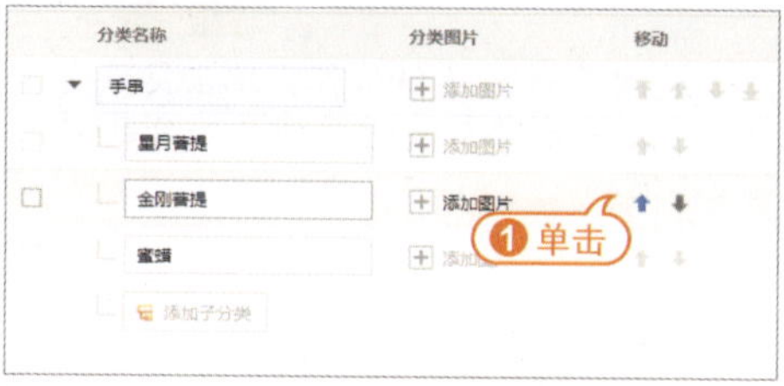

要删除宝贝分类，单击分类名称后方的【删除】链接即可。

4.2 设置运费模板

运费模板就是为一批商品设置同一个运费。当卖家需要修改运费的时候，这些关联商品的运费将一起被修改。如果卖家在发布商品时不想使用运费模板，可以在发布商品时不选择运费模板。一般来说，建议卖家按照商品的类别、体积和重量来划分运费模板，以方便管理。

4.2.1 按件数设置运费模板

用户可以设置一个按照件数来计算运费的模板，当发布的宝贝需要按件数来计算运费时，就可以使用该模板。

在设置运费模板前，先要确定使用哪家快递，并要十分清楚地了解该家快递的资费问题。关于快递的相关知识可参考本书第11章中的内容。

【例4-3】设置按件数计算运费的运费模板。视频

01 登录淘宝网并进入卖家中心，单击左侧【物流管理】分类下的【物流工具】链接。

02 打开【服务商设置】页面，选中【运费模板设置】选项卡，然后单击该选项卡中的【新增运费模板】按钮。

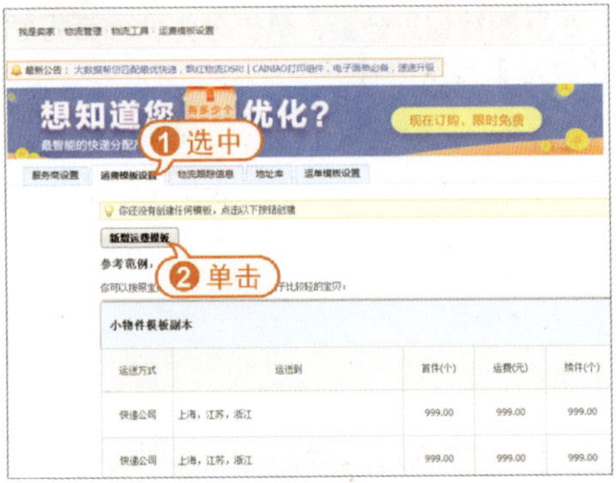

03 在【模板名称】文本框中输入模板的名称，在【宝贝地址】下拉列表框中选择宝贝所在地址，在【发货时间】下拉列表框中设置宝贝的发货时间，在【计价方式】区域选中【按件数】单选按钮，在【运送方式】区域选中【快递】复选框。

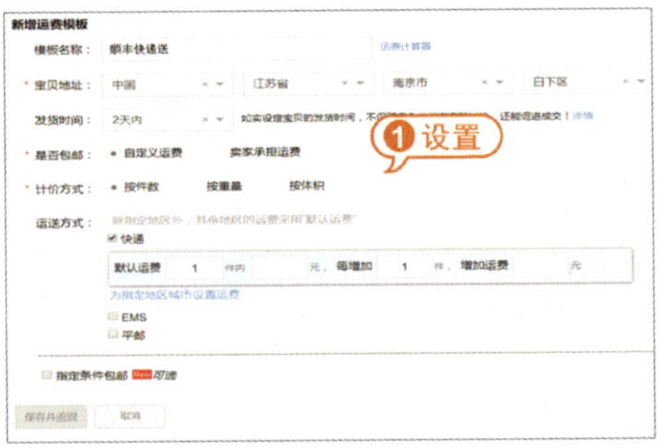

04 设置分区运费，单击【为指定地区城市设置运费】链接，在打开的界面中的【未添加地区】右侧单击【编辑】按钮。

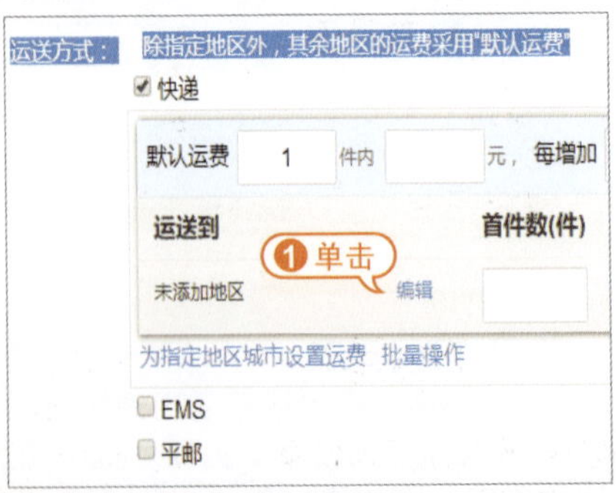

05 打开【选择区域】界面，选择目的地区域，然后单击【保存】按钮。

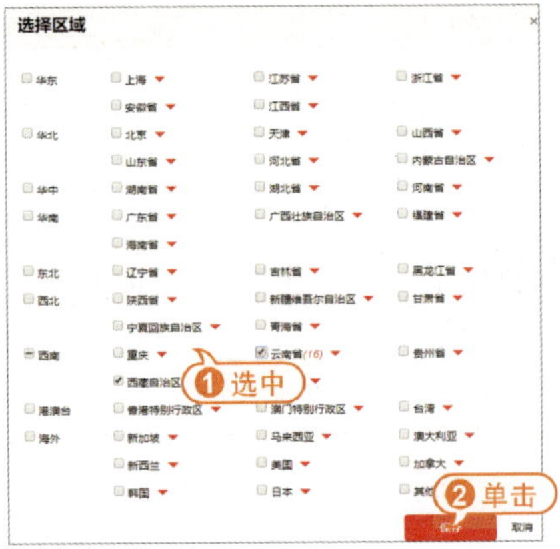

06 返回下图所示界面，在运费数值框中输入指定区域的运费。

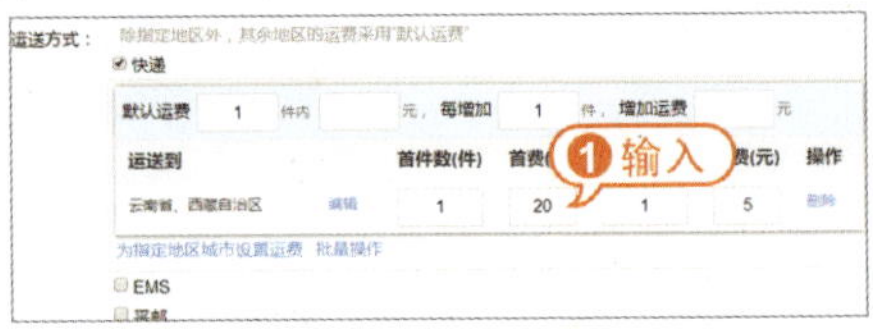

07 使用同样的方法为其他地区设置相应运费。

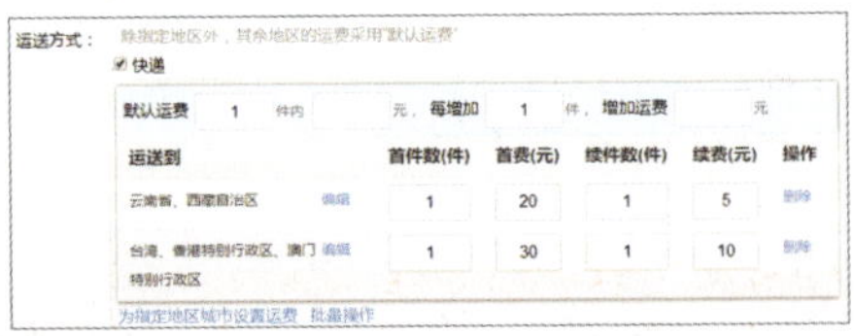

08 单击【保存并返回】按钮，完成按件数运费模板的设置。

4.2.2 按重量设置运费模板

除了按件数设置宝贝运费以外，用户还可以根据宝贝的重量来设置运费模板。

首先登录淘宝网并进入卖家中心，单击左侧【物流管理】分类下的【物流工具】链接，然后在打开的页面中选择【运费模板设置】选项卡，单击【新增运费模板】按钮。

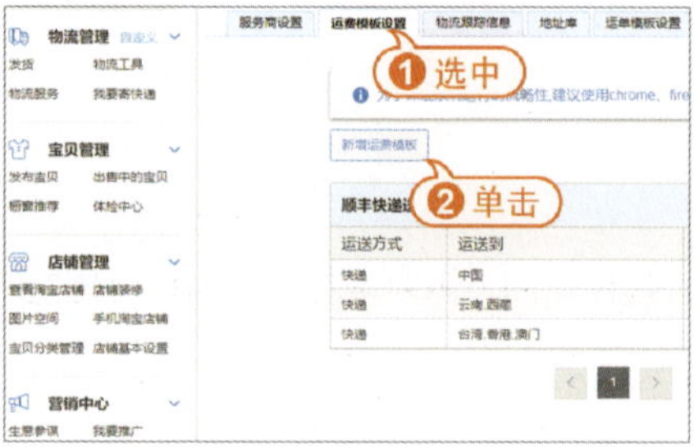

打开运费模板设置界面，在【模板名称】文本框中输入模板的名称，在【宝贝地址】下拉列表框中选择宝贝所在地址，在【发货时间】下拉列表框中设置宝贝的发货时间，在【计价方式】区域选中【按重量】单选按钮，在【运送方式】区域选中【快递】复选框。

单击【为指定地区城市设置运费】链接，在打开的界面中的【未添加地区】后方单击【编辑】按钮，设置指定区域运费

打开【选择区域】界面，选择目的地区域，然后单击【确定】按钮。

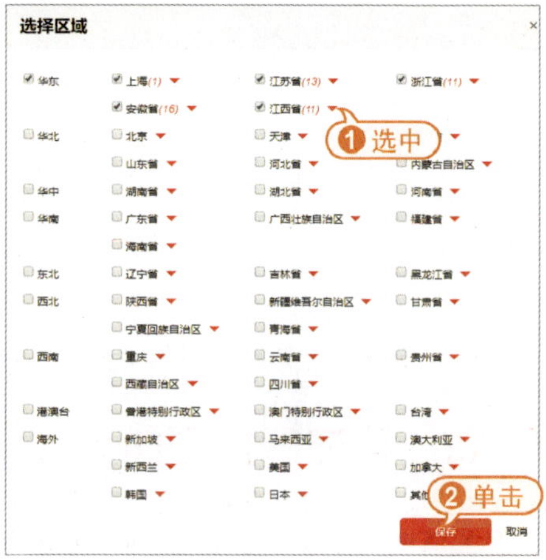

返回下图所示界面，在运费数值框中输入指定区域的运费。

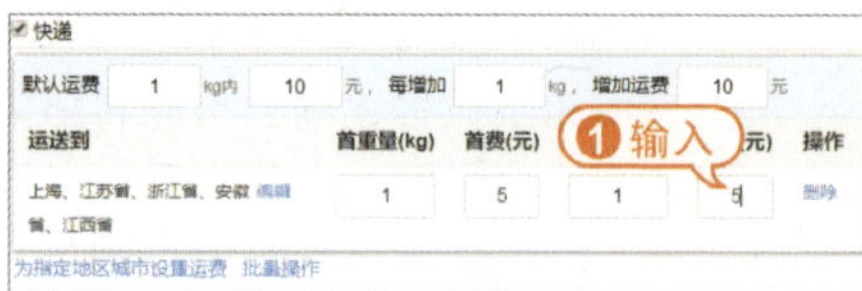

选中【EMS】复选框，设置【EMS】的分区运费，单击【保存并返回】按钮完成设置。

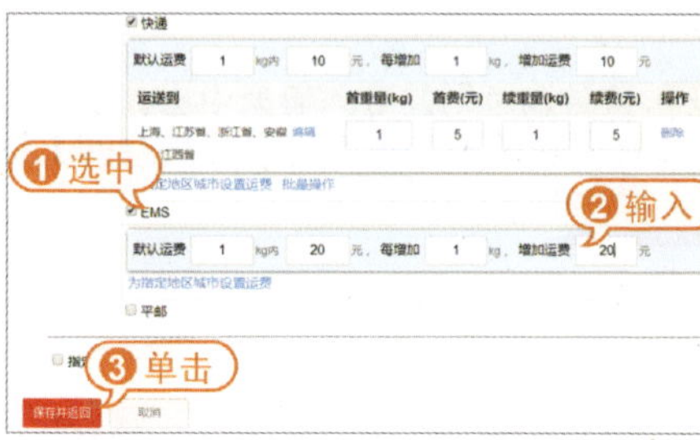

4.2.3 管理运费模板

运费模版设置完成后，用户还可对其进行修改和删除等操作。

例如，单击【顺丰快递送】后方的【修改】链接，可打开修改界面对运费模板进行修改。

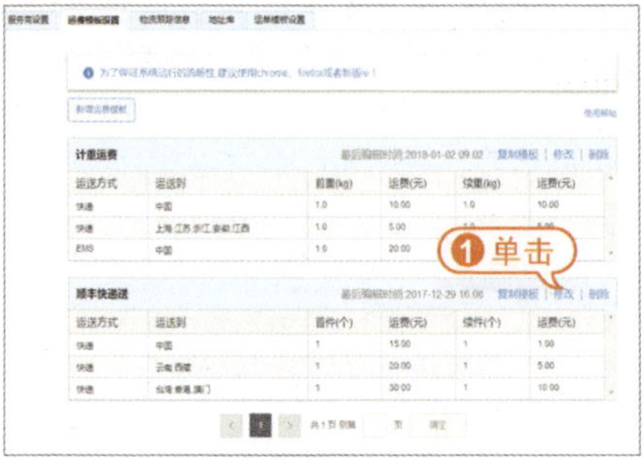

单击【计重运费】后方的【删除】链接，可打开修改界面对运费模板进行修改。

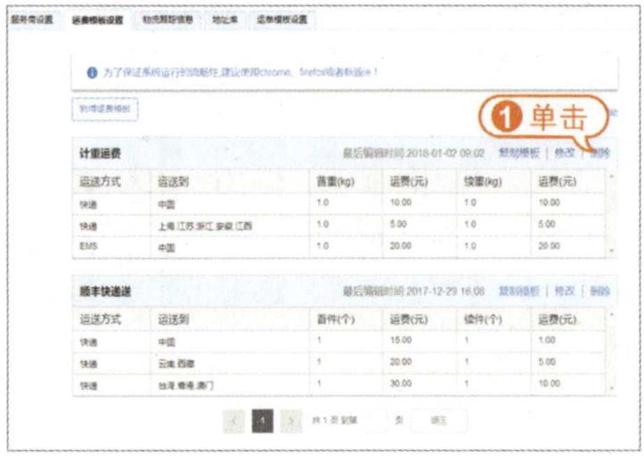

4.3 管理图片空间

图片空间是淘宝网为卖家提供的一个图片存储空间，用户可将宝贝图片上传至图片空间中，在编辑宝贝描述时，可直接从图片空间插入宝贝图片。

4.3.1 上传宝贝图片

用户在编辑宝贝描述前，可先将所需图片上传至图片空间中，上传完成后，在编辑宝贝描述时，就可以轻松插入图片空间中的宝贝图片了。

【例4-4】在图片空间中上传宝贝图片。

视频

01 登录淘宝网并进入卖家中心，单击左侧【店铺管理】分类下的【图片空间】链接，进入图片管理页面。

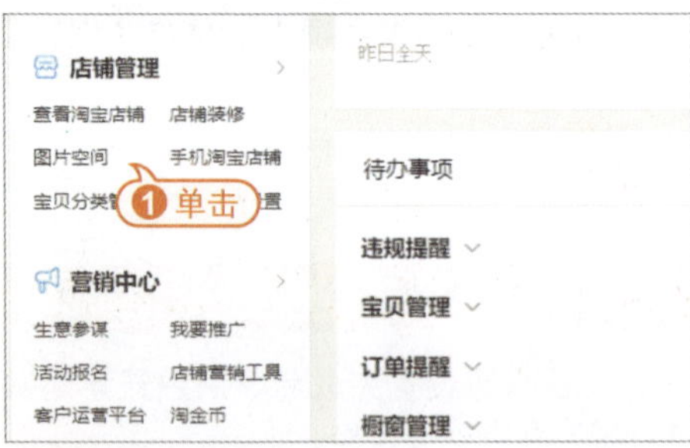

02 在打开的界面中单击【上传图片】按钮，打开【上传图片】界面。

03 在【上传图片】界面中单击【点击上传】按钮。

04 在打开的对话框中选中需要上传至图片空间的宝贝图片后，单击【打开】按钮。

05 此时，宝贝图片将被上传至图片空间。

4.3.2 编辑宝贝图片

为了方便用户编辑图片，淘宝网图片空间自带了一个图片编辑工具，使用该工具用户可方便地编辑图片。

首先登录淘宝网，进入卖家中心并进入图片空间，双击需要编辑的图片，预览图片效果，单击界面左上方的【编辑】按钮。

在打开的页面中单击【授权并登录】按钮，授权使用网店秀免费服务。选择【裁剪】选项卡，然后通过调整图片上的裁剪区域，调整图片的裁剪范围，完成后单击蓝色的打勾按钮。

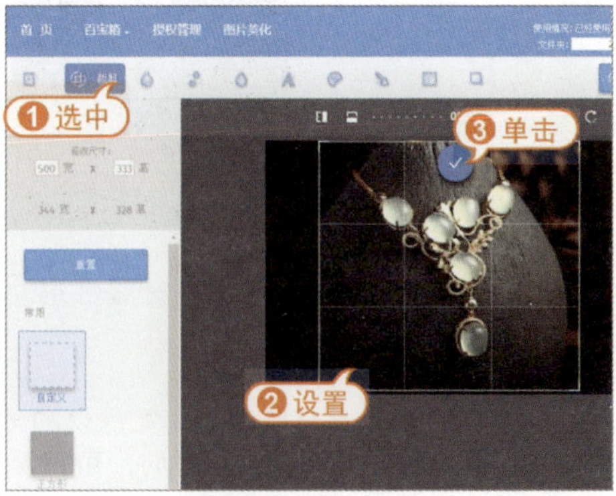

自动进入【滤镜】选项卡，选择一种滤镜选项，并调整滑块。

打开【水印】选项卡，单击【促销】按钮。

打开并选择水印素材，比如单击【团购】水印按钮。

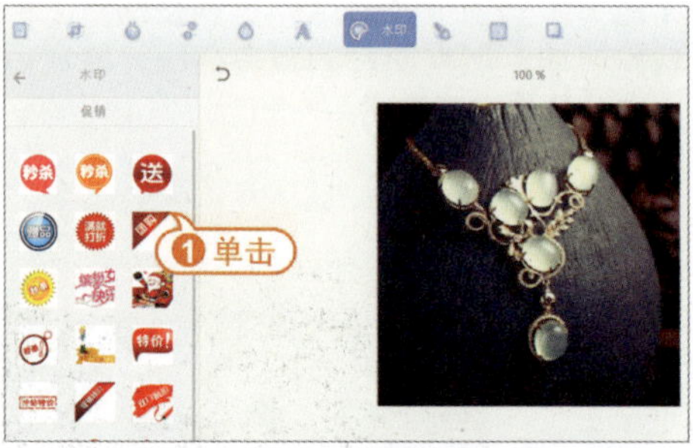

将【团购】水印图标拖动至图片中左下角的位置。

打开【特效】选项卡，选择一种特效选项，并调整滑块，编辑完成后单击【保存到图片空间】按钮。

打开【保存图片】界面，选中【替换原图】复选框，然后单击【确定】按钮。

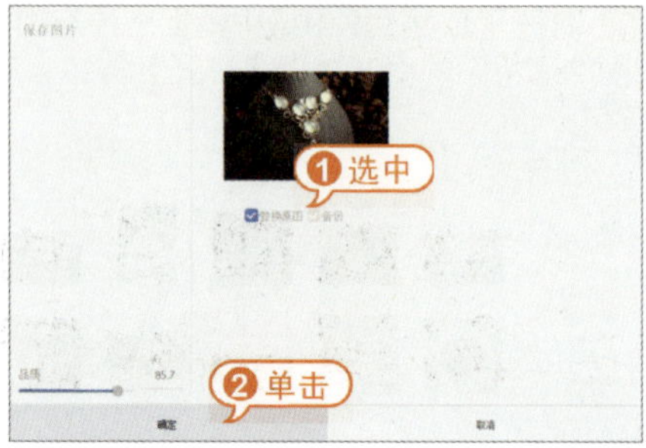

返回图片空间后，刷新网页即可看到宝贝图片编辑后的效果。

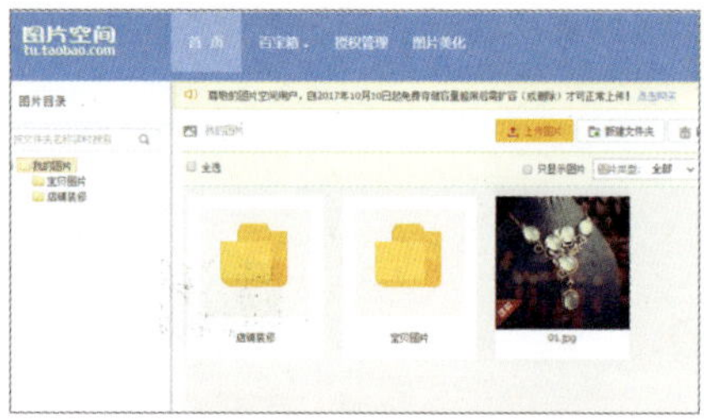

4.3.3 分类文件夹

为了便于管理图片空间中的图片，用户可在图片空间中建立多个分类文件夹，以便于将图片分门别类进行存放。

【例4-5】在图片空间中新建文件夹。视频

01 登录淘宝网并进入卖家中心，单击左侧【店铺管理】分类下的【图片空间】链接，进入图片管理界面。

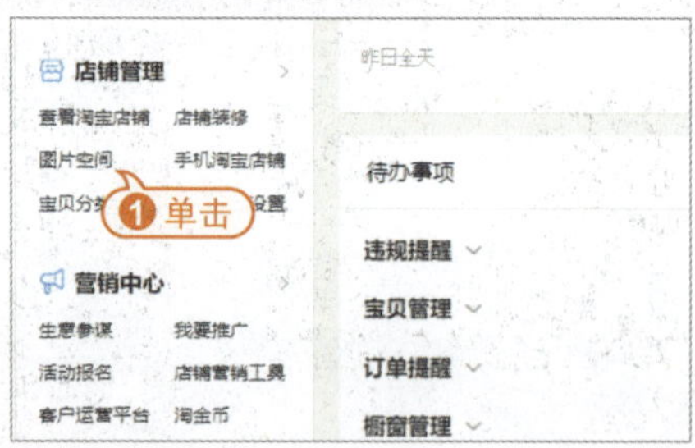

02 在打开的界面中单击【新建文件夹】

按钮，打开【新建文件夹】界面。

03 在【请输入文件夹名称】文本框中输入新文件夹的名称“玉石首饰”，然后单击【确定】按钮。

04 完成文件夹的创建后，在左侧列表中单击该文件夹名称，进入该文件夹界面，单击【新建文件夹】按钮。

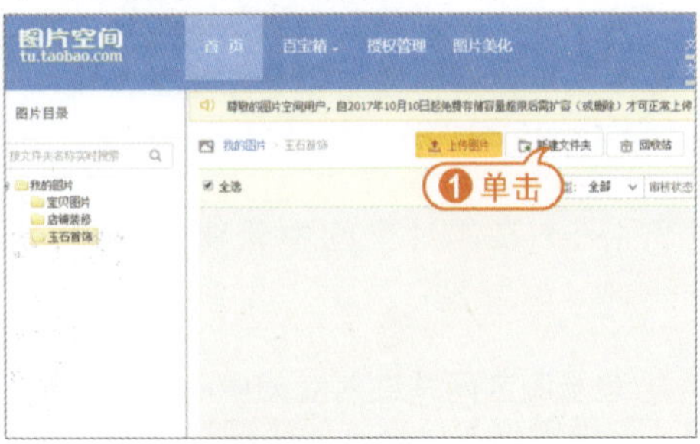

05 打开下图所示界面，在【请输入文件夹名称】文本框中输入新文件夹的名称“项链”，然后单击【确定】按钮。

06 在左侧图片目录树中返回【我的图片】总目录，选中【01】图片，单击【移动】按钮。

07 打开【移动到】界面，选中【项链】文件夹，然后单击【确定】按钮。

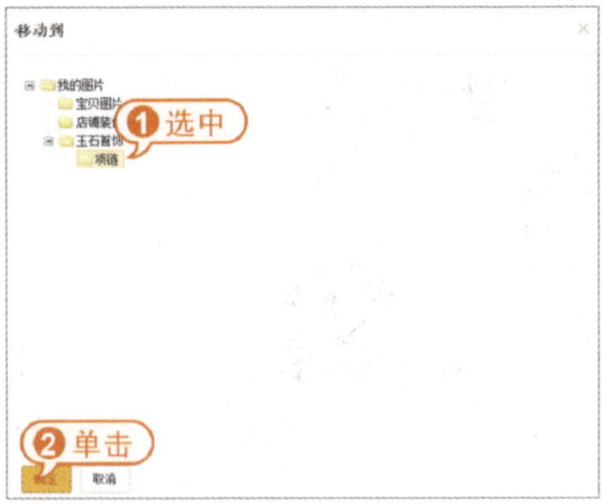

08 此时开始移动图片，移动完成后，打开【项链】文件夹，即可看到移动后的图片。

知识点滴

对于不想使用的图片或文件夹，用户可将其删除，以节省图片空间。在图片空间左侧的列表中右击要删除的文件夹，然后选择【删除】命令，打开提示对话框，单击【确定】按钮，即可将目标文件夹删除。

4.4 发布宝贝

做好以上准备后，就可以在店铺中发布宝贝了，发布宝贝的方法很简单，卖家可以发布一口价商品、拍卖商品或者是个人闲置商品。

4.4.1 发布宝贝的方式

淘宝网为卖家提供了一口价和个人闲置两种宝贝发布方式。

- 一口价是卖家以固定的价格出售宝贝，拍下价格即为成交价格。

- 个人闲置是为了方便卖家发布二手闲置商品。该商品发布后会在淘宝闲鱼板块出现。

4.4.2 发布一口价宝贝

当拥有淘宝网账户，准备好出售的宝贝资料后，就可以发布宝贝了。但没有通过支付宝实名认证的账户，无法发布全新宝贝，只能发布二手与闲置宝贝。

发布一口价宝贝的方法如下：

01 登录淘宝网，进入卖家中心，单击左侧【宝贝管理】分类下的【发布宝贝】链接，打开发布宝贝页面。

02 在打开的页面中，选择【一口价】选项卡，选择一口价的发布方式，然后在页面中设置宝贝的类目，并单击页面下方的【我已阅读以下规则，现在发布宝贝】按钮。

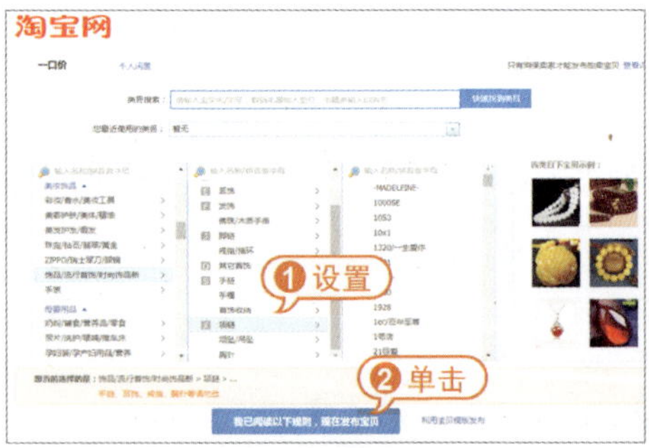

03 在打开的【宝贝基本信息】页面中，选择【全新】宝贝类型。

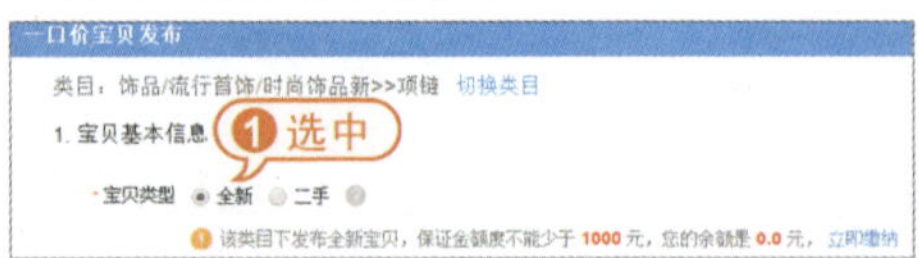

04 在【宝贝属性】区域根据要求填写宝贝的基本信息，包括宝贝品牌、货号、链子材质、链子样式、图案和风格等。

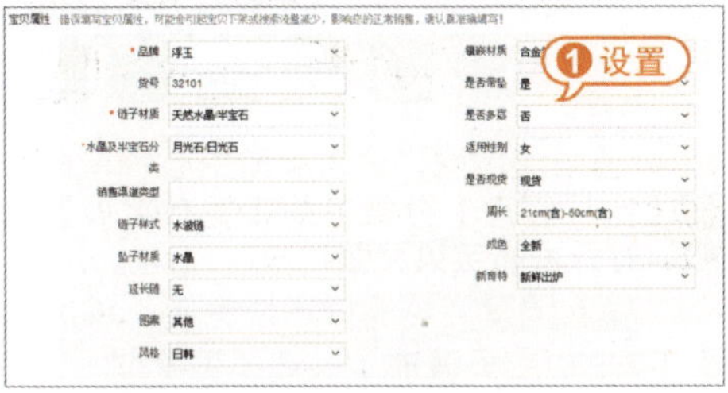

05 向下拖动滚动条继续设置宝贝图片、一口价和颜色分类等。

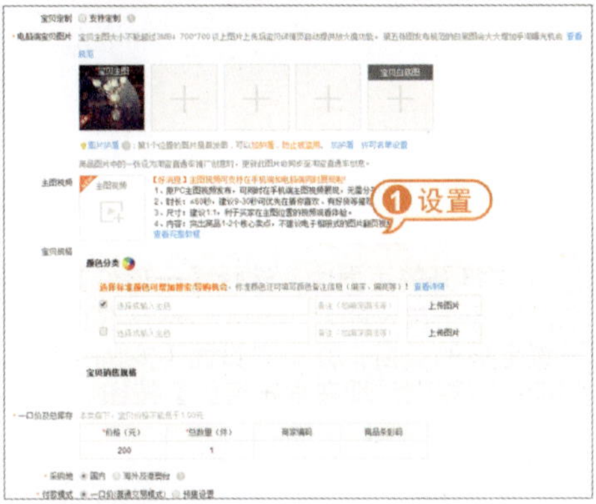

06 在【电脑端描述】文本框中输入宝贝的描述文本。

07 向下拖动滚动条，在【宝贝物流服务】选项区域中单击【运费模板】下拉列表按钮，在弹出的下拉列表中选择商品的运费模板。在【售后保障信息】选项区域中设置宝贝的发票、保修、退换货承诺等信息后，在【宝贝其他信息】选项区域中设置宝贝的库存计数、上架时间等信息。最后，单击【发布】按钮即可成功发布宝贝。

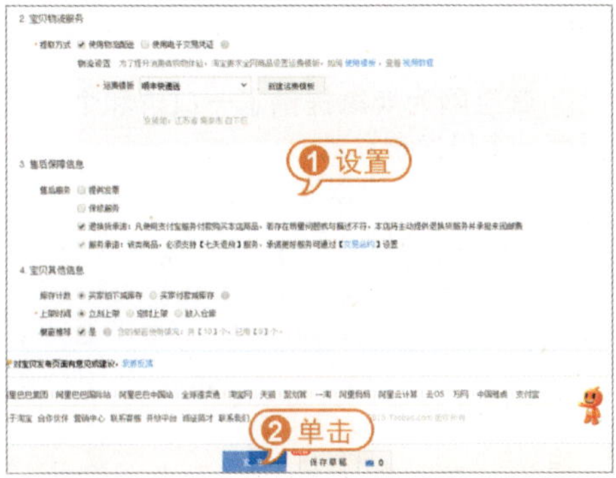

4.4.3 发布闲置宝贝

闲置宝贝是指卖家个人持有，由卖家自用或从未使用的闲置物品，不包括由专业卖家出售或者代售或其他商业性销售的物品。

要发布闲置宝贝，可在宝贝发布页面选择【个人闲置】选项卡。

进入【闲鱼】页面，设置闲置商品的标题、类目、新旧、价格等参数。

向下翻动页面，设置商品的交易方式、本人的联系方式以及描述信息。完成设置后，将鼠标指针放置在【宝贝图片】选项上，在弹出的菜单中选择【本地上传】选项，在弹出的【打开】对话框中选中一张商品的图片后，单击【打开】按钮。

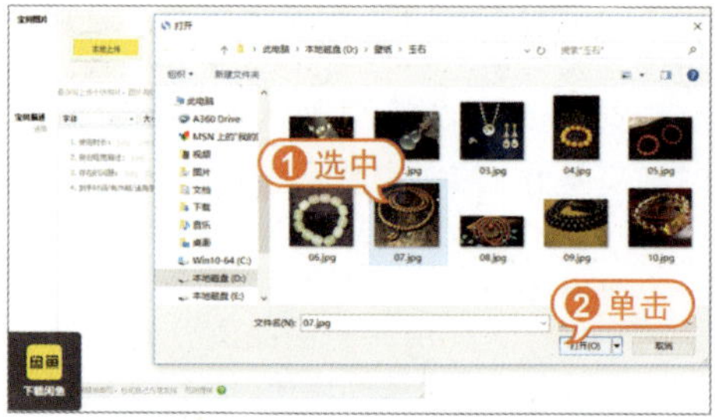

输入闲置商品的描述信息后，单击页面下方的【立刻发布】按钮即可发布。

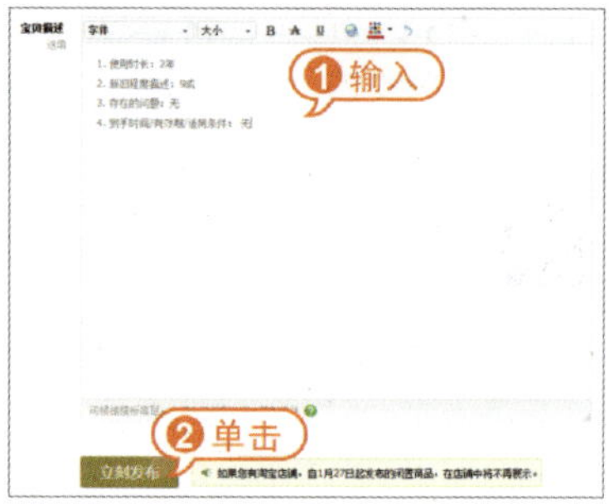

4.5 发布宝贝的技巧

在淘宝网发布宝贝后，如何才能让自己的宝贝被买家搜索到？如何才能让自己店铺中的宝贝有着合适的定价呢？这就是本节要讲的内容——宝贝发布及定价的技巧。

4.5.1 合理安排上架时间

很多开网店的新手总会认为新商品的上架时间越早越好，商品一到货，就迫不及待地发布商品。其实不然，很多有经验的卖家另有妙招，他们的成功经验就是：选对商品的发布时间，才能让买家第一时间搜到你的商品。要选对商品的发布时间必须做到以下几点。

1 熟悉淘宝的搜索时间排序

有过淘宝购物经验的人都知道，在淘宝网搜索商品时，淘宝网会根据商品的上架时间来进行排序，商品离下架时间越近，排的位置就越靠前。也就是说剩余时间越短，商品就越靠前，越容易被买家看到。

了解淘宝网店搜索时间的排序后，用户就可以充分利用这种时间排序来优化自己的宝贝排名。

2 抓住商品发布的黄金时段

买家上网也是有黄金时间段的，只有

抓住这个黄金时间段发布商品，才能够增加商品的“曝光率”，从而提高成交量。

据统计，一天中上网人数最多的时间段是10:00~11:30、15:00~17:30和19:30~22:00，在这几个时间段上网的人最多，所以发布商品信息一定要选在这些黄金时间段，这样用户的商品浏览量就会提高，从而带动成交量的增加。

即便是在黄金时间段发布商品信息，为达到最佳的效果，在具体操作中，还要注意在黄金时间段内，也要每隔半小时左右发布新商品。这样做的原因是为了避免同时发布同样商品，重复发布同一件商品是有可能被淘宝处罚的。

如果隔天来发布，那么在整个黄金时间段内，都有商品获得排名靠前的机会，这样可以为网店带来可观的浏览量。

当然最难做到的就是每天都坚持在黄金时间段内发布新商品，这要求卖家不仅有充足的时间，而且还要有足够的商品支持自己这么做。这样做以后，每天都有新商品上架，那么一周后也就每天都有商品下架，周而复始形成良性循环。

4.5.2 宝贝定价的方法

定价的方法主要有成本导向定价法、竞争导向定价法和数字美学定价法3种。

1 成本导向定价法

成本导向定价法是最常见也最普通的一种定价方法，如果用公式来表达就是：成本+利润=价格。

成本导向定价法的本质就是以进货成本为依据，加上期望利润值来确定所出售商品的价格。

例如，某件商品成本为20元，卖家想赚10元，那么就要定价30元。因此如果某个商品以“零利润”的口号进行宣传，那么就应该意味着卖家将要放弃“利润”这一部分。

在成本导向定价法中，成本并不等同于商品的进货价格，还应该包括店铺运营成本，虽然淘宝店铺在运营成本这方面已经较实体店省了不少，但是店铺装修费用、购买服务费用、雇用的员工工资等都是应该均摊到成本中的。

2 竞争导向定价法

竞争导向定价法就是参考同类商品的定价来确定定价。例如，销售耳机的卖家打开淘宝搜索榜，在搜索相同型号的耳机之后，发现别人卖565元，那么该卖家稍微降低一点价格，卖558元，就会更具有竞争力。

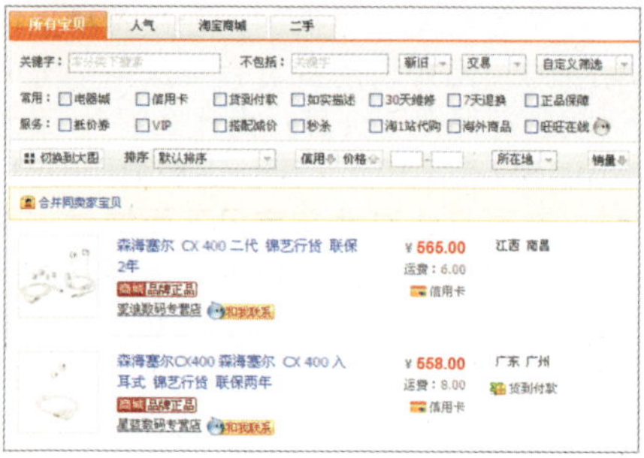

3 数字美学定价法

根据研究发现，在生意兴隆的商场中商品的定价所用的数字，按照其使用的频率排序，先后依次是5、8、0、3、6、9、2、4、7、1。这种现象不是偶然的，究其根源是顾客消费心理的作用，而这种心理与“数字美学”有很大关系。

带有弧形线条的数字，如5、8、0、3、6就容易被顾客接受；而不带有弧形线条的数字，如1、7、4等相比较而言就不太受欢迎。

另外，数字美学也受到国情的影响。例如，在我国很多人会喜欢8这个数字，并认为该数字可以带来财运；4字因为与“死”同音，所以被忌讳；250这样的数字由于让人听了不太愉快，所以消费者也不喜欢。

4.5.3 宝贝定价的技巧

定价技巧是卖家在价格定位时需要掌握的重要窍门，技巧应用得当，可以让卖家在保有原有价格和利润的基础上照样获得消费者的青睐。

1 分割定价法

分割定价法是一个比较实用的定价技巧，这个方法其实属于一种心理策略，可以造成买家在心理上的价格便宜感。举个例子：有一批茶叶每千克100元钱，那么卖家报价的时候报成每50克5元，消费者就比较容易被吸引。

在淘宝网中，运用分割定价法的商品本身大多也可以被“分割”，主要以食品、化妆品等商品为主。

如下图所示的店铺页面中，大多数的食品只标注了品名和价格(而且是特价)，并没有标注单位重量。

在店铺页面中如此低廉的价格再配以诱人的食品，已经可以激起买家的消费欲了，卖家这方面的阶段性目的已经达到。接下来，有兴趣的买家自然会单击图片或者文字链接查看具体的商品情况。

进阶技巧

分割定价法的适用范围是有限的，如服装、鞋帽等商品就无法使用。另外，在某个宝贝的具体标题中还是应该将宝贝的具体单位显示清楚，否则给买家留下不诚信的印象就适得其反了。

2 非整数定价法

人们去商场购物的时候会发现很多商品的价格都不是整数，如96.9元、98.8元等，其实这都是商家的故意所为。经过研究发现，非整数的定价更能够激起消费者的购买欲望，消费者总是在心理上有带零头的价格比整数价格要低的感觉。作为淘宝店家，为了迎合消费者的购物心理，在定价的时候也不妨多采用非整数。

如下图所示的连裤袜商品，定价为每双26.98元，可以让消费者在心理上感觉这个价格不是随便定的，而是经过仔细计算得到的，从而对卖家的价格更信赖。

在使用非整数定价法时，在面对100元、1000元这样的大整数时，应该尽可能向下降一些使价格低一位。99元和101元虽然仅相差两元，但给消费者的感觉就会完全不同。当然，实际使用的时候卖家应该充分考虑实际利润问题，如果已经是零利润销售了，也没有必要为了突出价格而做亏本买卖。

3 特价促销法

适当在店铺中使用特价商品进行促销是一个不错的办法，卖家可以利用消费者喜欢贪小便宜的心理，事先将某些宝贝的价格定得非常低并作为特价品销售。如下图所示的就是一个价格很低的手机保护壳。

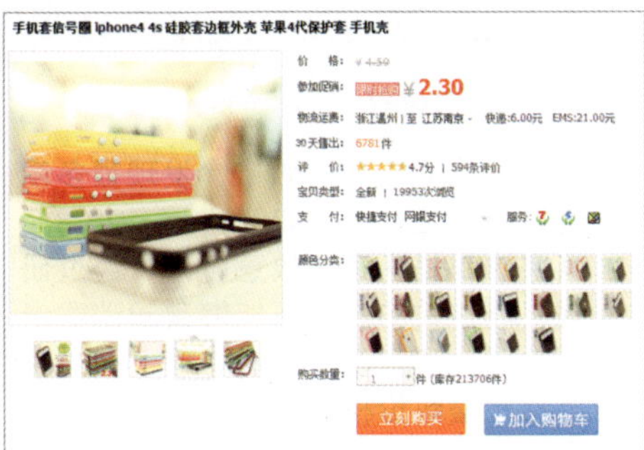

这个价格是非常低的，在搜索榜上很有竞争力，但如果消费者只买这一个宝贝的话就会觉得很不合算。为什么呢？ 因为宝贝价格只有2.30元，而快递费就要6元！这时，卖家可适时地在宝贝下面提供一些其他宝贝的图片链接。如果店铺能够提供“买XX件商品包邮”“满XX元包邮”等服务的话就更好了。如此一来，通过一个特价商品，卖家打开了一条成交之路。

4 安全保守法

如果卖家对商品的定价还没什么经验，实在不知道怎样定价的时候，那么可以搜索淘宝网上其他的同类卖家，看看他们的定价如何，自己取一个比中间值偏低的价格作为定价。

这样做的好处是比较安全，卖家可以省心，最终也可以获得一个比较平均的利润。这种方法适合那些价格比较稳定，不太容易浮动的商品。

5 分级定价法

在为商品设计价格时，应该首先考虑消费者的承受能力。作为一个聪明的卖家，应该根据消费者的购买能力将商品分为高、中、低3个档次，这样可以使每一个消费者到卖家的店铺都能够产生“总有一款适合您”的贴心感觉。

在具体操作中，卖家可以首先考虑各类顾客的需求，再结合销量情况来对商品进行分类，然后修正或者定价产品。

商品的定价大有学问，如果定价太低，容易让买家对商品的质量产生怀疑，由于买家看不到实物，过低的定价会让买家以为便宜没好货，害怕上当受骗。反之，如果商品定价太高，虽然利润有了保证，但是却有可能吓跑顾客，得不偿失。最稳妥的办法就是将商品的价格定到适中，并参考定价的方法和技巧进行微调。

4.6 使用千牛卖家版

千牛卖家版是阿里巴巴为商人度身定做的免费网上商务沟通软件，千牛卖家版能帮助用户轻松找客户，发布、管理商业信息，及时把握商机，随时洽谈生意，适用于淘宝卖家和天猫商家。

4.6.1 安装和登录千牛电脑版

千牛电脑版插件中心功能丰富，可以处理订单，查看店铺数据等，比网页上看更加直观。

千牛电脑版软件特点如下。

- 超强性能优化，安全有保障：优化登录速度、内存消耗以及账号安全三个方面，即使遇到热卖高峰期也不用担心软件的承受能力。
- 登录界面简洁：用户无须手动匹配账号类型，系统会自动匹配。而且同时可以登录多个账号，管理店铺更加容易。
- 全新的旺旺功能，沟通更容易：将阿里旺旺集合到千牛软件中，使用该软件同样可以和旺旺用户聊天并且接单。
- 工具条内容更加丰富：包含旺旺、消息、插件、市场等，更利于卖家的管理，而且可以实现贴边隐藏。
- 插件丰富：不用退出，也能够通过插件查看店铺的各类情况。

要安装千牛电脑版，可以打开官网下载网页“http://cts.alibaba.com//product/qianniu/download-pc?spm=a2114k.8709398.0.0.M17NoX”，单击【Windows版】或【MacBeta版】按钮，选择适合自己操作系统的版本安装。

下载完毕后，双击打开.exe文件，用户可以直接选择快速安装，也可以选择自定义安装。

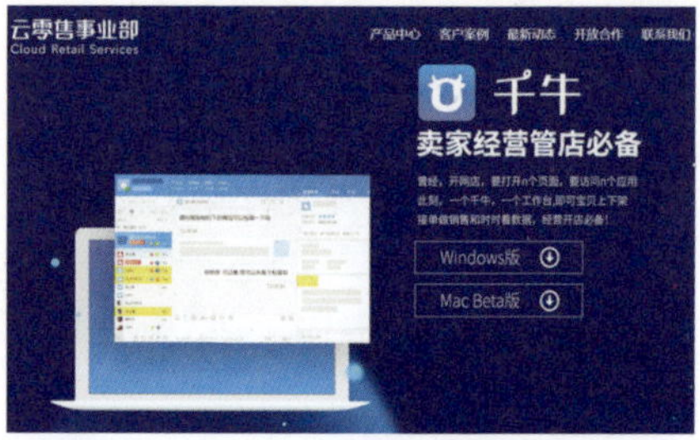

安装完毕后，打开登录界面，输入淘宝账号和密码，单击【登录】按钮进入软件。

在左侧的选项卡中选择【发布商品】选项卡，即可按照前面所描述的发布宝贝的步骤进行操作，输入和设置宝贝的信息，然后单击【发布】按钮。

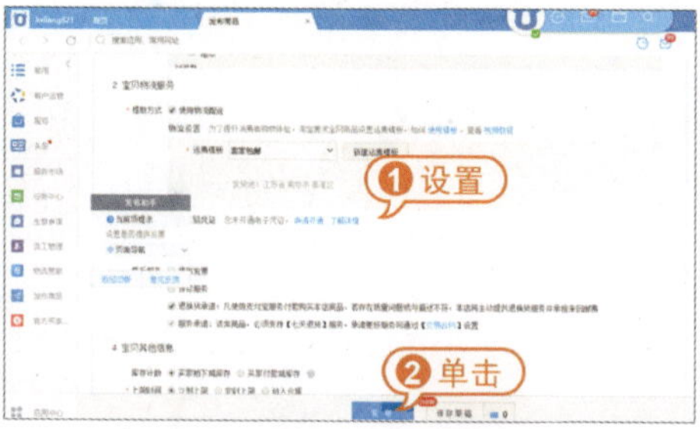

显示发布成功信息，需要等待30分钟后方能在店铺内显示发布的宝贝。

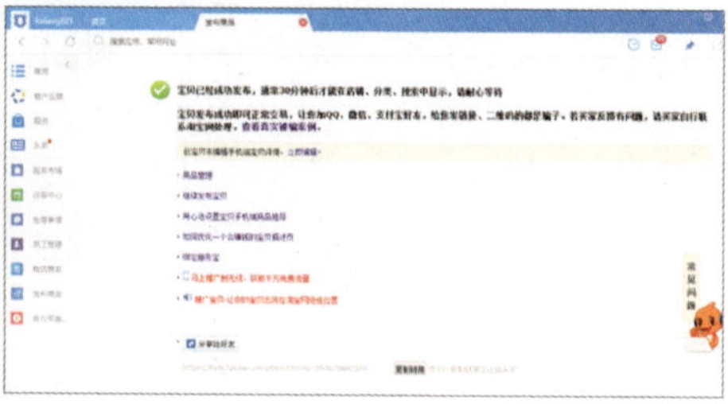

4.6.2 使用橱窗推荐功能

橱窗推荐是淘宝卖家的特色功能，是淘宝免费提供给卖家展示/推荐宝贝的位置之一。合理利用这些橱窗推荐，将大大提高宝贝的点击率。

和现实生活中实体店铺的道理一样，每个店铺都有一个橱窗来展示自己店里的好东西，以留住买家眼光。

在千牛卖家版内单击【常用】按钮，弹出菜单，选择【店铺管理】|【卖家中心】选项，打开【卖家中心】页面。

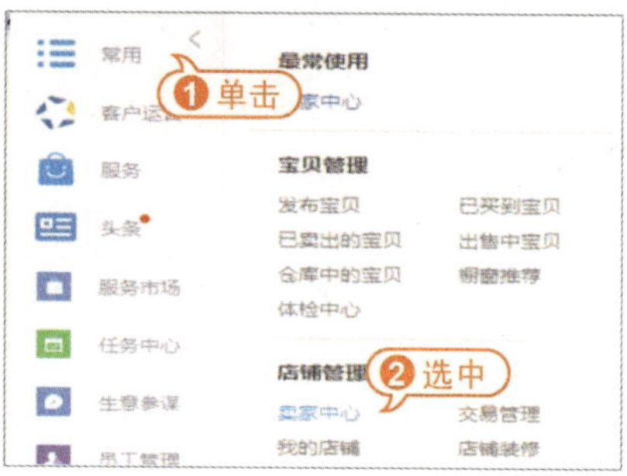

单击左侧【宝贝管理】分类下【橱窗推荐】链接，选中的宝贝将被设置为橱窗推荐宝贝，最后单击【橱窗推荐】按钮即可完成设置。

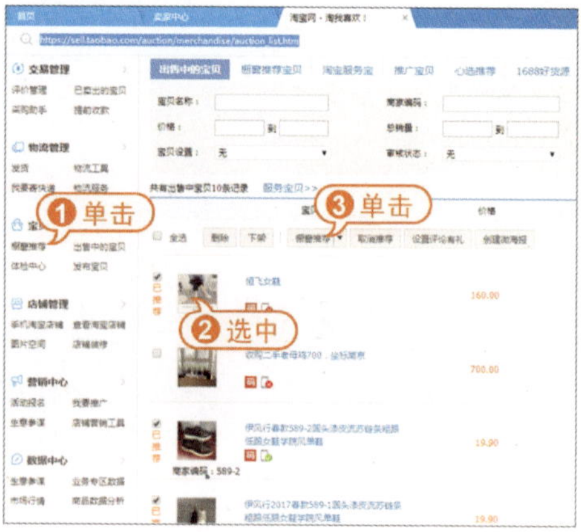

4.6.3 编辑发布后的宝贝

宝贝发布后，如果用户想更改宝贝信息，可重新编辑宝贝。

在千牛卖家版内进入卖家中心，单击左侧【宝贝管理】分类下的【出售中的宝贝】链接，打开出售中的宝贝列表界面。

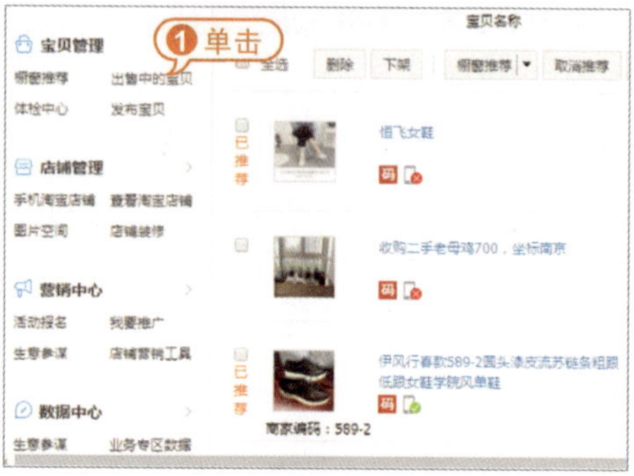

单击要编辑的宝贝后方的【编辑宝贝】链接，进入宝贝编辑页面。

此时，在打开的页面中可以编辑宝贝的信息，完成后单击【发布】按钮即可。

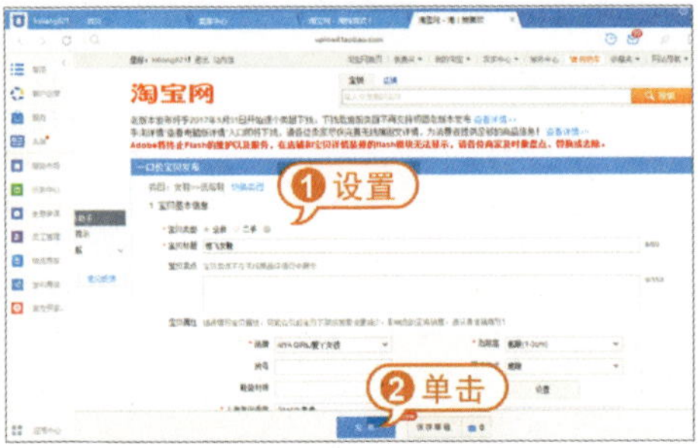

如果宝贝卖光了，或者暂时缺货，可将宝贝下架。

进入卖家中心，打开出售中的宝贝列表界面，然后选中要下架的宝贝前方的复选框，单击【下架】按钮。

仓库中的宝贝，我们通过设置可重新将其上架销售。

进入卖家中心，单击左侧【宝贝管理】分类下的【仓库中的宝贝】链接，打开仓库中的宝贝列表界面，选中要上架的宝贝前方的复选框，然后单击【上架】按钮。

此时，选中宝贝将被上架，上架后的宝贝将会出现在【出售中的宝贝】列表中。

对于宝贝描述信息严重错误或者店铺以后都不再出售的宝贝，用户可将其删除，以优化宝贝存储空间。

进入卖家中心，单击左侧【宝贝管理】分类下的【出售中的宝贝】链接，选中要删除的宝贝前方的复选框，然后单击【删除】按钮。

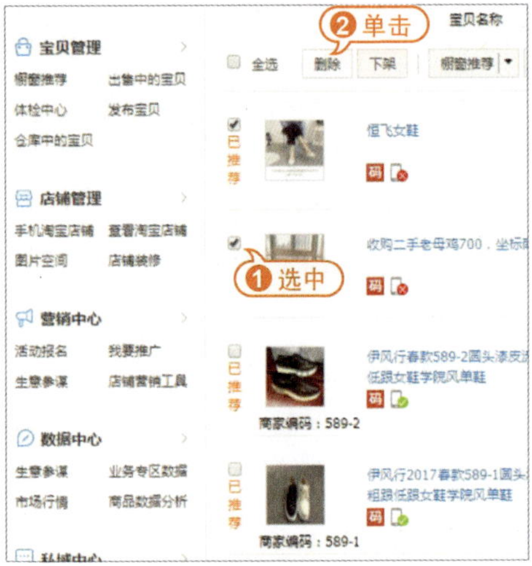

打开确认对话框，单击【是】按钮，即可将选定宝贝删除。

知识点滴

对于违规发布的宝贝，淘宝网会对卖家店铺进行处罚，卖家可通过宝贝体检中心来检测已发布宝贝是否违规，单击左侧【宝贝管理】分类下的【体检中心】链接进行查看检测。

4.7 进阶实战

本章的进阶实战部分是为宝贝图片自动添加水印这个综合实例操作，用户通过练习从而巩固本章所学知识。

【例4-6】为宝贝图片设置自动添加水印。
视频

01 登录千牛卖家版，进入卖家中心，单击左侧【店铺管理】分类下的【图片空间】链接。

02 在打开的页面中选择【百宝箱】|【设置水印】命令。

03 在打开的界面中可设置文字水印和图片水印两种水印方式，本例选择【添加文字水印】选项卡。设置水印文本内容、字号、字体、透明度、基准点和位置等参数。

04 选择【水印开关】选项卡，然后在该选项卡中选中【开启】复选框，并单击【保存】按钮。

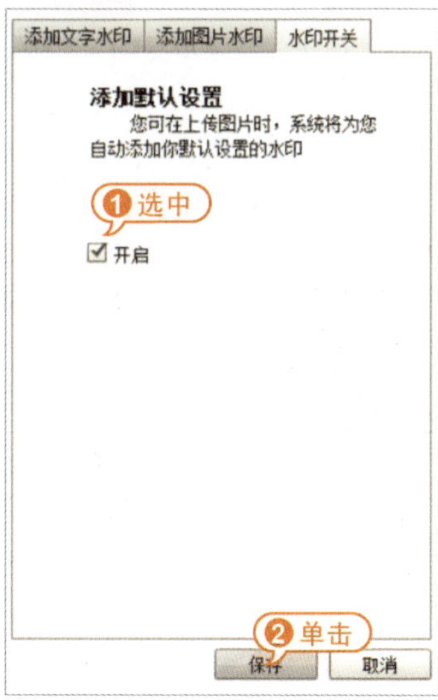

05 返回【图片空间】页面后，单击该页面中的【上传图片】按钮。

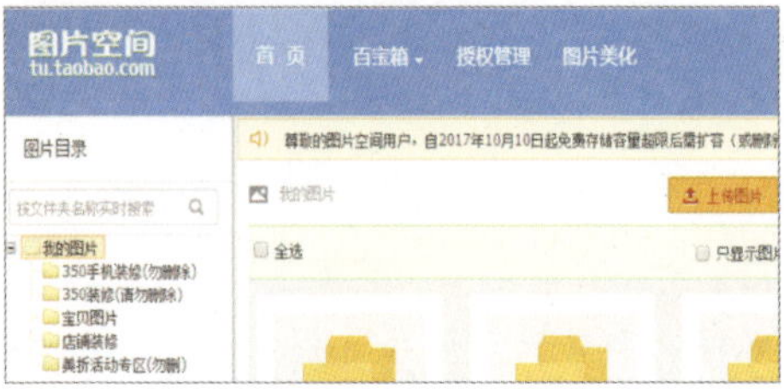

06 在打开的界面中单击【点击上传】按钮。在弹出的【打开】对话框中选择一张要上传的照片后，单击【打开】按钮。

07 此时，插入图片空间中的图片将自动添加水印。

4.8 疑点解答

问：如何更改宝贝分类？

答：要更改宝贝分类，可先进入卖家中心，单击左侧【店铺管理】分类下的【宝贝分类管理】链接，进入宝贝分类管理页面。单击【宝贝管理】标签，打开宝贝列表页面，单击要更改分类宝贝后方的【添加分类】按钮，在弹出的列表框中即可更改该宝贝的分类。

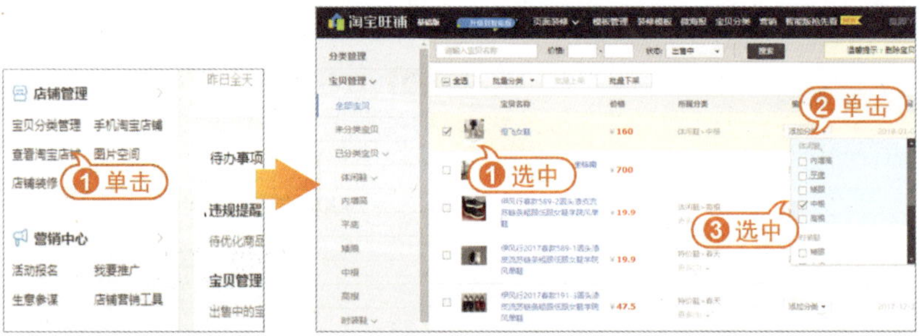

问：如何处理滞销宝贝？

答：宝贝首次上架时间超过90天且最近3个月内没有卖出过任何一件商品，该类宝贝将被划分为滞销商品。滞销商品不会进入搜索库，使用全标题无法搜索到。如果卖家觉得这些滞销商品中，有的商品还想继续出售，建议卖家重新编辑这些宝贝后发布。如果卖家觉得这些商品没用了，也不想再继续销售了，可以将其删除。如果卖家很忙，暂时没有时间仔细打理这些滞销商品，那么可以暂时放着不动它，等有时间了再去打理。但滞销商品如果不重新编辑，是无法被搜索到的，也就是说这些滞销商品将无法在搜索里展现。所以为了店铺商品能更多地被展现，为了宝贝能更好地出售，建议卖家应多抽时间打理滞销宝贝。

第5章

美化描述宝贝细节

在淘宝店铺中，宝贝图文描述是买家获得商品属性的重要来源，顾客买不买店里的宝贝，在很大程度上也取决于宝贝的描述是否详细，并具有足够的吸引力。因此宝贝描述对于淘宝店铺来说至关重要。

对应光盘视频

例5-1制作组合图片

5.1 宝贝描述的原则

在编写宝贝描述时，要注意两个总体原则，一是要有流畅的文字叙述；二是要有一个正确清晰的整体结构。

5.1.1 流畅的文字描述

要写好宝贝描述，需要注意以下几个方面的问题。

- 描述语句要符合基本语法。
- 错别字会让顾客觉得店主粗心或者是对顾客不尊重，应尽量避免出现错别字。
- 文字叙述要有亲和力，不能太生硬。
- 一定要有欢迎词。
- 可以通过编辑器设置文字的大小、颜色和粗细等属性。
- 文字大小的设置以2~3种为宜，太多会显得杂乱。
- 多用自己的语言来进行文字表达，不要抄袭他人文字。
- 文字叙述应尽量准确，避免产生歧义，增加顾客疑虑。
- 对顾客要使用尊称。
- 介绍宝贝的语言应尽量准确和精细，细腻的文字叙述是打动顾客心理和情感的重要因素。

卖家可以根据店铺的特点和自己的文字组织能力来灵活变化文字描述。总的来说，文字描述以泰迪熊毛绒玩具为例可分为以下几类。

- 实用型：这款泰迪熊毛绒玩具造型逼真可爱、触感柔软、不怕挤压、方便清洗，既可当作小孩玩具，也可用作房屋装饰，更是馈赠佳品。
- 情感型：大抱熊是送给女朋友的最佳礼物，无论是哪天收到这个可爱精致的大熊熊，您的她都会甜蜜蜜的哟，让你们的爱情长长久久，幸福永伴！
- 技术型：设计师采用了米白色、浅棕色和深棕色三种超柔材料，对熊熊轮廓的把握极为精准，把熊熊憨厚、温顺、可爱的特点发挥到了最佳状态！同时熊熊做工精湛,相信一定会带给您不一样的感觉！
- 热闹型：情人节要来啦！火热预定中！
- 朴实型：一款可爱的毛绒玩具，无论是大人还是小孩，都会喜欢。
- 引导型：只要你一看到它、摸到它、抱到它，你就一定会爱不释手。
- 俏皮型：哥哥姐姐们，我好孤单，快来带我回家吧！我很乖的哦，求包养！

5.1.2 正确清晰的整体结构

文字写好了，图片也做好了，那么怎么才能把它们有机地结合在一起呢？这就需要有一个正确清晰的整体结构。

在宝贝描述中，图片与文字穿插结合，可以形成良好的叙述效果。另外，图文结合应注意保持图文整齐，不杂乱；图片使用统一规格，不要出现左右错位或大小不一。

一般来说，一个完整的宝贝描述包括以下层次结构：欢迎词→宝贝描述图文→关于宝贝的补充说明→优惠说明→运费及快递说明→售后服务说明→联系方式。

在撰写宝贝描述时，要多参考成功店铺的优秀描述，为自己寻找灵感。

5.2 优化宝贝标题

在淘宝网，影响淘宝站内搜索结果排名的诸多因素中，宝贝标题绝对是最重要的一个因素。对于卖家来说，要想让自己的宝贝被买家搜到，写好宝贝标题是关键的一步。

5.2.1 宝贝标题的组合方式

淘宝网每天都会有大量商品上架，想要提高自己商品的成交量，首先要让自己的商品脱颖而出。而买家要想在众多商品中尽快找到自己想要的商品，一定会使用关键字进行搜索。

在淘宝网以“发卡”为关键字进行搜索，所有名称里包含"发卡”两个字的商品都会出现在搜索结果里。

因此，商品名称里一定要有对商品属性的简单描述。例如，需要购买羽绒服的买家一定会用到“羽绒服”这个关键字，需要购买牛仔裤的买家会输入“牛仔裤”来搜索商品。

商品关键字的设定，直接影响商品的浏览量，进而影响商品的成交量。商品的关键字组合主要有以下几种方式。

- 品牌、型号+商品关键字。
- 促销、特性、形容词+商品关键字。
- 地域特点+品牌、型号+商品关键字。
- 品牌、型号+促销、特性、形容词+商品关键字。
- 店铺名称+地域特点+商品关键字。
- 品牌+促销、特性、形容词+商品关键字。
- 信用级别、好评率+店铺名称+促销、特性、形容词+商品关键字。

这些组合不管如何变化，一定包含商品关键字，因为买家在搜索时首先使用的就是商品关键字。在这个基础上再增加其他关键字，可以使商品在搜索时得到更多的入选机会。至于选择什么关键字来组合最好，需要我们通过分析市场、商品竞争程度和目标消费群体的搜索习惯来最终确定，从而找到最合适的组合方式。

5.2.2 宝贝标题的使用禁忌

宝贝的标题关键字是不能乱用的。淘宝网对宝贝命名有很多规则，如果违反了这些规则，宝贝就会被删除甚至卖家会受到处罚。所以，在研究宝贝名称之前一定要去了解、熟悉、理解相关的规则。本节来介绍比较重要的对标题优化不利的6个要素。

- 关键词堆砌：有的卖家在一个宝贝标题中放上好几个同类的关键词。比如卖靴子的，有靴子、长靴、长筒靴、高筒靴、雪地靴、平跟靴、平底靴，这样的堆砌效果往往会适得其反，因此标题关键词要注意一个度，切记不要过分去用。
- 滥用符号：关键词用符号括起来会导致宝贝在淘宝的搜索结果中权重下降。

- 重复标题：新开店铺里同质商品比较多，几十个宝贝标题都是一样，有的卖家标题直接都是复制粘贴，还有的标题半年都没改过，这些都是对优化标题不利的。
- 触犯淘宝禁区：指的是标题中不要出现山寨、高仿以及其他禁用词语。
- 滥用品牌词：宝贝卖的不是耐克、阿迪达斯，标题出现耐克、阿迪达斯。
- 注意敏感词：不要混淆著名品牌，比如：XX同款、类似XX等。

5.2.3 宝贝标题的吸引力

淘宝网对宝贝标题的字数是有限制的，一般在30个汉字(60个字符)以内。在成百上千的搜索结果中，也许你的宝贝很便宜，质量很好，宝贝描述也是精心设计的，但是，如果宝贝标题不吸引人，就吸引不了买家。

在编写宝贝标题时，最重要的就是要把产品的核心卖点用精练的语言表达出来。可以列出1～5个卖点，然后选择最重要的3个卖点，想方设法将它们融入宝贝标题中。

要把宝贝的竞争优势、特色、卖点融入宝贝标题中。只有切中买家所想，让买家动心，才能产生效果。下面介绍撰写具有吸引力的宝贝标题的注意事项。

- 只有确实需要的东西，买家才会购买，所以宝贝标题不要让人产生误解，应该简明、准确，让买家一目了然。一个完整、全面的标题能够让买家清晰地解读宝贝，而且宝贝也更容易被搜索到。
- 吸引消费者眼球的感官词的使用也是有技巧的。如果是皇冠店铺，或者店铺信誉比较高，就可以使用类似“皇冠信誉”“百分百好评”等关键字。新手也可以使用“特价”“促销”“超值”“新品上市”等关键字。另外还可以使用一些具有煽动性的感官词，如“疯抢”“月销万件”“限量”“限时”“热销”“明星推荐”“淘宝销售冠军”“镇店之宝”“亏本热卖”“秒杀包邮”“保证100% 正品”等。用好这些能够调动人情绪的关键字，对提高店铺的成交量是非常有帮助的。

- 除非店铺名和品牌名一样，不然就不要把店铺名或者关于店铺的描述放在宝贝标题中。因为宝贝标题只是介绍产品，所以没有必要让店铺的名字占用宝贵的标题字数。

5.2.4 选择关键字的技巧

如果商品中包含某一关键字，当买家搜索这个关键字时，很可能会搜索到你的商品，从而为你带来无限商机。本节将介绍如何有效地设定关键字，使商品被更多的买家看到。

1 选择有效的关键字

选择合适的关键字是建立一个高访问量店铺的第一步。在收集所需的关键字之前，要了解买家如何使用关键字进行搜索，要思考买家会使用哪些关键字，以及这些关键字与你出售的商品是否有直接或者间接的关系。

另外，卖家应该学会换位思考，假设自己是买家，自己可能会搜索什么关键字？那么这个关键字可能就是理想的关键字，要把这个关键字尽量放在商品名称里面。

2 选取关键字的技巧

- 选取关键字时，要认真思考并记下与店铺或商品有关的所有关键字。尽量站在买家的角度考虑，假如你是买家，你会怎样搜索？
- 多问问周围人的意见。例如，多问问你的家人、朋友、同学、邻居等什么样的关键字适合描述你的商品，很可能会找出一些你没想到的关键字。
- 设置热门的关键字。如一些当下比较火的电视剧中的流行饰品、明星代言的商品等。如果有可能，应该合理利用这些关键字来为商品争取更多的流量。
- 参考其他网店。参照一些同类店铺，看一下他们的商品名称，这样有可能得到满意的关键字。

3 关键字的设置原则

- 原则1：阐述商品的基本特征

例如，女装店铺的商品名称设置成“魅力女人漂亮完美连衣裙”，这里的有效关键字就只有一个“连衣裙”。此时卖家可以添加一些商品的基本特征，如颜色、图案、质地等。再如，一件漂亮的水晶工艺品名叫“心心相印”，如果发布商品时名称就用“心心相印”，则属于商品属性不明确，这样的商品只能在进入商品分类后才会凭运气被买家发现，如果买家仅使用“水晶”“工艺品”等关键字根本就搜索不到这件商品。

- 原则2：标明商品卖点

即使商品标题中含有“连衣裙”这样的关键字，但是由于竞争对手太多，很多卖连衣裙的店铺都排在你的前面，而淘宝网的默认排名又是“按人气排名”，凭什么你的“连衣裙”关键字能排在前面呢？这时需要将卖点标出来。可以选择将品牌作为卖点，并加上"专柜"字样，这样买家进行针对性搜索时，范围就缩小了，排名也就靠前了。

- 原则3：标明商品优势

可以在商品名称中添加“特价”“包邮”“让利”“促销”等关键字会提高买家进入店铺的概率。

5.3 优化宝贝描述

新手卖家往往不会在宝贝描述上下功夫，殊不知宝贝描述的详尽与否关系着宝贝成交量的高低，本节来介绍如何优化宝贝描述。

5.3.1 宝贝描述的注意事项

在淘宝网购物，影响买家是否购买商品的一个重要因素就是商品描述，因此很多卖家会花费大量的心思在商品描述的撰写上。但经过一段时间后有些卖家就会发现，虽然在商品描述的撰写上面花费了大量的时间，但是效果并不好，用户的转化率还是不高，原因是什么呢？主要还是商品描述信息不够详细。

好的商品描述可以大量节省回答买家提问所花费的时间，更可以留住不想咨询的“懒惰”买家。多花一些时间创作属于我们自己的全面而又精彩的商品描述，相当于请了10个客服，能让我们节省时间去做更多事情。

每写一个成功的商品描述就是一次成功的营销，要让看到描述的买家觉得这就是他一直想要的东西。卖家需要用尽一切办法为潜在客户寻找一个购买我们的商品的理由，给他们一个合理的“借口”，让他们心甘情愿地购买我们的商品。

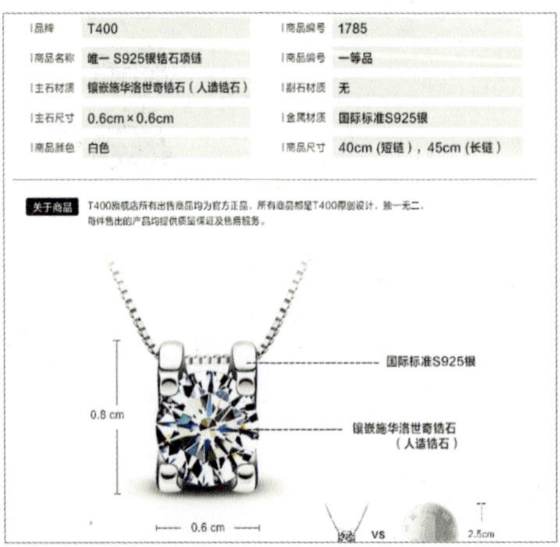

总的来说，在填写商品描述信息时要注意以下几个方面。

- 向供货商索要详细的商品信息。商品图片不方便反映的信息包括材料、产地、售后服务、生产厂家、性能等，所以这些信息最好通过商品描述展示出来。另外相对于同类商品的优势和特色一定要详细地描述出来，这本身也是商品的卖点。
- 内容要全面。一定要站在买家的角度去思考：如果我们要买这样的商品，会关心哪些问题？例如，材质、尺寸、市场价、重量、颜色、适合人群、寓意、使用与保养注意事项、相关文化、基础知识、真假辨别、赠品、服务承诺、支付方式等。
- 商品描述一定要精美，要能够全面概括商品的内容、相关属性，最好再加入一些使用方法和注意事项，更加贴心地为买家考虑。
- 商品描述应该结合文字、图像、表格3种形式来进行，这样让买家看起来会更加直观，增加买家购买的可能性。

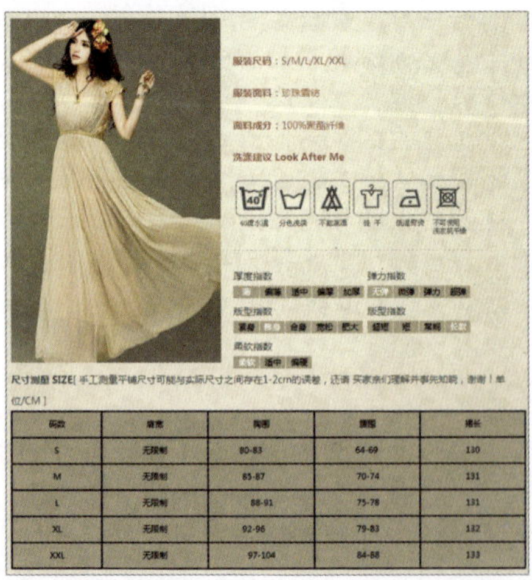

5.3.2 写好售后服务内容

商品名称、商品描述和商品图片，这些不仅是卖家和买家之间最初的商品信息交流，也是卖家和买家之间交易的条款和契约。这是一件什么样的商品，是全新的还是二手的，它的具体商品信息有哪些等，所有这些买卖双方关心的问题都应该真实、详细地体现在商品的描述里。

例如，一双皮鞋，是真皮还是皮革，是头层皮还是二层皮，是什么颜色、什么尺码，适合什么样的人群穿，出现质量问题应该怎么解决，退货要求和退货费用都有哪些等。关于这件商品的所有疑虑，买家都需要在商品描述中找到详细的答案。所以，描述越详细，以后出现纠纷的可能性就越小，也越容易打动买家并促成交易。

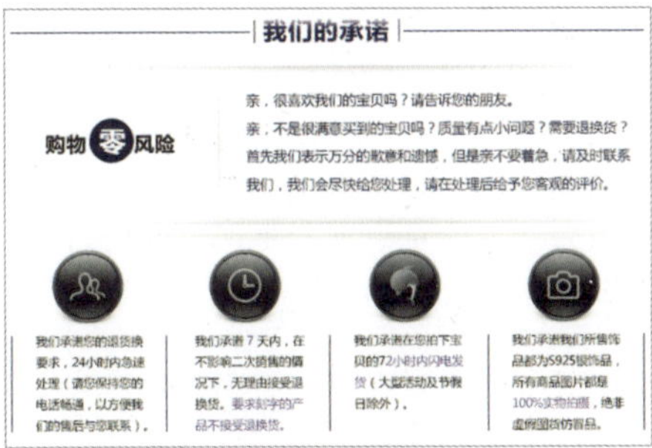

一般除了商品的详细信息以外，买家还会关心商品的售后服务如何，如什么情况下可以退货、什么情况下可以换货，以及退货产生的邮费由谁承担等。不同地区及不同的物流方式会产生不同的邮费，对于邮费的说明相信每一个买家都会仔细查看。这些详细的说明对商品的成功销售能够起到积极的推动作用。

5.3.3 展示权威证书

在商品描述页面中放上相关的权威证书，可以让买家感觉我们的店铺很专业。如果是功能性的商品，还可以展示能够证明自己技术实力的资料。提供能够证明这不是虚假广告的文件，或者如实展示人们所关心的商品制作过程，都是提升店铺可信度的方法。

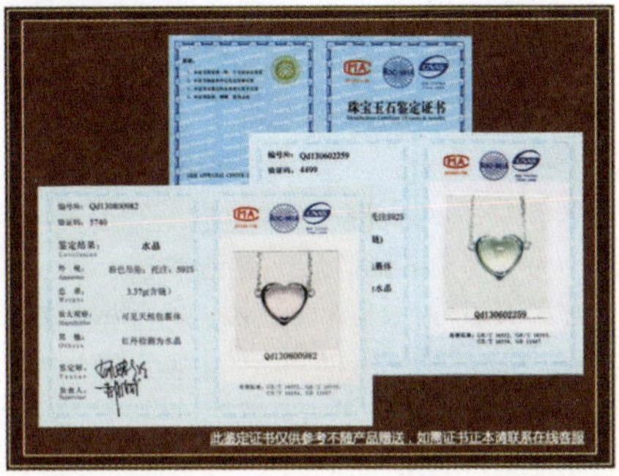

5.3.4 上传买家真实评价

网店与实体店不同，买家无法直接触摸到宝贝，心中难免会产生怀疑，所以，网店销售的重要一步，就是冲破买家的心理防线。

淘宝网会员在使用支付宝成功完成每一笔交易后，双方均有权对对方的交易情况进行评价，这个评价亦称信用评价。信用评价良好是交易成功的重要因素。已经购买了商品的买家的评价，可能会对正在犹豫是否购买商品的顾客起到决定性作用。因为卖家提供的商品信息可能宣传性太强，而买家留下的评价却是真实的。

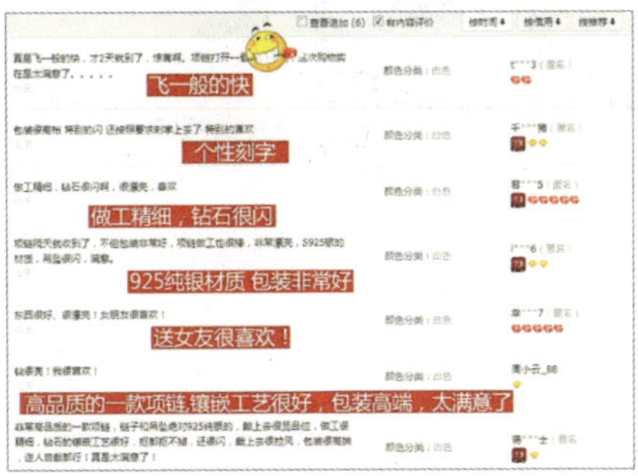

5.3.5 展示店铺成交量

一般消费者都有从众心理，成交量越

大的商品购买的人往往越多。

店铺的成绩主要包括店铺销售总量、单品销售量、快速冲钻经历等，把这些内容添加到宝贝描述中，可以大大提高买家的购买概率。

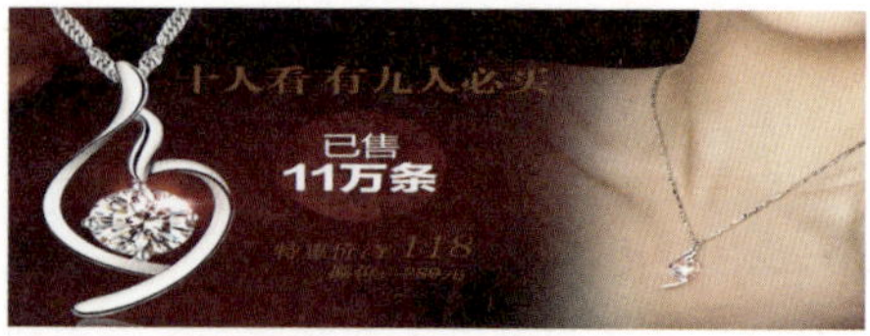

5.4 优化宝贝图片

在网上购物时，买家对宝贝最直观的了解就是通过宝贝的图片展示，好的图片展示效果会让买家产生购买欲，而差的图片展示效果会让买家对宝贝的质量产生怀疑，进而放弃购买。

5.4.1 空间顺序的多图展示

在撰写宝贝描述时，要尽量在有限的空间内将宝贝全面地展示出来，让顾客轻松地了解到宝贝的各方面信息。空间顺序的多图展示指的是用户可根据商品属性的不同，将其分作不同角度向用户进行全面展示。

1 由外及内的多图展示

由外及内的多图展示如下图所示，展示了手机从外包装→打开包装→所有配件→单个配件的开箱过程。该过程模拟了实体店中真实购物的操作顺序。

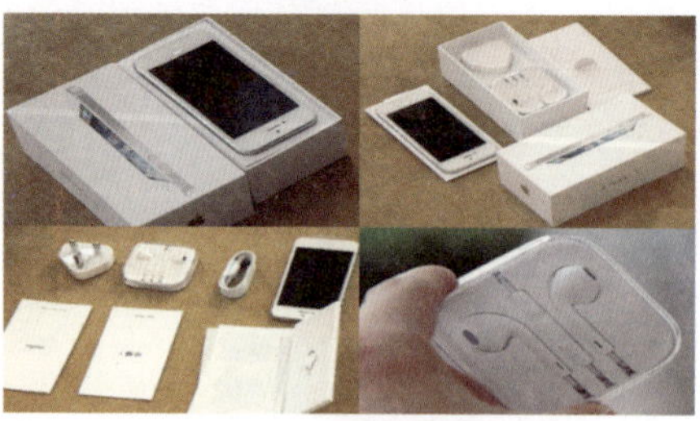

2 由远及近的多图展示

由远及近的多图展示如下图所示，此图全面展示了宝贝的穿戴效果、近景图片以及从各个方位观看宝贝的效果。

3 不同角度的多图展示

不同角度的多图展示如下图所示，分别从正面、左侧面、右侧面和背面展示了宝贝的视觉效果，模拟宝贝在店里被顾客穿上时的真实效果。

5.4.2 产品使用的多图展示

产品使用的多图展示是指使用多个图片来展示产品的使用方法，给买家详细介绍产品的使用技巧。

如下图所示的图文描述展示了真空压缩袋的使用方法。

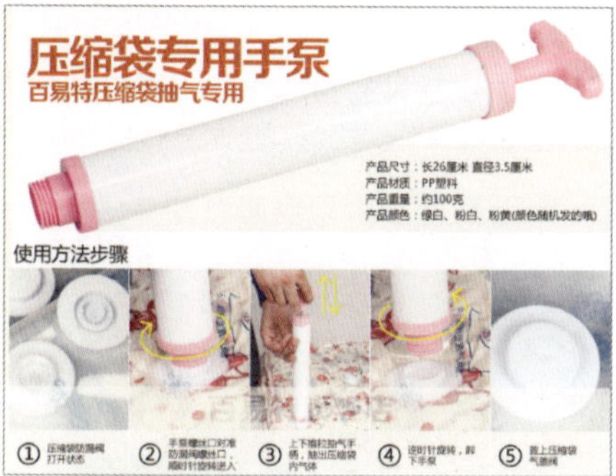

对于饰品类宝贝，卖家可以展示出宝贝在不同环境下的各种佩戴效果，让买家有亲自试戴的体验效果。

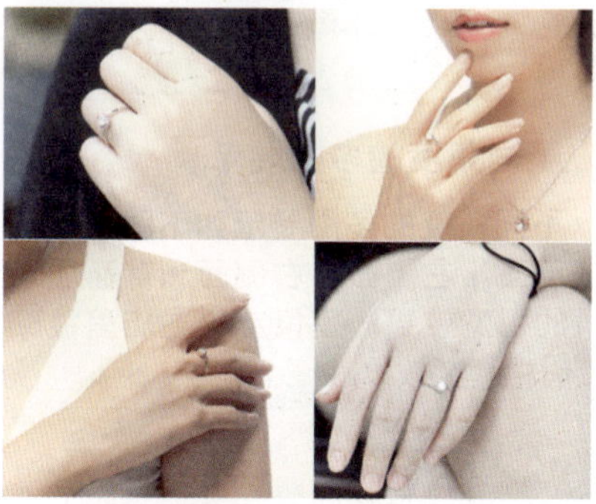

对于食品类的宝贝，卖家可以提供食品的后期加工的多图展示，为顾客提供后期烹饪方法，使顾客免除后顾之忧。

对于数码类产品，如单反相机，卖家可以提供一些拍摄的实用小技巧，顾客在浏览该宝贝时，看到这些小技巧也许就能多停留片刻。

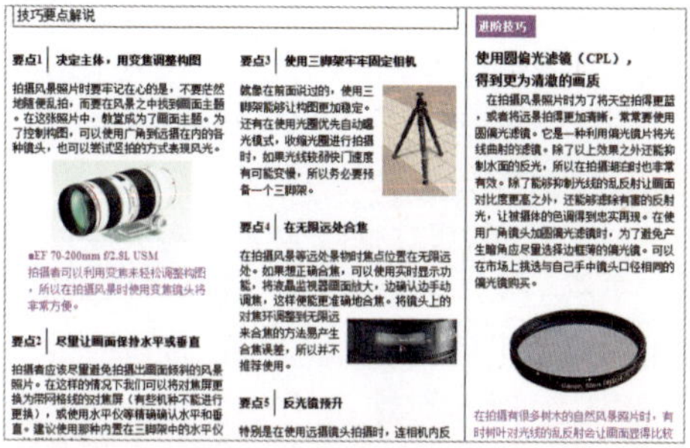

5.4.3 产品细节的多图展示

宝贝的一些细节和特殊卖点，用多图的形式来展示，可以达到“实物与图片相符”的效果。如下图中放大展示了一款连衣裙的材质细节，使顾客能够“近距离”地观察宝贝。

5.4.4 让宝贝图片生动鲜活

看似静止的图片也可以拍摄出活灵活现的效果，如果经过构思和设计，平面的东西也可以表现出各种三维空间中的元素来，把这些方法运用到我们宝贝的拍摄和加工上，就能得到更好的欣赏效果。

1 使用图片表达声音

要使用图片来表达声音，可以根据宝贝的声音属性来选择一个参照物，根据参照物在不同声音环境下的不同反应，就可以表达各种声音效果。

如下图所示，以听音乐时，人物情不自禁表现出的动作来表达音响设备高品质的声音效果。

2 使用图片表达触觉

网购时，由于买家对宝贝只能看得见，而摸不着，因此会缺少手感和质感上的判断。此时我们可以利用图片尽量为买家表达出触觉效果。

如下图所示，以真人试戴来表达塑胶手套的柔软和操作自如。

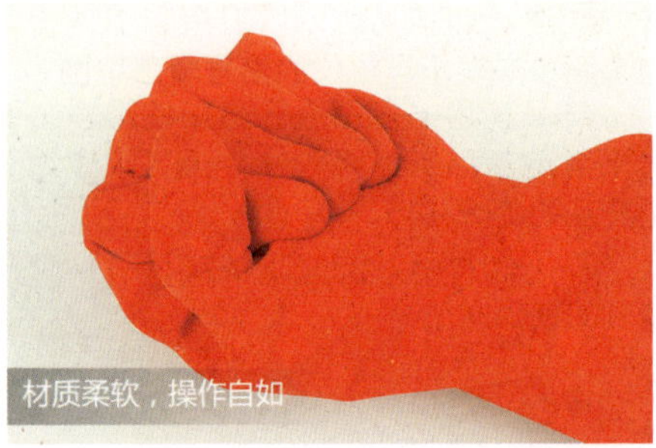

3 使用图片表达味觉

食品类的宝贝需要通过图片来表达味觉，从食品被拿到手中到各种撕开、夹住和切开等动作，都可以满足味觉的表达需要。

4 使用图片表达时间

宝贝的时间属性可以通过日历、钟表、沙漏等计时工具来表达，如下图所示。

5 使用图片表达空间

宝贝的空间属性也可以通过参照物来

进行表达。如下图所示以卫星和地球模型为参照物来表示导航仪的信号覆盖范围。

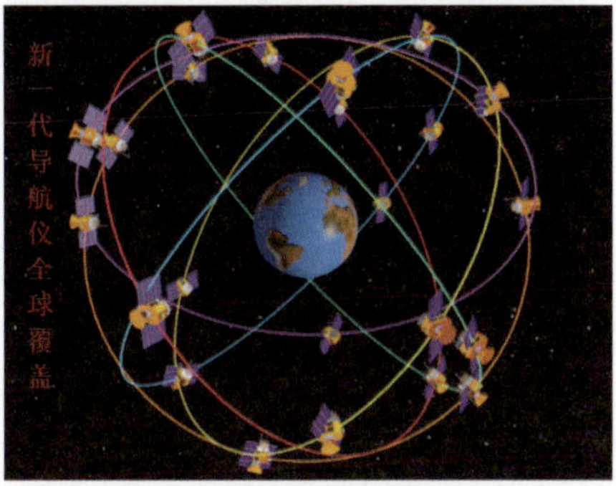

6 使用图片表达服务态度

服务也可以使用图片来表达，如可以用微笑的电话接线员来表达良好的售后服务，利用飞机来表达快递的速度等。如下图所示为利用一副斟茶动作的图片来表达店铺对顾客的欢迎。

5.5 各类宝贝的拍摄技巧

图片可以说是淘宝网上商品的灵魂所在，一张清晰、真实且美观的图片能够帮助卖家锁定消费者的心，从而迈出成功销售的重要一步。在实际操作中，虽然某些宝贝卖家可以套用一下官方的图片，但大多数宝贝还是需要自己去拍照的，因此掌握拍照的技巧，对卖家非常重要。另外，不同类别的商品，拍摄的技巧也不同。

5.5.1 服装类宝贝的拍摄技巧

在制作宝贝图文描述时，服装的拍摄方法需要注意以下几点。

- 拍摄背景要简单整洁。

- 相机的镜头与被拍摄物中心对准，一般成90度。
- 拍摄时要保证光线充足。

服饰拍摄方法大致可以分为卧拍、穿拍和挂拍3种。

1 卧拍

卧拍是一种最方便的拍摄方法，只需要将宝贝放平，然后进行拍摄即可真实生动地反映宝贝的层次感和动感了。

卧拍的技巧是将宝贝放在一个固定颜色的背景(最好是纯白色)上拍摄，拍摄时要注意光线充足，相机对准宝贝中心即可。

2 穿拍

穿拍是展示服装最理想的一种拍摄方法，尤其是通过模特穿着来展示的服饰，可以将服饰的特性诠释得最为清楚。采用穿拍要注意寻找身材合适的模特，衣服要注意平整，背景要简单干净，光线要自然，有条件的应该尽量给出多角度的拍摄效果。

3 挂拍

挂拍就是把服饰挂起来拍摄，挂拍时注意衣架不能太显眼，拍摄时要尽可能体现服饰的质感，如下图所示。

还有一种服饰的拍摄方法是使用假的人体模特拍摄，这种拍摄方式介于挂拍和穿拍之间，在拍摄时注意背景简单、服饰平整、光线充足即可。

5.5.2 鞋类宝贝的拍摄技巧

鞋类也是淘宝网上销量比较旺盛的一个大类目，鞋子由于是成双，因此拍摄的时候应该更加注意构图模式。

具体的拍摄技巧大致有两种方法，第一种方法是将鞋子以45°角摆放，一远一近，错落有致，使得整个画面显得饱满。

可以将鞋子一反一倒进行摆放，这样使顾客看到鞋子的鞋底与材质。

还可以将鞋子一正一侧摆放，这样可以使买家通过图片看到鞋子的正面与背面效果。

还有一种方法是，使用模特拍摄鞋子被真人穿上后，各个角度的实际效果。

5.5.3 食品类宝贝的拍摄技巧

食品是入口的，因此拍摄时要注意保持商品的整洁。

在此基础上，为了使宝贝显得可口诱人，拍摄时就应该多补光，具体的技巧是：左右各加一盏灯进行补光，然后尽量采用45°角俯拍，以体现食品的色泽和质感。

另外，对于一些有品位的高档食品，可以在拍摄时添加一些应景的小道具进行补充。例如，在巧克力边上放一点杏仁，如下图所示。

5.5.4 箱包类宝贝的拍摄技巧

在拍摄箱包时，应该在包里放一些填充物，因为没有填充物的包会给人一种干瘪的不良感觉。

箱包的拍摄方法可以是平面拍摄，也可以让模特背着展示。另外，拍摄箱包时应当将细节展示到位，如拉链、LOGO、挂件等细节都需要展示。

另外，箱包的内部也很重要，在拍摄时应该给出箱包的内胆细节图片，让买家更清楚地了解包的内部构造。

5.5.5 饰品类宝贝的拍摄技巧

饰品一般都比较小，因此买家挑选的时候会比较注重细节，如饰品的花纹、图案、篆刻等。拍摄时我们最好将其放在室外或有充足阳光的地方，放在纯色背景(最好白色)上，采用相机的微距拍摄方式进行拍摄。

当然，饰品类宝贝也可以考虑用模特挂拍，效果也会不错。

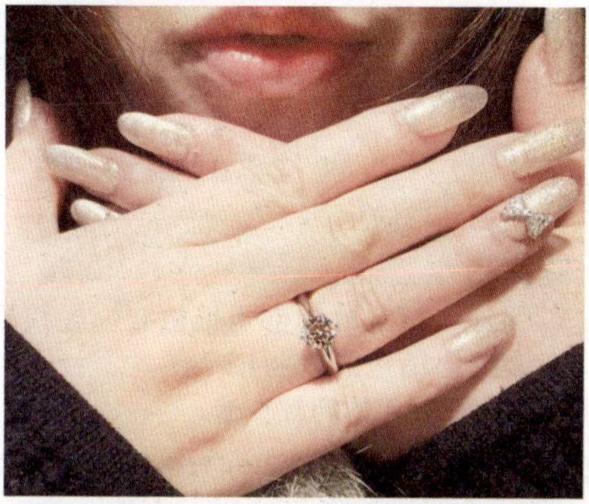

在处理金银、钻石类首饰的时候我们应该注意反光问题，有摄影棚的情况下这种问题比较好解决，如果没有摄影棚，那么我们可以用白色餐巾纸或者白布将相机包裹起来，然后留下镜头对焦拍摄即可。

拍摄视频类宝贝时要尽量使用单纯的光线和背景，可以适当加强闪光以表现宝贝的耀眼度。

翡翠和玉饰品的拍摄要注意体现宝贝的光泽、质感和晶莹度，因为这类宝贝的气质都是古色古香的，因此有符合其内涵的小道具或者背景做陪衬效果会更好。

5.5.6 数码类宝贝的拍摄技巧

在拍摄数码产品时，应尽量采用纯白或者纯黑的背景。如果宝贝是黑色的，那么采用白色背景；如果宝贝是白色的，那么采用黑色背景。

在拍摄时，我们应该注意光线分布是否均匀，底部可以打光，颜色的搭配要合理，还要尽量避免镜头和被拍摄物品放在

同一垂直线方向，不要使用广角镜头，以免宝贝拍摄效果夸张变形。

另外，由于数码产品的价值更在于内涵和功能，因此我们可以考虑在图片的空白处添加较多的文字予以说明介绍。

5.5.7 使用合适的相机

要拍好图片有个好的照相机也是很重要的。下面将介绍适合拍摄宝贝图片的相机要具备的一些基本功能：

- 较好的微距功能，可以帮助拍摄者近距离拍出清晰的照片。

- 手动白平衡功能，帮助拍摄者在复杂的光线环境下调节白平衡，减少色差。

- 手动曝光功能，可以帮助拍摄者在偏亮或偏暗的环境下，拍摄出曝光合适的照片。

下面列出了目前三种主流数码相机的性能比较。

相机功能	手动功能相机及单反相机	卡片相机	傻瓜相机
微距	有	部分有	不可
手动白平衡	可	部分可	不可
手动曝光	可	部分可	不可
光圈	可	不可	不可
快门	可	不可	不可
ISO感光值	可	部分可	不可

针对拍摄静态商品的相机进行比较，一般家用的相机大多为卡片相机和全自动的傻瓜相机，在很多参数设置上都是根据相机的测光来自动调整的，但是相机没有人类眼睛那么敏感，也没有人类聪明，很多时候无法调整成准确的拍摄模式，导致有时拍的照片有色差。使用全手动的相机，我们可以根据光线、色干扰的变化手动调节出正确的设置，拍摄出来的照片更接近实物，效果更好。而单反相机的参数设置更多更复杂，拍摄照片的专业度更高，操作难度也比较大。因此，推荐店主在拍摄宝贝照片时，选择一款入门级手动相机，价格一般在1500元至3000元。

在使用相机拍摄商品照片时，我们应注意以下几点基本操作要领。

- 选择充足明亮的光线和合适的背景，并让光线均匀地照射在需要拍摄的商品的正面。相机镜头面对商品的拍摄正面，使拍摄物处于相机屏幕画面中的正中位置。
- 关闭闪光灯，保持相机的稳定，将快门按下一半，相机会自动对焦，并将焦点位置在屏幕上以绿色的方框显示。可以松开快门，再次操作，直到满意为止。
- 将快门完全按下，继续保持相机稳定不动，几秒钟后完成拍照。

5.5.8 使用合适的背景

我们在拍摄商品图片时，往往只追求商品本身拍摄的是否清楚，其他的一些环境因素都不考虑，随手放在一个地方，随手一拍，拍出的效果自然不会很好。到后期制作图片时，还需要抠掉图片的背景换一个干净的背景，这样做需要花费很大的精力，图片的效果还不自然。

在拍摄宝贝照片的时候，我们可以选择一个合适的背景环境进行拍摄。下面将从背景的颜色及材质方面进行介绍。

1 背景颜色的选择

要达到商品照片背景干净的效果，可以根据商品的特点选择其他颜色背景，从而实现突出商品或衬托商品的效果。

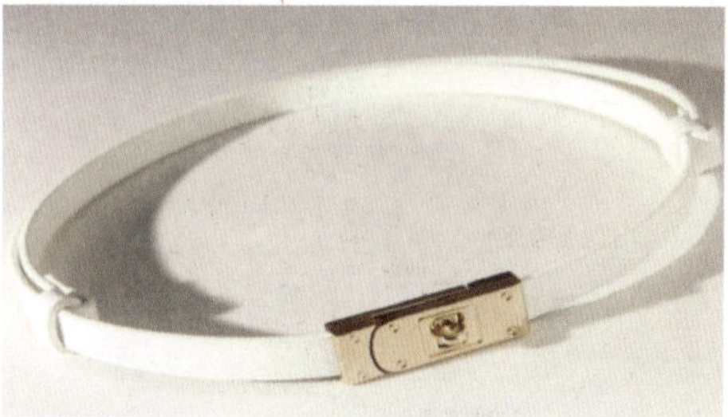

最常用的背景颜色是黑色、白色、灰色三种，适用于各种商品。如果商品的颜色比较奇特，选用中性的灰色基本都能够协调。这里有以下几点原则：

- 物品的颜色和背景的颜色要有区别，不能一样，例如，黑色的皮夹克就不能使用黑色的背景。
- 背景的颜色要能衬托出商品的特点，例如黑色的T恤可以放在橙色、黄色的背景上，从而显得更加突出。

- 背景颜色的选择要符合商品的使用效果和风格，例如，年轻女孩的衣服和玩具可以选择粉色的背景，营造出轻松、可爱的氛围。

2 背景材质的选择

现在比较流行的背景材质有背景纸、无纺布、植绒布、仿毛毡等，各有特色，饰品还可以选择有机板或玻璃拍出倒影效果。

我们可以根据商品拍摄的需要来选择背景材质：

- 背景纸的特点是平滑、颜色均匀，拍摄时没有褶皱，反光率较低，适用于所有商品，特别是人物或者服装的拍摄。
- 无纺布有纸的平滑和布的柔和两种特点，上面一般带有小孔，可以用来拍摄大件商品，但是拍摄细部时小孔会比较明显。这种带有规律的纹路如果用低端相机拍摄可能还会对成像质量造成干扰。
- 植绒布的表面分布有细细的短绒毛，一般在摄影棚内部都是使用植绒布作背景布，适合拍摄大多数商品，拍摄出来的图片感觉细腻，对光线的扩散度也不错。
- 仿毛毡的表面有比较长的绒毛和纹路，有比较粗糙的感觉，拍摄出来的画面质感强。
- 有机板或玻璃可以拍摄出倒影的效果，感觉非常时尚。但是拍摄时要避免周围环境的倒影和光线的反射。

5.5.9 使用合适的光线

在拍摄商品照片时，光线决定的不仅仅是照片的亮度，同时还影响着照片成像的清晰度和颜色的真实：

- 光线过暗时拍摄，需要用较大的光圈来获得更多的光线，并且会延长快门的速度来增加曝光度，在这种情况下，离镜头较远的部分可能会被虚化，而且容易受到拍摄者身体抖动的影响，从而造成照片不清楚或虚掉。
- 光线过暗时拍摄，拍摄照片过度曝光会损失掉细节，而且这样的照片没有办法做后期处理。
- 光线偏冷时拍出的照片会偏蓝，光线偏暖时拍出的照片会偏黄。当使用两个不同色温的光源或者当光线环境复杂时，相机无法分辨出正确的白平衡，照片就会产生色差。
- 当光线从物品背面投射的时候，物品的正面没有光线；当光线从侧面投射的时候，物品的另外部分光线不充足，看不清楚物品的整体或部分细节。

当光线直射到容易反光的镜面物品上时，容易产生光斑，影响细节表现力。

所以使用光线要适度，不能过暗也不能过亮，不能偏冷也不能偏暖，要从商品的拍摄正面均匀投射到商品上，而且不能直接投射到易反光的商品表面。

5.6 自制小教程

在描述宝贝的时候，可以将客户可能会问的一些问题，以图文说明的形式给出指导教程。这样做可以大幅度减小客服的压力，提高宝贝亲和力，还可以避免一些可能发生的售后问题。针对不同的宝贝特征，需要提供的教程也不同。

5.6.1 食品类小教程

对于食品类商品而言，买家最关心的问题大多集中在产品质量上，如原料安全、保质期、具体的营养成分等信息，卖家可以从这些方面予以考虑，在描述宝贝时予以详细说明。

例如，一款牛肉干商品，在描述宝贝时，可以将产品原料以图片形式展示，让买家买得舒心，吃得放心。

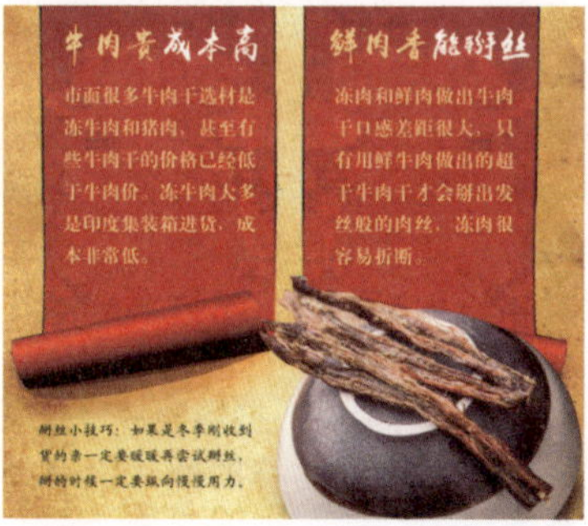

有些食品，消费者还会考虑其营养成分，卖家也可以给出图文介绍及食品的推荐适用人群，如下图所示为一款奶酪食品的介绍。

5.6.2 服饰类小教程

服饰类商品经常会因为尺码问题导致退换货，买家也常会因为搞不清自己的尺码而问来问去，所以卖家可以考虑在介绍宝贝时附加一些尺码的具体知识，便于买家自行解决这一问题。

如下图所示的是西装尺寸的测量方法，以图文形式分别予以详细说明，另外还提供了对应的尺码列表，买家在阅读了这个“测量方法”专栏后对自己的尺码选择就会很清楚了。

尺码	42	44	46	48	50	52	54
号型	160/80A	165/84A	170/88A	175/92A	180/96A	185/100A	190/104A
肩宽	42.4	43.6	44.8	46	47.2	48.4	49.6
胸围	92	96	100	104	108	112	116
袖长	58.4	59.6	60.8	62	63.2	64.4	65.4
衣长	70.5	72	73.5	75	76.5	78	79.5

另外，可以在描述宝贝时提供一些宝贝的使用保养教程，一方面可以展现卖家

对消费者的关心和负责；另一方面可以解决部分质量纠纷。如牛仔裤，不太了解清洗方法的买家购买后水洗几次就会掉色很严重，买家有可能以质量问题进行投诉。

如果卖家能在描述宝贝时就附带一些牛仔裤的保养和正确的清洗教程，就会免去此类售后纠纷。

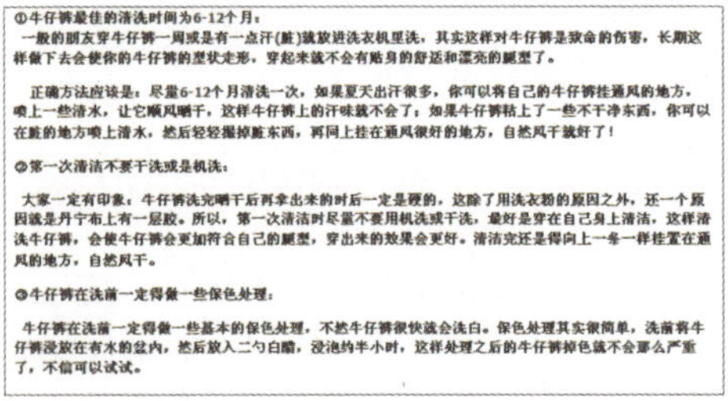
①牛仔裤最佳的清洗时间为6-12个月：

一般的朋友穿牛仔裤一周或是有一点汗(脏)就放进洗衣机里洗，其实这样对牛仔裤是致命的伤害，长期这样做下去会使你的牛仔裤的型状走形，穿起来就不会有贴身的舒适和漂亮的腿型了。

正确方法应该是：尽量6-12个月清洗一次，如果夏天出汗很多，你可以将自己的牛仔裤挂通风的地方，喷上一些清水，让它顺风晒干，这样牛仔裤上的汗味就不会了；如果牛仔裤粘上了一些不干净东西，你可以在脏的地方喷上清水，然后轻轻握掉脏东西，再同上挂在通风很好的地方，自然风干就好了！

②第一次清洁不要干洗或是机洗：

大家一定有印象：牛仔裤洗完晒干后再拿出来的时后一定是硬的，这除了用洗衣粉的原因之外，还一个原因就是丹宁布上有一层胶。所以，第一次清洁时尽量不要用机洗或干洗，最好是穿在自己身上清洁，这样清洗牛仔裤，会使牛仔裤会更加符合自己的腿型，穿出来的效果会更好。清洁完还是得向上一条一样挂置在通风的地方，自然风干。

③牛仔裤在洗前一定得做一些保色处理：

牛仔裤在洗前一定得做一些基本的保色处理，不然牛仔裤很快就会洗白。保色处理其实很简单，洗前将牛仔裤浸放在有水的盆内，然后放入二勺白醋，浸泡约半小时，这样处理之后的牛仔裤掉色就不会那么严重了，不信可以试试。

5.6.3 化妆品类小教程

化妆品的使用效果因人而异，同样的一款产品，有些客户使用后效果很好，有些客户使用后达不到效果，甚至还会出现过敏等不良反应。有鉴于此，卖家为了博得用户好评，在描述宝贝时不妨多“科普宣传”一下。

以一款毛周角质精华液为例，卖家在介绍宝贝时除了给出产品的基本图文信息，还可以给出主要成分的说明，并对每一种成分的作用进行说明，使消费者对该产品有深入的了解。

接下来，由于该化妆品主要用于治疗“鸡皮肤”，那么关于什么是“鸡皮肤”这样一个问题，卖家可以用图文形式予以介绍，以便于买家结合自己的肤质情况进行对照选择。

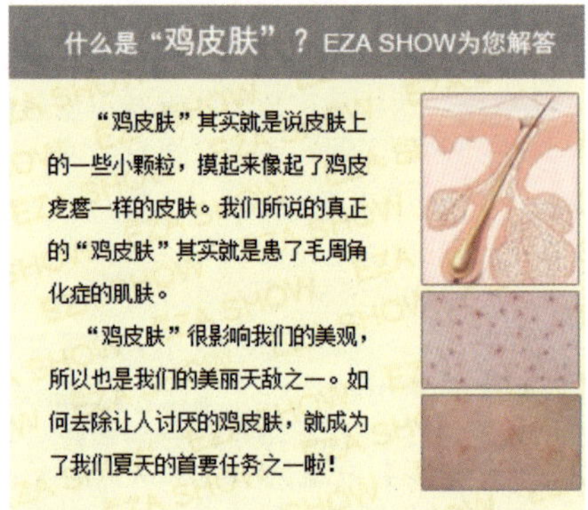

最后，可以给出推荐的适用人群，让消费者自行对号入座。

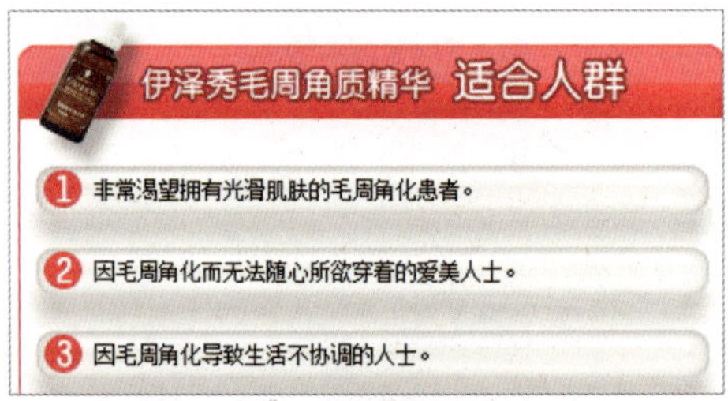

5.6.4 特殊商品类小教程

其他还有一些类别的商品，光是宝贝图片和介绍文字是远远不够的，必须要附带具体的使用方法，这类商品一般都有一定的使用难度，卖家必须提供相关辅助信息和教程。

魔术道具类商品就是一个很好的例子，无论宝贝图片多么诱人，如果买家不知道这些魔术道具的玩法也是没用的，因此从某种角度来说，魔术商品的价值很大一部分取决于操作方法。

有些人所共知的操作方法可以考虑提供，如刘谦在春晚上表演过的两根橡皮筋对穿的魔术，由于手法已经是公开的秘密，卖家可以写在宝贝描述里或者提供解密视频链接。但为了遵守魔术师戒条，大多数魔术道具的使用方法是不可以在产品介绍时讲得太明确的，所以卖家只能以说明书或者光盘教学的方式提供给买家。

5.7 进阶实战

本章的进阶实战部分为使用Photoshop软件制作宝贝图片组合效果，用户通过练习从而巩固本章所学知识。

【例5-1】使用Photoshop的“置入”功能制作一个混合图片。

视频+素材(光盘素材\第05章\例5-1)

01 启动Photoshop后，选择【文件】|【新建】命令，打开【新建文档】对话框，将【宽度】设置为950像素，将【高度】设置为120像素，将【分辨率】设置为130像素，在【预设详细信息】文本框中输入【网店招牌】，将【背景内容】设置为【白色】，然后单击【创建】按钮。

02 选择【文件】|【置入嵌入的智能对象】命令，打开【置入嵌入对象】对话框，选择一个图片文件，然后单击【置入】按钮。

03 此时，Photoshop的工作区中将置入如下图所示的图像。

04 按住鼠标左键拖动工作区中置入的图像，按住图像四周的控制点调整图像的大小。

05 按下回车键确认对置入图片的设置，此时在软件界面右侧的【图层】面板中将创建一个新的图层，右击该图层，在弹出的菜单中选择【栅格化图层】命令。

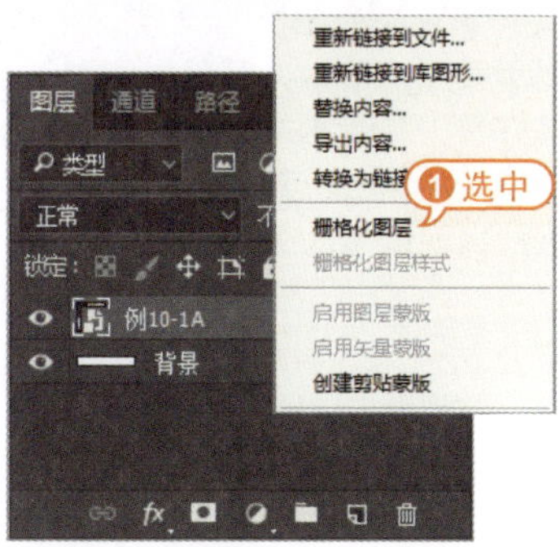

06 长按软件界面左侧工具箱中的【矩形选框工具】按钮，在弹出的列表中选择【椭圆选框工具】选项。

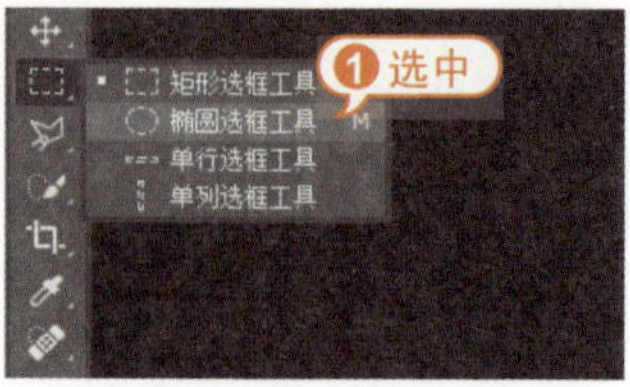

07 按住鼠标左键在舞台中绘制一个椭圆选框，然后右击鼠标，在弹出的菜单中选择【羽化】命令。

08 打开【羽化选区】对话框，在【羽化半径】文本框中输入30后，单击【确定】按钮。

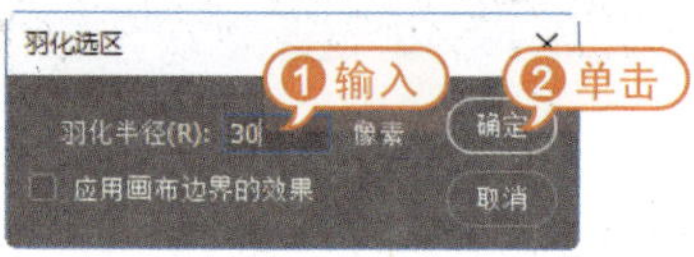

09 此时，选区效果将如下图所示。

10 按下Ctrl+Shift+I组合键反选选区。

11 按下Delete键羽化图片，效果如下所示。

12 再次选择【文件】|【置入嵌入的智能对象】命令，打开【置入嵌入对象】对话框，选择另一个图像后单击【置入】按钮，将图片置入工作区中。

13 调整图片的大小和位置后，按下回车键，混合插画图片的效果如下所示。

5.8 疑点解答

问：给小饰品拍照要选择何时何地？

答：小饰品的拍摄效果直接影响小饰品的销量，很多卖家对如何拍摄并不清楚。小饰品需要用柔光，很多人采用摄影棚，但笔者认为饰品类的小商品，在自然光线下拍出的照片才最好看，有阴影未必是件坏事，这样看起来反而更加自然。拍摄小饰品可选择以下时间段：晴天的早上9点到中午11点，下午3点半到5点半(太阳落山时最好别拍，夕阳的红光会让照片出现偏色)，拍摄地点可以选择家里的阳台，或者是有大窗户的房间。

第6章

精装修淘宝店铺

一家设计与装修精美的店铺，不仅能提升店铺整体形象，也可以吸引买家，提升店铺的浏览量，从而增加店铺交易达成的概率。因此，要获得更多的买家关注，我们需要在店铺整体的风格和布局上，进行合理的协调和配置。

对应光盘视频

例6-1 添加自定义内容模块
例6-2 在模块中添加内容
例6-3 添加宝贝推荐
例6-4 添加装修模板
例6-5 添加宝贝详情页模板
例6-6 应用宝贝详情页模板

6.1 店铺装修常识

淘宝店铺是一个网络销售平台，装修淘宝店铺是一个设计和制作的过程，这个过程离不开网页的设计、图片的制作和美化等技术性操作，因此要想将自己的店铺装修的特色十足，需要卖家有一定的网页制作和图片处理常识。

6.1.1 店铺装修前的准备

店铺装修是一项需要消耗很多时间和精力的工作，为了提高效率，在开始装修之前就需要做好以下准备工作。

- 浏览知名店铺，学习装修技巧：对于新手卖家，首先，需要多浏览一些店铺和同类店铺，观察其装修的风格和手法，分析其装修过后的优势和劣势，并向有经验的店主讨教一些装修技巧；然后，仔细研究网店平台所提供的各项装修服务，学习具体的装修方法和技巧。

- 制订装修方案，准备装修素材：细化装修方案，设计装修细节，制定装修步骤，提前准备好需要使用的文字和图片素材，在装修时不至于手忙脚乱。
- 做好店铺定位，明确装修思路：明确店铺的主营商品和目标客户群，并以此为依据确定网店大致的装修风格。

6.1.2 确定店铺装修风格

店铺的装修风格一定要和自己店铺销售的商品类型相吻合，这样才更能吸引买家的购买欲。

例如，经营女性商品的店铺，在装修颜色上可以采取红色、粉红色或紫色等可以表现女性特点的色彩，这些色彩在风格上也更能突出女性时尚和柔美的特点。

又如，经营毛绒玩具等布艺精品的店铺，在装修风格中可以走可爱路线，使用一些卡通风格的图片，更能突出店铺的特点，活泼明快的风格更能吸引买家的眼球。

如果用户开了一家化妆品店，那么在设计方面要突出清爽、自然和环保的特点，因此蓝色、绿色和粉色都是这类店铺的首选。另外化妆品店铺还可收集一些化妆品图片、美女脸部特写等素材。

6.1.3 店铺装修的注意事项

网店的装修风格是网店形象的重要部分，传达着店主的品味和经营理念，在网店品牌的形成过程中起着十分重要的作用。网店装修时需要注意以下几个方面。

- 网页设计简单整洁：使用以下装修素材对店铺进行布置，如Flash动画、抢眼的图片以及一些文字的宣传等。

- 注重色彩搭配：为了给自己的店铺营造一种主题和风格，可以为店铺制定一种主色调。如红色热情，蓝色知性，粉色可爱，灰、白、黑适合于欧美风格。在选择色彩搭配时要考虑店铺色彩对顾客购买心理的影响，暖色调会使人心情愉悦带动消费，而冷色调若使用不当，会使人产生忧郁的感觉。

- 图片设置不宜过大：影响顾客在店铺的停留时间长短的一种重要因素就是网页的打开速度。通常网店中有一些像素过大、格式为GIF或Flash的图片都很容易导致网页打不开、速度过慢或图片无法显示的情况发生。如果买家等待了半分钟以上网页中的图片还是无法显示，那么买家可能会失去停留在店铺的耐心。因此，在装修店铺时还必须考虑图片大小及格式的合理性。

6.1.4 不同类型店铺装修参考

搜索不同类型的店铺的装修风格，学习其他店主的装修理念，有利于开拓卖家的装修思路，进一步完善自己店铺的装修，从而使自己的网店变得更加个性、精致。

1 网游、在线充值类店铺

目前，游戏、音乐及充值卡的网店有很多，如下图所示。

网游、在线充值店铺的整体风格要考虑年轻人的喜好，根据自己所销售产品的最终消费者群体的眼光来设计网店的效果，宜选择时尚的颜色，有创意的网页布

局。也可以选择能突出游戏主题人物的特色宣传图片来吸引买家的眼球。

2 数码产品类店铺

数码产品是年轻人追求时尚的风向标，数码类产品的更新换代非常快。几年来，许多销售数码的网店都受到了年轻人的追捧。

例如，下图所示店铺，在设计风格上标榜科技、时尚，以简洁的白色背景为主色调，应用淡蓝色对产品介绍加以着重，起到了突出主题的作用，从而给顾客留下深刻印象。该网店主要使用蓝、白两色，搭配各种色彩的商品图片和说明，既简洁大方，又缤纷亮眼。卖家提供了各种产品的实物图，并详细描述了产品的品牌、型号和参数，让顾客对产品有全面的了解。同时，在店铺首页的底部还详细说明了数码产品的保修方法、选购和使用注意事项等内容。

3 家居装饰类店铺

对于销售家居饰品类产品的网店而言，店铺装修设计的核心一定要突出产品本身。

例如下图所示店铺，是一家经营各种品牌饰品的网店，信誉已达到了4皇冠。该网店的主色调为粉色，清新可爱。从细节看，它是设计比较成功的网店，该网店打造的细节就是设置简单大方，重点突出，一目了然，突出所销售的产品。

店铺中商品种类齐全，商品描述页面会标注产品名称、颜色、尺寸和材料等商品信息，搭配实物图、详细的买家必读和辨别商品真伪的说明。

4 服装服饰类店铺

出售服装服饰的网店在装修设计上要根据商家的特点定位不同的风格。网店风格通常可以分为流行、时尚、怀旧、民族和异域等。

服装服饰、鞋类网店，在设计网页时，应从所售产品消费者的年龄出发，配色上要注意产品自身的颜色特点，要兼顾到消费者的眼光；在结构布局上适合采用大幅图片的形式直接突出产品；在商品描述时，要配有尺寸、颜色、面料以及制造工艺的说明，还要配有实物图和细节图。

5 食品、地方特产类店铺

食品类的网店种类极其丰富，有巧克力、干货炒货、蛋糕饼干、果脯和果冻布丁等。在设计食品类的店铺时，设计风格要清爽、干净，凸显食品的诱人。

例如，下图所示店铺是专门销售乳酪、乳制品和牛肉干的网店。网店装修以淡色为底色，以黄色、绿色为主色，配合了商品的颜色，显得清爽、干净，给人以舒服的感觉。在店铺首页的其他部分，商品图片搭配了口味介绍、掌柜推荐和镇店之宝。商品描述页面文字描述也十分详尽，图片采用商品的近拍特写，还详细说明产品特色、营养成分和买家评论。

6 美容护肤类店铺

美容护肤类网店基本上都是面向女性顾客的，因此在设计店铺风格时也要更多地偏向女性特点。在色彩的搭配上，可以使用淡雅柔和或热情似火的色调，如淡蓝色、淡紫色或红色等；在设计元素上选择侧重女性化的图形，如蝴蝶、花朵和糖果等。

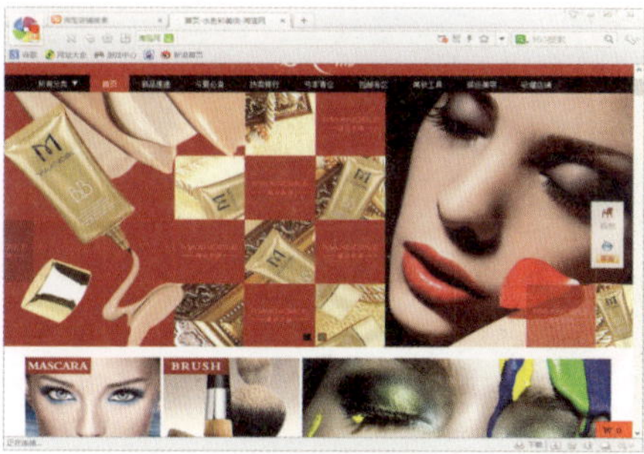

销售美容护肤类商品的卖家，无论选择何种店铺风格，只要店铺能突出自己商品特色以吸引顾客，就是一个成功的店铺。

7 母婴童装类店铺

母婴用品、童装类网店类型多种多样，如婴儿奶粉、尿不湿、玩具和服装等，但在设计风格上侧重于儿童，应凸显活泼可爱和健康的特点。在设计网店的色彩上多采用饱和度较高的颜色，如红色、橙色、黄色、绿色和蓝色等。设计元素也要选择卡通、动画等图形，如奶瓶、奶嘴、蝴蝶结和棒棒糖等。

设计母婴用品、童装类店铺时，需要使用特别多的色彩和结构凸显所销售的产品。如果颜色搭配不合理，没有一定的整体规划的设计理念，那么设计出来的页面会显得杂乱无章。因此，这类店主应先设计好结构布局，再设计色彩。

8 音像、书籍类店铺

音像书籍类商品是网店经营最早的商品类别之一，因其本身的特点更适合网店这种交易形式。

音像书籍类网店的设计应该整体呈现色彩鲜明、大气，结构划分清晰、明确，使买家能轻松地找到所需的商品，为买家节省时间。

例如下图所示的店铺，它以淡黄色为主色调，栏目划分清晰，主打商品抢眼，配有可爱的卡通图片，更能突出店铺的主题和特征。

9 奢侈品类店铺

如今，由于经济的快速发展，人们的消费水平有了大幅度的提高。因此，越来越多的都市男女都已进入奢侈品消费群体。一线的奢侈品牌实体店并不是在每个城市都有，所以奢侈品类的网店就显得炙手可热。

例如下图所示店铺，是一家专营卡西欧(CASIO)、西铁城(CITIZEN)、东方双狮(Orient-watch)、精工(Seiko)等品牌手表的网店。店铺装修用色以内容不同的图片为底色，以淡红色、黑色、白色为主，来划分不同品牌的商品类别，栏目划分清晰、明确，方便买家进行查找和区分。

为了让店铺看起来更加美观，也为了让手表更加吸引买家，可采用一些明星、时尚模特等人物配戴手表的图片进行设计装饰。

奢侈品类网店的设计应该注重大气、优雅的店铺风格，切勿杂乱无章，或者色彩过于复杂、深沉。颜色多以金色、珠光粉和黑白为主。

6.2 设置店铺店招

开通淘宝旺铺后，店主就可以拥有自己的店铺招牌了。旺铺店招可以使旺铺更有特色，从而改变普通店铺有限的设计风格。

6.2.1 使用图片店招

用户可以使用自己制作好的图片来作为自己的店招。一般情况下，店招的有效规格为950像素×150像素。

01 登录千牛卖家版后进入卖家中心，单击左侧【店铺管理】下的【店铺装修】链接。

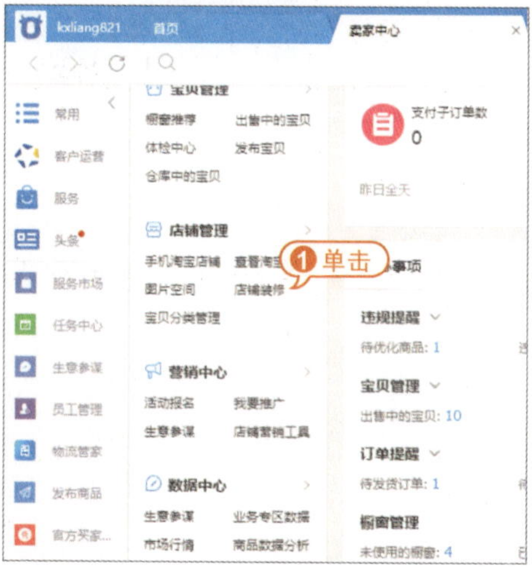

02 进入【页面管理】页面，选择【PC端】选项卡，单击【首页】后面的【装修页面】按钮。

03 进入店铺装修的操作界面，单击店招区域右上角的【编辑】按钮。

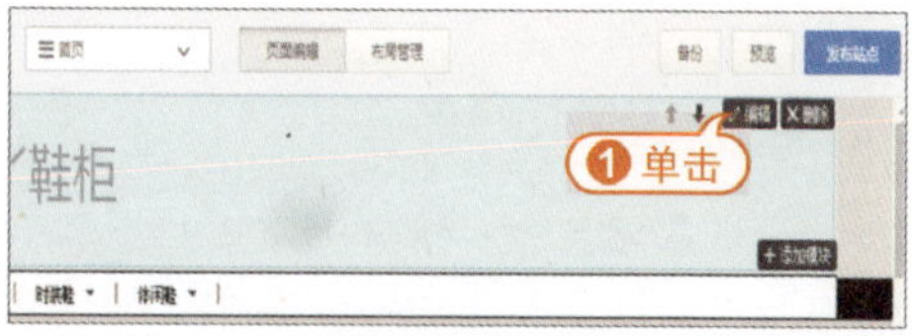

04 打开【店铺招牌】对话框，然后选择【招牌类型】的【默认招牌】单选按钮，单击【选择文件】按钮。

05 在【上传新图片】选项卡里单击【添加图片】链接。

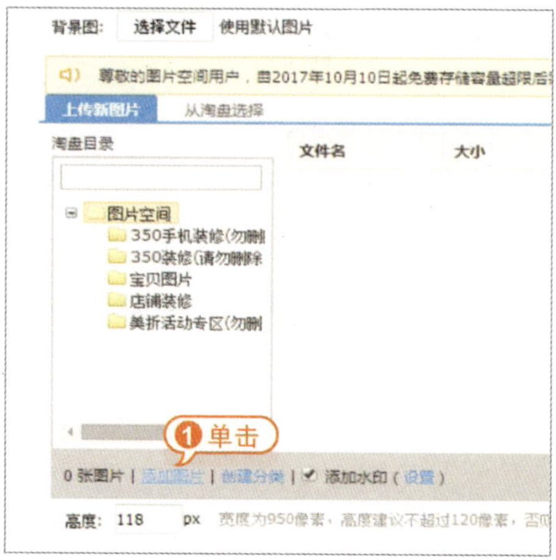

06 打开【上传图片】对话框，单击【点击上传】按钮。

07 打开【打开】对话框，选择需要的店招图片，单击【打开】按钮。

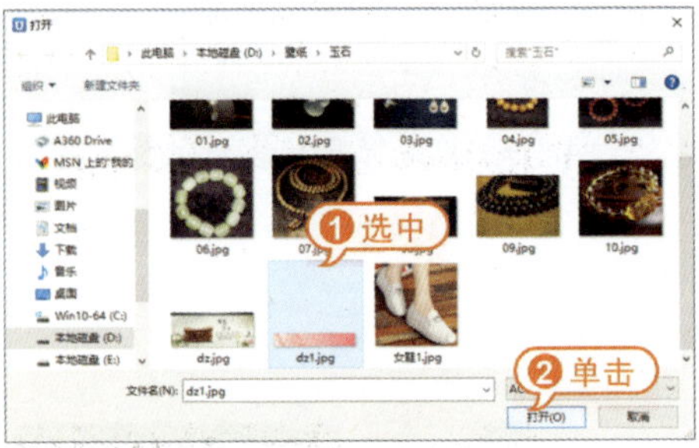

08 返回【店铺招牌】对话框，在【从淘盘选择】选项卡内单击上传的图片。

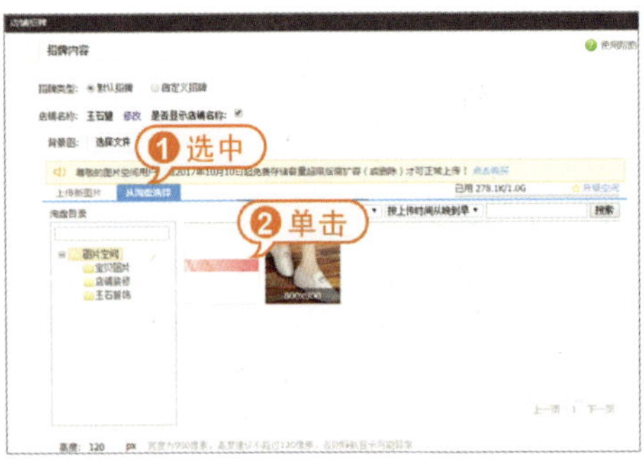

09 单击【保存】按钮，即可将该图片作为店铺招牌。

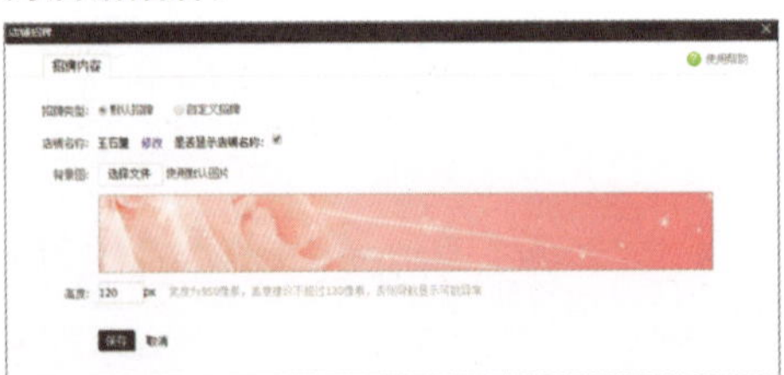

6.2.2 自定义店招

除了使用制作好的图片作为店招以外，还可以在淘宝网中通过自定义设置店招。

01 登录千牛卖家版后进入卖家中心，单击左侧【店铺管理】下的【店铺装修】链接。进入店铺装修的操作界面，单击店招区域右上角的【编辑】按钮。

02 打开【店铺招牌】对话框，选中【自定义招牌】单选按钮，然后在【自定义内容】文本框中输入店招文本，并利用文本框上方的设置工具设置文本格式。

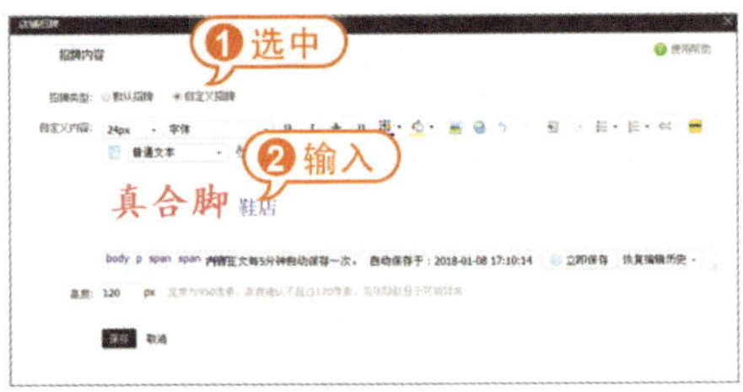

03 单击【插入图片空间图片】按钮，然后在打开的选项区域中选择【从淘宝选择】选项卡，选择一张已经上传的图片，单击【插入】按钮。

04 最后单击【保存】按钮，设置自定义的店铺招牌。

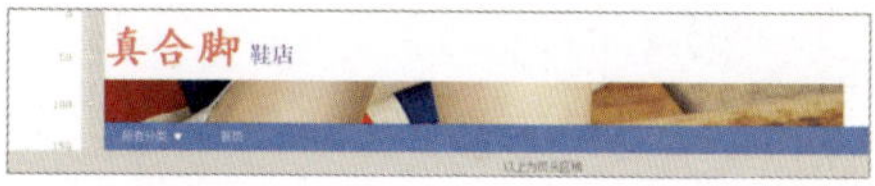

6.3 设置自定义内容模块

淘宝旺铺为用户提供了一个支持HTML源码编辑的自定义内容模块，在该模块中用户可充分发挥自己的才能，将自己的店铺装修得美轮美奂。

6.3.1 添加自定义模块

若要想使用自定义内容模块，我们先要添加该模块。

【例6-1】添加自定义内容模块。视频

01 登录千牛卖家版进入卖家中心，单击左侧【店铺管理】分类下的【店铺装修】链接。

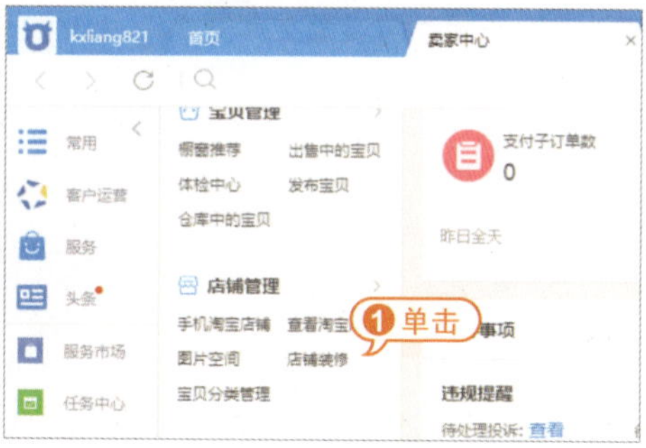

02 进入【页面管理】页面，选择【PC端】选项卡，单击【首页】后面的【装修页面】按钮。

03 在打开的页面中，单击【布局管理】按钮。

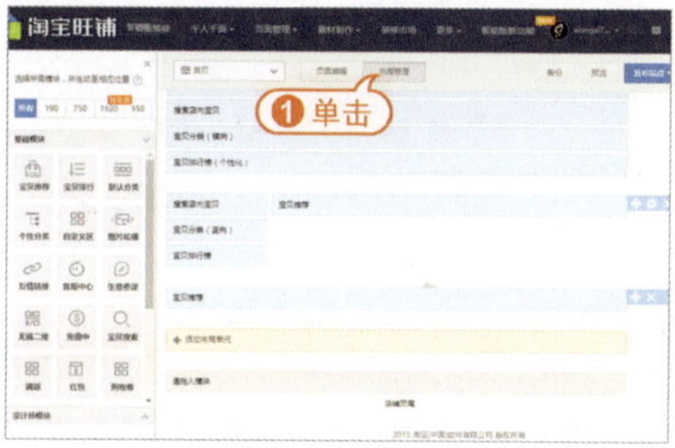

04 选择左侧【基础模块】中的【自定义区】模块，将其拖入页面中的【请拖入模块】区域。

05 此时【请拖入模块】区域变为【自定义区】模块。

6.3.2 添加模块内容

我们可以使用创建的自定义内容模块，在店铺中添加大幅的广告图片或文字内容，从而可以更好地宣传店铺中的商品。

【例6-2】在自定义内容模块中添加内容。
视频

01 继续【例6-1】的操作，在【页面编辑】页面中的【自定义区】模块中单击【编辑】按钮。

02 在打开的【自定义内容区】对话框中输入“欢迎选购”，然后单击【插入图片空间图片】按钮。

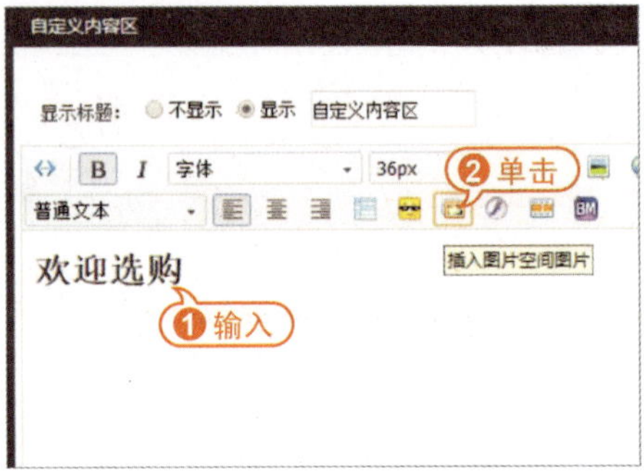

03 选择【从图片空间选择】选项卡，选中要插入的图片，然后单击【插入】按钮插入图片。

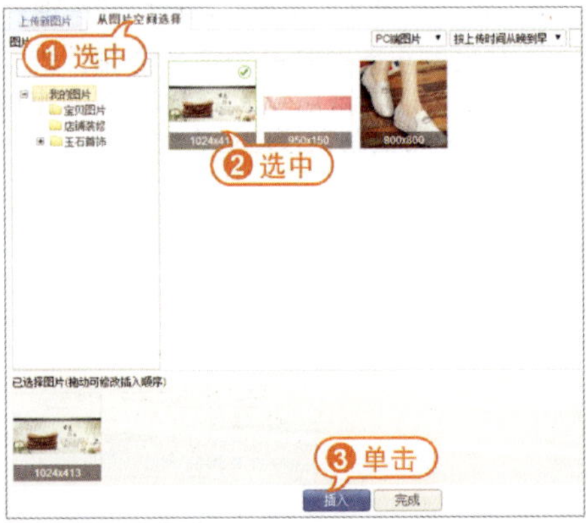

04 在【自定义内容区】对话框中单击【确定】按钮。

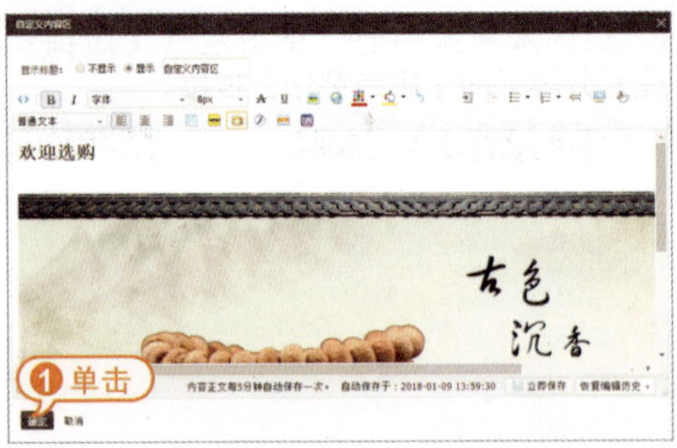

05 此时，自定义内容区在店铺中的显示效果如下图所示。

6.3.3 为图片添加收藏链接

当我们为店铺中的图片添加了收藏超链接后，当买家单击该图片时，就可自动打开收藏界面，方便其他用户收藏自己的店铺。

01 登录淘宝网并打开自己的店铺，然后右击首页的【收藏店铺】链接，在弹出的菜单中选择【复制链接地址】命令。

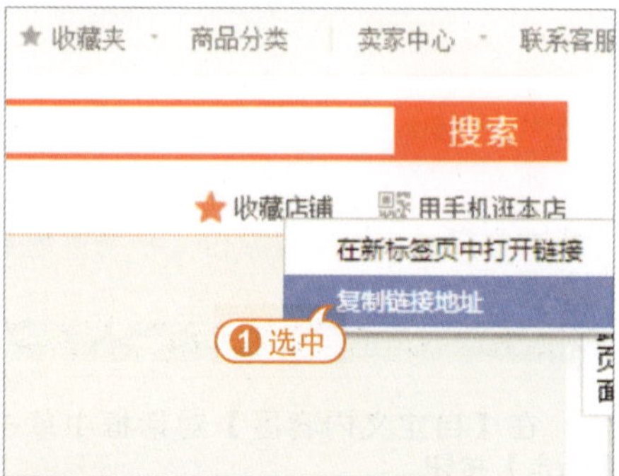

02 进入卖家中心，单击左侧【店铺管理】分类下的【店铺装修】链接。

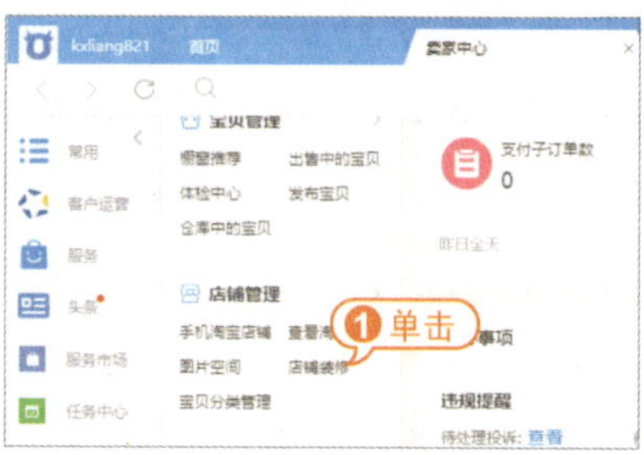

03 进入【页面管理】页面，选择【PC端】选项卡，单击【首页】后面的【装修页面】按钮。

04 在【页面编辑】页面中的【自定义区】模块中单击【编辑】按钮。

05 打开【自定义内容区】对话框，选中图片，然后单击工具栏中的【插入链接】按钮。

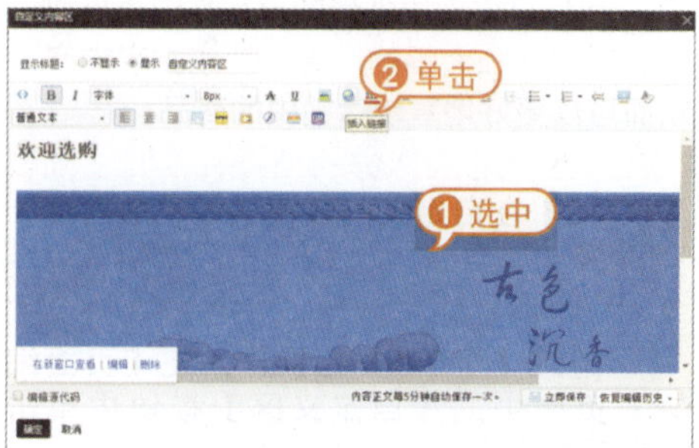

06 打开【链接】对话框，在【链接网址】文本框中粘贴刚刚复制的网址，然后单击【确定】按钮。

07 返回【自定义内容区】对话框后，单击【确定】按钮保存设置。

08 返回店铺装修页面，发布店铺后，即可使设置生效，单击该链接图片，即可出现收藏店铺的提示框。

6.4 布局模块管理

淘宝旺铺为用户提供了多个免费的模块，合理利用这些模块，可有效地美化自己的店铺并更好地展示自己店铺中的宝贝。

6.4.1 设置推荐宝贝

推荐宝贝模块是一个免费的功能模块，添加该模块后，用户可通过后台操作来确定将哪些宝贝显示在推荐宝贝区域，以方便买家浏览。

01 登录千牛卖家版进入卖家中心，单击左侧【店铺管理】分类下的【店铺装修】链接。

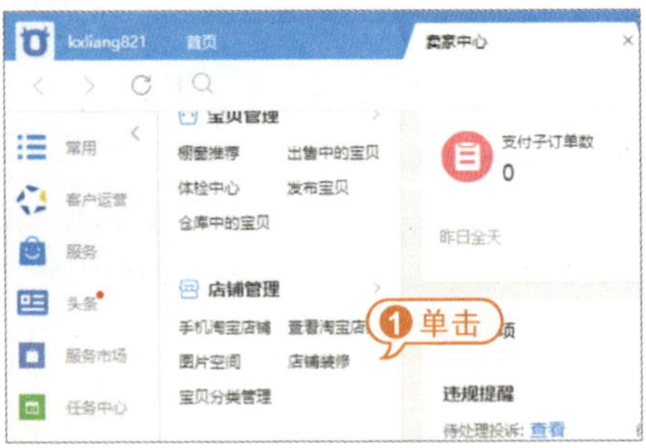

02 进入【页面管理】页面，选择【PC端】选项卡，单击【首页】后面的【装修页面】按钮。

03 在打开的页面中，单击【布局管理】按钮。

04 选择左侧【基础模块】中的【宝贝推荐】模块，将其拖入页面中的【店铺招牌】模块下。

05 此时，创建【宝贝推荐】模块，单击上方的【页面编辑】按钮。

06 返回店铺装修的页面编辑页面，单击【宝贝推荐】模块右上角的【编辑】按钮。

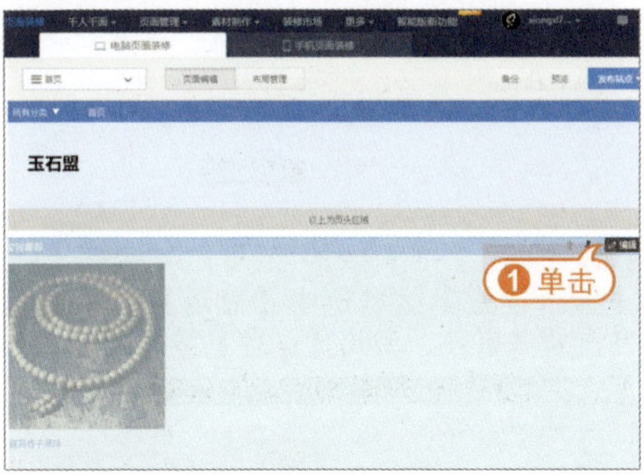

07 打开【宝贝推荐】对话框，在【宝贝设置】选项卡中设置【自动推荐】或【手工推荐】选项，可将选中的宝贝设置为掌柜推荐宝贝。

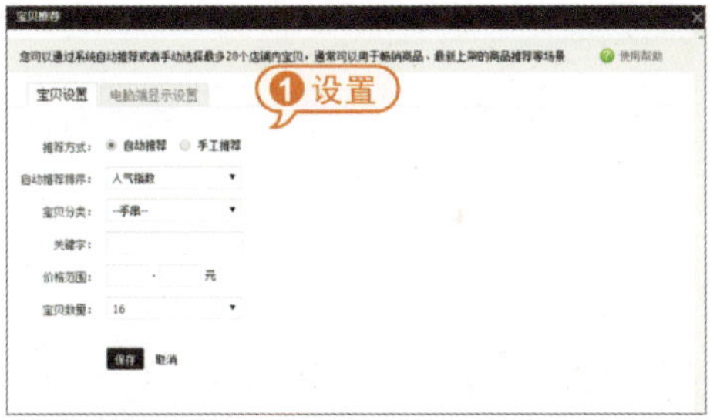

08 单击【电脑端显示设置】标签，在该选项卡中可以设置【宝贝推荐】模块中显示标题、宝贝的展示方式等。设置完成后，单击【保存】按钮，完成设置。

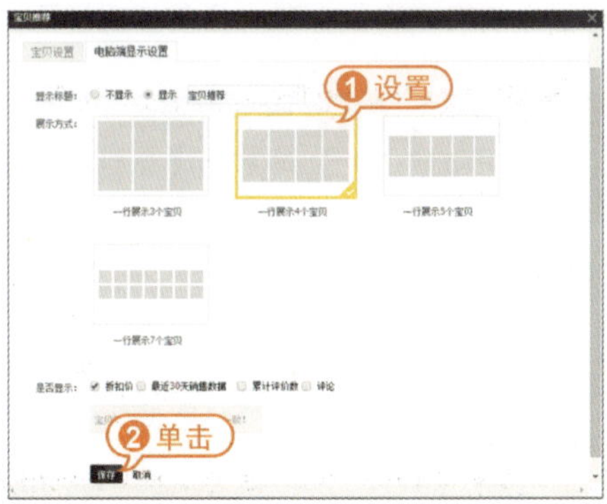

6.4.2 使用图片轮播

图片轮播模块支持多幅图片的自动轮播，当用户有多个大幅广告图片需要在店铺中展示时，可以使用该功能。

01 进入【布局管理】页面，选择左侧【基础模块】中的【图片轮播】模块，将其拖入页面中的【宝贝推荐】模块下。

02 单击上方的【页面编辑】按钮，返回店铺装修界面，单击图片轮播区域右上角的【编辑】按钮。

03 选择【内容设置】选项卡，在【图片地址】文本框中输入所使用的广告图片的URL地址，在【链接地址】文本框中输入当用户单击广告图片时，指向的目标网页的地址。

04 选择【显示设置】选项卡，设置标题、模块高度、切换效果，然后单击【保存】按钮。

05 返回装修页面，单击【发布站点】按钮，即可发布修改后的图片轮播模块。

6.4.3 添加搜索功能

在店铺中添加一个宝贝搜索模块，买家就可以通过输入关键词、价格范围来搜索店铺中的宝贝。

01 进入【布局管理】页面，选择左侧【基础模块】中的【宝贝搜索】模块，将其拖入页面中合适的地方。

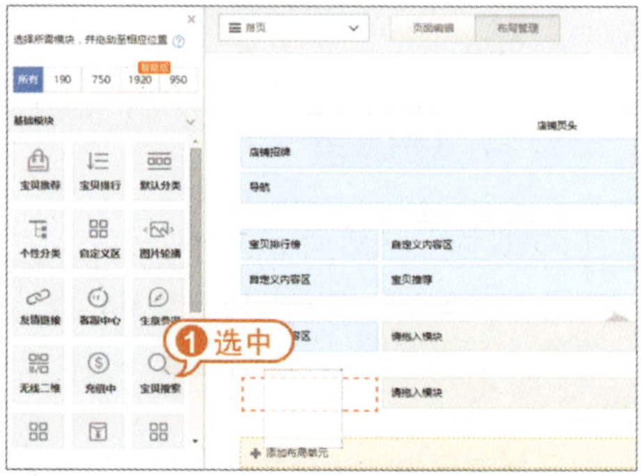

02 单击上方的【页面编辑】按钮，返回店铺装修界面，单击【本店搜索】区域右上角的【编辑】按钮。

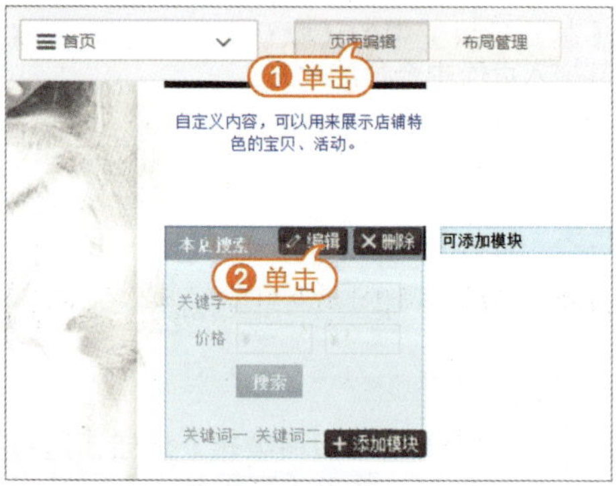

03 打开【搜索店内宝贝】对话框，在【显示设置】区域选中【显示】单选按钮并设置关键字，单击【保存】按钮。

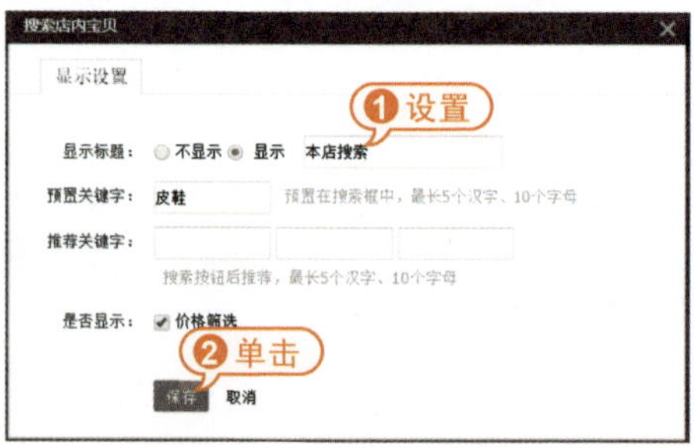

04 返回装修页面，效果如下图所示。

6.4.4 添加默认分类

添加宝贝的默认分类模块后，可在该模块中显示店铺原先设定的宝贝分类，方便买家浏览店铺中的其他宝贝。

01 进入【布局管理】页面，选择左侧【基础模块】中的【默认分类】模块，将其拖入页面中合适的地方。

02 单击上方的【页面编辑】按钮，返回店铺装修界面，单击【宝贝分类】区域右上角的【编辑】按钮。

03 此时，在打开的宝贝分类的后台管理页面中，用户可对宝贝分类进行管理。

04 完成宝贝分类管理设置后，单击【保存更改】按钮即可。

6.4.5 添加客服中心

淘宝网为店家及顾客提供了专属的客服中心，在这里店家显示客服在线时间，以及客服的在线咨询。

01 进入【布局管理】页面，选择左侧【基础模块】中的【默认分类】模块，将其拖入页面中合适的地方。

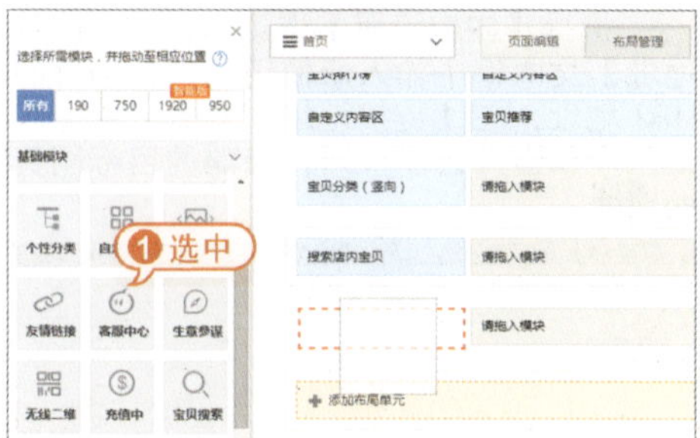

02 单击上方的【页面编辑】按钮，返回店铺装修界面，单击【客服中心】区域右上角的【编辑】按钮。

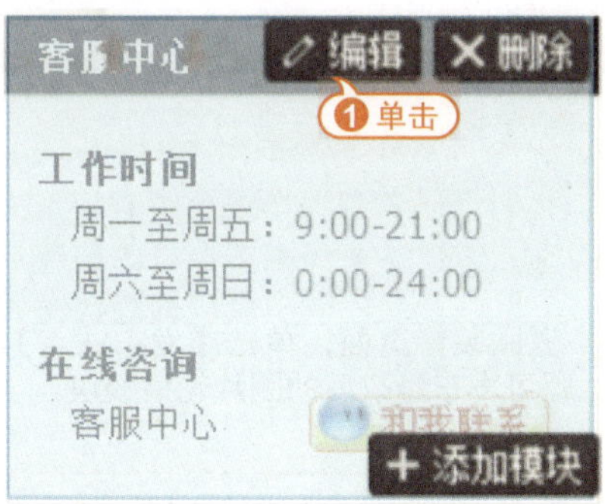

03 打开【客服中心】对话框的【内容设置】选项卡，设置工作时间、客服咨询的旺旺号码分组、联系电话等。

04 选择【显示设置】选项卡，可修改标题内容，设置完毕后单击【保存】按钮即可。

6.4.6 删除不需要的模块

如果用户不想在店铺首页展示某个模块了，可以将该模块删除。

要删除某个模块，只需进入【布局管理】页面，单击要删除的模块后方的✕按钮即可。

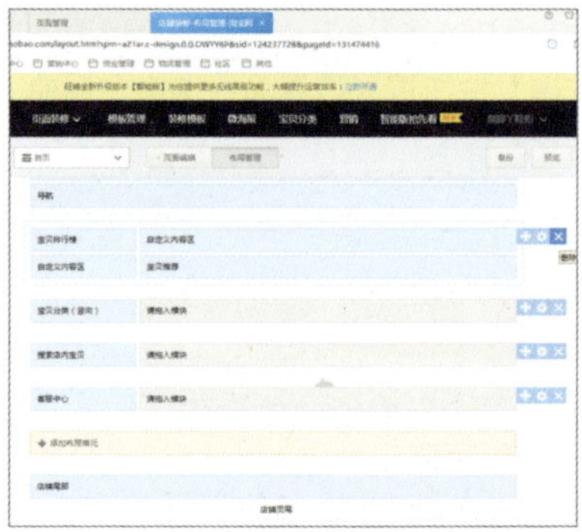

进阶技巧

此外，单击模块后方的✥按钮，可以手动移动该模块，单击模块后方的⚙按钮，可以编辑该模块的布局模式。

6.5 宝贝详情页添加模块

宝贝详情页是指宝贝的详细描述页面，买家在购买宝贝前，对宝贝的了解主要来自宝贝详情页。宝贝详情页各功能模块的编辑和店铺主页类似，我们可以在宝贝详情页中添加特色功能模块，以提高店铺内宝贝的曝光率，这些模块将显示在每一个宝贝的主展示页面中。

6.5.1 添加宝贝推荐模块

我们可以在宝贝详情页中添加宝贝推荐模块，这样买家在浏览该页的主展示宝贝时，也可看到店铺中推广的其他宝贝，借此提高宝贝的曝光率，也可以给买家更多的选择，为多笔成交打下基础。

【例6-3】在宝贝详情页中添加宝贝推荐。 视频

01 进入卖家中心，单击左侧【店铺管理】分类下的【店铺装修】链接。

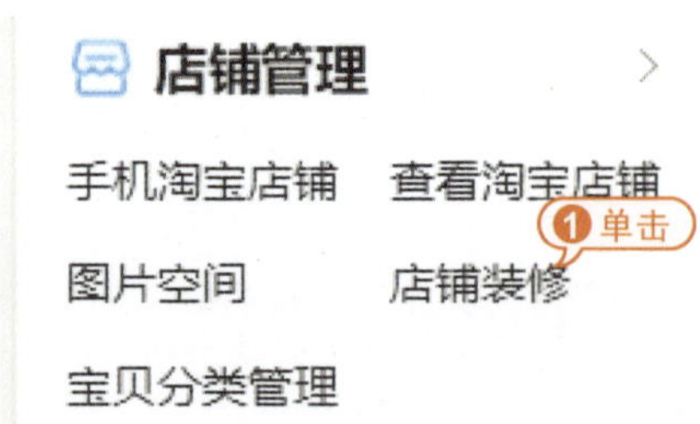

02 进入【页面管理】页面，选择【PC端】的【宝贝详情页】选项卡，单击【默认宝贝详情页】后面的【装修页面】按钮。

03 打开宝贝详情页的装修页面，单击【布局管理】按钮进入该界面，选中左侧的【宝贝推荐】模块，拖入右侧合适的地方。

04 单击【页面编辑】按钮，进入宝贝详情页，在【宝贝推荐】模块中单击【编辑】按钮。

05 打开【宝贝推荐】对话框，在【宝贝设置】选项卡中设置【自动推荐】或【手动推荐】选项，可将选中的宝贝设置为掌柜推荐宝贝。

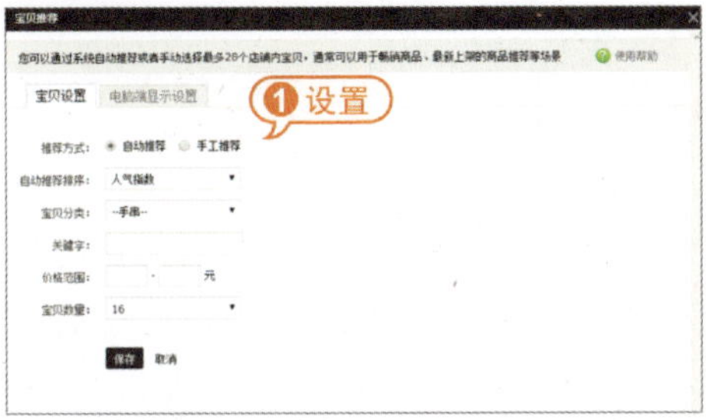

06 单击【电脑端显示设置】标签，在该选项卡中可以设置【宝贝推荐】模块中显示标题、宝贝的展示方式等。设置完成后，单击【保存】按钮，完成设置。

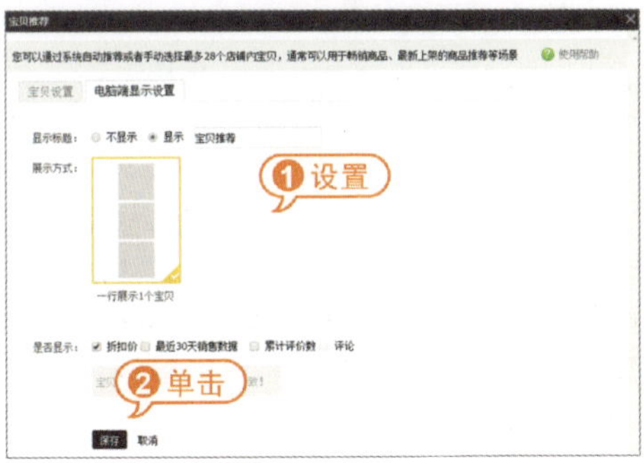

6.5.2 添加自定义内容区

在宝贝详情页的自定义内容区，我们可以添加大幅的广告宣传图片，也可以添加快递和售后服务等详情介绍。

01 进入卖家中心，单击左侧【店铺管理】分类下的【店铺装修】链接。

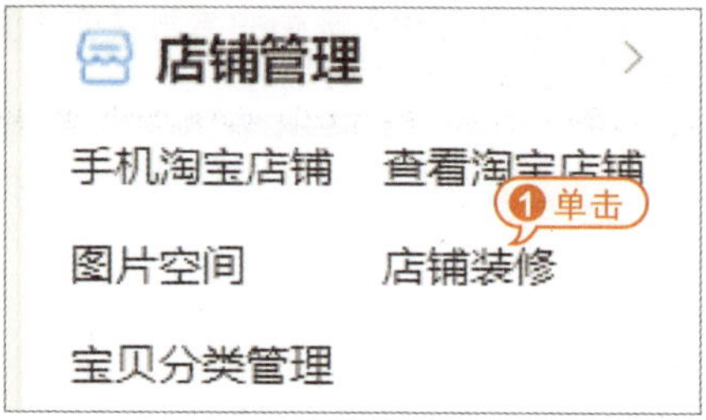

02 进入【页面管理】页面，选择【PC端】的【宝贝详情页】选项卡，单击【默认宝贝详情页】后面的【装修页面】按钮。

03 打开宝贝详情页的装修页面，单击【布局管理】按钮进入该界面，选中左侧的【自定义区】模块，拖入右侧合适的地方。

04 单击【页面编辑】按钮，进入宝贝详情页，在【自定义内容区】模块中单击【编辑】按钮。

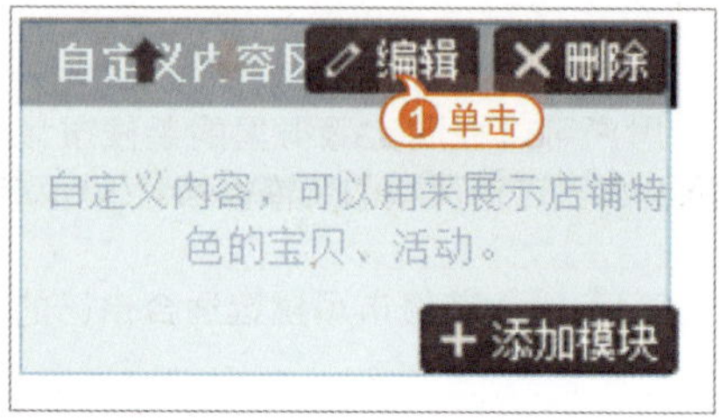

05 打开【自定义内容区】对话框，然后插入图片，并在【显示】文本框中输入“自助购物流程”，单击【确定】按钮。

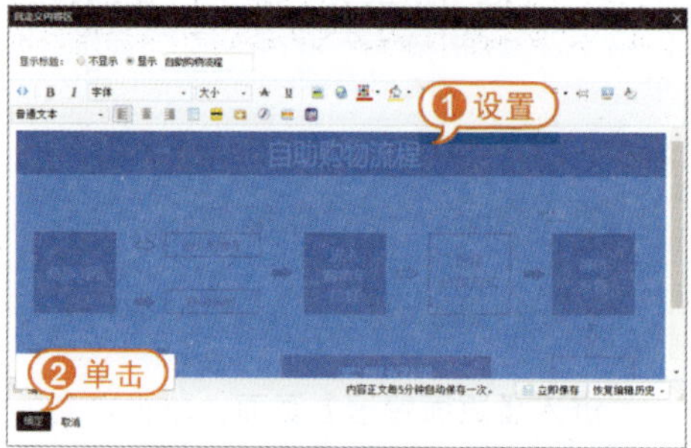

06 返回宝贝详情页编辑页面，即可完成添加自助购物流程这个自定义区的设置。

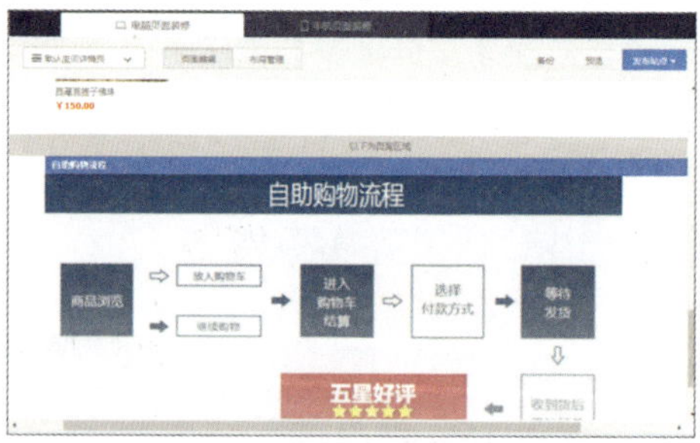

6.6　使用店铺装修模板

淘宝网装修市场为卖家提供了大量精美的装修模板，使用这些模板可以大大减少用户在装修店铺方面所花费的时间，对于初级卖家来说即使不懂网页设计和制作，利用这些装修模板，也同样可以将自己的店铺装修得美轮美奂。

6.6.1 进入装修市场

用户可以在淘宝服务里的装修市场寻找适合自己店铺风格的装修模板。

【例6-4】进入装修市场挑选适合自己的模板。视频

01 进入卖家中心，单击左侧【店铺管理】分类下的【店铺装修】链接。

02 进入【页面管理】页面，单击左侧的【模板】按钮。

03 在打开的页面中单击【装修市场】按钮。

04 在【装修市场】页面中单击【查看更多畅销PC店铺模板】链接。

05 在打开的页面中选择适合自己的模板。

6.6.2 试用和购买模板

找到自己喜欢的模板后，可以先进行试用，如果觉得合适，就可以购买该模板。

找到自己喜欢的模板后，单击该模板。

在打开的模板介绍页面中，单击【马上试用】按钮。

开始试用模板，用户可在页面编辑模式中查看试用效果，试用结束后，可单击页面右上角的【退出试用】按钮。

要购买模板，可以在模板介绍页面中选择周期，然后单击【立即购买】按钮。

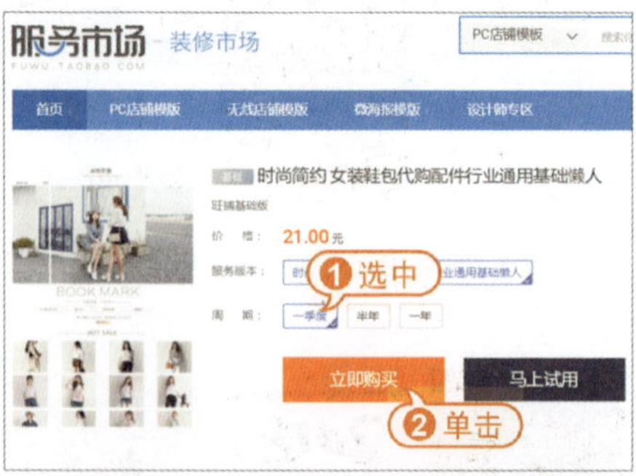

打开下图所示页面，确认订单信息，然后单击【同意并付款】按钮。按照付款程序付款后，即可成功购买该模板。

购买模板后，即可在模板管理中单击所购买的模板进行使用。

6.6.3 备份和还原模板

在应用购买的店铺模板之前，用户可以将当前制作的模板备份，并在需要的时候，还原备份的模板。

首先进入【页面管理】页面，单击左侧的【模板】按钮。

在打开的【模板管理】页面中单击【备份和还原】按钮。

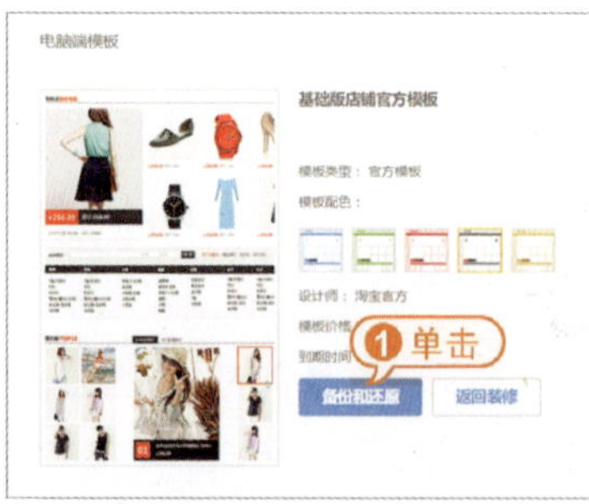

打开【备份与还原】对话框，在【备份】选项卡中输入当前模板的备份名与备注信息后，单击【确认】按钮即可备份模板。

在【模板管理】页面中，选择【备份的模板】选项卡，单击刚备份的模板选项。

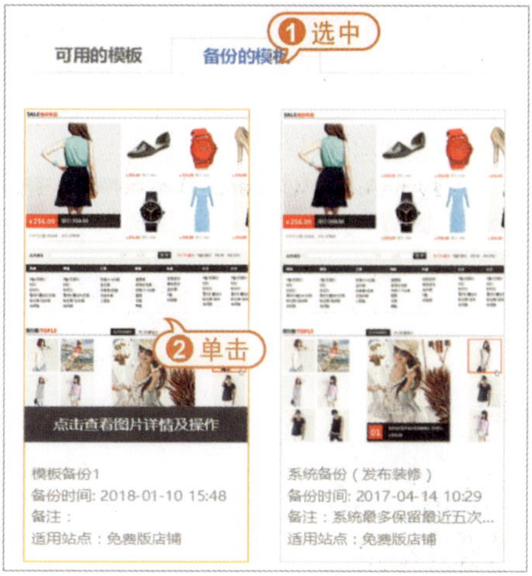

在打开的【模板详情】对话框中单击【应用备份】按钮

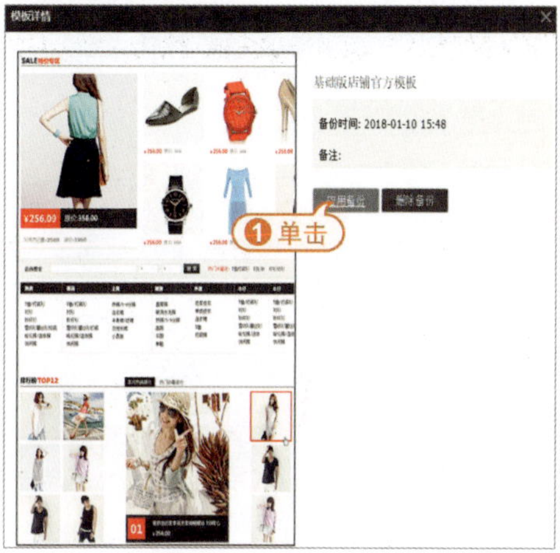

在打开的【应用模板】对话框中单击【直接应用】按钮，即可将备份模板还原。

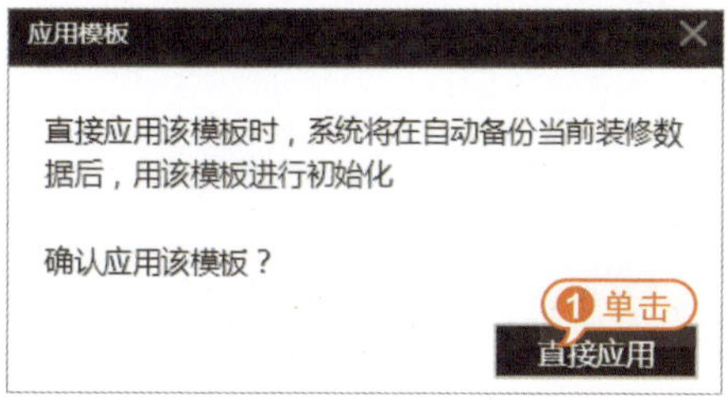

6.7 进阶实战

本章的进阶实战部分为添加和应用宝贝详情页的综合实例操作，用户通过练习从而巩固本章所学知识。

6.7.1 添加宝贝详情页模板

用户还可添加多个宝贝详情页模板，以方便不同的宝贝使用不同的模板。

【例6-5】在店铺装修页面中添加宝贝详情页模板。 视频

01 进入卖家中心，单击左侧【店铺管理】分类下的【店铺装修】链接。

02 进入【页面管理】页面，选择【PC端】的【宝贝详情页】选项卡，单击右侧的【装修页面】按钮。

03 在打开的页面中单击【默认宝贝详情页】下拉按钮，在弹出的列表框中单击【新建】按钮。

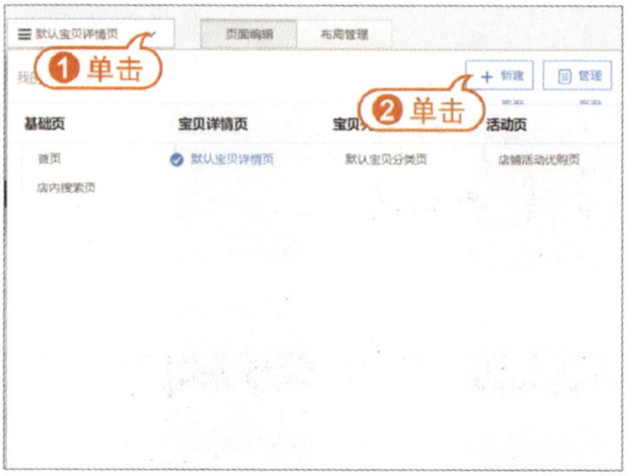

04 打开【新建页面】页面，在【页面类型】里选中【宝贝详情模板】单选按钮，在【页面名称】文本框中输入详情页名称，然后单击【关联宝贝详情页】按钮。

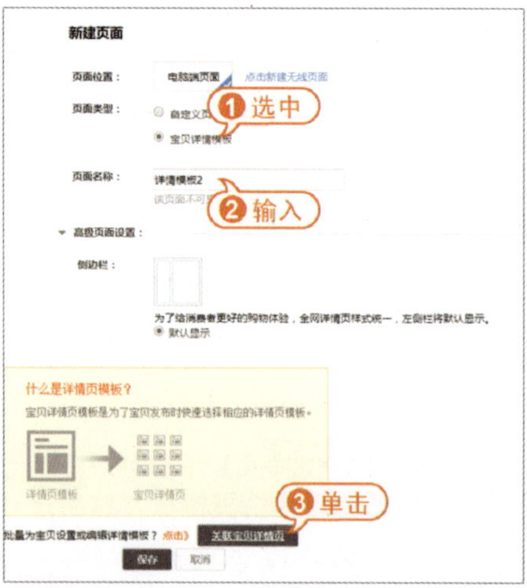

05 在打开的【宝贝详情页模板】对话框中选中关联的宝贝后，单击【完成】按钮。

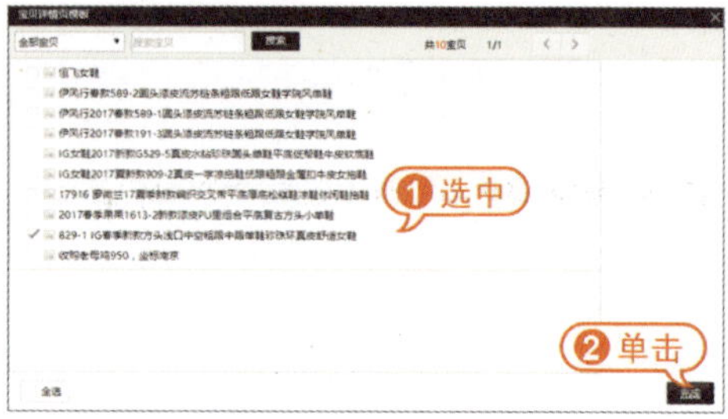

06 单击【保存】按钮即可使选中的宝贝应用创建的宝贝详情页模板。最后，单击【发布站点】按钮即可查看宝贝详情页模板的效果。

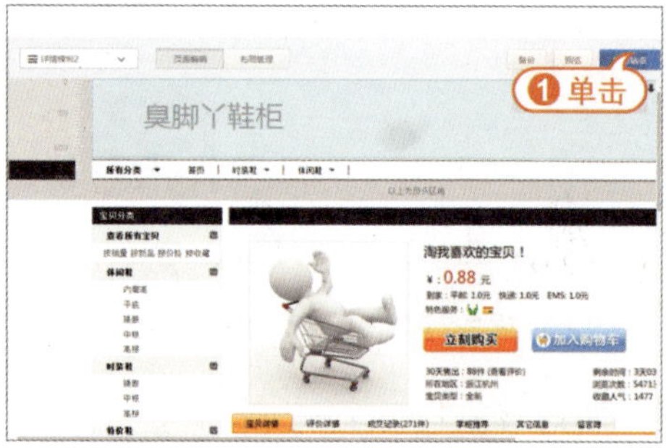

6.7.2 应用宝贝详情页模板

当设置了多个宝贝详情页模板后，在发布宝贝时，可以选择相应的宝贝详情页模板。

【例6-6】在发布宝贝的过程中选择使用新的宝贝详情页模板。视频

01 进入卖家中心，单击左侧【宝贝管理】分类下的【发布宝贝】链接，进入宝贝发布页面。

02 在打开的页面中，选择宝贝所属分类，然后单击【我已阅读以下规则，现在发布宝贝】按钮。

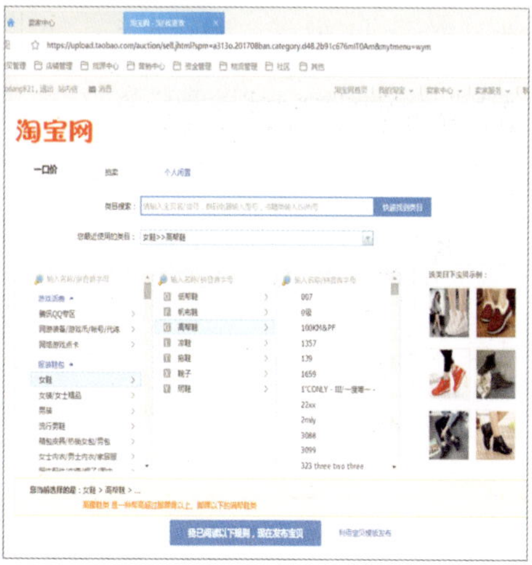

03 在【宝贝基本信息】中填写准确的宝贝信息，填写【宝贝标题】，设置【宝贝类型】和【宝贝属性】。

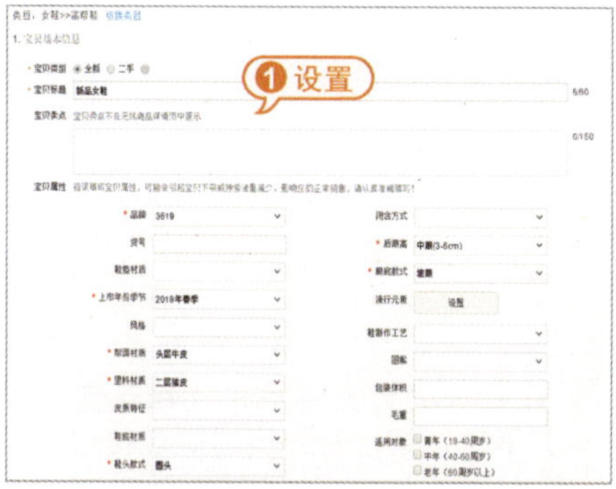

04 在【电脑端宝贝图片】中单击【宝贝主图】按钮，添加宝贝图片。

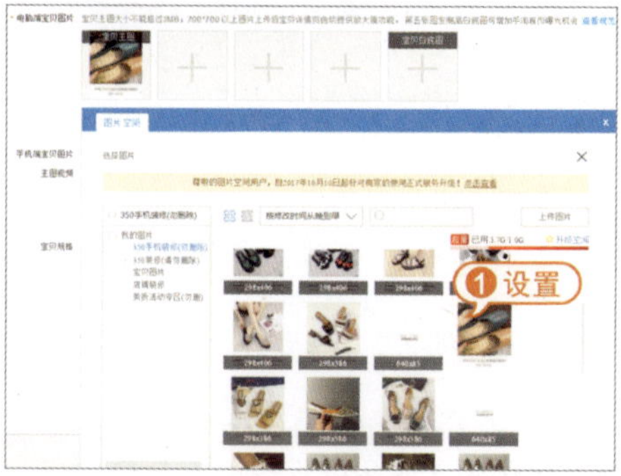

05 继续设置尺码、一口价、电脑端描述等选项。

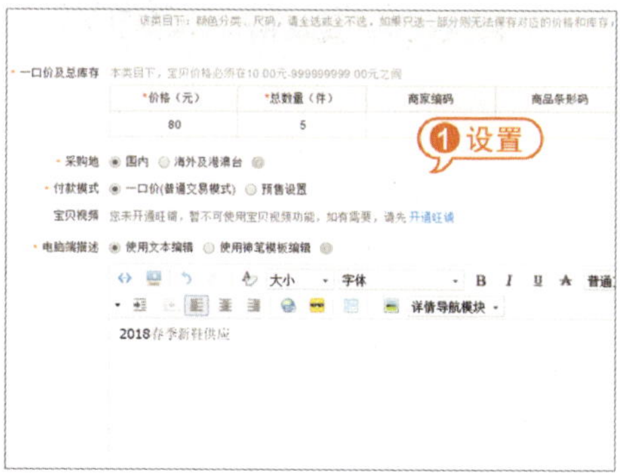

06 在【宝贝详情样式】下拉列表框中即可选择不同的宝贝详情页模板，这里选择【详情模板2】选项。

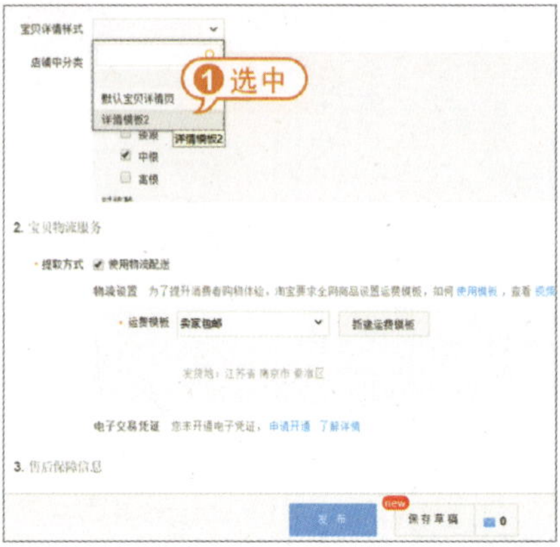

07 继续完成宝贝信息的填写后，单击【发布】按钮即可。

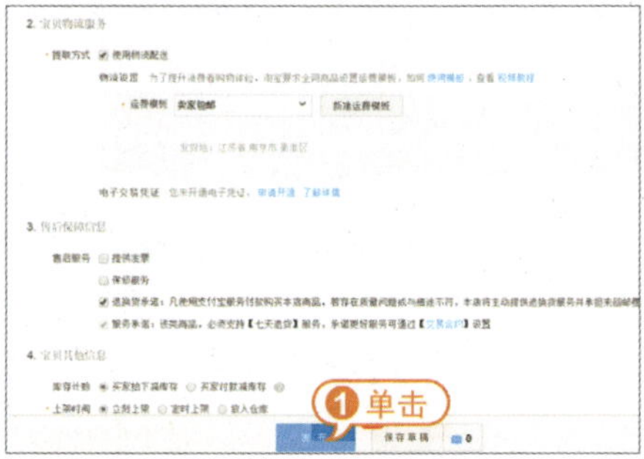

6.8 疑点解答

问：如何设置店铺主题的色调？

答：进入卖家中心，单击左侧【店铺管理】分类下的【店铺装修】链接，打开店铺装修页面，单击【模板】按钮，进入【模板管理】页面，在【模板配色】区域单击想要使用的主题颜色即可。

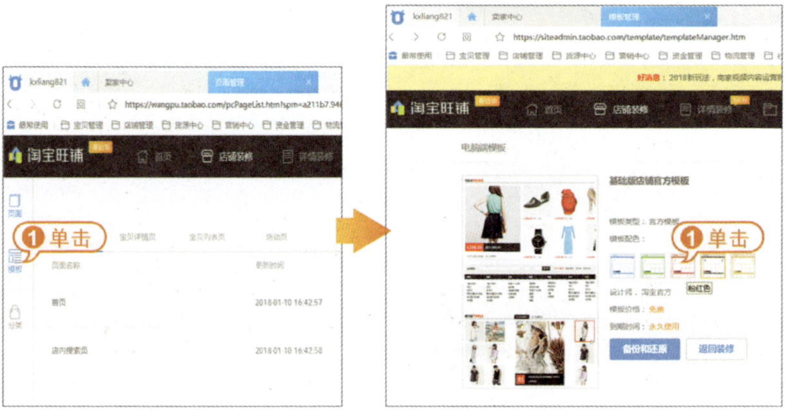

第7章

推广和营销淘宝店铺

为了提高收益，店铺的推广是非常重要的。在淘宝网上开店需要卖家学习各种营销推广技巧，掌握一定的销售手段，不断积累各种开店技巧和经验，才能使自己的店铺保持长久和旺盛的生命力。

对应光盘视频

例7-1 在店铺中添加友情链接
例7-2 在淘宝社区发表主题帖
例7-3 设置QQ签名

7.1 店铺推广策略

做好店铺推广，需要经营者具有一定的观察力和分析事物的能力，本节介绍如何寻找潜在顾客以及如何准确定位店铺。

7.1.1 寻找潜在顾客

对于想要在淘宝上闯出一番名堂的新手而言，横在面前的首要困难就是“卖什么”这样一个难题。对自己即将进入的行业有充分的了解和预期，并对店铺有着良好的定位，方能使网店经营者们在未来的淘宝经营中既顺利又省心。

任何生意都是内行人赚外行人的钱，对于想在淘宝上闯出一片天地，赚到真金白银的新手卖家而言，首要的原则是应该去做自己熟悉、感兴趣、了解的行业，这一点非常重要，切忌因为一些类别的商品在淘宝上交易量很大，就盲目跟从。在上述原则的基础上，我们可以开动脑筋，多去发现市场的潜在需求，并借此为突破口一鼓作气在淘宝的舞台上站稳脚跟。

1 传统结合现代

这里说的传统商品是指在淘宝上的交易量非常大，但竞争也异常激烈的类别。以服装大类为例，且不论男装、女装、裤子、衣服这样的二级分类，就连袜子、内衣这样的三级分类上都盘踞着一些级别非常高的店铺，尤其皇冠级别以上的卖家，占据了大片的市场份额。

这是否意味着新手卖家就没有生存空间了呢？答案是否定的，事实上，只要店铺有特色，哪怕是新店开张也能迅速扩大影响力，得到买家的惠顾和认可。

例如，秋、冬季节时，淘宝上的卫衣销售会非常火爆，但竞争也非常激烈，没有个性的卫衣很难受到卖家的青睐。怎样彰显个性呢？这时，我们可以考虑将一些流行元素打在卫衣上作为亮点，譬如将网络上流行一时的“元芳，你怎么看？”作为贴图打在卫衣上。这样做的好处是，在本产品获得不错的销量的同时，也可以吸引眼球，迅速提高店铺人气值，从而带动店铺内其他产品的销售。

除了个性商品，有独特创意的商品也容易得到买家的青睐。以家庭常用的牙刷为例，早上起来首先要做的事情就是去刷牙，可是当家庭成员增多的时候，面对好多支牙刷有时候就会拿错，而且大家的牙刷都放到一起也不太卫生。因此，下图所示的可爱又实用的牙刷架就很有市场了。

进阶技巧

由于淘宝网本身是一个网络交易平台，买家自然以网友为中坚力量，因此将商品与网络流行元素相结合无疑是很讨巧的，不仅可以取得良好的大众认可度，甚至可以获得网友们的自觉发帖推荐。

2 挖掘潜力行业

这里说的潜力行业，可以是淘宝网上从无到有的行业，另外那些本来比较冷门，而突然或将要热门的行业我们也可以称为潜力行业。事实上，抓住行业整体上升的契机，一鼓作气在短时间内冲冠的淘宝卖家非常多。

例如，魔术店就是一个很好的例子，小美经营一家魔术用品淘宝店铺，在现今淘宝竞争如此激烈的环境下，仅用一年零两个月的时间就达到了两冠的信誉，可以说很大程度上得益于对魔术行业的商机把握。

现在说到魔术，尤其是近景魔术，全国人民都会自然地想到刘谦。但在2009年春晚之前，了解刘谦以及他的近景魔术的人大多仅为魔术爱好者，当时的魔术用品的需求量也很小，整个魔术行业尚不成熟。小美虽然早在2005年就注册了一家自己的淘宝店铺。但是，由于工作的原因店铺迟迟没有启动经营。

一直到了2008年，通过与一些魔术爱好者朋友们的交流后，小美大胆预测2009年春节晚会上演近景魔术的可能性非常大，而随之而来的效应必将带动魔术行业，因此她当即决定开一家魔术用品的淘宝店。花了两个月左右的时间完成了筹备、进货、店铺装潢等工作后，乘着刘谦在春晚上带来的 “魔术热”，再把握当年的情人节契机，小美推出了一批例如“火把变玫瑰”之类的适合情人节发挥的魔术用品。

元宵节之后，小美的网店生意很快就迎来了开业以来的第一个高峰，淘宝旺旺的窗口弹出让她每天应接不暇，小美也在很短的时间内就拥有了第一颗钻石，并借此基础一步步走上皇冠之路。

7.1.2 准确定位店铺

一个淘宝店铺需要定位的方面很多，而价格定位无疑是店铺定位中最重要的一点。作为买卖双方都最为关注的问题，以价格为出击点进行定位，靠价格来打动、吸引顾客，已经成为淘宝店家必须掌握的营销手段之一。

1 平价策略

有这样一个经典的故事：英国有一家小店，起初生意萧条很不景气。一天，店主灵机一动，想出一招：只要顾客出1个英镑，便可在店内任选一件商品(店内商品都是统一价格的)。这可谓抓住了人们的好奇心理。尽管一些商品的价格略高于市价，但仍吸引了大批顾客，销售额比四周几家百货公司都高。在国外，比较流行的同价销售术还有分柜同价销售，比如，有的小商店开设1元钱商品专柜，而一些大商店则开设了10元、50元、100元商品专柜。

在淘宝中我们也可以引用平价策略，譬如：在一个卖饰品的店铺中，所有商品的价格均为9元，那么可以定位“9元超市”。虽然这样一来让客户看上去东西很便宜，但实际上这些商品的利润率却一点都不低，一般都会在100%，最少也会在60%以上，个别利润较低的商品也可以通过与高利润商品互补来达到平衡。

2 价格组合策略

平价策略虽然诱人，但是实际操作性不强，因为一个店铺的商品大多存在档次高低有别的情况。那么如果您还想通过在价格上做文章的方法来达到吸引眼球的目的，就需要用到更为高明的技巧了，价格组合策略就是一个很不错的方法。

举个例子，有一家经营电脑音响设备的淘宝店铺，在销售麦克风的时候，首先将麦克风的定价定得比较低，使其在同类产品的搜索榜上具备很高的价格排名，达到吸引买家来看看的目的，如下图所示。

考虑到这是一款电容级别的麦克风(相对线圈麦克风高级一些)，而且购买这款麦克风的买家大多用于在家庭电脑上K歌，买家对电脑音质的要求可能也较高，也理应具备一定的价格承受能力，这时就可以在商品介绍的时候加入一些文字，指点买家使用电脑K歌的效果不仅取决于麦克风，而且电脑声卡的好坏也有着决定性的影响。接下来，适时地推出一款适合K歌的声卡图片并提供购买链接，必将激起买家强烈的购买欲望。

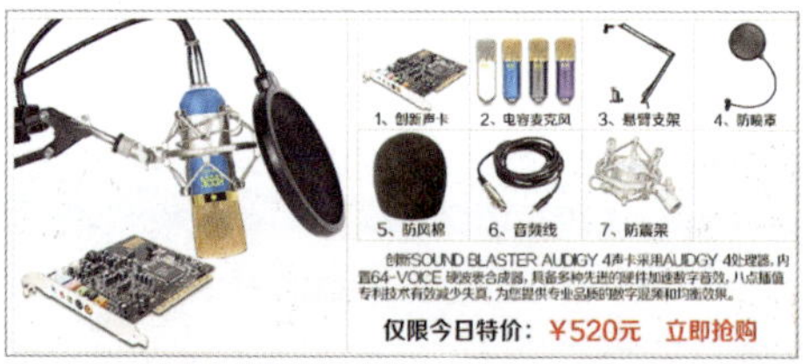

为了使两个商品之间存在一定的联系性，店家可以给出打包购买的好处，譬如送礼品，或者降低价格等，本例是送数据线等礼品，并给出了诱人的礼品图片。

这样一来，虽然麦克风的出售价格较低，但是可以吸引相当一部分客户同时购买利润较高的声卡，店铺的交易量以及利润都可以得到很好的保证。

7.2 人气宝贝带来流量

每一个成功的淘宝店铺都应该有自己的“镇店之宝”，也就是人们常说的人气宝贝。有了人气宝贝生意好的店铺生意越来越好。因此对于刚入门的新手卖家而言，急需打造自己的人气宝贝。

7.2.1 人气宝贝的选择

店铺中的商品很多，但并不是每一个宝贝都适合作为人气宝贝。

选择哪一个或哪几个宝贝来培养作为人气宝贝，是有一定的标准的。一般来说需要满足下面3个条件。

1 必须是适销商品

所谓的适销商品，就是指品种、价格、质量等方面与社会消费需求相适的商品，这要求商品有一定的市场需求，需要买的人会比较多。

接下来的问题是，卖家怎样才知道什么商品好卖呢？关于这个问题，卖家可以先从整个行业的行情入手，到同行的店里去看看对手们都卖些什么，他们店铺里哪些商品最畅销，那么就可以结合自己的情况进行选择了。

进阶技巧

通过淘宝搜索榜查看类目可以查看商品的周销售数量，还可以查看有多少家店铺正在销售该商品，另外还可以查看参考价格，这个参考价格可以认为是平均价格，卖家可以根据该价格制定自己的价格策略。

2 有较长适销周期的商品

培养一个人气宝贝需要一定的时间，等卖家终于把它捧上去了，结果却已经是卖不了了的，辛苦就白费了。而人气宝贝带来的流量关系到整个店铺的发展，如果做热了的宝贝周期很短，一旦夭折就又要重新做起，对店铺的发展很不利。所以，卖家要选择那些有持续销售能力的商品来推广，而不要选择短命的商品来作为人气宝贝。

有持续销售能力的宝贝，首先应该供货稳定。例如，卖家有某个商品，厂家已经停产了，而卖家也只有几件库存，卖完了就补不到货了，这样的商品再好也不能作为培养成热卖宝贝的对象。

另外，宝贝的销售期限应该比较长。例如，卖家经营的是一家服装店，当前已经是春寒乍暖的时节，虽然冬装还可以穿但时间已经不会太长了，那么卖家就应该尽量以春装、夏装为人气宝贝进行推广。

3 质量要有保证

人气宝贝必须质量要好，但并不是说一定是店铺中质量最好的商品才行，因为卖家需要的最终效果是客户能够有最佳的体验效果，并能够体现到购买评价中。

购买评价就是后面购买的顾客的衡量商品好坏的尺标，这对卖家非常重要，好的客户评价可以作为商品宣传的一个筹码，放在宝贝购买页面中增加客户购买的信心。

所以要获得好的评价，卖家更需要关注商品的性价比。如果商品质量一般，不差，且价位很低，性价比高，也可以考虑培养为人气宝贝。要培养的商品，至少能让大部分买家都觉得值这个价，反之，如果买过的客户都觉得很垃圾，那这样的商品估计还没培养成功就中途夭折了。

4 市场认可度高

还有一点，就是要挑选那种有一定市场认可度的商品，这种商品为大众所熟知也更加容易被接受，而且一般价格比较透明，虽然销售的店家也会较多，但是如果卖家为该商品制定一个低价战略，就很容易独占鳌头打开局面。

在选择人气宝贝的时候要有一定的前瞻性，淘宝店铺推广能力是有限的，如果能够和官方的推广活动结合起来，自然事半功倍。

7.2.2 人气宝贝的推广

选择好了要培养的人气宝贝后，下面要做的事情就是推广。在推广之前，为了做到有的放矢，需要先了解一下人气宝贝的判定标准，也就是说怎样才算是人气宝贝？

人气宝贝主要与下面5个因素有关：

- 成交量(最关键)；
- 宝贝被收藏次数；
- 浏览量；
- 店铺信誉；
- 好评率。

以上5个因素当然都是越高越好，然后淘宝会根据这些因素，给出一个综合分，综合分高的宝贝，就是人气宝贝了。接下来，就应该针对这些因素进行推广。这里介绍一些比较快的推广方法。

1 基础设置

所谓基础设置，就是那些在自己店铺中所能做的简单推广方式，如橱窗推荐、店铺掌柜推荐、促销区推荐、VIP、折扣券等。这些设置都可以在一定程度上增加宝贝的曝光量。

2 从身边卖起

这个办法虽然有炒作之嫌，但不能算是刷信誉，而且见效会比较快。发动身边的亲朋好友，要他们来买或推荐他们的熟人来买。如果卖家的朋友真正购买，那是最好不过。即使不是真买，假买也可以。

注意叮嘱朋友们写评语的时候尽可能地如实写好，不要过分夸大，否则会抬高后面的真正买家的期望值。

3 增加收藏人群

发动所有能动员的人来收藏宝贝，可以找亲朋好友来收藏，联系老顾客帮忙收藏。除此之外，还可以和其他店铺的掌柜交换收藏。

现在淘宝社区里有不少掌柜间互相收藏的组织，卖家可以加入这些组织，花一些时间“相互帮忙”一下，把收藏人数给做上去。

4 低价捆绑销售

当顾客在店铺中购物时，卖家可以将要打造的宝贝推荐给他们，甚至不惜用成本价卖给他们。当然，前提是一定要和他们协商好了收到货后要及时评价并能帮你写上好的评语，简单说就是“低价换好评”。

使用这个办法要注意的一点就是，所谓的低价、降价，都是私下行为，不能公开降价。原因很简单，降价容易升价难，即使通过低价卖了不少，把宝贝给做热了，一旦提价，以前的销售记录仍在，后面购买的顾客就可能会看到，那么成交量就有可能会大打折扣。

进阶技巧

使用低价捆绑的时候要注意，我们的实际成交价格不能低于宝贝标价的4/5，否则即使交易成功也对我们打造人气宝贝没有帮助，因为这样的交易不会被计入有效成交量。

5 使用各种宣传方式

通过直通车、淘客、发帖等想方设法地去宣传这个宝贝。当这个宝贝排名靠前面几页的时候，就可以说是人气款了，带来的流量会是相当可观的。接下来就是利滚利的马太效应了，一个人气宝贝带来了流量，带动其他商品的成交，进而可以发展出更多的人气宝贝。这就是为什么做得好的店铺热闹非凡，而没有人气的店铺就冷清的秘密所在了。

7.2.3 人气宝贝的维护

人气宝贝是卖家花了很多心血去打造的，所以决不能卖火了就不管，时常去维护是非常重要的。

宝贝卖得越多，中、差评的概率也就越大。在实际操作中，毕竟买家的层次复杂，各人情况和评价标准也不同，同样的宝贝有人买了后由衷称赞，而有些人则将其贬得一文不值的例子在淘宝上屡见不鲜。所以对于人气宝贝的中、差评，卖家一定要加倍认真对待，要想尽一切办法让买家改成好评，哪怕需要贴钱。尤其是评语，因为单品的评价详情里是不会出现好评还是中、差评的，只显示顾客的评语，好评语可以把宝贝捧上去，负面评语会让宝贝摔下来。

不进则退的道理在竞争激烈的淘宝永远正确，所以人气宝贝的维护还需要做到持续不断地推广。卖家决不能因为现在的宝贝流量已经很可观了就放松推广工作。

进阶技巧

有些卖家使用“找人代刷”的方式来打造人气宝贝，笔者不建议这样做。因为这样做需要为此承担两个风险：一是被淘宝网查处，情节严重的话会被封店；二是有可能会被帮你炒信誉的人敲诈，增加不必要的麻烦。

7.3 制定风格化差异

网店同行的竞争是必定存在的，为了让您的店铺与别家有效地区别开来，从而达到独树一帜的效果，就必须有自己的独特风格，店铺独特风格可以通过店铺命名、装修、公告和店标等多个方面予以体现。

7.3.1 商品命名的风格

店铺名和掌柜的旺旺ID都是店铺的有效标识，但是这两者有一个比较重要的区别：店铺名称可以随时根据需要更改，而掌柜的旺旺ID一旦注册就不能更改了。因此，我们在注册旺旺ID的时候一定要谨慎。

明白了这一点后，下面我们就可以开始构思店铺名和旺旺ID了，下面通过两个例子来说明。

1 关注特殊消费群体

在为店铺命名时，我们可以将名称有意地倾向于行业中的某一部分人群。以魔术行业为例，我们平时所见识到的魔术大多具有“炫”“酷”等舞台表演效果，魔术行业中绝大多数知名魔术师如刘谦、大卫·科波菲尔等都是男性，这使得该行业的男性化气息浓厚。同样的，淘宝上很多魔术用品店铺也充满男性气息，例如，两家魔术店，一家的店铺名称为“魔术男孩”，另一家的旺旺ID为“剑客九五至尊”。

但客户的年龄层次以及个人理解是不同的，对于某些小朋友或者女孩而言，男魔术师的神秘(或者酷)可能会让人觉得有距离感，这时如果能塑造一个亲和力较强的女魔术师形象就比较有沟通优势了。

2 ID与店铺名保持一致

ID与店铺名保持一致也是一种值得推荐的办法，这样的名称不仅读起来朗朗上口(方便朋友相互介绍)，而且可以达到让来往的客户过目不忘的效果。因此您的旺旺ID最好为中文名，因为客户不会有耐心去记忆那些毫无规律的字母组合，所以我们在起旺旺ID名字的时候，应该尽量避免使用英文(除非是个熟识的英文单词)，并最好使用通顺的中文词组。

旺旺ID与店铺名称一致，可以有效提高客户回头率。当老客户想再次照顾您生意的时候，他可以轻易地从淘宝旺旺的好友列表中将您找出来。而如果您的旺旺ID比较奇怪，或者和店铺关联性不是很大，那么客户有可能因为找不到而失去耐心。

7.3.2 店铺命名的风格

为网上店铺起个好店名，可以帮助卖家打开商品销路，产生名牌效应；只有取一个便于搜索的名字，才能在买家搜索时，及时进入他们的搜索范围；而一个高度概括且具有强烈吸引力的名称，对买家的视觉刺激和心理影响都会起到重要作用。它不仅能迅速吸引买家的目光，而且能给人以美的享受，从而产生进店看一看的冲动。

淘宝网上的店铺名和店标上的LOGO店名有些不同。店标的LOGO店名要取得简捷易记，并且要叫得响亮，它将成为网店的品牌名。而淘宝店铺名则可以含有30个文字的信息。

下面总结了如何取个好店名的一些要点和技巧：

- 店铺名要包含LOGO店标名。如果你的淘宝店名能够刺激和维持店标的识别功能，店铺的整体效果就加强了。这样店铺名和LOGO店标名两者可以互相促进。
- 店名要简洁，有高度的概括力。简洁的名字便于和消费者进行信息交流。
- LOGO上的店名，读起来要朗朗上口，响亮畅达。这样的店铺只要买家打过一次交道，就可以记住，忌LOGO上的店名读起来拗口、吃力。
- 店铺名要尽量包含人们容易搜索的关键字信息。这样人们在搜索店铺时就容易搜到你。
- 店铺名可以包含店主ID名。如果店主能在论坛活跃起来，成为论坛名人，店铺也会随之成为名店。

- 店铺名应该能尽量反映商品的种类。这样的好处是买家一看到店铺名字，就能清楚地知道具体是卖什么的，便于记忆。但注意不要明确经营产品的性能和用途，那样会不利于店铺的进一步发展。
- 店铺名可以经常更改，要有潮流感，能打动各时期买家的心。
- 如果你经营某一固定类型的产品，面向一些固定阶层的顾客，还可以面向顾客起店铺名。
- 店铺名可以取得有一定的寓意。店名要让买家能从中得到愉快的联想，而不是消极的联想，但是不要过分追求联想，而将店名复杂化。
- 店名尽量要起得格调高雅一些。店名的格调可以反映出店主的素质和经营头脑，格调高雅，会使买家的心理附加价值大大增加。相反，一旦店名落入了低俗，只会惹人生厌。
- 店铺名用字吉祥。生意场上无论买方还是卖方，都是希望能够大吉大利。

7.3.3 写好店铺广告

店铺公告是买家进到你的店铺时的第一印象。从店铺公告上可以看出店主的用心和店铺经营的亮点。这就是为什么众多卖家都不遗余力地制作一款富有个性的店铺公告的原因。这些公告大都图文并茂，有些还采用动画效果，并辅以优美的文案，甚至还有音乐背景，目的就是想给浏览公告的买家留下深刻的印象，尽可能地起到宣传作用。

把店铺公告设计成店铺广告可以建立自己的店铺在买家心中的品牌形象。制作这样的广告式公告，应该注意以下几点：

- 在公告上做广告不能太复杂，要让买家一看就懂，把产品或服务的概念清晰地传递给顾客。
- 这个广告应该为你的目标消费者量身定做，让他们容易接受。为此你要研究目标消费者的偏好，按他们的“口味”设计广告。
- 这个广告，要能给买家留下深刻的印象，能和其他卖家的广告区分开来。
- 这个广告，不是为了娱乐自己，而是要让买家产生心动想要购买的感觉。
- 这个广告要符合店铺的形象，紧密联系品牌，强化你的品牌在消费者心中的地位。
- 广告要设计得新奇有趣，因为目前喜欢网上消费的都是年轻人，他们愿意接受耐人寻味、极富趣味的信息。

名片式公告可以方便你与消费者的交流沟通。名片内容一定要写清你的店铺名称、ID号、店铺的营业时间、联系方式、邮寄说明、售后服务等，还可以把自己的店标和开店宗旨放上去。

信息发布式公告也是常见的店铺公告，可以在公告中发布的信息大致如下。

- 促销活动：这些活动包括一元起拍卖、购物优惠、店铺开张纪念日优惠等。把这些信息放入公告栏后，光临店铺的买家一眼就可以看到卖家策划的促销活动。
- 店铺的一些新变化：比如新品到货、产品结构调整和分店开张等信息。
- 其他一些信息：在没有活动信息或者最新消息时，可以发布一些优美的欢迎词，符合产品属性的宣传语、开店宗旨等，或者干脆讲讲你个人的故事，如创业经历。

知识点滴

此外，还可以把极力推荐的商品放到店铺公告上，数目不要太多，文字介绍也要简洁明了，主要突出商品的竞争优势，以吸引顾客。单击该商品图片，就可以进入详细的介绍页面，促使买家下定决心拍下该商品。

7.3.4 店铺介绍的描述

店铺公告虽然能很快吸引浏览者的眼

球，但是它的版面太小，滚动速度又慢，不可能靠它呈现很多重要信息。

店铺介绍就不同了，有一个完整的页面供卖家发挥，它是淘宝给你提供的重要宣传阵地。利用好这个宣传阵地，写出一个好店铺介绍，可以大大提升你的店铺在买家心中的形象。

一个好的店铺介绍，要把自己店铺的情况写得尽量详细，让对你的店铺感兴趣的浏览者一进来就能获得很多有价值的信息。

一个好店铺介绍应该包含以下信息：

- 呈现你精心设计的店标、店名(不放过任何宣传自己品牌的机会)。
- 介绍你店里的其他网络资源。比如，你同时在易趣、拍拍开店的地址，或者你的个人主页，或者是独立的网上店铺地址。
- 介绍你的开店理念。比如你要为别人提供什么服务，你店里的组成情况，你的专长和学历等，让别人通过这些介绍能对你有个大概了解。
- 对浏览者的善意提醒。比如从顾客角度给他一些购物建议，或者教他如何轻松地在你的店里找到想要的商品。
- 公布自己网店的价格体系。比如价格、折扣率、会员价，还有平邮、快递等物流价格。
- 讲清楚服务项目。比如同城免费送货地点；店铺提供的物流优惠条件；店铺今后的一些服务项目；如何开具发票、提供优惠卡等服务措施；以及进入你的店铺的其他通道等。
- 卖家最常用的支付方式，以及为方便顾客准备的各种支付方式所必需的信息。
- 写清需要顾客配合做的工作。比如你是一个兼职卖家，希望及时得到店铺宝贝拍下的信息，以便更快发货，就可以在店铺介绍中，写上“为了及时发货，请您拍下商品并付钱后，立即短信发至XXX，短信需要提供如淘宝会员名、汇款金额、买到了什么物品等信息。
- 总结出买家经常会提到的问题，并针对所提的问题，逐一解答，让浏览者从一问一答中，对你的店铺有更深的了解。
- 如果你有实体店，也可以把实体店地址写上，最好提供你的实体店方位图、公交线路以及附近的标志性建筑等信息。
- 提供你的全部联系方式。比如电话、手机、电子邮箱、MSN、QQ等，并注明最希望买家采用的联系方式。
- 如果需要扩大业务，诚招加盟商，也可以把加盟信息及加盟规则写明。
- 如果你需要合作伙伴，也可以在这里发布求助信息。

7.4 利用淘宝直通车

淘宝直通车是为淘宝卖家量身定制的，按点击付费的营销工具。使用淘宝直通车，在给宝贝带来曝光量的同时，其精准的搜索匹配可以给宝贝带来精准的潜在买家。

7.4.1 认识淘宝直通车

在使用淘宝直通车前，我们先要对淘宝直通车有一个了解，淘宝直通车是淘宝推出的一种全新的搜索竞价模式，简单来说就是广告展位。淘宝直通车具体的展位位置是在搜索宝贝结果页面的右侧和最下端，其实就是我们常见的【掌柜热卖】专栏。

在定制淘宝直通车的时候，卖家可以针对每个竞价词自由定价，并且可以看到在雅虎和淘宝网上的排名位置，并按实际被点击次数付费给淘宝。价格方面，最低出价为0.1元，最高出价是100元，每次加价最低为0.01元，排名越高出价也会越高。

淘宝直通车给卖家带来的好处主要有以下四点：

- 被直通车推广了的宝贝，只要来淘宝买这种宝贝的人就都能够看到，大大提高了宝贝的曝光率，给您带来更多的潜在客户。
- 只有想买这种宝贝的人才能看到你的广告，给你带来的点击都是有购买意向的点击，带来的客户都是有购买意向的买家。
- 直通车能给您整个店铺带来人气，虽然推广的是单个的宝贝，但很多买家都会进入您的店铺里去看看，一个点击带来的可能是几个成交，这种整体连锁反应，是直通车推广的最大优势，久而久之你的店铺人气自然会高起来。
- 可以参加更多的淘宝促销活动，直通车用户具有不定期的专享的淘宝单品促销活动，加入直通车后，可以报名参加各种促销活动。

7.4.2 开通淘宝直通车

开通淘宝直通车的方法很简单，首先进入卖家中心，在【营销中心】一栏中单击【我要推广】链接。

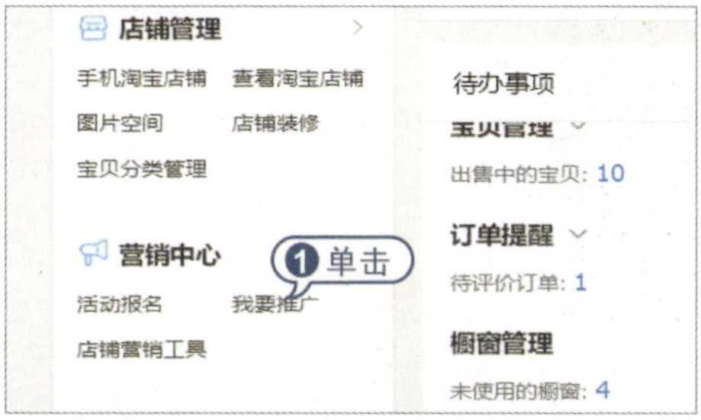

进入到推广界面，然后单击【淘宝/天猫直通车】下面的【即刻提升】按钮。

进入淘宝直通车界面后，接下来需要做的事情就是充值缴费了，由于直通车是按照点击量来收取费用，因此这个缴费类似于手机充值，必须先充一定的金额，然后才可以使用。

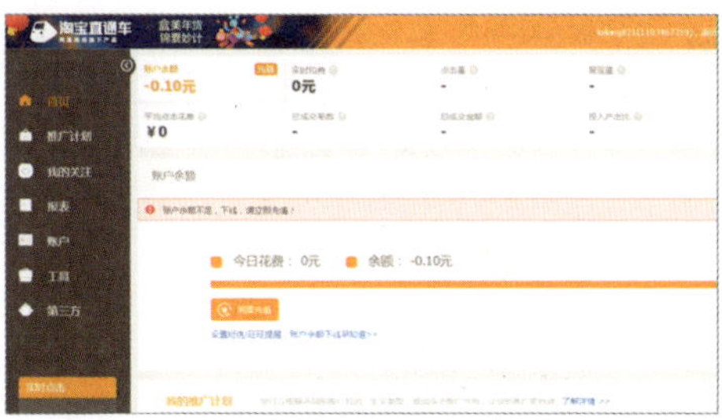

首次开通直通车的充值最低金额为500元，以后充值可以不受此金额限制。

7.4.3 制定直通车战略

很多卖家形容淘宝直通车是一把双刃剑，淘宝各论坛对直通车服务也是毁誉参半。在笔者看来，如果直通车推广策略得当，对于店铺的提升效果还是不错的；但如果推广策略失败，也有可能会亏得欲哭无泪。

1 宝贝设置

参加奥运会时，每个国家都会派出最优秀的选手，加入淘宝直通车也是一个道理，我们需要挑选店铺中最优秀、最值得推广的产品去推广。这样的宝贝应该满足以下几个条件：

- 质量要有保证。不可否认，有些店家的商品有鱼龙混杂的情况，但是参加淘宝直通车的商品，必须要质量好，要能够经得起消费者的考察。
- 价格低于同类商品。直通车只是让买家可以更直接地浏览到您的商品，而最终商品能否被拍下成交，价格始终是个关键，为此我们可以重点推广那些特价宝贝。

- 有较好的销售情况和评价。买家的从众心理很强，他们在浏览商品的时候经常会关注其他买家的购买情况。是否有很多人买这个商品？他们的评价怎样？类似这些问题都是他们要观察和考虑的，因此好的销售记录和评价也是促成客户购买的重要因素。因此，在宝贝的浏览页，我们可以刻意附加一些火爆销售记录，打造热卖气氛。

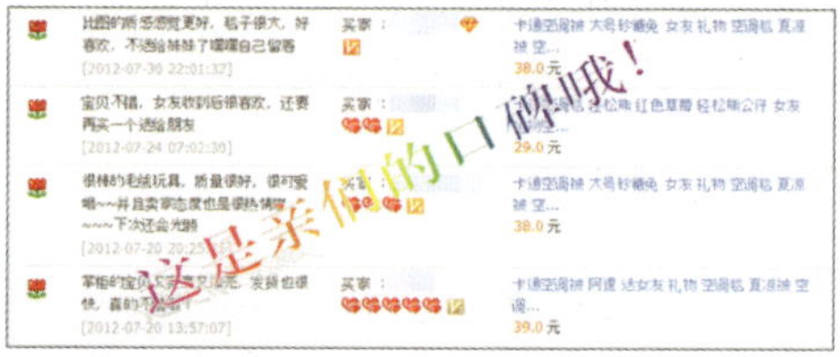

2 关键词设置

选择了合适的宝贝之后，还需要为宝贝设置好的关键词。设置关键词的正确思路应该是首先提炼宝贝的产品属性，譬如要推广的宝贝是服装，那么应该从产品名称、功能、特色、图案、颜色、质地、流行元素、款式、尺码、风格、编号等方面来构思，具体设置时应该做到下面几方面：

- 关键词要全面。一个宝贝至少需要设置20个以上的关键词，这样才可以尽可能多地吸引流量，产生好的推广效果。
- 关键词的字数不能太多。一般关键词应该控制在5个字以内，但是我们可以设置组合词，例如：“泰迪熊 特价”。
- 关键词要精准。越精准的关键词成交的概率越大，反之越空泛的关键词成交的概率越小。例如“服装”这样的关键词其实价值不大，因为以这个词为搜索条件的客人只想随便看看而已，而“耐克 T恤”这样的关键词就精确有效多了。

由于不同的关键词，出价也高低有别，因此我们设置关键词的原则是要做到收益最大化，这里我们可以按照流量高低将关键词分为“流量大的关键词”“流量小的关键词”“几乎没有流量的关键词”三类，然后区别对待制定相应的战略。

- 流量大的关键词。由于这类关键词的搜索量很高，因此使用的人也很多，竞价非常激烈。所以从性价比上来考虑，如果您的产品利润较高，那么可以将这类关键词的位置争取做到前三页。但不管怎样，一定要在前十页以内，否则这个关键词就会丧失价值。
- 流量小的关键词。这类关键词是我们最需要重视的，您的店铺的绝大部分流量都将来源于此，因为它们大多属于精准词，虽然搜索量低，但是成交率非常高。所以，在对待这类关键词的时候，我们应该尽量将其排名向上顶。
- 几乎没有流量的关键词。这类关键词没有什么价值，是我们在关键词管理时需要优化和清理的对象。

总而言之，淘宝市场是不断变化的，我们设置关键词也不可能一次到位，所以做直通车的时候一定要不断优化关键词和出价，切忌设置之后就听之任之放弃管理。

7.5 使用淘宝客

淘宝客是淘宝网专门为淘宝卖家打造的，提供淘宝网以外的流量和人力的一种商品推广方式，它的好处是成交后卖家才支付佣金报酬，因此推出该服务以来一直很受卖家的欢迎。

7.5.1 认识淘宝客

2009年1月12日起，原来的“淘客推广平台”正式更名为淘宝客，淘宝客业务上线以来得到了飞速的发展，目前淘宝客大军已突破20万之众，已经成为最大的网络职业群体之一。

淘宝客推广是一种按成交计费的推广模式，淘宝客只要从淘宝客推广专区获取商品代码，任何买家(包括您自己)经过您的推广(链接，个人网站，博客或者社区发的帖子)进入淘宝卖家店铺完成购买后，就可得到由卖家支付的佣金，如下图所示为通过聊天工具进行的推广。

淘宝客也像淘宝店铺那样有信誉度，每成功推出一笔交易可计1分，信用等级也以心、钻、皇冠的形式进行标注。

只要买家通过推广链接购买了商品，即可被判定为有效推广，推广人即可获得一定的佣金。

具体的佣金结算规则是：买家通过支付宝交易并确认收货时，系统会自动将应付的佣金从卖家收入中扣除并在第二天记入淘宝客的预期收入账户。每个月的15号都会做上一个整月的月结，月结的时候将收取佣金的10%作为技术服务费，结算之后正式转入淘宝客的收入账户。淘宝客需要在阿里妈妈账户绑定通过实名认证的支付宝账号，才可以提现到该支付宝。

7.5.2 加入淘宝客

如果是第一次使用淘宝客服务，就必须先开通淘宝客。

首先进入卖家中心，在【营销中心】一栏中单击【我要推广】链接。

进入到推广界面，然后单击【淘宝客】下面的【开始拓展】按钮。

根据要求输入账户和验证码后，即可加入淘宝客，显示淘宝客的页面。

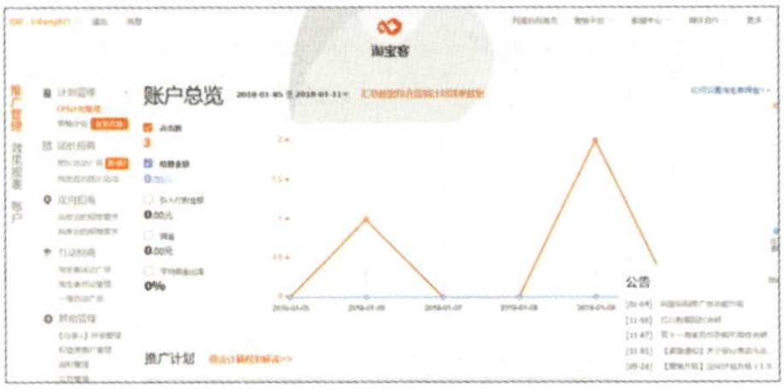

加入淘宝客后，就可以使用淘宝客来推广自己的宝贝了。首先在页面中单击【推广计划】下面的【通用计划】链接。

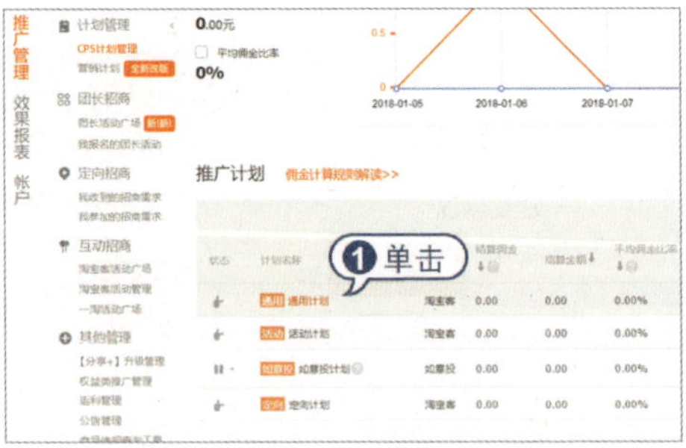

在打开页面中的【佣金管理】区域下，将鼠标放置在【新建主推商品】按钮上，显示弹出条，单击【营销计划设置】链接。

在打开的页面中单击【添加主推商品】按钮。

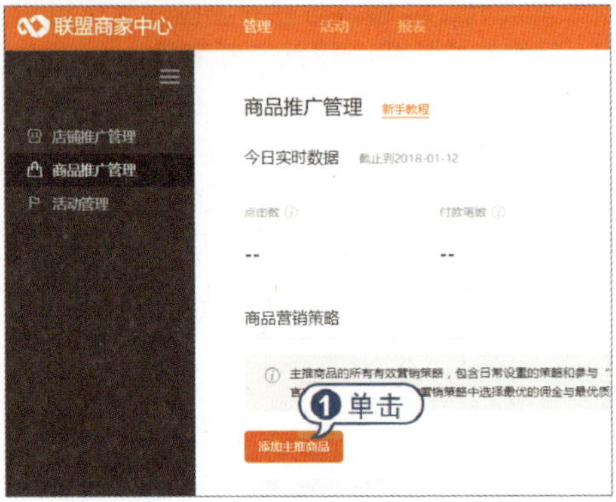

弹出【添加主推商品】对话框，选择一个商品，单击【确定】按钮。

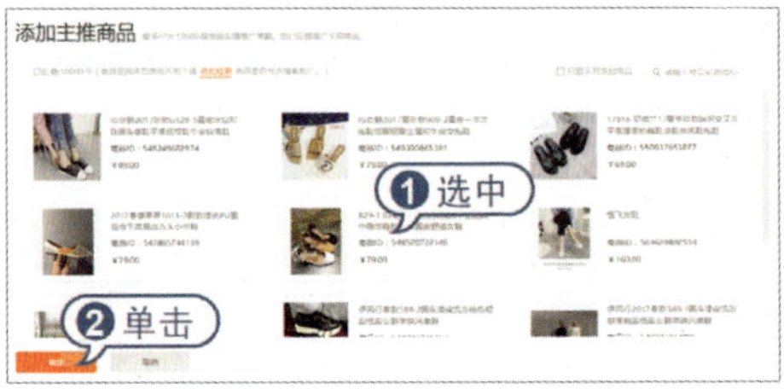

输入合适的【推广时间】，在【佣金比率】文本框中输入一定的佣金百分比值，还可以添加优惠券等策略。

如果要退出淘宝客，可在【淘宝客】首页中选择【账户】选项卡，然后单击【退出淘宝客】链接即可。

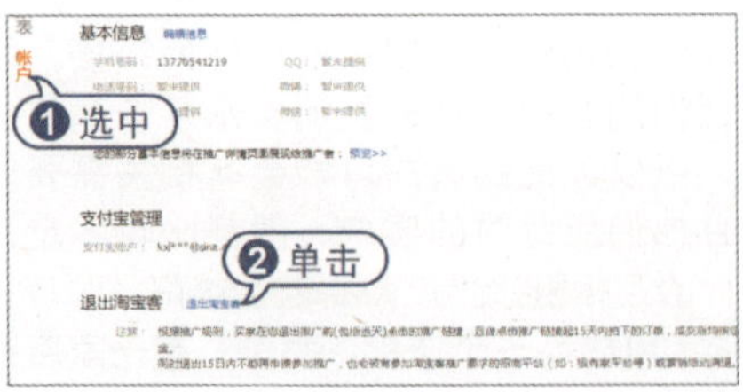

7.6 利用特色的友情链接

为了能够将自己的店铺和宝贝推出去，我们还可以和其他卖家一起合作，利用特色的友情链接，相互推荐商机。

7.6.1 选择合适的友情链接

友情链接模块位于淘宝店铺的左下角位置，如下图所示，在这个区域内店家可以提供一些别的店铺的链接，最多可以提供35个友情链接。

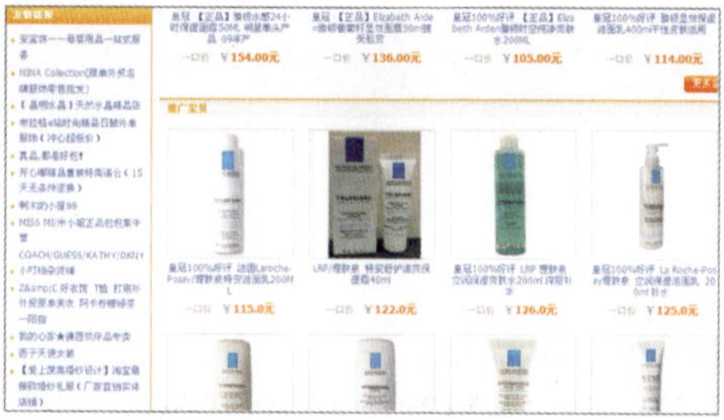

从利益角度来说，我们应该和自己店铺销售相关的店铺建立友情链接，而不是逮到谁就链接谁，这里所谓的“相关”可以有很多方面。

- 宝贝用途相关。举例：某店铺销售漂蜡产品，漂蜡一般会用在婚礼上，或者情侣生日宴会之类的活动上，因此这样的店铺适合与销售婚纱、婚礼用品的店铺做链接，两家店铺可以相互推广。
- 宝贝相互配套。举例：某店铺是销售手机附属商品的，譬如手机套、充电器等零配件，那么该店铺可以和销售手机的店铺做链接，并且商定彼此推广。
- 消费群体类同。举例：某店铺是销售日韩原单名牌衣服的，价格比较昂贵，那么它可以和销售高级皮草的店铺做链接，因为他们的客户群体都是消费水平较高的女孩，所以彼此的客户可能会有相关需要，而且他们所针对的客户一般都比较固定，这样的互相链接推广效果就会很好。
- 宝贝成为一个体系。举例：有一家店铺是专门销售四川特色食品的，那么该店铺可以考虑和其他地区的特色食品店铺进行友情链接。试想，如果店铺链接里是内蒙古的奶酪、新疆的果脯、东北的长白山松子、广州的甜点，这样的推广不仅会很有针对性地指向喜欢在淘宝觅食的买家，而且还可以成为一个很有特色的体系。

7.6.2 添加友情链接

要添加友情链接，您可以进入自己的淘宝店铺后，在【店铺管理】一栏中单击【店铺装修】文字链接进行添加。

【例7-1】在店铺中添加友情链接。视频

01 进入卖家中心，在卖家中心左侧展开【店铺管理】选项，然后单击【店铺装修】链接。

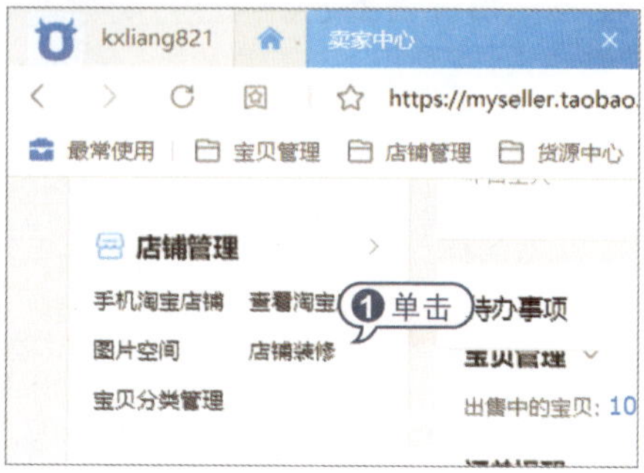

02 选择【PC端】，单击【首页】后面的【装修页面】按钮。

03 在页面编辑中，找到【宝贝排行榜】模块，然后单击右下侧的【添加模块】按钮。

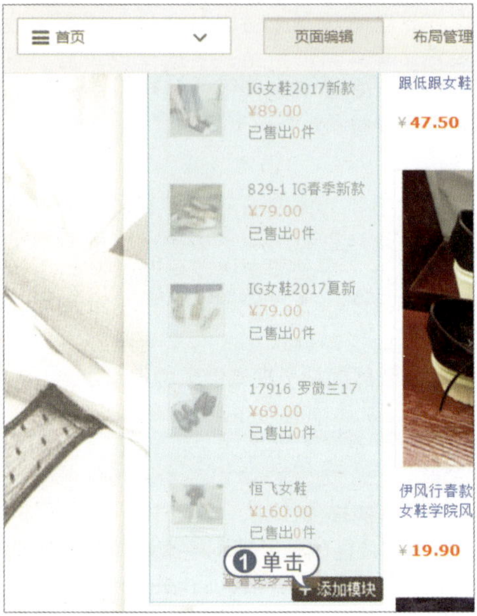

04 选择模块组中的【友情链接】模块，拖入到【宝贝排行榜】下。

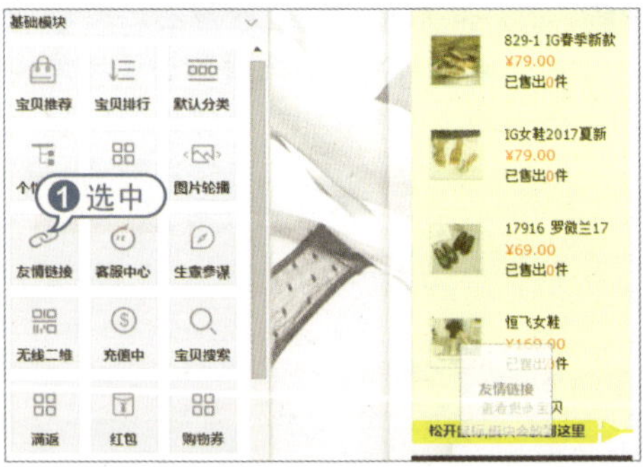

05 成功添加【友情链接】模块后，单击该模块中的【编辑】按钮。

06 打开【友情链接】对话框，输入友情链接的名称、地址等信息后，单击【保存】按钮。

07 添加成功后，友情链接会显示在相应的模块区域中。

08 再次单击【编辑】按钮，在打开的对话框中单击【添加】按钮，可以继续添加新的友情链接。

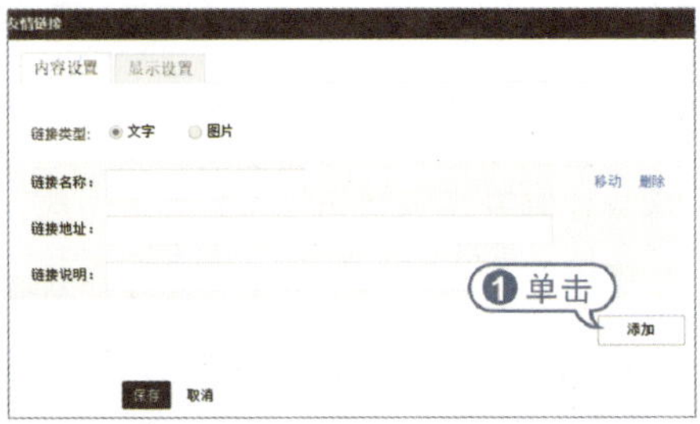

7.6.3 管理友情链接

友情链接也需要管理，毕竟淘宝只给了35个友情链接的限额，您应该尽可能地将每一个友情链接都发挥出应有的作用。如果疏于管理，有可能您的友情链接的对方店铺已经关店数日您还不知道，那么这条链接就等于浪费掉了。

另外，如果您的店铺已经比较“牛”，邀请您友情链接的客户已经应接不暇，那么不妨事前约定绩效标准，事后做好统计工作。因为这个友情链接既然作为展位，道理也和直通车的“掌柜热卖”

差不多，不同位置的广告效果也不同。从实际使用效果来看，友情链接的第一条和最后一条是点击率比较高的，这样的“黄金展位”理应留给最有价值的店铺，所以您在这些好位置上可以对合作店铺有一些要求，譬如月评价量或者成交量要达到多少数额，如达不到条件的，可以与对方协商或直接通知对方一下再删除。

7.7 在淘宝社区宣传

对于淘宝店铺来说，依附淘宝平台本身做宣传，是最直接、最有效的方法。下面就以如何在淘宝社区宣传自己，介绍一些实用的宣传之道，以最快的速度积聚人气。

7.7.1 淘宝社区的优势

淘宝社区由论坛和帮派组成。淘宝论坛是一个完全开放、自由自主的平台，只要是淘宝网的用户，即可以在淘宝论坛任何一个版块发表高论。在这里可以和上亿用户一起分享淘生活、淘故事，分享生活中的喜怒哀乐，分享购物中的经验等。淘宝千千万万的淘友，也可以按照自己的兴趣爱好聚集在一起组成帮派。

虽然淘宝论坛不是一个专业论坛，但它的某些版块比有些知名社区的版块还要火爆。比如在【经验畅谈居】版块中的一个精华帖，常常会有成千上万的回帖。

下面总结一下淘宝社区与其他知名社区相比的优点，帮助用户更加深入地了解淘宝社区：

- 在淘宝社区发帖，有自制的论坛头像和有商业广告效应的签名档，这对于淘宝店铺有很好的宣传作用，其他知名社区在这方面的作用就很少了。
- 在淘宝社区发帖可以参加活动，可以加精赚取银币抢广告位，其他知名社区就没有这个功能。
- 在淘宝社区发帖、看帖或回帖能够认识很多经常在淘宝活动的买家和卖家，其他知名社区几乎没有该作用。
- 在淘宝社区看帖能够学习到很多和网上做生意相关的知识经验，其他知名社区就相形见绌了。
- 淘宝社区的帖子交易实践性很强，而其他知名社区的帖子理论性较强。
- 淘宝社区因为有扣减银币的约束，所以在上面发帖和回帖的人一般都不敢乱来，其他知名社区就不行了，经常会出现帖友之间互骂的现象。
- 淘宝社区的帖子功利性很强，可以调动淘友们的看帖、发帖、回帖的积极性。卖家们都把这里当作宣传阵地。

7.7.2 进入淘宝论坛

进入淘宝首页，单击首页右侧会员信息区域中的【论坛】链接，打开“淘宝论坛”页面。

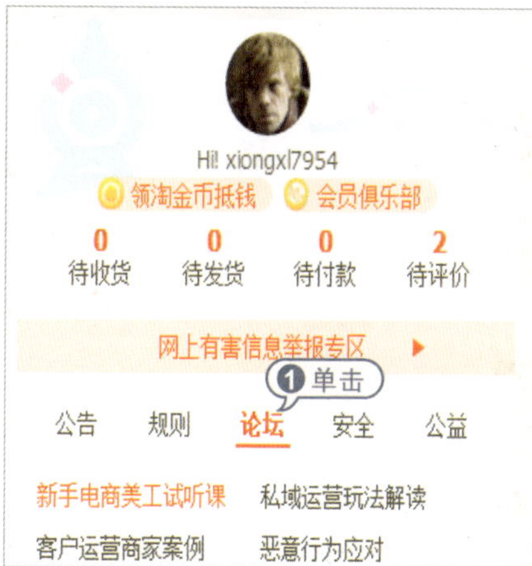

在“淘宝论坛”页面中，将鼠标指针放置在【行业板块】标签的上方，可看到论坛各个行业的分类标题。

单击任意论坛标题，例如，单击【服饰】分类下的【淘宝女装】链接，可打开论坛的【淘宝女装】分区页面，页面中显示最新发布的论坛帖子。

向下拖动滚动条，可看到论坛最近发布的主题帖的标题以及分页按钮，单击页数按钮可以跳到该页页面。

单击淘宝论坛中某主题帖的标题，即可浏览该主题帖的内容。

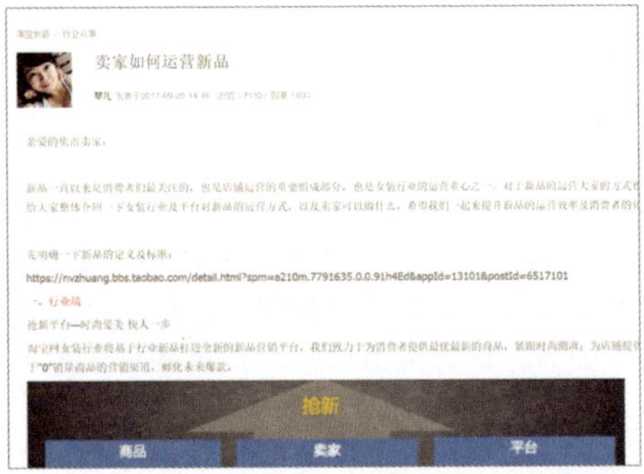

看了别人的帖子，就知道为什么来淘宝社区发帖子可以很好地宣传自己了。现在淘宝社区的人气很旺，并且来这里现身的人，都是接受网购这种新兴买卖方式的时尚达人，所以在这里发广告的效果是非常好的。但是淘宝网规定来这里发广告，不能明目张胆，卖家可以通过写帖子、回复帖子、在签名档落款等方式留下店铺的广告信息。

在社区论坛中，买家来“寻”宝贝，卖家来“抓”商机。其实当用户加入社区，融入这个大家庭后，才会体会到淘宝社区不只是买卖双方寻找机会的生意场所，更重要的是这里有各种各样的经验介绍和教程指导。无论是否为了买卖，这些经验和教程都会让用户受益匪浅。另外，这里也是用户结交朋友的绝佳场所。正是因为这样，现在许多人来淘宝不是为了买东西、卖东西，而只是为了“逛社区”。

7.7.3 常见主题帖类型

在淘宝社区发布的帖子有很多种，下面是最常见的几种类型。

- 教程帖：图文并茂、简单易懂的教程帖的宣传效果最好，因为这种帖子生命力强，也容易被推荐到淘宝大学。用户可多发经验帖和教程帖，这两种帖子对提升自己的形象最有帮助。

- 助人帖：积极争当论坛里的活跃分子，为淘友提供力所能及的帮助，如帮助别人做店标，设计宝贝模板，提供各种美容、保健、减肥等建议，专业地进行购物指导，或者把自己的淘宝心得和广大网友一起分享，从而广聚人气。有了人气，就有了一切。在帮助别人的过程中树立自己的形象，更能取得良好的宣传效应。
- 经验帖：经验帖大都是总结个人的一些购物、销售经验，对其他卖家(买家)有借鉴意义。这样的经验帖，大多数淘友都会回复，即使那些知道这些经验的淘友，也会感谢你的热心。另外，这种帖子加精的机会比较大。

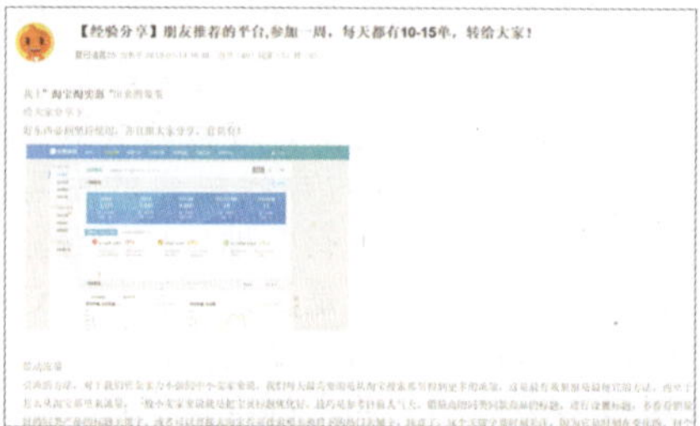

知识点滴

不管什么类型的帖子，只要有高质量内容都可以成为论坛的精华帖。只有写出精华帖，并且成为热帖，才能给店铺带来滚滚人流，才能有效地打响知名度，从而成为社区名人。

7.7.4 在淘宝社区发帖

网上的论坛很多，不管去哪个论坛发言，都先要去这个论坛注册。在淘宝社区论坛上发言，同样也需要注册。但由于淘宝社区的论坛和淘宝网是有直接关系的，所以如果已经是淘宝网会员，就不需要另行注册，直接用自己在淘宝网上的会员名和密码登录即可。淘宝社区论坛上的帖子有文字帖和图文帖两种基本类型。只要在发帖内容的文本框中输入想要说的话即可。

发帖时，用户应遵守淘宝论坛的发帖规则，用户可到【站务】分类的【淘宝公告】区进行查看。

1 发表主题帖

下面以推荐淘宝女装欣赏帖为例，发表一个文字的主题帖。

【例7-2】在淘宝社区发表主题帖。视频

01 登录淘宝论坛首页，将鼠标指针悬浮在【行业板块】标签上方，然后单击【服饰】分类下的【淘宝女装】链接。

02 进入【淘宝女装】版块，单击【发表帖子】按钮。

03 在【标题】文本框中输入主题帖相关的标题内容，在【版面】下拉列表中选择【行业分享】选项，在【详情描述】文本框中输入相关的帖子内容，最后单击【发表】按钮即可发表该主题帖。

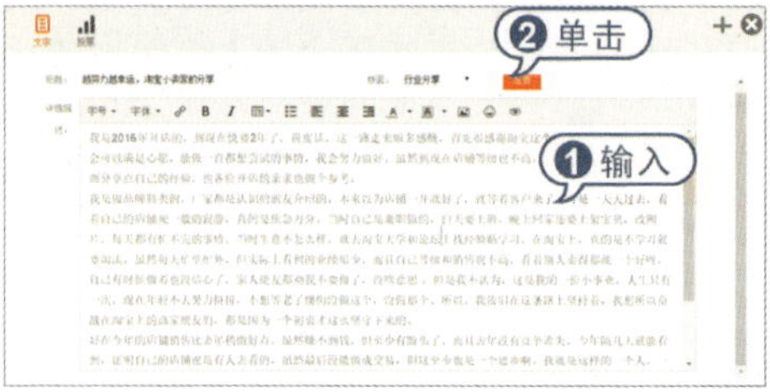

2 回复主题帖

回复主题帖非常简单，首先单击帖子标题，打开一个主题帖，将帖子拉到发帖人帖子的最后，有一系列按钮可供选择，单击【回复本帖】按钮。

输入文字或表情，单击【立即回复】按钮即可回复该主题帖。

7.7.5 社区成名技巧

在社区发帖、回帖，肯定可以达到宣传网店的目的。但是淘宝社区人海茫茫，要想让大家熟识，不是简单地多发帖、回帖就可以做到的。要想成为社区名人，让别人接受，除了要有一个好“形象”，还要有好的“表现”才能征服别人的心。所说的表现就是要发好的帖子，多发精华帖。如果徒有“外”表，但总是发一些言之无物、内容无聊、哗众取宠的帖子，就会适得其反。因为这样不仅浪费了自己的时间，还浪费了别人的时间。在社区里留下不好的印象，不仅达不到宣传自己的目的，反而让人讨厌，那就得不偿失了。

为了帮助读者在论坛上有良好的表现，成为社区名人，下面总结了一些社区名人的论坛活动经验，希望能对读者有益。

1 使用有个性的头像和签名图片

因为网络的虚拟性质，别人无法从外观来获得印象，因此论坛头像和签名档图片，是淘友了解其他用户的第一印象。设计一个好的论坛头像和签名档图片，可以让人感觉用户的水平很专业，值得信赖；另外，还可以通过更换签名档图片文字，以反映店里的促销信息。

2 使用引人注目的标题

努力起一个名副其实、实至名归的帖子标题。好的帖子标题可以带来大量的点击率，如果能起一个准确、生动、抓人眼球、出彩的帖子标题，就等于写成了半个精华帖。

下面总结了资深淘友anita_helujj的【如何给你的帖子起个好名字—— 帖子浏览量大增的秘密】一文中的主要内容，相信他的经验会让读者受益匪浅。

- 诚实：既然标题是帖子内容的精华所在，那么对于标题的确立，就要凝聚全帖的中心点，让淘友们一看到标题就知道帖子的内容。标题切忌含糊其辞，或为了提高帖子的浏览率，故意起一些故弄玄虚、庸俗不堪的标题，这样做点击率也许可以上升一点，但是当点击进去的朋友发现自己被骗了以后，相信以后没有人会再回复。
- 优美：一个优美的标题不但可以使帖

子锦上添花，也可以体现出个人的文笔。一个好的帖子之所以可以有巨大的浏览量和回复率，内容的实用性和标志性固然重要，优美的文笔也是帖子高回复率的保证。

- 精练：淘宝帖子的标题限制在30个字以内。一个标题既要表明帖子的内容，又要加上特殊的符号引起浏览者的注意，也许30个字远远不够。这时，一个精练的标题就会显示出很大的作用。
- 独特：独特就是表达个性，宣告自己的与众不同。独特更易于记忆，因此帖子主题应在这方面多下功夫。好的标题，能够吸引住浏览者的眼球，使帖子在社区的茫茫帖海中脱颖而出。
- 幽默：要吸引浏览者注意自己的帖子，可以稍稍加一些诙谐的语言元素使主旨思想变得通俗易懂，让人看过之后会心一笑，回味无穷。

7.8 使用促销小工具

淘宝提供了许多促销小工具，例如【欢乐逛】【搭配宝】等，活用这些促销小工具，可以提升店铺购买转化率和销售笔数，帮助卖家制作优质的促销活动，极大降低人力成本。

7.8.1 使用【欢乐逛】

【欢乐逛】是一款非常好用的淘宝促销小工具，具有帮助卖家科学统一管理店铺促销活动、批量添加各种促销信息等功能。另外，【欢乐逛】还提供大量的促销素材，编辑非常方便，很大程度上节省了卖家的时间，让店铺促销变得更加轻松。

要想使用【欢乐逛】，首先要订购【欢乐逛】服务。

首先登录淘宝网，进入卖家中心，然后单击【软件服务】类目下的【我要订购】链接。

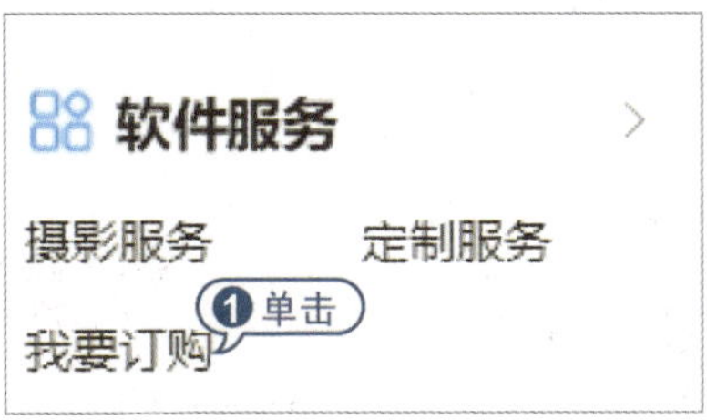

打开【服务市场】页面，单击【营销互动】链接。

打开【营销工具】页面，单击【促销工具】栏里的【欢乐逛】图标。

打开下图所示页面，选择所要订购的服务版本和周期，然后单击【立即购买】按钮，按照提示付费后，即可成功订购【欢乐逛】服务。

成功订购【欢乐逛】服务后，即可使用【欢乐逛】来设置各种促销活动了。

【欢乐逛】提供多种服务，卖家可以在【欢乐逛】中设置限时折扣、满就送、关联图标模板、自动橱窗、自动上下架、差评屏蔽等功能。

7.8.2 使用【搭配宝】

【搭配宝】服务是一种能够将几种商品组合在一起设置成套来销售的促销工具。它可以提升店铺销售业绩，增加商品曝光力度。

要开通【搭配宝】服务，可以先登录淘宝网，进入卖家中心。然后单击【营销中心】类目下的【我要推广】链接。

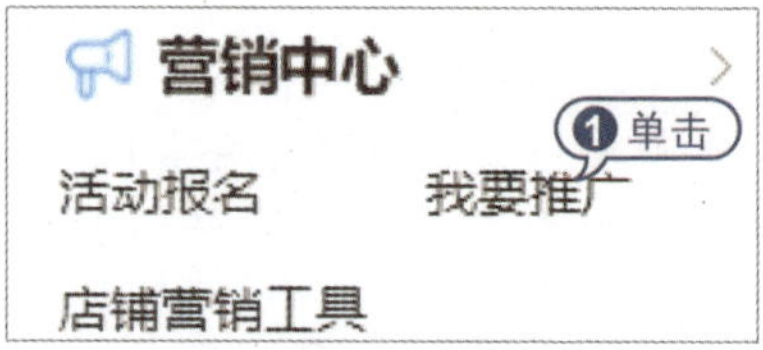

在打开的页面中找到【营销工具】栏，单击【基础促销】中的【搭配套餐】链接。

进入服务市场，选择所要订购的服务版本和周期，然后单击【立即购买】按钮，按照提示付费后，即可成功订购【搭配宝】服务。

搭配宝最大的作用就是提升客单价。比如你店铺原先的客单价是80，你想提高到100，怎么办?就用搭配套餐，让用户打包买，客单价就提升上去了。

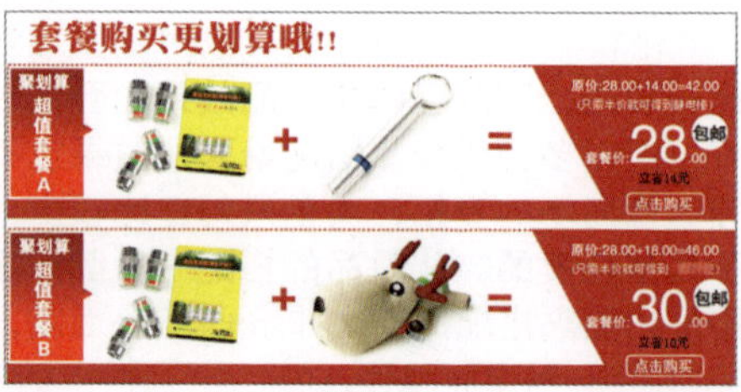

知识点滴

客单价是指商场(超市)每一个顾客平均购买商品的金额，也就是平均交易金额。客单价的计算公式是：客单价=销售总额÷顾客总数，或者是客单价=销售总金额÷成交总笔数。

另外，对于品牌商品来说，搭配的作用还可以维持品牌的形象。因为在淘宝上，低价打折才是王道，但是一个品牌不断地打折无疑也会损害品牌形象，如果使用搭配套餐这种暗折扣形式，就不会让用户形成老打折的廉价形象。对品牌产品来说，搭配宝是一个好工具，而且通过搭配宝卖的商品，在交易记录里面显示的是原价，这个好处就不言而喻了。

最适合设置搭配宝服务的商品有以下几种。

- 服装类：这无疑是最好搭配的类目，可以衣服+裤子+帽子搭配，也可以同色系、同风格的衣服搭配，对于衣服来说，大家都不会嫌多，只要东西看上去靠谱，价钱合适，一般搭配套餐购买成功率会很高。

- 化妆品类：因为女性买家对皮肤相对比较敏感，而成套的化妆品效果也会比较好，所以多种化妆品搭配着卖，效果也不错。像商场的专柜，卖单只的都比较少，都是整套卖的。化妆品的搭配一般都是按不同功能来搭配的，比如水+乳液+面霜，美白面膜+保湿面膜等。

- 零食类：零食的单件客单价比较低，加上运费会比较不划算，所以买家买零食的时候，倾向于买很多(包邮的不算)，各种不同的零食搭配起来，效果也会不错。

7.8.3 使用【钻石展位】

【钻石展位】是淘宝网面向全网精准流量实时竞价的展示广告平台，以精准定向为核心，凭借淘宝海量的用户数据和多维度定向功能，为客户提供广告位购买、精准定向、创意策略、效果监测、数据分析等一站式全网广告投放解决方案，帮助客户实现更高效、更精准的全网数字营销。

1 开通【钻石展位】

要使用钻石展位功能，可先登录淘宝网，进入卖家中心。然后单击【营销中心】类目下的【我要推广】链接。

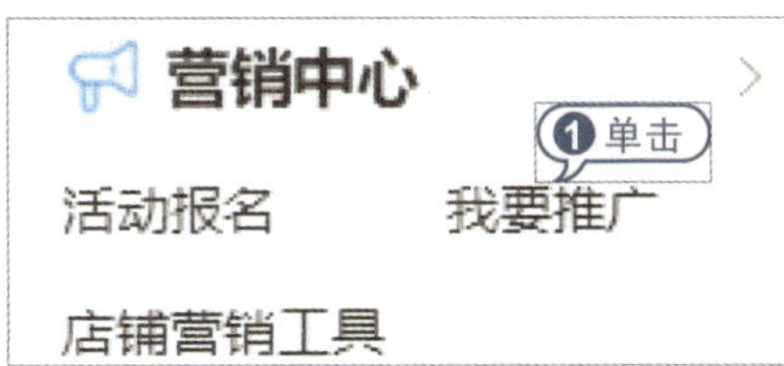

在打开的页面中单击【钻石展位】图标。

登录自己的淘宝账号，如果达到资质，就可以答题然后进入钻石展位推广。

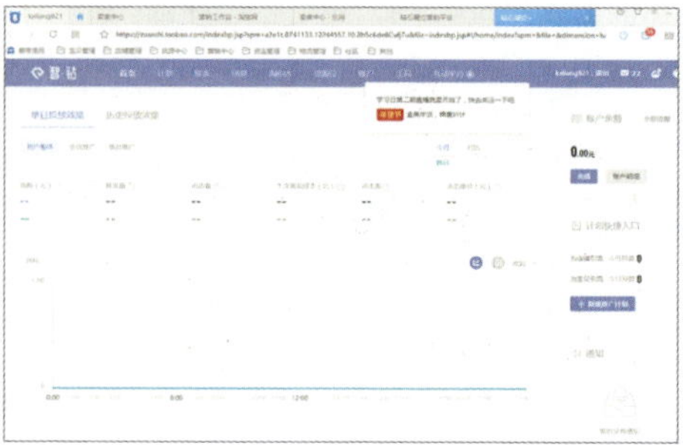

2 【钻石展位】的位置

钻石展位的展示位置主要有以下几个：

- 淘宝首页底部通栏广告，以通栏形式展示，如下图所示。

- 淘宝首页第二屏的右侧大图，以方形区域展示，如下图所示。

- 二级频道首页，以大图形式展示，如下图所示。

- 淘宝美妆频道页面，右侧大图，如下图所示。

3 【钻石展位】推广技巧

许多卖家认为钻石展位是大卖家的天下，其实不然，只要做好推广，钻石展位对于任何级别的卖家都会有明显效果。

钻石展位不仅适合发布宝贝信息，更适合发布店铺促销活动，推广自己的店铺品牌。

推广商品：如果主推是商品，一定要把商品做到最好，因为钻石展位是按流量付费的。商品有绝对的优势和吸引力，才能吸引买家点击和购买。如果仅有点击率而没有成交量，那无疑是失败的。

推广店铺：成功的钻石展位推广一定能引爆店铺的销量，因此店铺装修一定要跟上节奏。装修精美的店铺更能让买家看到卖家的诚意，从而产生购买欲。

推广促销活动：促销活动最能抓住买家的眼球，尤其是一些优惠力度很大的活动，做钻石展位也可以带来巨大流量。

钻石展位的图片很重要，图片一定要吸引眼球，如果你的图片不能吸引买家点击，那么即使你的展示机会再多也没有用，这样只会浪费更多的钱财。

那么怎么才能准备好图片素材呢，用户可参考以下几点：

- 在图片中展示店铺的品牌或名称。
- 人物易用表情比较夸张的漂亮图片。
- 突出主题和重点。
- 使用清晰度高、效果好的商品图片。

4 【钻石展位】竞价技巧

流量是一切点击、成交的基础，而竞价则是以合适的价格拿到足够的流量。使用“钻石展位”服务时，做竞价要掌握以下技巧。

- 参考每个展位当前的竞价情况，看看别的卖家都以什么价格占到了什么流量比，然后考虑自己的出价。
- 不要出得太高，也不要出得太低，要保证在能竞价的基础上，花最少的钱，获取最多的流量。
- 当看到一个卖家占的流量比较多时，比如超过了20%，那么最好出价比他略高。
- 出价排名和所占流量比是一直都变化的，用户应在每天下午临近3点时，关注变化趋势。

7.8.4 积极参加网内活动

淘宝网上有各种促销活动，这些活动会在不同的页面进行推广。淘宝网首页和各个频道的绝大部分图片广告，都是一些特定主题的促销活动。

如果能成功参加某个促销活动，那么你店铺的浏览量将会在短时间内得到很大的提升。

参加活动的步骤如下：首先进入卖家中心。单击【营销中心】类目下的【我要推广】链接。

在【常用入口】栏里选择相应活动，比如单击【天天特价】图标。

打开【天天特价】页面，单击【我要报名】按钮参加该活动的报名申请。用户可根据自己店铺的主营类目来选择并报名参加相应的活动。

报名后，淘宝工作人员会对报名的用户进行资格审核。审核通过后会通过旺旺和短信的方式通知用户。

7.8.5 小成本广告投放

在现实生活中推广自己店铺的方法已经很成熟，多年的传统实体经营，出现了许多好的广告推广模式。你只要做一个有心人，动脑筋把这些传统推广模式，利用到你的网店中来就可以了。

1 印制名片和宣传单

许多卖家可能觉得名片和宣传单太过时了，其实如果你利用得好，它们一样可以成为你成功的撒手锏。

那么怎样印制名片和宣传单来达到推广店铺的目的呢？

- 印制名片宣传单的风格要和自己所经营商品的风格一致，上面要印上店铺标志、店名、网址、联系方式和宝贝说明等信息。

- 交易成功后，通过物流寄宝贝给买家时，顺便寄上多张名片和宣传单，让买家留着或送给朋友，这样就把广告发出去了，以后有人需要可以方便地联系上你。
- 另外，还可以向一些熟人、朋友和亲戚派发名片。
- 在买家最集中的地方派发宣传单等。例如化妆品网店的卖家可在酒吧、KTV和影楼附近发宣传单。

2 印制便签或制作圆珠笔

卖家在寄商品给买家的时候，除了顺便寄上名片和宣传单以外，还可以寄一些小礼物，如带有店铺名字、网址的便签和圆珠笔。这会给买家带来一点小惊喜，从而使他们对你的店铺产生好感。其实这些小文具很实用，每一个买家都能经常使用。最重要的是它们具有很强的宣传作用，因为上面印着你的店铺名字和网址。

7.9 进阶实战

本章的进阶实战部分为使用QQ推广综合实例操作，用户通过练习从而巩固本章所学知识。

直接在淘宝网上宣传，对提高店铺人气肯定有较好的效果，但是想要把生意做好还需要扩展宣传范围，应善于利用QQ、UC等及时通信工具推广店铺。下面以QQ为例来介绍推广方法。

【例7-3】设置QQ 个人签名和空间签名推广店铺。视频

01 打开QQ软件，在登录界面输入账号和密码。

02 在QQ的主界面中单击自己的QQ头像。

03 打开个人资料界面，单击【编辑资料】链接。

04 打开【编辑资料】对话框，在【个性签名】文本框中输入要推广的内容，然后单击【保存】按钮。

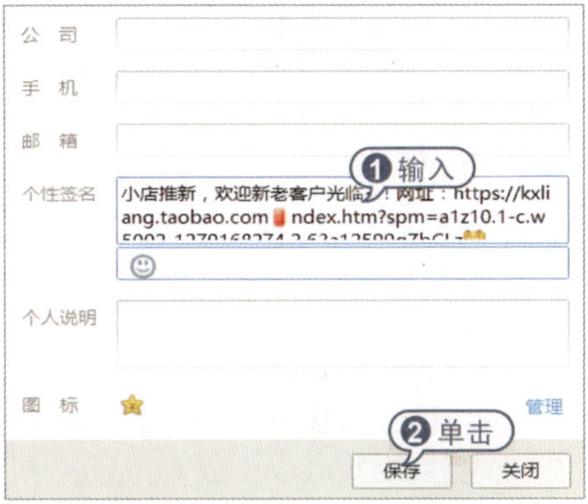

05 此时返回QQ主界面，将鼠标放置在头像或好友列表中的位置，即可显示签名。

06 在QQ的主界面中单击【QQ空间】按钮☆。

07 进入自己的QQ空间，然后单击右上角的【设置】按钮，在打开的下拉菜单中选择【空间设置】选项。

08 进入空间设置页面，单击左侧的【空间资料】选项，然后在【签名档】文本框中输入自己店铺的宣传文本，单击【保存】按钮，完成设置。本例使用了签名档的文本超链接功能，格式是：[url=你的店铺网址] 宣传语[/url]。

7.10 疑点解答

问：如何参加“聚划算”活动？

答：【聚划算】是淘宝网全力打造的新概念团购平台，以“体验式团购”为核心理念，除了为广大淘宝买家提供最新的团购资讯外，也给卖家提供了很好的宝贝曝光机会，提高了商品的销售量，增加了店铺的人气。要参加【聚划算】活动，可登录淘宝网，进入卖家中心，在左侧的【营销中心】分类下单击【我要推广】选项，在打开的页面中单击【常用中心】栏里的【聚划算】图标，即可进入【聚划算】页面，然后用户按照活动规则报名参加活动即可。

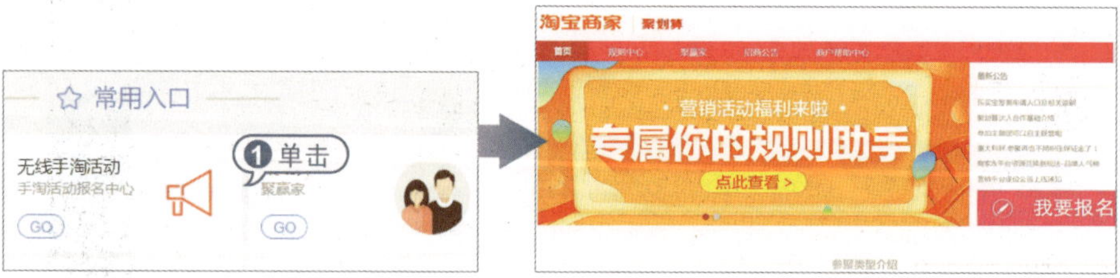

第8章

沟通买家促成交易

在淘宝网所做的一切努力都是为了促成交易的成交，作为卖家，要重视店铺中的每一笔交易，以热情的态度为买家服务。巧妙的沟通和热情礼貌的问候不仅能够促成交易的成功，还有可能增加顾客的回头率，甚至发展潜在顾客。

对应光盘视频

例8-1 设置旺旺自动回复
例8-2 设置旺旺分组
例8-3 设置旺旺签名

8.1 如何促使交易成功

让每一个来到你店铺里的客户最终买单，这才是关键。如今的淘宝网店竞争非常激烈，作为卖家，一定要懂得成交的步骤和技巧，从而在和买家博弈的过程中掌握主动，并且取得优势，获得完美成交。

8.1.1 塑造专业店铺形象

在淘宝网，顾客为什么会买卖家的产品，主要的原因是对店铺形象信任，所有竞争到最后都是人际关系的竞争。同样的产品，同样的价位，但是不一样的店铺，如果有两个可以选择的话，哪家店铺给顾客的服务体验更好，顾客很可能就选择了哪家店铺。

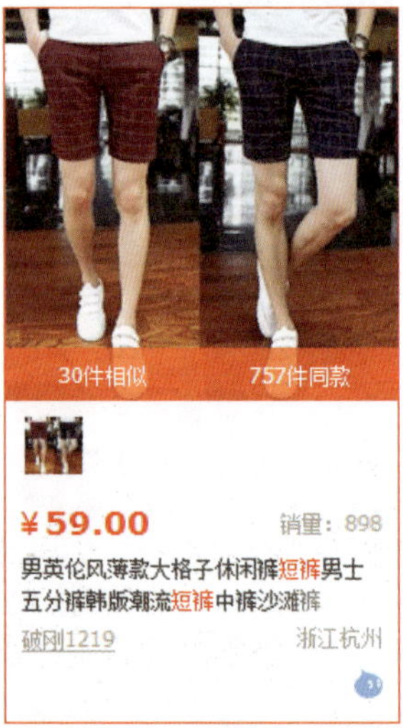

有时候卖家会发现，卖家对待顾客的服务态度很好，销售技巧也使用得很好，对于产品介绍也很到位，但最后买家就是下不定决心购买，这说明可能卖家的信赖感还没有建立起来。当然有部分顾客是属于理性顾客，需要通过其他的手段来促成成交。但是绝大部分来到店铺中已经有意向购买商品的顾客，对价格、品质等方面已经都能接受了，只要卖家的销售技巧足够高，让顾客对卖家产生信任感，那么成交概率就非常大。

要塑造专业的店铺形象，除了对店铺进行整体装修，包括从店标、签名档、店铺公告栏到模板、分类栏都进行整体的定位和塑造，让买家一进店铺就有一个良好的第一印象外，最主要的还是优质的服务和良好的业务素质。

店铺给别人的第一印象很好，这是成功的第一步。可是，卖家的真正目的是要盈利，要挣钱，这是关键。买家进店后，看了一圈，对某个商品或者几个商品感兴趣，开始用阿里旺旺沟通交流，询问一系列相关的问题，颜色、尺寸、品质等，最后还可能提一些问题。卖家一定要耐心、热情地予以回答。不但要很迅速地对买家的意图和需求做出判断，还应该对自己商品及外延知识有个全面的掌握，适时给买家建议。

最忌讳的是一味地推销，在交流过程中不要说一些推销色彩非常浓的话，应保持热情、友好，不卑不亢。强行推销只会让买家反感。

8.1.2 建立客户信赖感

与顾客建立信赖感不是随心所欲就可

以建立来的，最简单的方法就是把顾客当成领导，要善于倾听、投其所好、懂得赞美等。

1 善于倾听

首先，善于倾听是最基本的要点。倾听不光是接受顾客的言语信息，更重要的是要能通过这些言语信息对顾客的思维活动达到认知和理解。在沟通过程中，善于倾听，能让对方感觉到自己受到尊敬，这样做对于建立信赖感是非常有利的。要做到善于倾听应注意以下要点：

- 不要自认为对方想表达的意思就是你想象的那样，不要试图理解对方还没有说出来的意思。
- 注重一些细节。要注意从买家那获得的反馈，并及时确认自己是否理解正确。一旦确定你对他已足够了解，那么就可以给对方积极实际的建议和帮助。
- 切忌勿以自我为中心，不要总是谈论自己的产品。要顺着对方，当他满足了自己被尊重的需要以后，自然就会很乐意和你交易，还免去了你多余的口舌。
- 要抓住要点、重点不要轻易被其他的小问题所吸引。
- 不能对谈话内容漠不关心。这都是了解客户的途径。越了解客户交易就越能成交。
- 不要急于在对方没有说完之前发表观点，也不要提前在心里做一个主观判断，耐心听完对方的话再行动。
- 不论顾客多么不可理喻，或多可笑(当然排除一些无理取闹的顾客)，也不能嘲笑对方。要支持对方的观点，把对方看成朋友，这样才能拉近彼此间的距离。
- 与顾客沟通时不要太容易激动，匆忙就给对方下结论。
- 不要与买家争执事情的对错，买家的观点在卖家心里永远是对的。

2 投其所好

每个人都会特别喜欢和自己有相同兴趣的人一起交谈，当与顾客建立起相同爱好时，他就会觉得你和他是一类人，从而对你产生信赖感。

在沟通过程中，你要投其所好。比如，对方开场说“你好”，你可以说“你也好啊”。这样对方感觉会很亲切。对方用语比较粗俗，你就没必要打出很高雅的字出来。如果对方回复很快，你也得相应地提高你的回复速度。

另外，要注意对方的口头语，或者一些习惯用语，然后自己也用上。对方看到这些词语会感到莫名的开心，因为都是自己平时非常熟悉的喜欢的词语。但是不能做得太明显，太明显别人就会感觉你在刻意地模仿他，会引起反感。

3 赞美买家

要获得对方的信赖，卖家还要会赞美。赞美要发自内心，越真诚越好。

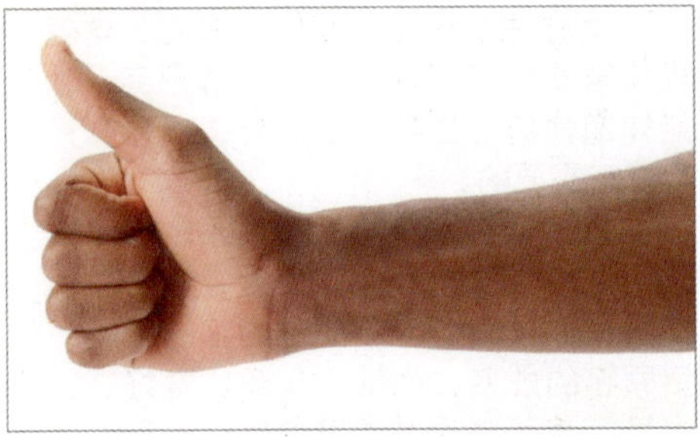

每一个人都喜欢别人肯定自己，每一个人都喜欢听到好话。当卖家赞美他的行为的时候，他就会重复不断地加强这个行为，当你批评某一个行为，他就会停止那个行为。

所以，卖家要加强顾客要购买的这个动作就要赞美他。而且卖家赞美客户，能增进双方的关系，促进和谐。试问，一个人肯定不会对赞美自己，说自己好话的人生气吧？当然卖家也要不断认同自己的顾客。

4 了解商品

要对商品知识有一个系统的了解，避免出现无法回复顾客问题的现象，如果碰到没有什么耐心的顾客，可能就失去了一笔交易。

如果卖家不能在最短的时间内给别人最好、最专业的服务，那别人是不会选择这样的卖家的。比如说，买家要买店里一款球鞋，问卖家是什么材质的，卖家回答的含糊不清，是革皮还是真皮，对方肯定会产生疑虑，也就是失去了对卖家的信任感，又如何要求对方会购买相应的商品呢？

5 第三方见证

第三方见证是非常重要的，有效的客户见证可以帮助卖家快速提高客户的信赖度。因为他是用第三者来替卖家发言，而不是卖家自说自话。卖家自己讲产品有多好，多少有点王婆卖瓜自卖自夸之嫌，还不如让顾客来替自己讲话。

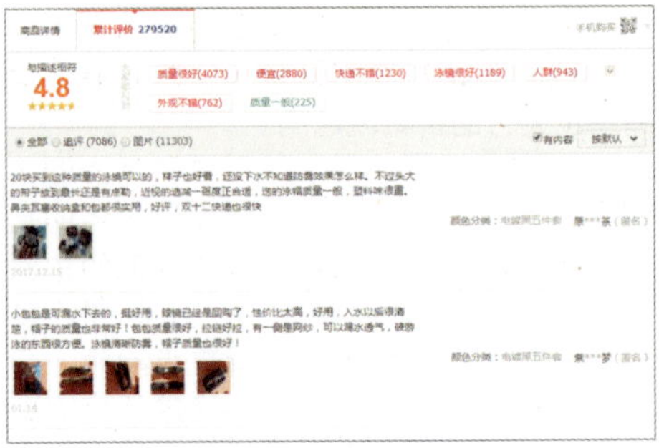

8.1.3 了解客户的潜在需求

顾客会购买产品，是顾客有问题需要解决，这问题是需求的前身。比如前来购买一件首饰，也许是她自己用，也可能是送给别人的礼物，如果是送给别人的礼物，可以深入挖掘，是送朋友、同学还是父母，送礼物的目的是什么等，了解了这些卖家才能有的放矢。

在销售过程中，卖家更多的是销售某一个问题的解决方案，是在帮顾客解决问题。找出顾客的问题，然后去扩大这个问题，让顾客想到这个问题的严重性后，他就会产生需求，于是卖家去激发和提升他的渴望，让他知道有多么需要马上解决的问题。

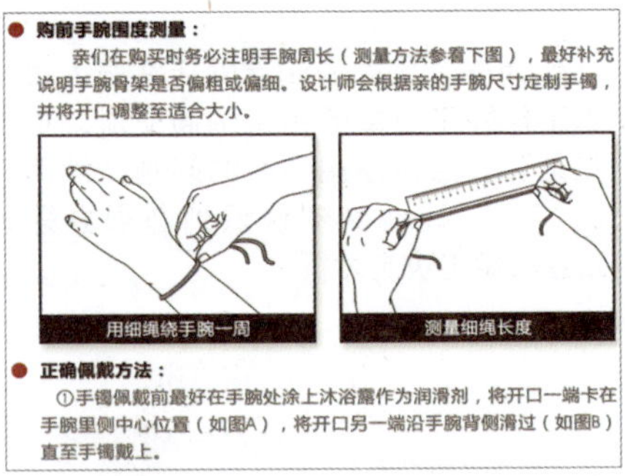

找到顾客的问题才能刺激他的需求，例如：顾客为什么要来店里买“毒清霜”呢？因为他脸上容易长痘痘。顾客为什么要买充值卡呢？因为他想及时充值。所以他现在的所有的需求都是因为他本身有问题想要解决。其次问题越大需求越高，顾客愿意支付的价格就越高。

以购买“毒清霜”的那位顾客为例，客户脸上长的痘痘越严重，那说明他的需求也越大，可能他还要配套的其他的护肤产品，他会为更多更贵的产品掏钱。最后，一般情况下，人们不解决小问题，只解决大问题。读者有没有体验过牙疼呢？一开始疼的时候是不会管的，疼到后面实在忍不住了打算去外面买点药，但是疼痛突然又停了，所以你不会去管了。过两天你牙疼又来了，这下你又开始忍，最后忍到靠药物都治不了了，只有去医院拔掉。所以，当对方来到卖家的店铺，可能并不一定会马上买，因为他必须等到迫不得已才会去买。

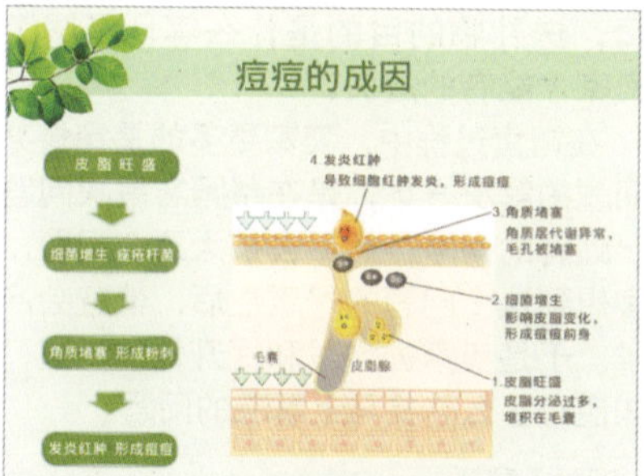

作为一个优秀的淘宝网店客服人员，你的工作除了简单的销售沟通交流，更主要就是要会懂得挖掘顾客的问题，然后把问题扩大，让他深刻认识到必须立即改变，立即做出决定才行。

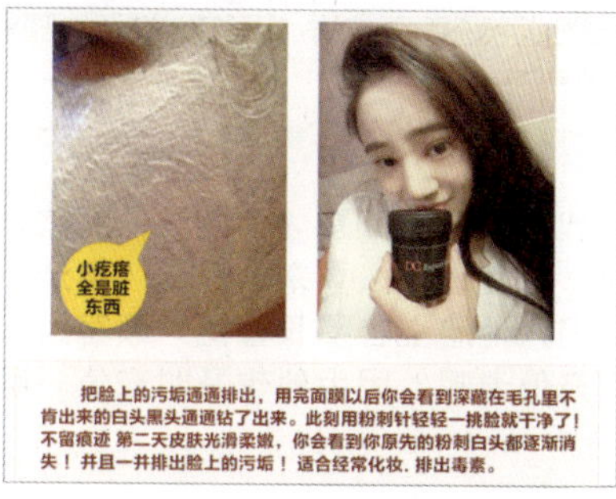

怎样才能挖掘顾客的问题呢？这就要求卖家非常了解顾客。越了解顾客，就越能知道他们心里到底在想什么，什么是他们真正需要的。

排名世界第一的人际关系专家哈维麦凯，他的公司有一个著名的《麦凯66顾客档案》，里面有很多关于顾客的问题，包括顾客的姓名、地址、年龄、喜好、家庭人员，甚至喜欢去哪里度假，儿子在哪里上学。公司每个员工都要把顾客的资料填满。他的员工对客户的了解，甚至比他们的父母还清楚。当然，我们在淘宝不可能在事前做到这个样子，所以当卖家和顾客沟通的时候，卖家就要通过问问题来挖掘他们的需求和问题。对方到底是个什么样的人，他对什么东西很重视，他想要购买这个产品是出于什么目的等。

8.1.4 塑造商品价值

有时候，顾客会觉得卖家的产品太贵，是因为卖家没有把产品的价值塑造出来。有些顾客可能在购买产品之前已经对它有所了解但是还不太深，有些可能只是看到这个产品有这个功能，才进到宝贝详细页面查看具体内容或者和你交流。所以卖家向顾客介绍产品的这个过程其实就是塑造产品价值的过程。如果卖家让客户了解到这个产品的价值非常大，并且价值远远大于价格的时候，他们就会迫不及待地掏钱购买了。

作为一名优秀的客服人员，不是要让自己了解商品的价值，而是要让顾客了解该商品确实物有所值，甚至物超所值。举个简单的例子，比如卖家经营的是一家手机销售网店，某顾客同时看中了店内的一款国产品牌和欧美品牌的手机，而国产手机要比欧美手机价格上要稍贵，此刻顾客心理上会有不平衡的感觉，这时卖家就要学会塑造商品的价值，比如说该款国产手机是最新产品，技术等都已经非常成熟了，还有是售后的维修费用要比欧美品牌便宜许多，并且零部件不需要预订等。

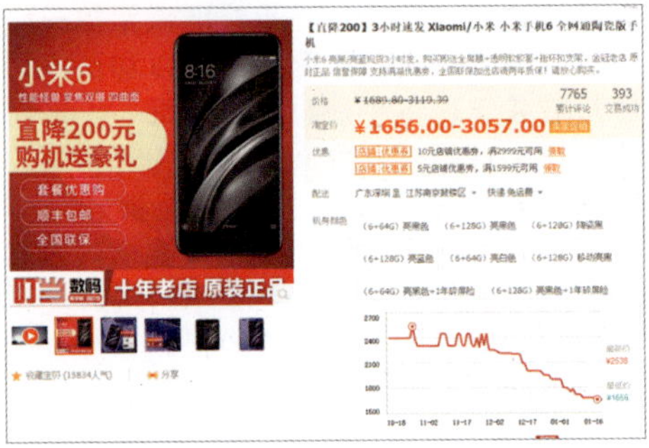

8.1.5 解除顾客的疑虑

顾客在购买商品的时候，如果迟迟拿不定主意，一定有某些不买的原因，比如卖家对产品的讲解不到位，他要的功能卖家的产品无法实现，品质不好，或者有价格的原因。此时，卖家应该旁敲侧击，去了解顾客有哪些疑虑，把它全部列出来。

不同的客户，他们可能对购买疑虑的表现也会不同。卖家经常会遇到顾客的拒绝，原因多种多样，形式也各有不同，这里需要了解并且区别对待，把对方的疑虑当作自己的有利条件，往往许多事情只要换个方法去阐述，反而能事半功倍。例如，买家到店里买一件产品，卖家说缺货，那买家肯定是说：“那我只好去别家看了。”这个时候可以把这个不利的条件变成有利的条件。卖家可以说：“这个货是我们这边最抢手的，新到的货一到就被抢光，每次货一到，肯定就不够，您如果喜欢的话可以先预订，否则等货来了您再买，还是被先订的人拿走了，现在我们的新货还有两三天到货，到时候就可以发货了。”这样，本来对卖家非常不利的条件马上就变成有利的优势了。要从正反两面对待事情，任何不利的缺点都可能转化成对卖家有利的优点。

以下是在买卖过程中常碰到的顾客疑虑，这里归纳了一些解决方法。

1 判断顾客言辞中的真假

许多顾客其实在听到客服人员的耐心介绍后，不好意思拒绝别人，经常有的就找借口，如“我再考虑一下吧”“我要和某某人商量一下”“过两天再来买吧”等。此时卖家就需要套出顾客放弃购买的真相。例如，对方说这个产品太贵，他的预算不足。卖家可以说：“我这里还有另外一个更好的，是我店里卖得最好的，但是只贵一点点，性价比非常高，你要看看么？”如果对方说可以，那么就说明价钱并不是他真正的放弃原因；反之则可以判断对方确实是因为价钱原因，可以适当地降低售价或提供其他优惠措施来挽留顾客。

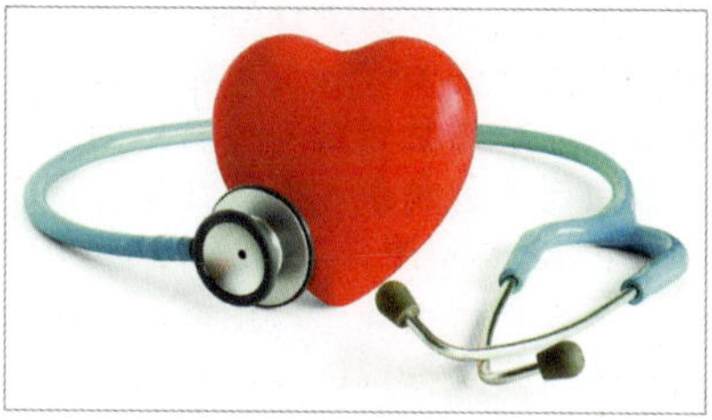

2 寻找顾客真正的疑虑

如果买家和卖家谈到商品材料问题，卖家可以尝试性地询问对方："请问这是您对这个产品唯一的问题吗？"如果答案是否定的，那么这个就不是真正的购买疑虑。还有别的，那就找其他的。

3 以合理方式回答顾客疑问

比方说，买家觉得卖家的商品很贵，卖家可以回答："其实是这样的，我们店铺多年前面临一个抉择，我们可以用更低的成本制造这个产品，让它卖给你的时候是最便宜的。我们也可以额外投资研发成本，让它的功效达到最好的程度。顾客只是暂时在乎价格，但当顾客买回去以后，他在乎的就是质量了，这位先生，我们公司最后决定，宁可让你买的东西比便宜货贵一点点，也不要让你去买次级品。您应该为您的选择感到高兴不是吗？"

解除顾客的疑虑，总的原则是要将顾客的疑虑转为问自己的问题。例如，顾客说："太贵了。"可转为："为什么你的产品值这么多钱？"；"我要回家商量一下"可转为"我为什么要现在下决定"。先忽略抗拒，再提问题，转移顾客的注意力，如果抗拒提出两次则是顾客真正关心的问题，需要详加解释。

总之要记住一个要点：客户不买的原因就是他要买的理由。

8.1.6 推动商品成功交易

最后当卖家解决完顾客的所有购买疑虑后，一般这个情况下就不要再问对方是否购买，当然也不能干等在那里，直接叫对方把产品拍下来就可以了。当客户还在犹豫的时候，卖家正在这个时候给他一个推动，他就会行动了。卖家可以和买家说"现在拍下，下午还可以发货哦"。或者说"因为此货就几件了，今天拍还有货，明天说不定就没有了"。甚至卖家可以直接给对方一个动作的要求，要求对方拍下，这个时候客户一般会采取行动。如果对方还有问题，他就不会自己闷在肚子里想，也会马上提出来，通过这样的方式，把他隐藏的问题也逼出来。解决好了以后，再叫对方下单。

一般客户都比较懒，卖家要在最后把对方需要的产品链接一起发给他，这样他就不用自己再找了，别让他们找啊找，找到别人店里去了，那就麻烦了。

如果卖家给了对方优惠，卖家还要提醒对方，拍下以后先别付款，等卖家改好价格，再通知对方。这样对方会觉得很贴心，而且更容易产生行动。

8.2 交流中的"三不"与"两保持"

在与买家的交流过程中要谨记"三不"和"两保持"原则，"三不"指的是语气不生硬、不赶客、不拉黑。"两保持"指的是保持话题的延续性和保持销售的关联性。

8.2.1 “三不”原则

在与买家交流的过程中首先要保持“三不”原则，即语气不生硬、不赶客和不拉黑。

1 语气不生硬

语气不生硬是指在与买家交谈时的语气中不应缺乏交流的态度，让买家产生隔阂、厌恶和不舒服甚至是烦躁的感觉。要做到语气不生硬，应避免以下说话方式。

- 宝贝介绍里有，请你自己去看。
- 快递不是我开的，保证不了速度。
- 都说了今天不能发货。
- 不买怎么知道好不好用。
- 我在吃饭，等会儿……。
- 反复使用简单被动的语气词：嗯、是、对……

2 不赶客

不赶客是指不能用直接或间接的语气告诉顾客不要继续在自己店里购物。常见的赶客语气有“谁家便宜，你上谁家买去”“我不卖给你了”“你去别家看看吧”或者找借口不卖了，或者是长时间的沉默和不回复。

3 不拉黑

不拉黑是指不要将买家拉入黑名单。拉入黑名单后，该买家就无法使用旺旺继续和卖家进行对话了。

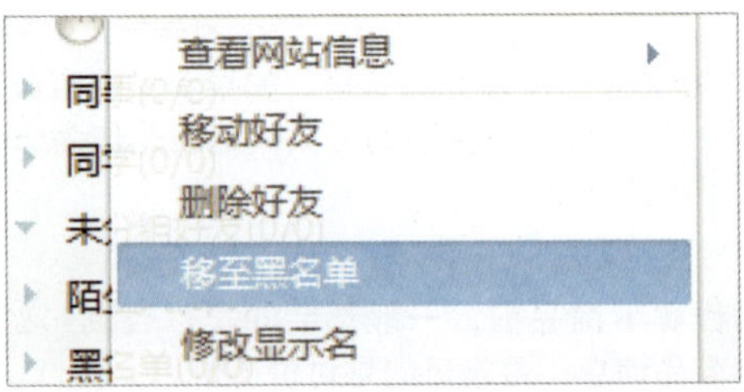

在开店初期，卖家都会耐心解释买家的咨询，语气生硬、赶客、拉黑等问题很少出现，但是随着交易的增多，问题也会随之增多，卖家的耐心可能会慢慢消失，并逐渐出现生硬回复的现象。

生硬的语气容易引发冲突，继而出现赶客和拉黑的行为，这样一方面会造成顾客的流失，另一方面，即使强迫成交，也可能收到买家的差评，实在是得不偿失。

因此网店卖家在销售的过程中要长期保持耐心、克制冲动，做到语气不生硬、不赶客、不拉黑，这是减少买家流失并避免恶劣后果的重要因素。

8.2.2 保持话题的延续性

保持话题的延续性，不在交流中出现冷场局面是提高交易成功率的有效手段。

下面通过实例来展示使用延续性交流的方法产生的不同结果。

示例1：

买家：你家有野生山核桃吗？

卖家：有的。

买家沉思中……

示例2：

买家：你家有野生山核桃吗？

卖家：有的，亲，您喜欢吃野生山核桃吗？

买家：呵呵，喜欢吃。

卖家：我家的野生山核桃质量很好、颗颗清脆，请问您要一斤还是两斤？

买家：那我先来一斤尝尝吧。

示例3：

买家：你家有野生山核桃吗？

卖家：有的，亲，请问您要一斤还是两斤？

买家：我再看看吧。

卖家：这批山核桃颗粒饱满，质量很好，卖得很快呢，要是过几天也许就会断货的哦！

买家：是吗？卖得这么快啊，你家生意蛮好的嘛！

卖家：谢谢亲的夸奖哦，来我们店的大部分都是回头客，他们都很喜欢我家的山核桃，您先来一斤尝尝吧！

买家：好的，那就先来一斤吧。

进阶技巧

当买家出现沉默、犹豫，就表示买家可能要离开而中止交易了，保持话题的延续性，在交谈中讲述宝贝的优势，消除买家可能存在的疑虑，可以提高成交的概率。

8.2.3 保持销售的关联性

销售的关联性是指在成交以后通过和买家的进一步交流，寻求继续成交的可能性，从而扩大成交量。

下面通过实例来展示使用销售关联性的方法产生的不同结果。

示例1：

买家：这件连衣裙有货吗？

卖家：有的，亲，这件连衣裙质地很好，穿在身上不但舒服而且很显气质。

买家：好的，我付款了。

付款后……

买家：我付款了，记得发货哦！

卖家：好的，亲，再见！

示例2：

买家：这件连衣裙有货吗？

卖家：有的，亲，这件连衣裙质地很好，穿在身上不但舒服而且很显气质。

买家：好的，我付款了。

付款后……

买家：我付款了，记得发货哦！

卖家：好的，亲，你真是有眼光哦，亲一定是个会打扮的女孩子吧！

买家：呵呵，还好吧！

卖家：我们店里新进了一批漂亮的腰带，如果配上这件连衣裙，就更显气质了！您可以去看看。

买家：噢，是吗？

卖家：亲这么有眼光，真人面前我就不献丑啦，我相信您一定会喜欢的，这是宝贝链接……

买家：呵呵，好的，我去挑一条吧！

卖家：好的！

进阶技巧

成交后切勿催促买家确认和评价，买家收到商品后，有一个使用、体验和鉴定的过程，或者买家因各种原因未能及时上网，造成确认和评价的延迟，均属正常现象，过度催促会引起买家反感。

8.3 网店客服的必备能力

淘宝网是人气最旺的电子商城，每天有9000多万买家光顾这里。如果卖家的宝贝被买家看中，就需要卖家想办法把买家留住，说服他拍下自己的宝贝。这就是作为一个优秀的客服所要具备的基本能力。

8.3.1 熟悉买家的询价方式

买家看中卖家店铺中的宝贝后，在掏钱买下商品前，一般都会向卖家咨询一些商品信息，最常见的是讨价还价。

在网店进行讨价还价不可能是面对面的，必须要通过互联网连接买卖双方进行。买家可以通过以下4种方法和卖家联系：

- 给卖家发送站内信件联系。
- 在宝贝页面上给卖家留言。
- 在店铺页面上给卖家留言。
- 使用淘宝旺旺直接与卖家联系。

淘宝买家向卖家发出询问信息后，卖家必须要及时答复，否则就像在实体店，顾客询问店中的商品信息，而售货员却不搭理顾客一样。出现这种情况，即使宝贝再好，也卖不出去。

8.3.2 交流的注意事项

“顾客是上帝”，这是一条被众多经营者所奉行的商业法则。网上开店是电子商务发展下萌生的新兴行业，但也要依据这一法则。在经营初期，店铺访问量不是很大，买家数量较小，商品成交率低，新手卖家要尽量留住每一个上门的买家，与买家有良好的交流和互动，以争取交易成功。在与买家的交流中需要做好以下几个方面。

1 认真回答顾客的问题

通常买家在进行网上购物时都会选择一些信用等级较高的店铺。对于处于起步阶段的网店来说，可能得不到买家的信任，要面对的问题也特别多，甚至会遇到一些刁钻的买家。有的卖家会因此而打退堂鼓，放弃与买家的交流，这样就会白白流失一个客户。其实，只要卖家有耐心，设身处地为买家想一想，相信很多问题都能迎刃而解。

2 切忌单刀直入地推销商品

面对上门的买家，最好不要一开始就过分直接地向其进行商品推荐，给买家留下不好的印象。卖家可以从了解买家的需要入手，找一些买家感兴趣的话题进行交谈，制造轻松的气氛，再切入正题。

3 仔细倾听顾客提出的问题

如果在交易过程中因为某些问题不能使得买家满意而引起纠纷，这时卖家千万不要因为一时气愤或难以忍受而以过激的言语进行还击。卖家要以理服人，耐心倾听买家不满，并给出合理的解释，尽量及时地满足买家的要求，让买家感觉到自己是被尊重和重视的，以“尊重”去赢得尊重，让买家交易得心服口服。

8.3.3 买家还价的应对方法

在交易过程中，当买家提出还价时，卖家要在心中制定一个还价的尺度，既不能一步不肯退让，也不能轻易松口，如利润空间太小实在不能进行还价，也要与买家耐心说明缘由。毕竟，留住一个顾客不容易，而失去一个顾客却很容易。

因此，如何应对买家还价也是卖家在交易中必须掌握的技巧。

1 留出谈价的空间

除非宝贝的优势非常明显，否则无论是宝贝定价还是跟买家的讨价还价，都不要在一开始就抛出最低价格，要学会给自己留有一定的空间。

对于喜欢讨价还价的买家，很多掌柜嫌麻烦会直接给出最低价，但这种做法的成交率往往很低。

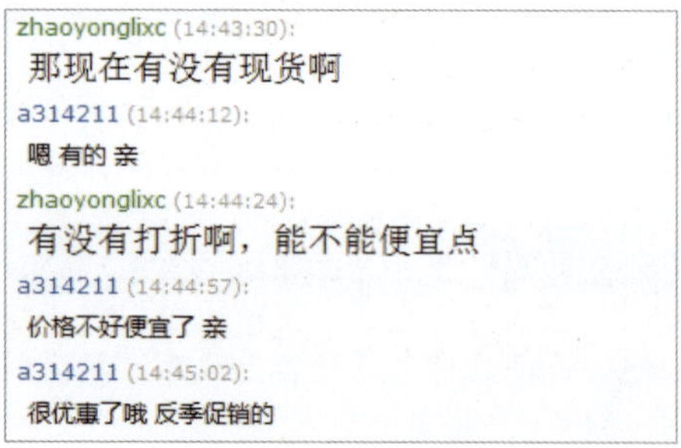

因为很多买家一般不会相信卖家在一开始就给出最低价，此后的价格拉锯战将会异常艰难，而成交的价格也往往低于原先的最低价。

2 证明价格的合理性

大部分买家都会认为商品的价格比想象中要高得多。此时卖家应该及时从宝贝的质量、功能以及售后服务等方面进行强调，证明宝贝的定价相对合理。

3 每次只降价一点点

在交易过程中难免会遇到一些砍价水平很高的买家，似乎降多少都不会让他们满意。遇到这种情况，卖家应该多花点时间，每次只降一点点，让买家觉得自己是受到重视的，同时也要表明利润有限，给买家的价格是很优惠的，最重要就是有耐心，不能心浮气躁，甚至赶客。

4 避免与买家斤斤计较

当价格达到一定的底线出现僵持状态的时候，卖家如果主动做出小小的让步，减免部分邮费或者送上一份赠品，让买家感受到卖家的诚意，往往就可以促成交易。

时刻不要忘记开店的目的是卖出产品达成交易，讨价还价的过程其实是买卖双方互相让步的过程。

8.3.4 回复阿里旺旺消息

阿里旺旺是买家和卖家沟通时最常用的工具。当买家看到中意的商品后，直接单击这个商品旁边的阿里旺旺头像 和我联系，就打开了与卖家交流的窗口。如果卖家也恰好在线，买家的咨询信息一发送，卖家马上就可以知道有买家上门了，这时卖家可以立即提供服务，促成这笔生意成交。如果卖家此时不在线，买家也可以与卖家离线咨询商品信息。只要上线后，马上就可以看到买家的商品咨询信息了。

启动并登录阿里旺旺。当买家向卖家发送商品咨询信息后，会在任务栏自动弹出闪烁的消息提示，提醒卖家已有买家找自己了解宝贝情况了。

单击任务栏中闪烁的图标，弹出对话框窗口，这个窗口上方是买家的提问，下面是卖家要输入的答复。在阿里旺旺的聊天窗口中，完成输入答复文字后，单击旁边的【发送】按钮，对方买家计算机中就会立即出现同样的对话框，上方是卖家的答复，下方窗口可以是买家的继续提问。

8.3.5 回复买家的站内信

除了阿里旺旺外，新买家和卖家沟通比较常用的方式还有向卖家发送站内信。

淘宝网所有商品，都提供了站内信件的沟通桥梁。买家只要通过相关途径搜索到中意的宝贝，不需要其他技术，直接发送站内信件，就完成了对商品咨询的工作，非常方便。卖家看到这些信件，应该立刻回复。作为一个合格的客服人员，一定要及时热情地回复每一位买家的站内信。

回复买家站内信件的方法很简单，进入卖家中心，单击左上角的【站内信】链接。

打开站内信页面，默认界面中显示了卖家收到的全部信件，单击未读信件的标题，打开信件内容。

此时，显示的是信件的摘要，继续单击【阅读全部】链接。

打开信件的详情页面并阅读信件内容。单击【回复该信件】按钮，打开回复站内信页面。

确认收件人等信息后，输入回复内容和校验码，然后单击【发表】按钮即可。

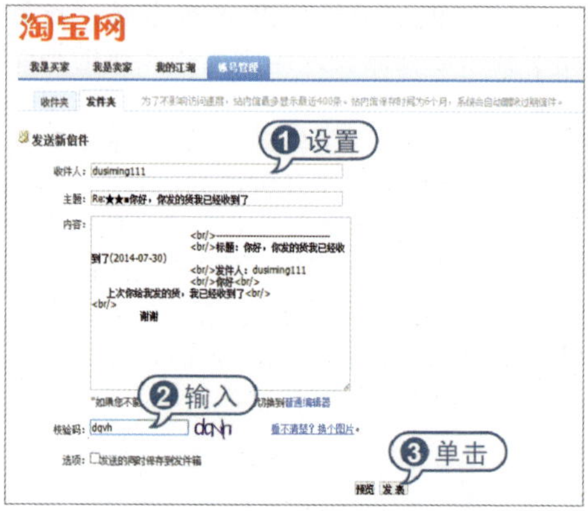

进阶技巧

站内信件是新买家常用的一种咨询商品的方式，卖家和客服人员应该养成习惯，每次进入淘宝，就关注一下【站内信】按钮旁边的数字显示。一旦发现有新信件进入，就要立刻用上面的办法，回复买家的问题。

8.4 不同买家的对应策略

对买家进行分类，可以做到心中有数，应对有方，就是所谓的知己知彼，百战不殆。一般来说，买家主要分为新手买家、老买家和即时买家等。

8.4.1 接待新手买家

卖家可通过阿里旺旺来识别新手买家。一般来说，新手买家注册的时间比较短，并且信用度不高，多数还没有上传头像，这些信息都可以在阿里旺旺聊天窗口的右侧看到。

在聊天窗口中单击买家昵称，打开买家资料窗口，也可查看买家的信誉度。

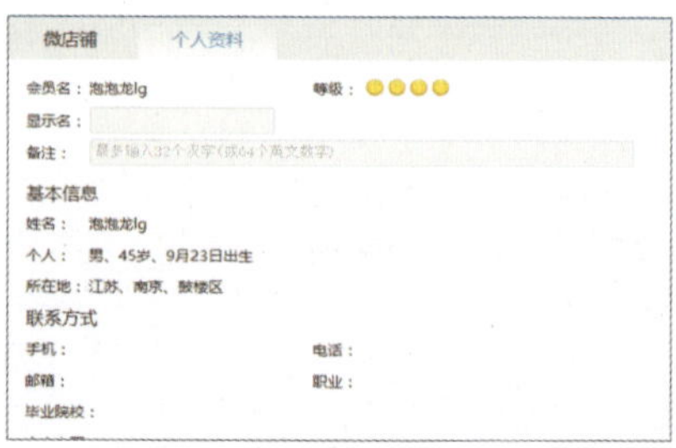

一般来说，新手买家主要有两种问

题。第一，不熟悉购物流程；第二，对网购不太信任。因此，卖家要掌握新手买家因网购知识的缺乏而产生的错误，指导新手买家顺利购物，消除新手买家的不安情绪。

归纳起来，在与新手买家进行交易时，通常会遇到以下几种情况。

情况1：新手买家在单击【立刻购买】按钮后，以为已经拍下，而没有提交订单。

应对措施：耐心提示新手买家继续操作，直到出现支付宝付款界面，然后指导新手买家通过支付宝付款。

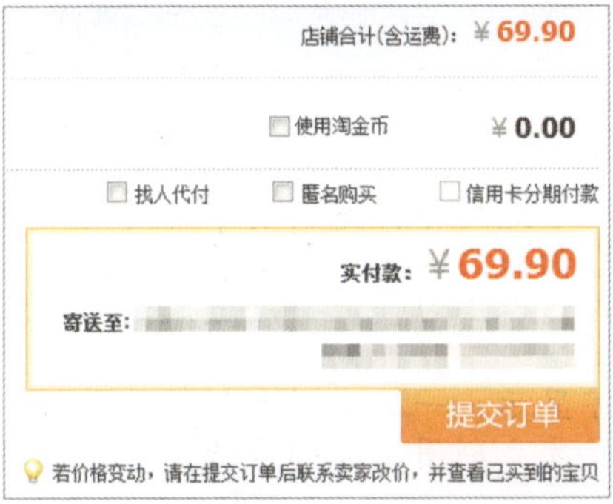

情况2：新手买家在拍下宝贝后，通过网上银行将钱充值到支付宝中，没有通过支付宝付款，却以为已经付款成功。

应对措施：提示新手买家打开【已买到的宝贝】页面，然后单击【立即付款】按钮，完成付款操作，付款完成后，交易后的状态会由【等待买家付款】变为【买家已付款 等待卖家发货】，此时才算购买成功。

情况3：新手买家因为是初次网购，通过网络在与陌生人交流的过程中，容易产生陌生感和紧张感。

应对：在聊天中多使用旺旺表情，表情比生硬的对话更具亲和力，这样可以拉近与买家的距离，创造一个和谐的聊天环境，与买家建立信任基础。

情况4：新手买家因为不熟悉购买过程或者不会操作，导致误操作。例如，一件宝贝反复拍下多次，拍下的时候没有选对尺码、颜色或型号等。

应对措施：此时应耐心安抚新手买家，表明自己也是从新手过来的，同样的错误也犯过，然后细心指导买家直到购买成功为止。

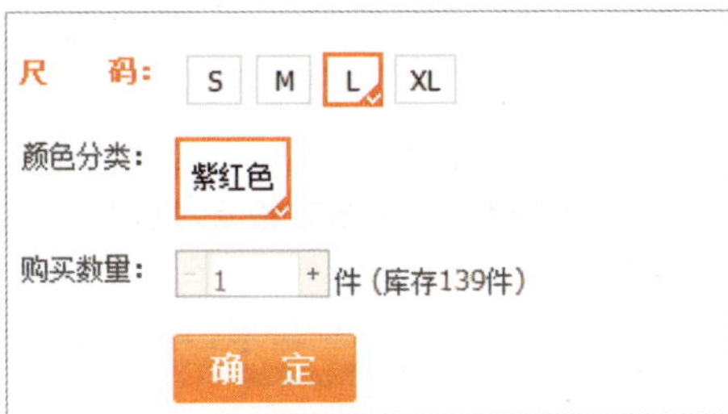

情况5：新手买家可能会经常催件，在没有收到宝贝之前反复查询。

应对措施：这是因为新手买家对网购不信任引起的，此时应告诉新手买家正确查询快递的方法，并讲清支付宝担保交易的安全性，消除买家的疑虑。

知识点滴

善待新手买家，会使新手买家对第一次网购接触到的卖家产生良好的印象，进而可以使新手买家转化为自己的老买家。

8.4.2 留住老买家

留住老买家也就是回头客是非常重要的。当买家再次购买同类物品时，首先会想到以前购买过的店铺，老店铺会让买家心里更踏实，同时还可省去搜索、分析、咨询等一系列烦琐的过程。当有众多的老买家形成一个固定的消费群体，也是网店稳步安全增长的一个良好基础。

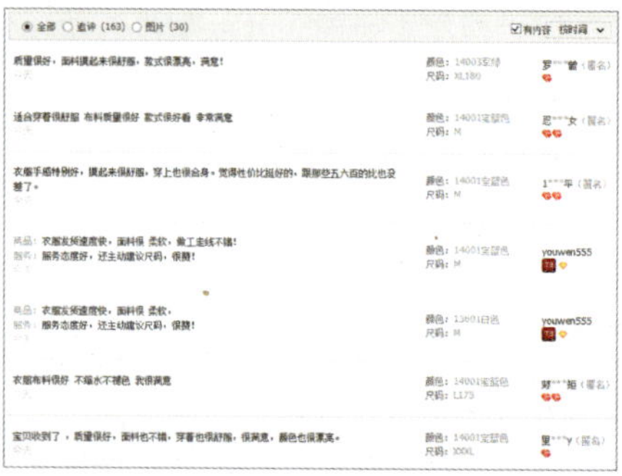

要留住老买家，需要做到以下几点：

- 经常更新店铺中的宝贝，保持买家的购买欲望。
- 实行VIP制度，让老买家享受特殊的价格待遇。
- 提供周边服务，例如代购、更为广泛的产品知识、独特的鉴定方法等。
- 主动跟踪服务，了解买家使用后的体验和感受。
- 拉近与老买家的距离，和老买家成为朋友。
- 老买家也会出现失误，当老买家出现失误时，应像对待老朋友一样细心关怀。
- 改变对老买家的称呼，适当的昵称会让人感到亲切。

8.4.3 自动回复留住即时买家

买家在挑选宝贝时，往往会同时挑选多家店铺的宝贝进行比较，然后逐一咨询，在咨询的过程中，买家会根据卖家对宝贝的介绍和卖家的服务态度来最终决定在哪家购买。如果卖家刚好有事不在电脑旁，可能就会流失此类买家。

因此卖家要善用自动回复，尽量挽留此类即时买家。下面通过实例来介绍如何设置自动回复。

【例8-1】设置旺旺自动回复。视频

01 登录千牛工作台并切换至旺旺模式，然后单击界面左下角的【更多】按钮，在弹出菜单中选择【系统设置】命令。

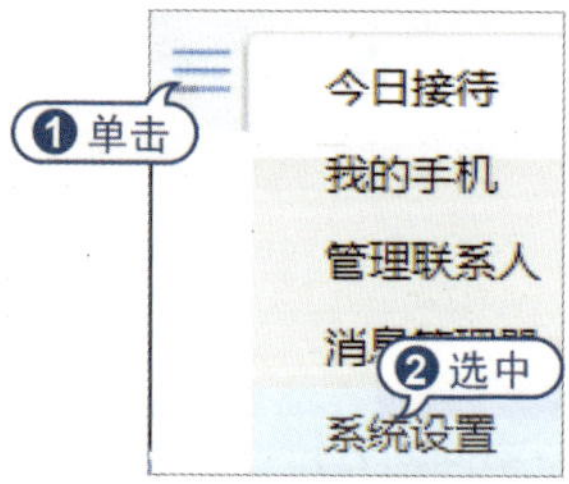

02 打开【系统设置】对话框，然后展开左侧列表中的【客服设置】|【自动回复设置】选项。

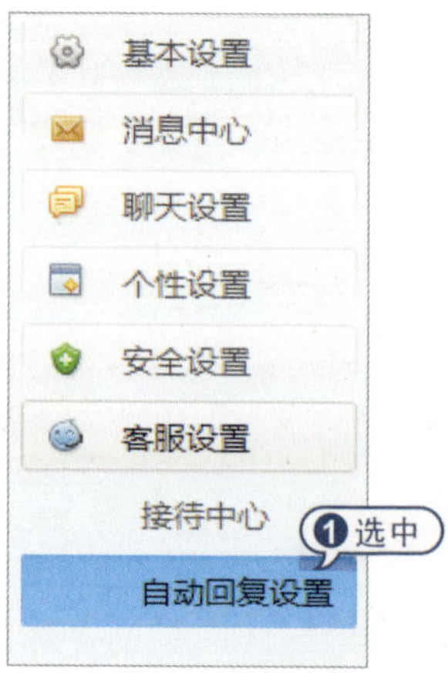

03 选中【当天第一次收到买家消息时自动回复】复选框，然后单击【新增】按钮。

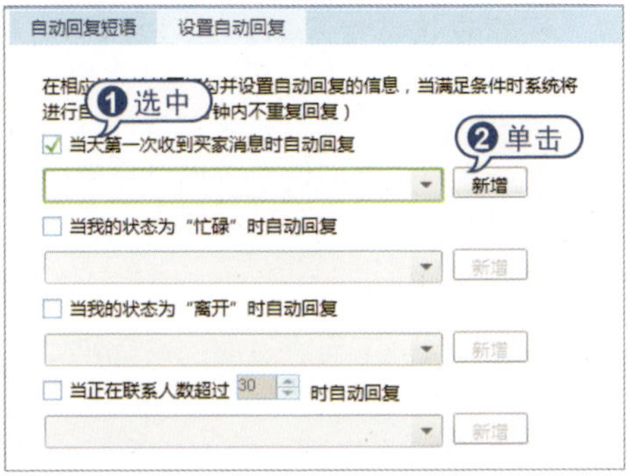

04 在打开的对话框中输入第一次收到买家消息时应回复的信息，然后单击【确定】按钮。

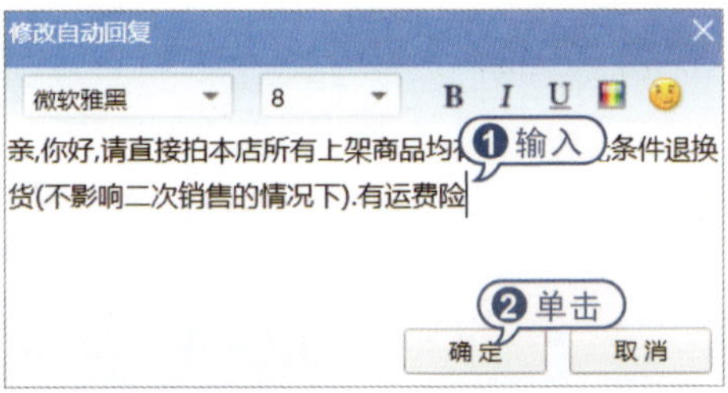

05 使用相同的方法，完成【自动回复设置】选项区域中的各种回复设置后，单击【确定】按钮即可。

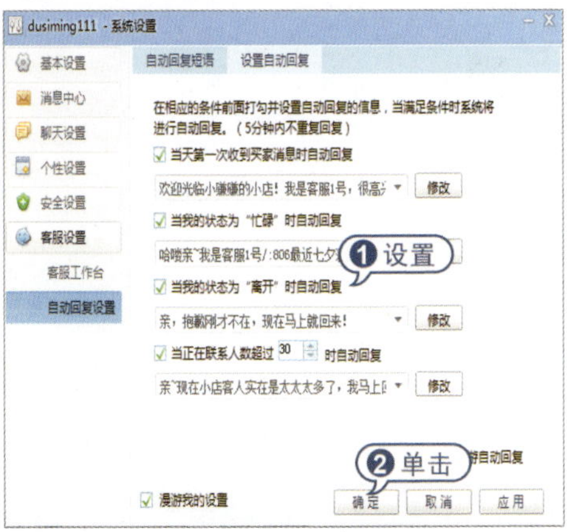

06 此时，当接收到买家的咨询后，即可自动回复。

8.4.4 应对各类特殊买家

特殊买家是指对网上交易有着不同于一般人的独特要求的买家群体。对特殊买家的各种行为和需求进行分析和整理，可轻松应付各类紧急情况，避免因措手不及而导致交易不成功或者是交易不愉快。

情况1

催件的买家：这类买家一般对快递知识不太了解，用相近城市的发货速度来比较距离较远城市之间的发货速度，用直达城市之间的发货速度来对比需要中转的城市之间的发货速度，用航空的发货速度来对比陆运的发货速度。

应对措施：制作一张不同城市之间，不同运送方式之下的发货和到达时间对照表，以方便买家对照，并向买家介绍快递的相关常识。

情况2

对回复速度比较重视的买家：这类买家通常会以普通的聊天速度来对比购买咨询时的客服回复速度。

应对措施：礼貌回复的同时应直接或间接地表示宝贝质量很好，并有完善的售后服务，消除买家的后顾之忧，促使买家下决心购买。

情况3

不咨询直接拍下并付款的买家：这类买家非常熟悉网购流程，自行甄别后，直接放心拍下。

应对措施：如买家拍下时旺旺在线，可直接核对收货地址无误即可。

情况4

讲价的买家：讲价的买家分为两种，一种是试探性讲价；一种是软磨硬泡，不达目的誓不罢休。

应对措施：如果实在没有降价空间，

要简单而有礼貌地拒绝，不要做过多解释，过多解释反而会引起更多的话题。

情况5

使用淘宝会员名进行正常交易，但咨询时使用QQ等其他聊天工具的买家。

应对措施：此种情况大多为个人习惯，但在发货时应严格按照淘宝会员拍下交易中的宝贝种类、数量、地址进行发货。如果买家在其他聊天工具中表示要更改发货地址或宝贝种类，应要求买家登录阿里旺旺来进行交易信息的传达，这样可使卖家权益受到保护。

8.4.5 建立买家档案

建立买家档案是指将店里的新老顾客加为好友并进行交易信息整理，当卖家需要进一步得知买家的信息时，可方便地从买家档案中进行查找。

使用旺旺的分组功能对加为好友的买家进行分组后，当与买家进行聊天时，可马上通过买家所在分组判断买家身份。

【例8-2】在阿里旺旺中建立分组，并将好友加入分组。视频

01 登录千牛工作台并切换至旺旺模式，右击任意默认分组，选择【添加组】命令。

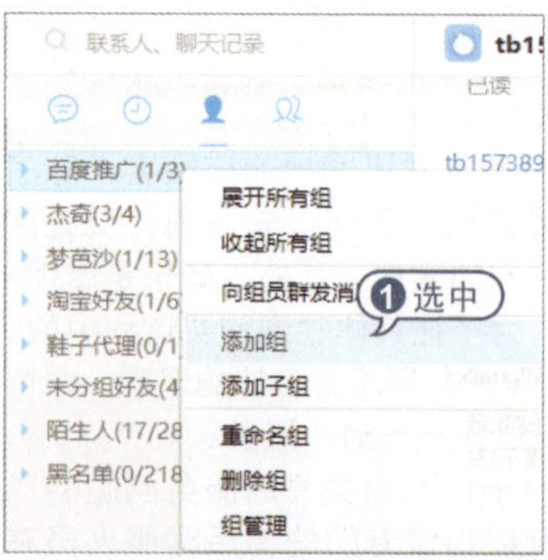

02 随后会在所有分组的最下端添加新分组，用户可输入新分组的名称。

03 输入完成后，按下Enter键完成分组的添加。右击要改变分组的好友，选择【移动好友】命令。

04 打开【选择组】对话框，选择新建的【VIP客户组】，单击【确定】按钮。

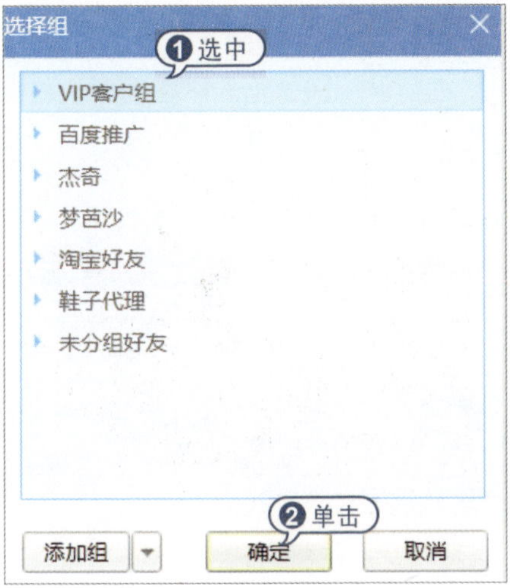

05 此时和该好友聊天时，在聊天窗口的上方即可看到好友的所属分组。

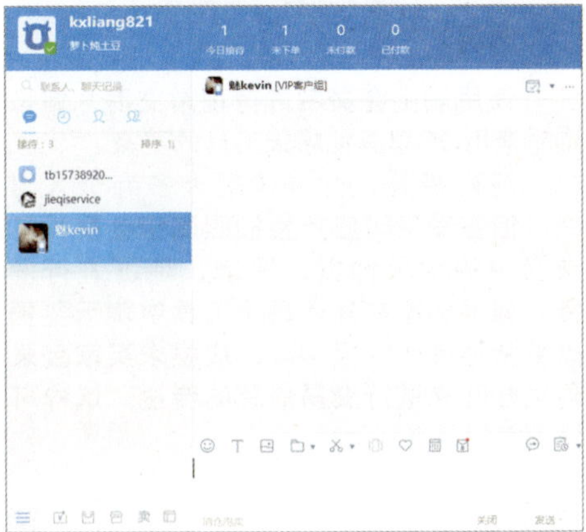

8.5 注重网店的服务体验

网店服务体验，主要包括客服人员的服务及时性、亲切性、专业性、灵活性、主动性、诚信性、感恩心态等多个方面。服务体验代表了一家店铺的“魅力”。对于客户来说，与他接触的客服就代表着整个网店。客服给客户的感动多，网店魅力就强，否则就相反。

8.5.1 回应及时迅速

据调查，许多顾客在与客服交流之前，如果当前客服人员不在线或者很长时间没有回应，放弃购买的顾客占了很大的比例，所以作为客服人员，做到及时回应顾客非常重要，既获得了客户的优先选择，又让客户不忍放弃购买。

用户与客服人员交流主要是通过阿里旺旺和QQ，如果此刻卖家正在跟多个顾客交谈，可以预先设置自动回复信息，例如“由于线上咨询商品的顾客太多，请稍等马上给您处理，非常抱歉，请您谅解！XX店客服人员”。

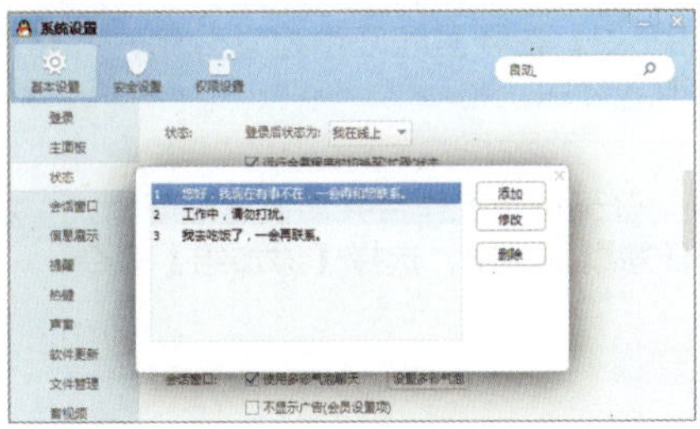

做到及时迅速地响应顾客，除了及时外，还要遵循首问优先原则，优先回答第一次询问的客户。此外，如果是店铺的VIP顾客，为了让其体验到购买过程中的VIP待遇，让VIP顾客感受格外的温暖，最好指定专门客服人员一对一服务。

对于询问有关售后服务问题的顾客，店铺可以指派专门的售后客服人员来解决问题，也就是做到客服人员专职专位(当然这要建立在客服人员充足的基础上）。

8.5.2 交流礼貌亲切

尊重顾客是客服人员最基本的礼仪，亲切的礼貌用语可以让客户对店铺产生好感，产生购买意向。

尊重客户习惯、喜好，采用不同类型的用语。大多数购买家电、电子产品等高价值产品的顾客为男士，适合用礼貌用语，例如您好、欢迎、请、多谢、再见等。而一些购买服装、化妆品、饰品等商品的顾客多为女士，适合用亲切用语，例如MM、姐姐等。

8.5.3 服务专业可信

专业可信的顾客服务，能在售前让顾客的理智判断倾向于你，在售后让有问题的顾客“化不满为欣赏”。

卖家可将客服人员划分为售前客服和售后客服。

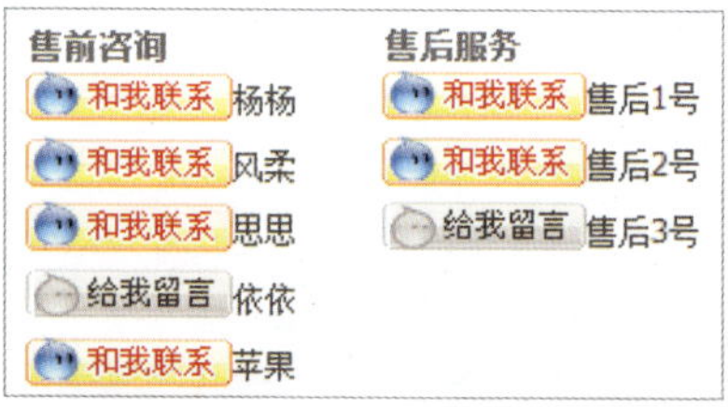

对于售前客服的要求相对简单一些，主要是要求他们有过硬的在线客服理论知识，能对常用的问题进行整理，给出最完美的答案；对于售后客服，主要是要求他们对于每款商品都有亲身的体验，可以独立指导顾客操作实用并简单常见的问题。

8.5.4 销售积极主动

热情的服务往往能够挽留住顾客，并且让顾客下定决心购买。不知道读者有没有亲身经历过，在网上购物时，如果看中一件商品，首先是对该商品进行至少3家左右店铺的比较，然后与这3家店铺的客服人员进行交流，往往选择一些态度积极，能排除购买疑虑的客服所在的店铺购买。

作为一名客服人员，要积极主动地去销售，当然如果碰到一些不喜欢反复介绍说明的顾客另当别论。在销售过程中，通过介绍产品的卖点，帮助客户下决心购买，并通过良好的沟通，消除客户的不满或疑虑。当顾客决定购买时，不要忘了推荐店铺内的畅销产品或促销活动，提升客户贡献率。

8.5.5 沟通灵活贴心

除了让顾客除了获得尊贵的感受外，当顾客购买商品后，还要让其有一种付出的愉悦感，这点是许多客服人员都不能做到的，其实只要花些心思，对顾客心存感恩之心即可。

在销售商品之前，无论成交与否都真诚感谢客户光临店铺，不要让顾客感觉卖家唯利是图。

在销售商品的过程中，活用温暖贴

心的话语来感谢客户拍下产品，多用一个词，一句话，能产生两种截然不同的心理，例如顾客拍下商品后，“恩，好，我知道了，马上就去处理下”与“好的，非常感谢你选择我们的商品，我会尽快帮你处理，你可以稍等片刻，享受下本店其他服务，谢谢您”，虽然两句话都没有什么毛病，但显然后者要比前者更能体现出对顾客的感激之情。

知识点滴

另外，客服人员还可以通过一些小细节来表达自己的致谢，例如可以在发货时附带一些贺卡、致谢函等来表示对买家的感谢，在店庆或节假日可以给顾客发送祝贺或感恩的邮件。

8.6 进阶实战

本章的进阶实战部分为在千牛工作台的旺旺模式下添加多个个性签名这个综合实例操作，用户通过练习从而巩固本章所学知识。

【例8-3】为阿里旺旺设置多个个性签名。

视频

01 登录千牛工作台并切换至旺旺模式，然后单击界面左下角的【更多】按钮，在弹出菜单中选择【系统设置】命令。

02 打开【系统设置】对话框，展开左侧列表中的【个性设置】|【个性签名】选项，然后单击【新增】按钮。

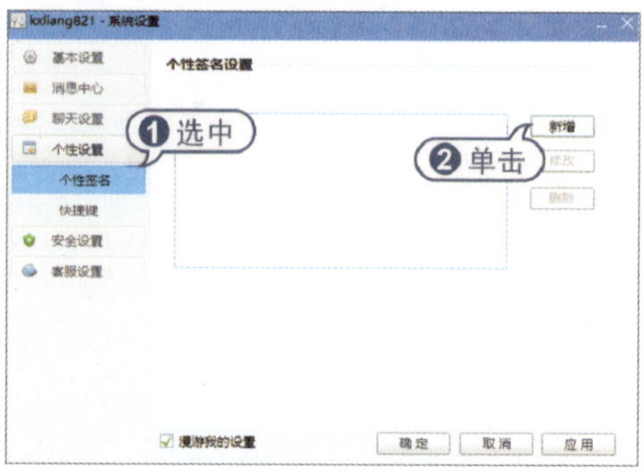

03 在打开的对话框中输入签名内容后，单击【保存】按钮。

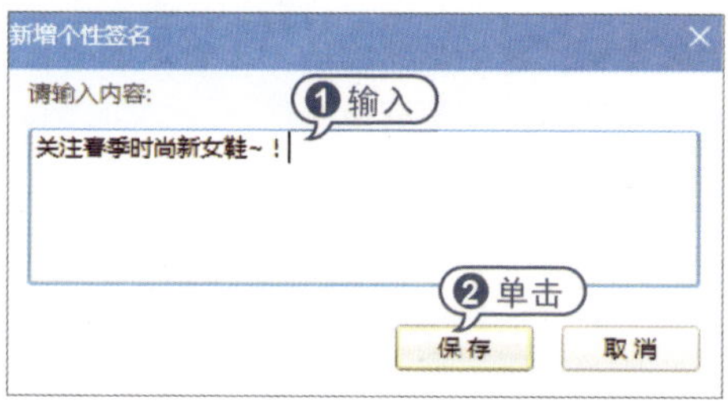

04 返回对话框，按照上面的操作，继续新增多个签名，然后单击【确定】按钮。

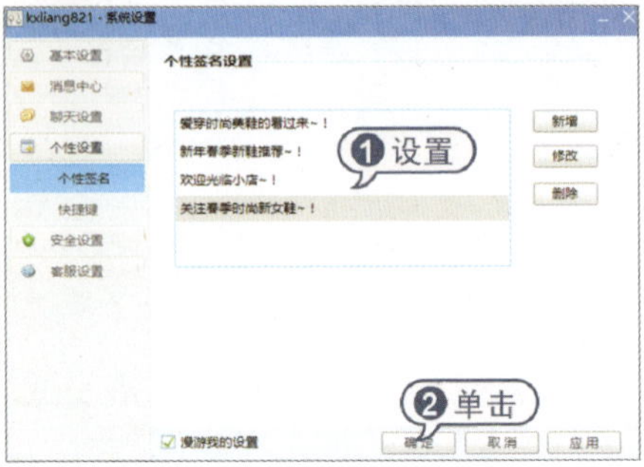

05 返回旺旺模式主界面，在签名栏中显示新增的个性签名。

8.7 疑点解答

问：遇到可疑交易怎么办？

答：如果你的商品(包含不仅限于低价包邮商品/货到付款/赠品)在短时间内被大量拍下且买家以此来威胁、敲诈等影响交易的非正常出价行为，此类情况可能为可疑交易。遇到此类情况，用户可进入【淘宝网服务中心】页面，单击【商家服务中心】按钮，单击【投诉处罚】下的【规蜜】按钮，在打开的页面中有关于可疑交易处理的相关问题解答，仔细阅读后，在打开的页面中填写相关信息并上传凭证，单击【提交投诉】按钮，然后申请淘宝客服进行处理。

第9章

完善客户售前售后服务

要想使网店招揽更多的回头客，好的客户服务体验是必不可少的。重视店铺中的每一笔交易，用热情的态度为顾客服务，在赢得利润的同时，累积信誉与好评是我们日常工作中的一个重点。

对应光盘视频

例9-1 评价买家
例9-2 在数据雷达网站中分析数据

9.1 售前服务的策略

想要成为一名成功的卖家，首先要打造良好的客服质量——售前服务，使自己成为一个合格的导购员，从而为网店赢得好口碑。

9.1.1 导购服务体现网店素质

要成为一个合格的网店导购员，需要卖家具备良好的专业素质和服务理念。

导购员一方面要代表店铺为买家服务，尽力地推销自己的商品；另一方面，又要从买家的角度着想，帮助买家挑选合适的商品。

优秀的导购员必须始终保持热情的服务态度，并不断地学习和掌握专业知识和服务技能。

1 良好的服务态度

良好的服务态度加上一流的服务质量才能留住老顾客，吸引更多的新顾客。因此，优秀的导购员必须培养良好的服务态度，具体表现在以下几个方面：

- 网店导购员虽然不是与买家面对面交流，但通过文字的表达，让买家感受到热情好客、彬彬有礼的待客态度，是非常重要的。
- 积极就是一种工作态度。导购员应该积极、热情地和顾客打招呼，尽一切努力消除顾客的陌生感，建立初步的信任。导购员还要积极地询问顾客的需求，解决顾客的问题，因为每个顾客上门都具有购买商品的意向，只有打破顾客的疑虑，才能促成交易。
- 把买家当作自己的朋友去对待。卖家只有真心对待每一个买家，网店生意才能持久地发展。

- 诚信是店铺的立足之本，只有经营好诚信这块“招牌”，才能使生意更加红火。另外，店铺所售商品的质量要过硬，导购员要做到言必信、行必果。
- 导购员要根据买家的需求推荐合适的商品，而不是推荐价格高的商品。导购员要真诚地回答买家的提问；对自己的疏忽要真诚地道歉；真诚地提醒顾客商品的使用注意事项。

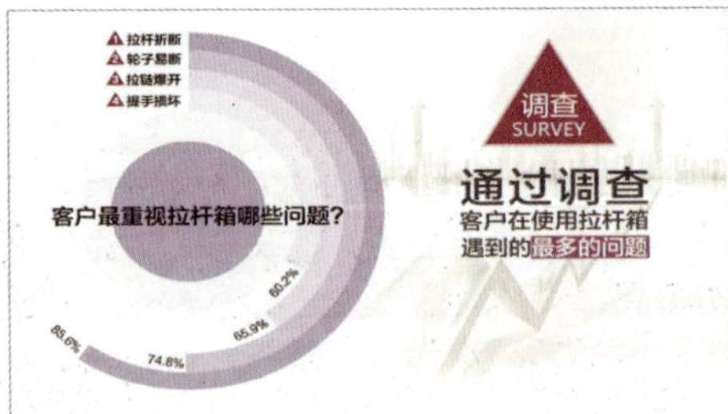

- 一旦确定了目标，就要保持最执着的态度一步步地去努力。导购员需要做好服务和宣传方面的各种工作，如果导购员缺少坚持不懈的精神，就永远不能胜利。

2 拥有经营网店的专业知识

导购员在工作时需要运用到很多相关专业知识。通常，一位专业的网店导购员应该要掌握以下几个方面的知识。

- 店铺和品牌知识：了解自己店铺的特色、优势和主要顾客群；了解店铺所销售商品的品牌文化、历史发展和前景。
- 产品知识：了解店里每一种商品的性能、特点、使用方法和售后维护，了解与这些商品相关的商业政策和市场行情。

- 营销知识：知道应该如何去推广店铺中的商品。
- 心理学知识：了解消费者的心理，能够得到买家的认同。

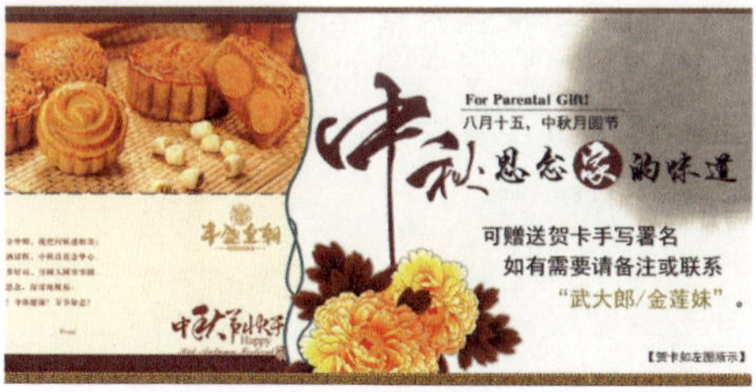

- 公关礼仪知识：导购员代表了网店的形象。导购员懂得公关，擅长与人沟通也十分重要。

买家第一次光顾店铺时，导购员过分热情的招呼会让买家感到不自在，不理不睬又会让买家感到不受重视。如何让买家第一时间有宾至如归的感觉，是每位导购员必须研究的课题。

9.1.2 沟通中提升网店亲和力

良好的沟通技能是营销的基础，这就需要每位卖家重视客服质量。导购员需要掌握以下沟通原则，并且多多进行实践。

1 与人交往，礼貌先行

“要让人敬己，必要己敬人”，人与人之间都是相互平等的，只有懂得尊重他人才能获得与他人沟通、交流的机会。在交流中要多尊重买家的意见，学会多使用征求的话语，比如“行吗？”“您觉得呢？”等。要让买家感受到卖家的服务态度很好，觉得卖家是一个非常有礼貌的人，这样他们才会愿意与卖家交流。做任何生意时，礼貌都是基础。

2 坦诚相待，诚信第一

导购员一定要坚持诚信第一的原则，在销售中不要隐瞒任何问题，否则这些失信的行为将使卖家失去作为一个商人最宝贵的品质。对于各方面存在的问题，应尽量在交易之前向买家交代清楚，避免因隐瞒而引起不必要的纠纷。做到坦诚相待，诚信为本。

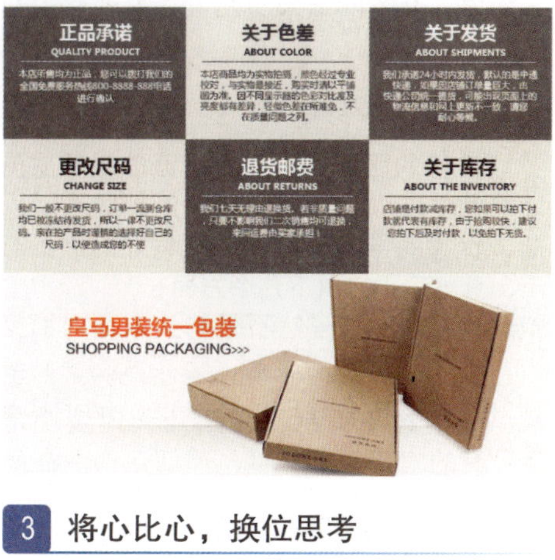

3 将心比心，换位思考

沟通交流中，换位思考是非常有价值的。从买家的角度去考虑他们需要什么样的产品，这样才能更好地理解自己与买家之间的主要矛盾。只有站在买家的角度来考虑问题，才知道怎样来引导买家，从而使卖家的观点和讲解得到认同。

如果买家对商品提出很多要求，让卖家难以理解或接受时，不妨先换位思考，从买家的角度去体会和分析买家所期望的理由，建议卖家可以思考这样的几个问题：买家为什么会选择自己的产品？为什么要接受自己的产品和服务？其实不外乎以下两点：买家信任卖家；买家能从与卖家的交易中获得利益和好处。任何一项买卖，只要把握好这两个原因，成功的希望一定很大。

4 善听善解，领会意图

要成为一个沟通高手，首先要学会成为善于倾听的导购员。当买家未问完时，不要去打断，对买家的提问，要及时准确地回答，这样对方才会认为你是在认真地听他们讲话，才会对你和你的产品产生兴趣。同时倾听可以使对方更加愿意接纳你的意见，当你再说话的时候更容易说服对方。

在和买家交流的过程中，找出对方话语中的关键词，领会买家的想法，也可以帮助卖家决定如何应答。只要自己回答的问题或叙述中加入买家的关键内容，买家就会感觉出你对他说的话很关心。要学会领会意图，抓住买家心理，还可以在交谈中去查看卖家的信用评价或者曾发过的帖子，多去熟悉对方，然后针对不同对象做出不同的服务。

5 理性沟通，避免情绪

在交流时，会遇到各种类型的买家，有的过于挑剔，询问几天还没决定买；有的对卖家不尊重，连问话都像在质问；有的拍下宝贝就消失了。遇到这些买家，都有可能让卖家的情绪在沟通过程中失控。

如果买家的行为真的让卖家感到生气，此时需要的是理性并冷静，不理性时不要沟通。不理性的沟通只会带来争执，不会有结果，所以这种沟通没有效率。

在有情绪的时候也不要做出决定，带有情绪的决定往往是冲动的，这很容易让事情变得不可挽回。待冷静后再与买家沟通协商，可以解除一些不必要的误会。

9.1.3 与买家沟通的技巧

下面将针对不同的买家心理，简述沟通的方法。

1 疑虑心理

由于网上购物的特殊性，买家只能通过文字说明和图片展示对商品进行了解，对卖家也只能通过阿里旺旺、QQ或电话沟通进行了解，因而对商品的质量、性能和售后都心存疑虑。对于持有这种心理的买家，作为客服人员在与其沟通时，一定要有耐心。

2 便利心理

便利的购物方法、快捷的购物方式和及时的送货服务，使得网上购物成为主要的购物方式之一。对于一些熟悉网购的买家来说，不需要导购员花太多的精力来介绍购买流程，只要卖家提供优质的商品和良好的客户服务就可以赢得买家的认可，然后再附赠一些店铺宣传的精致小礼品，来更好地吸引此类买家。

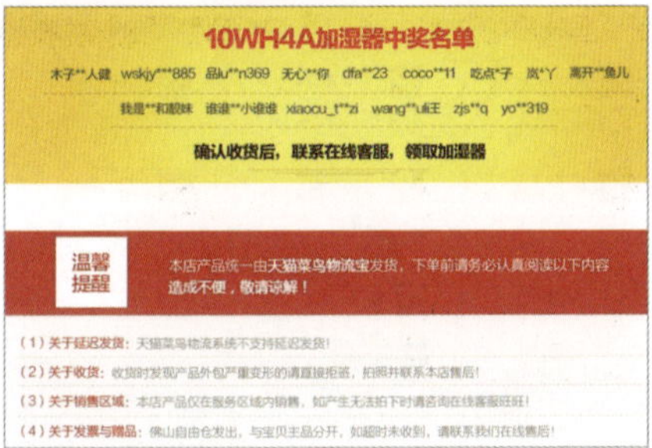

3 求廉心理

网店物品要比商场里面的物品便宜实惠是毋庸置疑的，这也是很大一部分消费者选择网上购物的重要原因之一。许多买家都希望“花最少的钱买到最好的商品”，与这类买家沟通时，导购员要做好讨价还价的准备，在自己的承受范围内，价格上尽量迎合买家，沟通过程中不要扭扭捏捏说客套话，成交的概率会非常高。这类买家其实也是卖家最想遇到的，他们已经存在购买的心理。一般来说，稍微让些利润，不需要多费口舌即可促成一笔交易。

4 求名心理

一般选择品牌商品的买家对品牌本身有一种偏好，对其质量也有一种信赖感，导购员可以充分利用这类买家的求名心理和品牌本身的优势进行营销。而卖家要做的就是要使用比普通店铺更加大气的旺铺，定义项目要更为丰富，能衬托出品牌形象，而一些描述性的文字和图片可以由厂家提供，在价格上基本上采用一口价的形式。

5 求美心理

爱美是人的本能和普遍要求，对于求美心理的买家而言，商品的风格和个性化比商品的实用价值更为重要，他们不仅关注商品的价格、质量和服务，对于商品的包装、款式和颜色等也同样看重。

对于这类买家，除了店铺本身的商品要“新、奇、特”外，还可以在商品的描述或标题中加入“礼盒”“礼物”或应景

的节假日名，如“圣诞礼物”“情人节惊喜”等关键字。

6 猎奇心理

谁能吸引更多的眼球，谁就赢得了市场。人们对于新奇事物往往具有强烈的好奇心，而对新颖的商品也是如此。对于经营此类商品的客服来说，在淘宝社区或者各种潜在客户聚集的论坛发表标题新颖、诱人的软文，或者以旺旺群发消息等方式进行推广，是一种不错的方法

7 从众心理

很多买家容易受到周围环境的影响而存在一种仿效式的购物心理，对于这类买家，导购员需要主动出击，利用一些生动、大众化的词汇，例如“许多”“受欢迎”等词汇介绍商品。

8 新手型顾客

对于新接触网上购物的买家，他们对于商品缺乏全面的了解，很可能是被一些宣传广告所吸引，这类买家一般疑问很多，而且依赖性很强，可以说是导购员最头疼的一类买家，但事物都是有双面性的，一旦帮助这类买家很好地解决了实际问题，他们很容易成为店铺的忠实消费者。作为导购员，需要耐心地解答这类买家提出的问题，问清他们的真正需求，另外特别要对可能会产生的误会问题事先给予说明，以免日后产生交易纠纷。

9 专家型顾客

这类顾客对于网络购物已经十分熟悉，有很强的自主性，他们选择商品无非就是考虑价钱和售后两个问题。导购员和这类买家的沟通，不要夸夸其谈，有针对性地解答提出的疑问，不确定的问题最好咨询清楚之后再答复。不懂装懂，反而让顾客感觉到卖家不够实在，容易产生交易纠纷。

10 伪专家型顾客

伪专家型的顾客占了绝大多数买家比例，这类顾客对于网购有比较清楚的了解，对商品有过一定的接触，但都不是十分了解，一般这类买家十分主观，有意无意地“告诫”卖家不要妄图欺骗他们。对于这类顾客，导购员一定要懂得在第一时间将其与真正的专家型顾客分开，沟通的时候要注意控制自己的情绪，不要与其争辩，接触后判断其是否值得进行交易。如果买家过于自大，很难接受你的意见，为了避免产生更大的纠纷，建议寻找借口搪塞，否则往往会得不偿失。

淘宝网上许多网店都是将售中和售后服务摆放在特别突出的位置，却很少有网店关注到售前服务。在整个服务过程中，准备充分的售前服务，不但能减少售中服务的阻力，还能保证售中服务顺利进行。因此，一个成功的淘宝卖家要清楚地明白，与买家之间是服务与被服务的关系，售前服务是让买家认知店铺的机会，做好售前服务不仅可以让买家对商品更加

满意，还可以达到促销和塑造店铺形象的目的。

9.1.4 通过电话交流

对于一些喜欢使用电话询问购买事宜的买家，导购员要做到礼貌回应。

- 电话铃响起应尽快接听，接听时语气要明快、客气、落落大方。如果是网店专用的电话，接通电话后，可以先自我介绍："您好，某某小店，请问有什么可以帮您的？"

- 进行电话交流前，要准备好纸和笔，以便随时记录重要的谈话内容，待通话结束后处理。
- 说话要有礼貌，说普通话。
- 接通电话后，要确认买家的身份和需求，并进行记录，确保下次接到这个买家的电话时能第一时间说出对方的称呼，让买家感受到对他的重视。
- 对于没听懂的地方，不能含混不清，可以礼貌地要求对方复述："不好意思，您能再说一遍吗？"
- 遇到不确定的问题，千万不可以随便给买家承诺，应该跟买家说："这个问题我还要去确认一下，等确认好了再给您回复，好吗？"，这样的回答一般买家都愿意接受，既表明了对买家负责，也为下次联系做好了铺垫。
- 明确买家的需求后，尽快回答，如果问题无法当场解决，应留下买家的联系方式，争取尽快解决再联系买家。
- 在结束通话前将本次通话的要点复述一遍，"某某小姐，我再重复一遍，您的要求主要是……是这样吗？"
- 如果买家不通过支付宝进行交易，则导购员在听电话时，必须问清楚买家的姓名、电话号码、商品名称、送货时间以及付款方式，记录下来后，需要再向买家重复一遍加以确认，尤其是收货地址，越精确越好。
- 通话结束前，要等待对方先挂电话。

另外，在使用电话联系买家时，也要注意以下一些细节：

- 打通电话后首先向买家问好、进行自我介绍并对占用对方的时间表示歉意，这样不至于让对方感到不舒服。
- 根据买家是以公司身份还是以个人身份购买宝贝，来确定给买家打电话的时间。公务电话避免在顾客节假日、休息时间和用餐时间联系，私人电话最好避开对方的上班时间，一般在早上7:00之前、晚上21:00之后，要尽量避免联系顾客，以免影响顾客休息。
- 给顾客打电话前要准备好需要表达的内容和要点，长话短说，言简意赅，不要占用顾客太多时间。

9.1.5 导购技巧和注意事项

网店导购员在服务过程中，合理使用以下一些小技巧会达到事半功倍的效果。

1 与买家保持适当的距离

一些买家选择网络购物是因为不喜欢实体店里过于热情的营业员。服务应该要热情周到，但有时也需要跟买家保持一定的距离，留给买家一点考虑的时间和空间。在买家了解商品基本信息的前提下，只需及时解答和补充买家的询问即可，千万不要引起买家的不安和反感。

2 重视买家的要求

买家比较关心能否挑选到自己真正想要的商品，而不是商品有什么卖点，所以要以买家为中心，针对买家的时间需要来推荐合适的商品。

3 保持积极的对话态度

导购员应积极、热情地与买家打招呼，尽快地消除买家的陌生感；同时积极、主动地解答顾客的问题，而不是等买家询问时再去解答。

4 对自己的宝贝要有信心

首先要对自己的宝贝有信心。如果自己都觉得自己的宝贝不好，那么买家怎么会来买呢？介绍宝贝时要让买家感受到卖家的诚心，为买家解答疑问时一定要有耐心，还要专心。在与买家沟通时，要时刻留意买家的反应，以及时确定买家的需求。

5 把握时机，促成交易

能否促成交易直接关系着网店的成交量和销售业绩。买家购买意愿比较明确时，导购员要把握时机，促成交易，防止时间久了，买家因心态、环境和他人的影响而改变主意。

除了恰当地运用技巧，导购员还需要特别注意避免以下问题的出现。

- 交流过程中缺乏礼貌、言语不当、不尊重买家、引起买家的不满或误解。
- 对于买家的提问无法回答或答非所问，不了解店铺，也不了解商品。
- 过分夸大产品和售后服务，拼命掩饰商品的缺点，欺瞒卖家，甚至有意设立圈套诱导买家购买。
- 贬低竞争对手，一味地夸大自己商品的优势，发表不公正、不客观的言论打击同类店铺。

9.1.6 协助顾客进行交易

协助顾客是导购服务中的一个经常被忽略并且最为细小的环节，但就因为它的细小，反而能体现店铺对顾客的关爱，能够让顾客真心感受到卖家对他的关爱。

1 协助过程中顾客的反应和对策

下面归纳了在协助顾客过程中顾客经常出现的反应以及相应的对策：

- 总在征求客服的意见，自主性不强，并且经常进行比较，遇到这类的顾客，作为导购，要充分表现你对商品的专业知识，提出中肯合理的意见，并积极认真地替顾客做主。
- 基本不说话，对卖家的意见充耳不闻，只做自己的事，遇到这类买家，要多提建议、多加评价，但不要替买家做主，应该介绍其关心的商品让他有多项选择，然后投其所好。

2 协助过程中需要避免的问题

在协助顾客时，要避免以下问题。

- 积极性不够，未主动鼓励顾客，反而处于被动地位。
- 未能协助顾客进行商品的演示。

- 让顾客购买的心情过于迫切，一味说好，替顾客做决定。

3 协助顾客时的服务细节

在导购过程中要结合的因素很多，可以说是一个形象工程，在这过程中要充分体现顾客为主的服务态度。因此，在协助过程中要有特殊性，各个环节应该认真对待，并为附加推销服务阶段服务。在协助过程中要注意以下几点：

- 了解顾客的需要，给顾客选取合适的商品。
- 评价商品要诚实，可以赞美为主。
- 多与顾客沟通感情。
- 对所做的工作表现热情，尤其在顾客放弃购买时，不要表现出不耐烦。

9.1.7 导购中对顾客真诚赞美

每个人都喜欢听好话，即使是好朋友，当你指出他的错误时，也需要善意地提醒。如果当众说出来，会让他的脸面挂不住，严重的话，可能会连朋友都做不成了。而对于赞美的话，一般情况下，人们都会照单全收。即使赞美得有些过头，对方往往也会“来者不拒”。

有个笑话，说的是两个书生刚被任命去做县官，离京赴任之前，去拜访主考老师。老师对学生说：“如今世上的人都不走正道，逢人便给戴高帽子，这种风气不好！”一个书生说：“老师的话真是金玉良言。不过，现在像老师您这样不喜欢戴高帽子的能有几个呢？”老师听了非常高兴。这个书生出来以后，对另一个书生说：“高帽子已经送出一顶了。”

赞美顾客的言辞不能过量，必须恰到好处，如果过量了，那么就成了“拍马屁”，不仅得不到想要的结果，还会使人产生反感的情绪。

在现实生活中是这样，那么在网络交流中，也需要运用一些赞美的小技巧，让买家在购物过程中不仅可以买到自己中意的宝贝，也能让购物的心情更好，甚至成为卖家的忠实老客户。 很多的人可能会想，赞美别人无非就是一些夸奖、赞美、奉承之类的话，但是在网上我们看不到对方的人，也不知道对方长什么样？怎么赞美对方呢？其实赞美的方法多种多样。在我们看不到对方，也不知道对方长什么样的情况下，可以参考从以下几个方面进行赞美。

1 赞美ID

当一个买家来咨询时，我们什么都不知道，只能通过阿里旺旺或者QQ看到此买家的ID，这个时候可以从ID来入手，比如“亲，您的ID名字很有个性哦”，买家看了会很高兴的。又如“亲，您的ID那么简短，应该接触淘宝很久了吧？现在想注册像您这么短的ID基本注册不到了”，主要为了证明买家接触网购的时间长，是个追求时尚的人。

再如“亲，您的ID很易记哦，如果早点认识您的话，让您帮我取好了，这样别人来我店铺一次就记住了，那生意一定会比现在更好的”，这样买家听了会感觉自己是个很有品位的人。

2 赞美头像

在进行网上沟通时，可以借鉴以下几种方法赞美顾客的头像。

- “亲，你的头像是您本人吗？长得很漂亮很有气质哦。”
- “亲，您的头像是您本人吗？那么有气质，您应该是个高层白领吧？”即使猜错了也没关系的，因为赞美她，她如果想跟你聊的话，就会告诉你她是做什么的，这样就可以进一步地拉近感情。
- “亲，看你的头像应该是卖衣服的吧，有好的销售秘籍记得跟我们分享下哦”，对方发现卖家知道她是卖什么的，会跟卖家聊，因为她也希望卖家变成她的客户。

3 赞美买家所在地

在进行网上沟通时，可以借鉴以下几种方法赞美顾客所在的城市。

“亲，您是XX市的啊，你们那边的XX很出名哦”，这个就要求卖家对全国大部分城市的风景名胜或者美食比较了解，如果不了解也可以通过百度、雅虎等搜索引擎去了解。

“亲，您是XX市的啊，我老家也是那边的哦”，可以攀亲，当然这必须是真实的。

“亲，您是XX市的啊，我以前去过那个城市，在那边待了很久，那是个很美的城市，给我留下了很深的印象，我一直还很想回去看看”，也是套近乎的一种方法。

进阶技巧

利用地名赞美必须真实，或者是聊天的感情进一步的时候才能用，一开始就用，有的人不喜欢别人知道他是什么地方的，会产生反感的情绪，如果对对方所在城市不了解就千万不要用这种赞美，不然会适得其反。

4 赞美对方感兴趣的产品

导购员必须结合自己的产品来赞美买家，其实，这种赞美没有固定的话术。比如，卖衣服的卖家可以这样说：“您的眼光真的是很独特哦，这件衣服很多买家都非常喜欢呢。”又如，店铺有款产品是防辐射的，就可以对来买的顾客说：“您的健康理念很超前哦，现在很多人还没有防辐射的意识哦。”

总之，请各位结合自己所销售的产品总结技巧，营销没有固定的模式。

5 交易完成后的赞美

在完成宝贝交易后，记得对顾客进行赞美，留下愉快的交易印象，如下所示。

“谢谢您对我们的支持，没想到您是一个那么豪爽的人，更谢谢您对我们的信任，请您放心，我们产品的品质一定会让您满意的。”这主要针对咨询少，随便问一问就拍下付款的客户，这种人的性格一般是很豪爽的，也很可能成为一个潜在的老客户。

“谢谢您对我们的支持，感觉您在生活中也是个非常细腻的人，很注重生活品味。”这主要针对咨询得多，对一些细节很注重的客户。

进阶技巧

在导购过程中，卖家利用聊天工具的丰富表情，配合幽默的话语，寻找合适的机会赞美买家。适当、恰到好处的赞美会让买家心情愉快，不但有助于提高交易的成功率，还有可能交到好朋友，更进一步带动二次消费。

9.2 宝贝出售细则

在淘宝网卖出宝贝的各个环节中，卖家需要掌握各项必要的基本操作技能。事先掌握这些技能，有助于卖家少走弯路，从而更好地进行销售。

9.2.1 修改宝贝价格

淘宝网允许买卖双方进行讨价还价，有些精明的买家，拍下宝贝后，总想找到卖家，讨价还价一番，再按新价格支付。所以做淘宝卖家，必须要学会如何修改最初的【一口价】。

首先进入卖家中心，在左侧的【交易管理】分类中单击【已卖出的宝贝】链接。

打开已卖出宝贝列表的页面，查看卖出宝贝的情况，然后单击交易记录右侧的

【修改价格】链接。

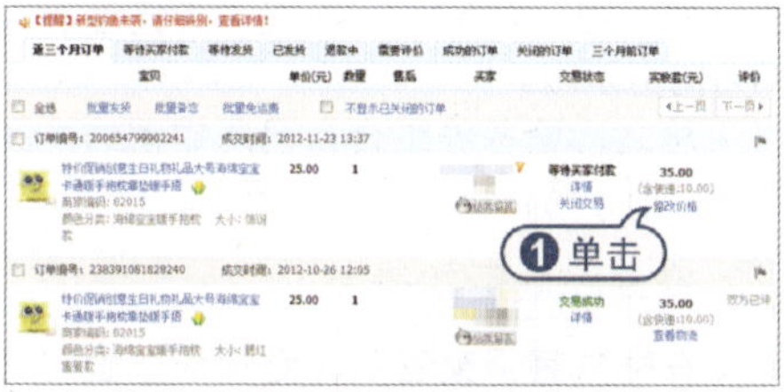

在打开界面中的【涨价或折扣】文本框中输入调动的价格范围，负数代表折扣，例如输入-5，然后单击【确定】按钮，即可修改价格。

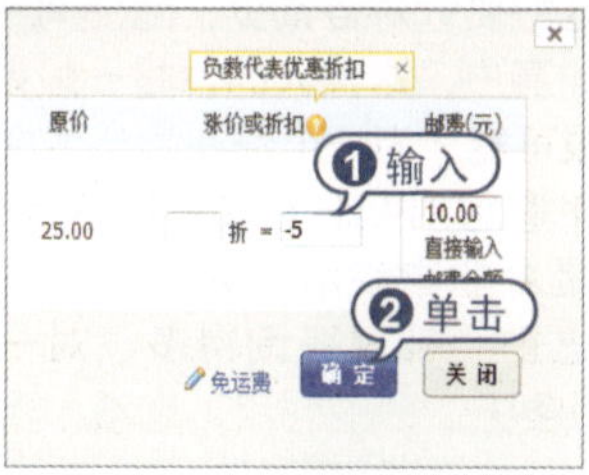

修改价格后，在页面中会显示修改后的宝贝价格。

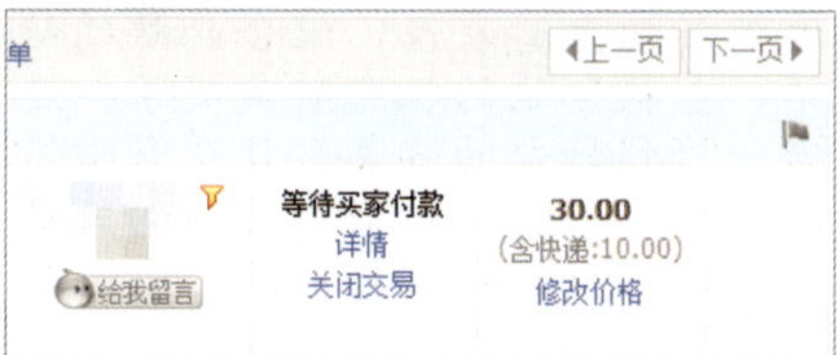

9.2.2 遵守商品物流准则

由于网上的商品一般都需要通过快递邮寄到买家手中，因此，在商品发货前，卖家要仔细查看商品及其包装，确保商品在物流途中不会遭到损坏。通常商品物流需要遵守以下3个准则。

1 完整性

卖家要对发货的商品进行检查和清点，注意商品的型号、规格、颜色、质量以及数量等是否符合买家要求，避免错发、漏发货物。

2 超值性

在保证商品完整性的前提下，卖家还需要考虑商品的超值性，在包装商品时要注意细节，把商品的热点体现出来，并附带一些精美的附属品，附属品的价值不一定需要很大，最重要的是要让买家体会到物超所值。

3 准时性

当买家拍下商品后，卖家要及时发货，如事出有因无法及时发货，也要及时告知买家，以免买家对此造成误会。发货时要核对好买家的收货地址，避免因地址错误而延误买家收货的时间。

9.2.3 仔细检查商品

对商品进行必要的包装是卖家在发货前的一项重要工作。如果在商品包装和运输途中出现差错，就有可能引起买家的不满，甚至招来买家的差评。因此，在商品包装前，卖家要注意一些细节问题的处理，确保商品物流的万无一失。

1 正确挑选

将买家拍下的商品正确地挑选出来，这项工作虽然简单，但是发错货的情况还是屡见不鲜的。这样不仅会造成买家不满，还可能承担一定的经济损失。

卖家在挑选商品发货时，需要注意以下几点。

- 服装：同一款式会有不同花色、颜色、尺码，需要按照买家要求挑选。
- 箱包：同一款式会有不同的颜色，需要按照买家要求挑选。
- 化妆品和日常洗护用品：目前很多化妆品的产品说明是英文的，外形非常相似，容易混淆，需要仔细鉴别。
- 饰品：需要仔细检查饰品是否有质量问

题，如项链的勾环容易损坏，饰品的水钻容易掉落。不要将有质量问题的商品发给买家。

2 避免漏配

漏配现象也经常发生。由于网上购物通常是由买家承担运费，很多买家为了运费掏的值，就会一次性选购多件商品。另外，为了吸引更多买家，提高销售额，很多卖家有【满100全国包邮】【多买享受多折扣】以及【加1元就送】等促销活动，买家就会一次性选购足够金额的商品。

卖家在遇到一次性售出多件商品时，需要注意以下几点。

- 认真核对及配货：先根据订单仔细核对买家购买的商品及数量，然后将商品配齐。
- 不要忘记赠品：如果店主经常做类似【买一送一】的促销活动，要记得将赠品随单配发。
- 注意说明书、保修卡及配件：如手机、数码产品及小家电等，需要注意将说明书、保修卡及配件随单配发。

3 仔细检查

无论何种商品，一定要先仔细检查有无质量问题。

如果发现有质量问题，及时与批发商协商调换；如果有些商品在存放过程中不小心染上污渍，尽量处理掉；有些瑕疵手工处理一下就可以正式发货了。

另外，在包装前最好再仔细核对商品的款式、颜色及型号，检查有无错发、漏发的情况。

9.2.4 上门送货的注意事项

如果是同城交易，且交通方便，卖家与买家商量后，也可以由卖家亲自上门送货。这样可以省去双方的物流费用，也可以顺便认识买家，多结交一个朋友。

送货上门其实弊大于利，主要表现在如下几个方面：

- 有些买家可能会借卖家上门送货的机会对宝贝进行挑剔，或者要求降价，甚至让卖家白跑一趟。
- 如果送货时没有让买家填写相关收货证明，一旦发生买家不确认交易的情况，则卖家将处于劣势。
- 容易被犯罪分子利用，造成财务被抢甚至人身受到伤害等结果。

因此，一般情况下，卖家应尽量避免送货上门。如果在确保人身安全的前提下，确实需要送货上门，需要制作一个收货单，将商品送到买家手中时，让买家确认交易，并且双方签字确认收货。

另外，卖家还需注意自己的言谈举止，应多用礼貌用语，递送商品时要用双手。如果不是当面付款，而是使用支付宝付款，还应注意保留买家收货凭证，并提醒买家及时在淘宝网上确认收货，以完成交易。

9.3 及时网上发货和评价买家

把货物送出家门，获得快递单号后，就要通过卖家后台进行操作，告诉买家已发货的消息。买家确认收到宝贝，并同意支付宝给卖家打款后，卖家还有义务为买家做出客观、真实的信用评价。

9.3.1 及时网上发货

买家付款后，该宝贝的交易状态就会变为【买家已付款，等待卖家发货】。阿里旺旺也会收到买家的付款提醒。卖家将实物发货后，还要通过卖家后台操作进行网上发货。

首先进入卖家中心，在左侧的【交易管理】分类中单击【已卖出的宝贝】链接。

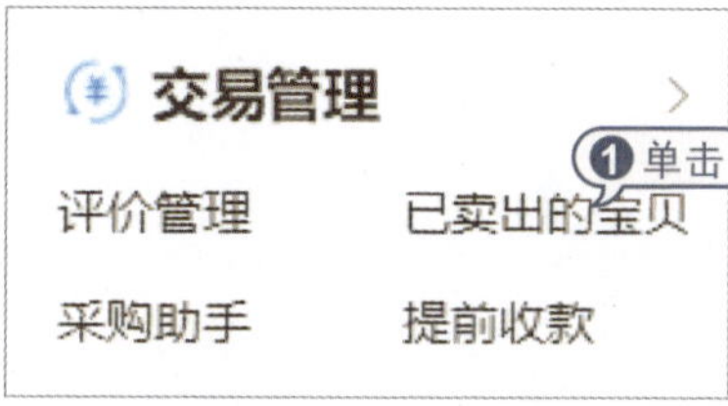

在“买家已付款”的订单中单击【发货】按钮。

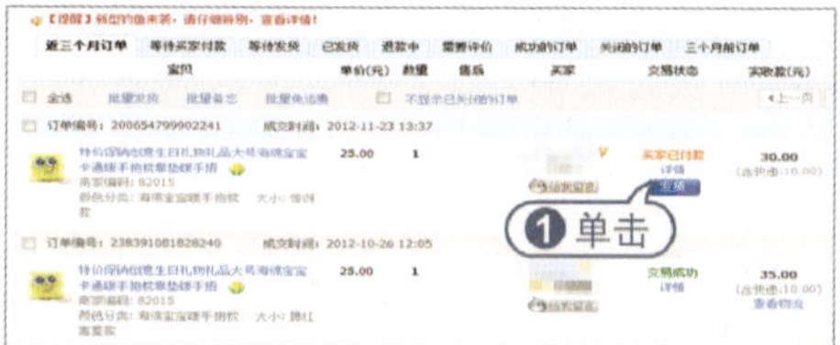

在打开的页面中确认收货和发货信息，单击【自己联系物流】标签，在相应的物流名称后方输入本次运单的快递单号，然后单击【确定】按钮，完成网上发货操作。

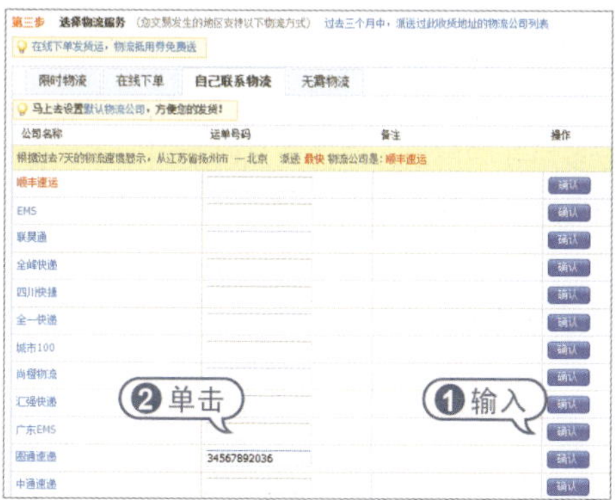

联系快递将物品发出后，卖家必须进行网上发货的操作，这样买家在收到宝贝后才能确认收货，如果订单一直处于未发货状态，那么买家就无法进行确认收货等后续操作了。

9.3.2 及时给买家评价

买卖完成后，需要对买家做出真实的评价，卖家可以对买家做出好评、中评和差评3种评价。

【例9-1】给买家做出评价。视频

01 进入卖家中心，在左侧的【交易管理】分类中单击【已卖出的宝贝】链接。

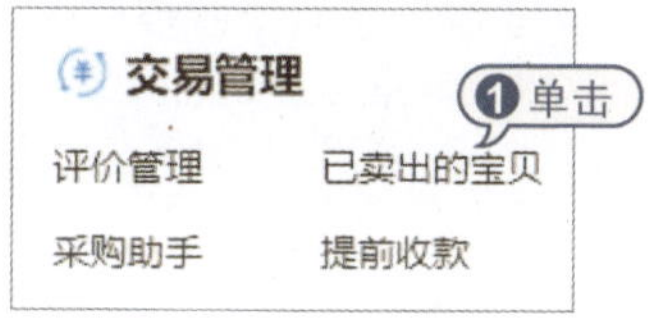

02 打开已卖出的宝贝列表页面，在交易成功的宝贝后方单击【评价】链接。

03 打开下图所示评价页面，例如要给买家好评，可选中单选按钮，在其下的文本框中可输入评价内容，然后单击【提交评论】按钮。

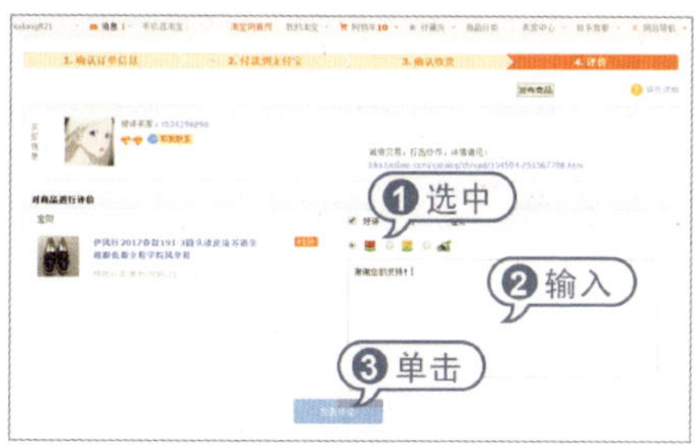

04 即可成功评价买家，双方互评后，需要30分钟才能查看评价内容。

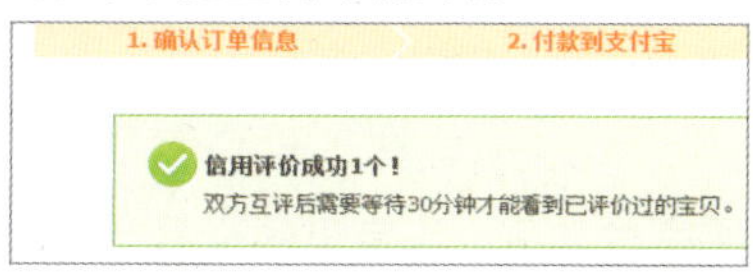

9.3.3 查看买家给自己的评价

双方互评后，卖家就可以查看买家给自己的评价了。

进入卖家中心，在左侧的【交易管理】分类中单击【评价管理】链接。

打开评价页面，单击【来自买家的评价】标签，即可查看买家对自己的评价。

已经给好评的不予修改，如果是中差评，可以在30天内联系买家，让其删除或修改为好评。

对于在30天之内不好的评价，也可以单击【操作】中的【投诉主评】链接。

在打开的对话框中，可以选择相应选项，单击【确定】按钮进行投诉。

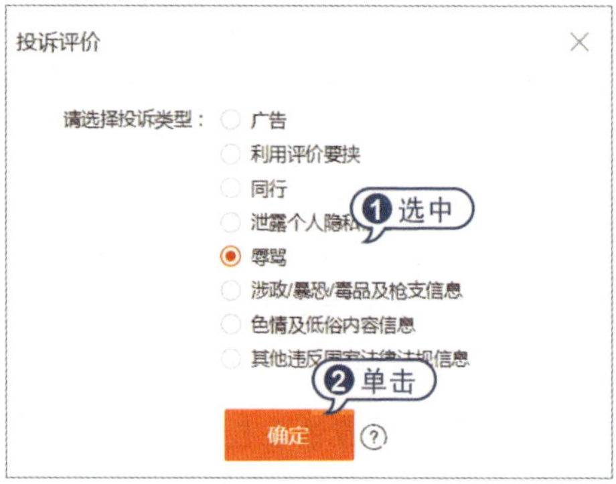

9.4 收到中、差评的解决方法

在淘宝网中，由于种种原因，买卖双方都可能在交易中产生一些不愉快甚至不满，从而产生中、差评。本节主要介绍产生中、差评的原因以及解决方法。

9.4.1 造成中、差评的原因

收到中、差评后，要先找下自身原因，如果是自身原因要及时进行改正，以避免类似情况再次发生。

1 商品方面

案例一，中评：我买的是水晶眼影，结果收到的不是这个牌子。

分析：通过对此评价的解释，得知卖家的眼影的确不是“水晶”牌的，卖家使用“水晶眼影”的名称仅在于眼影的形状与质感类似于水晶，是一种形容上的描述，而非品牌的描述。这种模糊的描述，容易产生歧义。

案例二，差评：我买了鼻贴，使用以后，效果和介绍的不相符，根本吸不出黑头，并且产品做工粗糙。

分析：很多卖家为了尽快将宝贝卖出去，在描述鼻贴时拼命吹捧鼻贴的使用效果。可能会有买家基于信任买了卖家的宝贝，但是后续出现的差评将会使卖家的信誉降低，得不偿失。

因此，大家应该秉持诚信经商的基本原则，损害顾客利益的事情决不能做。对于不能表达清楚的或有差异的情况要事先说明。

2 物流包装方面

下面给出两个案例，介绍由物流包装原因造成的中、差评以及相应的分析。

案例一，中评：快递速度超慢，怀疑是快递公司派专人跑着送来的吧？

分析：货物延迟，要么是快递公司出现了问题，要么就是卖家自身出现了问题。如果是快递公司没有及时送到，可以追究快递公司的责任；如果是卖家自己耽误了，不管是谁的责任，卖家应该给买家一个耐心解释的理由，并诚恳地向买家道歉，还要采取积极的补救措施，比如送化妆品小试用装、免物流费用等。

案例二，差评：我买的化妆品，无正规包装还算次要，关键是已经开封，明显可以看出来原本封口处应该有铝锡箔封住的，此时心里极其不爽！

分析：卖家应该在包装商品的时候多包几层。商品在运送途中，容易出现破损。在有空的时候可以多研究一些精巧的包装化妆品的技巧，从而避免这样的问题出现。

3 客服服务方面

下面将给出两个案例，介绍由客服服务原因造成的中、差评以及相应的分析。

案例一，中评：卖家服务太差了，问三四句回答一句，爱搭不理的。

案例二：差评：我对这家的服务态度超级不满，因为没收到货物，我旺旺问她是用的什么快递，她完全不理我。

分析：顾客就是上帝，卖家的生意完全依靠这些顾客。俗话说“水能载舟，亦能覆舟”。即便卖家的店铺做得很大了，仍然不能冷淡每一位顾客。没人愿意付钱给一个忽视自己的卖家。

9.4.2 妥善处理中、差评

收到中、差评后，首先，卖家一定要有这样一个意识：好评并不表示100%满意；中、差评并不一定代表不满意。其实，卖家可以联系买家了解详细情况，根据不同的情况找出不同的解决方法。

当买家收到货物给出中、差评后，这正是买家情绪的冲动期，也是容易引发纠纷的时期。此时卖家应避免过多解释，而是应该倾听。买家对卖家的倾诉会使冲动情绪缓解，进入情绪的下降期。当情绪缓解后，卖家就要善用解释，道歉并承认错误，表明勇于承担责任，并积极弥补。当买家的情绪进一步缓解，进入平复期时，卖家要与买家共同分析原因，提出解决的方法，如下图所示。

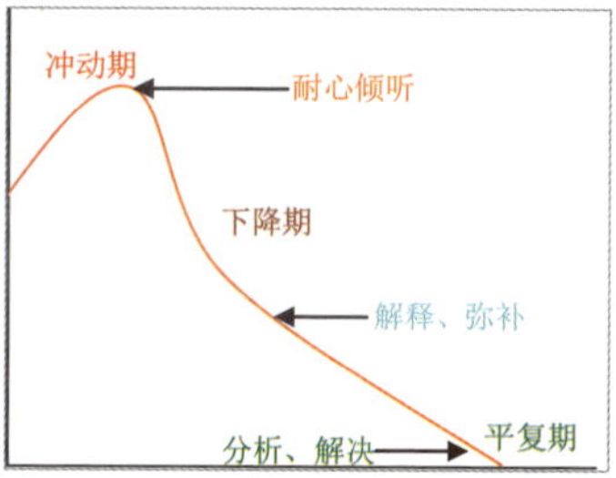

下面将以物流引起中、差评为例阐述解决方法。

中评：快递速度超慢，怀疑是快递公司派专人跑着送来的吧？

解决方法：快递速度无法由卖家控制，因此应与买家沟通，倾听买家由于晚收到货而产生的种种不快，待他们把情绪发泄完之后，再表明自己的理由。这样往往就能得到买家的充分理解，有利于买家作出修改评价的决定。即便他们不修改评价，后面来的买家也不会太在意这样的中、差评，人非圣贤嘛。

9.4.3 保持100%好评的感悟

买家如果对卖家的宝贝或者服务不满

意，一般的卖家都会负责地积极解决，有时买家会不与卖家沟通就直接给出中、差评。这时一定要及时与买家沟通，拿出合理的补救措施，取得买家的理解，让买家通过申请修改评价。卖家在每个宝贝描述中可以注明“当您收到货后如果满意请给我一个好评，如果不满意，请不要直接做出中、差评。请及时与我联系，本店将积极解决，直至免费退货让您满意”，还可以在每个寄出的包裹里放入一张留言条，上面也注明这一点；卖家只要有时间，就应该和买家多聊天，和买家成为朋友，这样就算有什么问题，买家一般也不会给你差评。

9.4.4 如何修改中、差评

出现中、差评时，卖家不应盲目地抱怨甚至投诉买家，而需要先主动联系买家。在友好协商后，大部分买家都会帮卖家修改原来的中、差评。注意6个月之前的评价虽然不能修改为好评，但是也能删除。很多买家不是很清楚规则，不知道如何修改这些中、差评，这时就需要卖家帮助对方完成此操作。

修改中、差评的方式主要有两种：第一种是在买家【评价管理】中自行修改；第二种是直接致电淘宝客服，由客服修改。下面将具体介绍这两种方式。

1 引导买家自行修改

一般在买家做完评价的30天内，可以引导他们修改中、差评，修改机会仅有一次。在此期间，买家可以通过登录卖家中心，单击左侧的【评价管理】链接，进入评价管理页面。

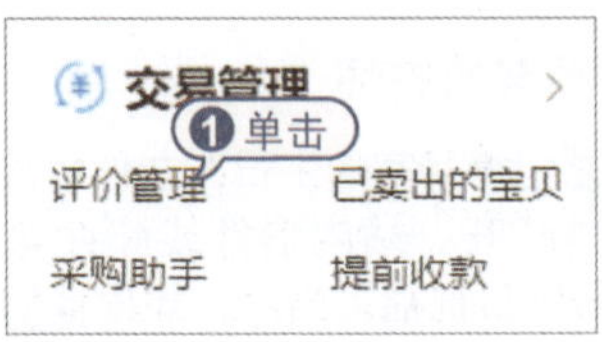

在【给他人的评价】选项卡中找到相应的评价，单击【修改评价】按钮，可以修改评价；单击【删除评价】按钮，可以删除评价。

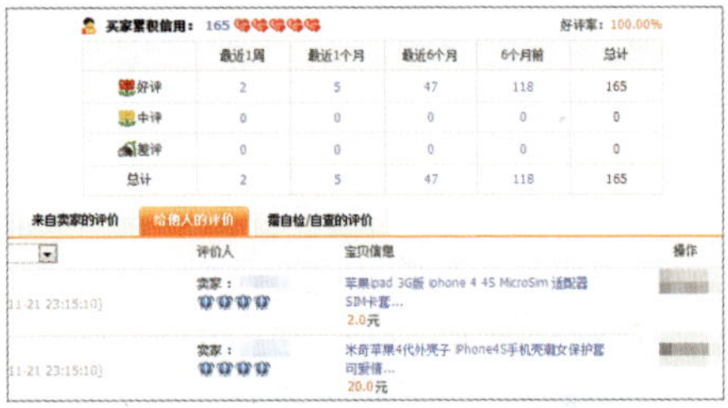

> **知识点滴**
>
> 在引导买家进行修改时，要站在买家的角度，为买家着想，找到买家给出中、差评的原因，然后为买家解决问题。

2 联系客服进行修改

当中、差评超过45天后，买家就不能自行修改该评价，此时只能通过电话联系淘宝客服，申请修改。

打开淘宝网首页，在网页右上角选择【联系客服】链接。

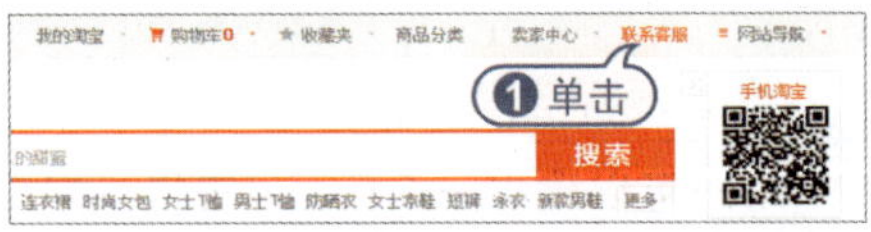

打开【淘宝网服务中心】页面，单击【商家服务中心】按钮。

单击【阿里万象】按钮，进入卖家客服。

在该界面中，输入关于投诉的问题，单击【发送】按钮和客服联系解决。

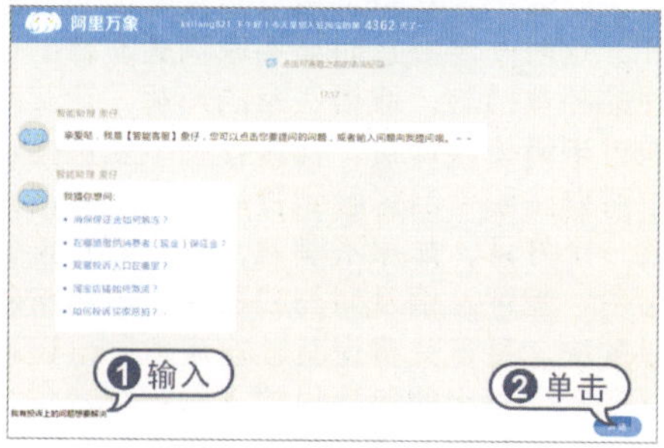

9.5 做好售后服务

售后服务也是网络市场竞争中不可或缺的一个重要部分。完善的售后服务能保持店铺竞争力，提供知名度与诚信度，打造完美的口碑，为更好地开拓市场打下坚实的基础。

9.5.1 注重售后服务的细节

如果卖家想成为一名足够细心的掌柜，建立顾客档案是必不可少的售后服务细节。通过这些细节可以方便日后的交易，能快速查找到顾客的相应信息，提高工作效率，同时也让对方感受到卖家的专业水平。

1 建立顾客档案资料

用户可以建立一个Excel表格，用于管理顾客资料。当接到买家的订单后，就可以在顾客档案中记录下交易的所有相关信息，如交易日期、会员名、真实姓名、联系电话、收货地址、购买商品、成交金额、备注等。这里的备注可以使用不同的颜色来区分顾客的会员级别，便于查询他们应该享受的购物折扣。

客户资料表

顾客昵称	联系电话	收货地址	购买历史记录
霎淞小美雪	138********	江苏南京市**********	宝宝卡通抱枕　轻松熊卡通
xw12366	137********	北京市**********	兔55cm　海绵宝宝暖手
周飞	136********	湖北黄冈**********	林嘉欣大抱熊80cm
cbb3201	150********	山西晋中**********	机器猫卡通空调被
xuzhaoxia	133********	广州**********	糖兔空调毯　可爱熊猫
vicky668	136********	重庆市**********	抱枕　林嘉欣大抱熊120c
yuhuan121	135********	贵州市**********	愤怒的小鸟卡通抱枕
小町当当	153********	河南郑州**********	眯眼兔40cm　彼得兔55cm

有了这样的顾客档案资料，以后可以根据顾客的会员名找到其具体资料，这种方法很实用。当老顾客再次消费时，不用再向他们索要联系方式和收货地址了，只需核实一下信息是否变化即可，节省了很多时间。

2 跟踪服务

在市场竞争日益激励的趋势下，卖家不仅要对售前负责，更要注重售后服务。当顾客买下卖家的产品后，卖家可以定期或不定期地询问顾客使用产品后的感觉和对产品是否满意，这样可以使顾客感受到卖家对他们的关心，加深顾客对你们的信任感。如果下次还需要购买，买家很有可能会再次选择卖家店铺中的产品。这些后续服务都可以根据顾客档案中的客户信息进行跟踪服务。

3 对顾客的关怀

如果记得买家的生日，在他生日那天，可以通过旺旺、站内信件或邮件等方式，送出一份生日祝福。当然，如果他们在生日当天购买卖家店铺中的产品，可以给他们折扣，这也是一个不错的生日礼物。

在逢年过节的时候，卖家也可以通过旺旺、QQ、站内信件等方式给买家发出节日问候。

平时，卖家在交易中可以经常给买家带来一些温馨的提醒，比如给买家发货时，可以通过旺旺留言，告诉对方物流的状态，让买家对交易有一定的了解，同样可以告诉对方化妆品的正确使用方法和保存方法等有价值的信息。

总之，卖家对顾客的关怀方式很多，这些服务细节都是建立在详细掌握顾客信息的基础之上的，所以建立顾客档案资料是售后服务的精髓所在。

9.5.2 解决退换货问题

设定合理的退货、换货政策，可以解除买家购买的后顾之忧，增加其信任感。

1 加入消费者保障服务

2007年3月15日，淘宝网推出了“消费者保障计划”服务，该服务为消费者网上购物提供了全面的保障，参加消费者服务的店铺可以让买家更加放心地进行消费。

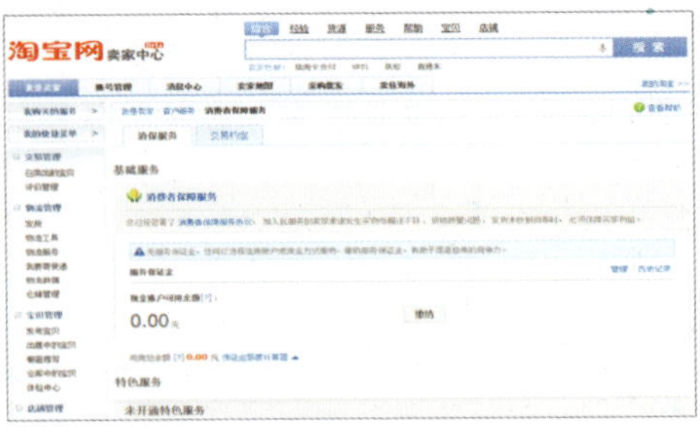

2 制定合理的退、换货政策

卖家可以根据自己店铺中出售的宝贝的特点制定具体的政策。

- 退、换货的期限：期限的制定要以不影响二次销售为依据，比如对于有保质期的食品和化妆品等，最迟要保证在保质期内退、换货。为了减少退货的发生，卖家在发货前要详细了解宝贝是否满足买家的需求，发货时检查宝贝的完整性，并妥善打包。
- 退、换货的条件：如果发货前就存在质量安全问题或运输途中出现质量问题，应该给买家退、换货；如果由买家人为损坏，可不予退货。在不影响二次销售的情况下，应尽量满足买家的需求，换货产生的差价应该采取多退少补的方法。
- 退、换货产生的物流费用：应经过买卖双方协商决定，由主要责任方承担物流费用。
- 退、换货引起交易时间的变更：为避免系统到期自动打款，卖家应主动为买家延长交易时间。

9.5.3 解决顾客投诉

如果问题没能很好地解决，买家可能对卖家提出投诉。卖家在对买家的投诉进行相应申诉的同时也可以根据需要与买家沟通，寻求双方都认同的解决方案。

淘宝网中对卖家的投诉一般有以下几种解决方案。

- 网上成交不卖：如果不想出售给买家的宝贝，需要说明合理的理由，或者提供相应的截图凭证，如旺旺历史聊天记录截图。
- 收款不发货：如果已经发货了，需要提供发货凭证；如果没有收到卖家的汇款，需要提供该账户的明细截图；如果发货后买家还没有收到货物，需要在申诉页面注明，然后到快递公司网站查询货物的去向。
- 商品和店铺网站中的描述不符：卖家针对买家提出的相关不符内容说明情况，将该商品的证明文件等相关信息上传到投诉页面；如果卖家愿意给买家退、换货，卖家需要在投诉页面中说明情况，并及时联系买家进行沟通。

进阶技巧

退、换货的情况会时常发生，遇到了要以良好的心态去面对，有时就算暂时吃点小亏，也要顾全大局，毕竟为顾客服务不只是口头上说说而已。当然，如果是恶意退、换货，并且自己手头上有证据(包括发货凭证、买家和卖家签收记录、旺旺历史聊天记录截图等)，还是要坚决抵制的，可申请由淘宝客服核实情况并公正处理。

9.5.4 注重买家口碑

买家口碑的力量不可小视。卖家可以利用已有的客户资源来开拓新的客户资源。在每一次愉快地完成交易后，卖家可以请求买家把店铺推荐给自己的朋友，从而带来更多顾客。例如，卖家可以将送客短语设置为“感觉您的惠顾，期待您的下次光临！如果您在这里购物愉快，请告诉您身边的亲朋好友”，这样的小投入往往会获得意想不到的效果。

知识点滴

顾客是比较健忘的，卖家要时常和他们保持联络，通知他们店铺中最新的促销活动，并鼓励他们把这些促销信息发给亲朋好友。

9.5.5 维护客户关系

交易成功后，并不代表卖家服务终止。卖家不要忘记维护已有的客户关系，留住老顾客比吸引新顾客要容易很多，他们将会为卖家带来更多的交易。

1 尊重顾客

尊重是一种修养和品质。做生意，首先要从尊重做起。无论生意是否成交，与对方交谈一定要注意礼貌，交谈时需要顾及对方的感受。在完成交易后，要对这些买家表示感谢。

2 替顾客着想

买卖双方合作的目的是双赢，在与顾客沟通时，应了解顾客的需求，尽量提醒顾客不要挑选过多的宝贝，减少其不必要的开支。

3 定期联系顾客

在开发新顾客的同时要维护好老顾客，他们是卖家成长道路上的扶持者。所以卖家要经常给这些老顾客一些问候，不要让顾客有被遗忘的感觉；还要定期给有特定需要的老顾客提供相关商品的信息，把他们的需求放在心上；店铺打折等优惠活动应第一时间通知这些老顾客；对于交易量很大的老顾客，应给予额外的优惠。

9.6 加入消费者保障服务

消费者保证服务是淘宝网推出的旨在保障网络交易中消费者合法权益的服务体系，主要包括【七天无理由退换货】【假一赔三】【闪电发货】等服务项目。如果加入售后保障服务，在一定程度上可以提高自身的信誉，打消买家的疑虑。

9.6.1 加入消保的理由

消费者保障服务简称“消保”，目前消费者保障服务分为：商品如实描述、七天无理由退换货、假一赔三、闪电发货、数码与家电30天维修等。

其中，商品如实描述为加入消费者保障服务的必选项，而七天无理由退换货、假一赔三、虚拟物品闪电发货、数码与家电30天维修、正品保障是可以自愿根据店铺类目进行主动选择的。

淘宝店铺加入消费者保障服务具有以下几个优势。

- 商品描述有特殊的标记，并带有独立的筛选功能，商品容易被买家找到。

- 加入消费者保障服务后，店铺的可信度大大提升，更容易被买家接受。
- 享受消费者保障服务的卖家特有的单品单荐有针对性的服务。
- 拥有更多淘宝网橱窗推荐位奖励，可以推荐更多商品。
- 可参与淘宝网抵价券促销活动。
- 优先享受淘宝网其他服务和丰富的优惠活动。

9.6.2 申请加入消保

卖家可以根据自己销售产品的特点选择性地加入消费者保障服务。

加入消费者保障服务的淘宝网用户需要具备以下条件：

- 用户必须是淘宝网注册用户。
- 用户被投诉成功率不超过1%。
- 用户同意按《消费者保障服务协议》的规定缴存保证金于自己的支付宝账户并授权淘宝网冻结。
- 用户的申请未被淘宝或支付宝公司否决。

另外，【消费者保障服务】或类似文案之标识不适用于以下类目商品。

- <宠物/宠物食品及用品>小宠类及用品、水族世界、爬虫类及用品、鸟类及用品、宠物配种/服务、其他。
- <网店/网络服务/个性定制/软件充值/平台软件/加款卡>充值平台加款卡。
- <网络游戏点卡>网游平台(加款卡)。
- 成人用品/避孕用品/情趣内衣。
- 房产/租房/新房/二手房/委托服务。

要加入消费者保障服务，用户可登录淘宝网，进入卖家中心，在【淘宝服务】区域单击【消费者保障服务】链接。

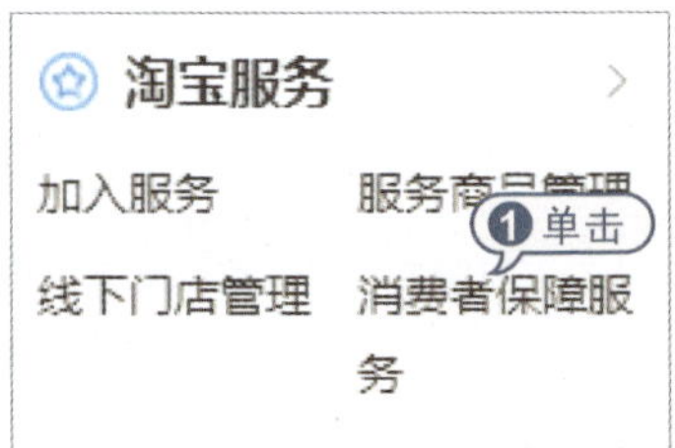

在打开的界面中申请消费者保障服务并提交保证金即可。

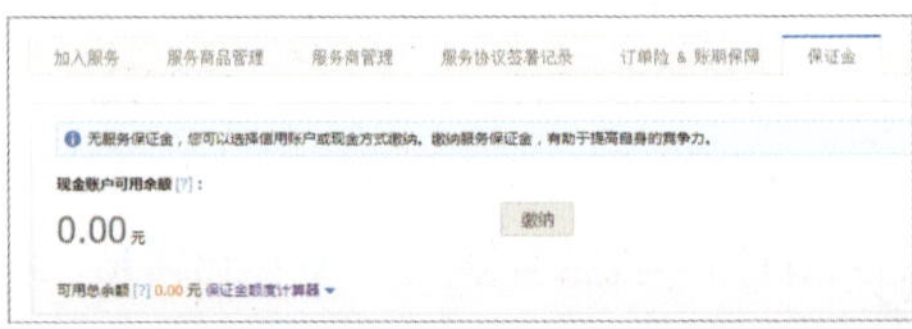

9.6.3 保证金缴纳标准

加入消费者保障服务的淘宝买家需要缴纳一笔保证金，卖家在没有履行消费者保障协议中的相关规定给买家造成损失时，淘宝网将通过扣除卖家缴纳的部分保证金对买家进行赔偿。

知识点滴

保证金一般情况下只交一次，以主营类目所需缴纳的金额为准，如果卖家之前卖的类目只需缴纳1000元保证金，但后续店铺中发布了手机类商品，则请自觉按手机类目要求的10000元金额进行补缴，补缴入口与第一次缴纳入口一致。

目前，消保的基础保证金均为1000元，无类目区别。如果提交页面提示额度低于1000元，用户应按页面提示额度提交即可，后续再关注补缴。如果卖家需要加入特色服务：如七天无理由退换货等，则必须先缴基础保证金方可申请。

为了更好地保障消费者，提升经营以下类目商品卖家的服务水平和商品质量。淘宝依照《消费者保障服务协议》，规定必须缴纳消保保证金的商品类目如下。

必须加入消保的类目	缴费标准
度假线路/签证送关/旅游服务	1000元
景点门票/实景演出/主题乐园	1000元
特价酒店/特色客栈/公寓旅馆	1000元
手机号码/套餐/增值业务	1000元
网店/网络服务/软件	1000元
网游装备/游戏币/账号/代练	1000元
台式机/一体机/服务器	1000元
电脑硬件/显示器/电脑周边	1000元
手机	10000元
MP3/MP4 /录音笔	1000元
个人护理/保健/按摩器材	1000元
办公设备/耗材/相关服务	1000元
厨房电器	1000元
大家电	1000元
宠物食品及用品	1000元
闪存卡/U盘/存储/移动硬盘	1000元
网络设备/网络相关	1000元
平板电脑/MID	1000元
音乐/影视/明星/音像	1000元
书籍/杂志/报纸	1000元
国货精品数码	1000元
影音电器	1000元
电子词典/电纸书/文化用品	1000元
生活电器	1000元
电玩/配件/游戏/攻略	1000元
彩妆/香水/美妆工具	1000元
笔记本电脑	1000元
美容护肤/美体/精油	1000元
数码相机/单反相机/摄像机消保的类目	1000元
美发护发/假发	1000元
3C数码配件	1000元
电玩/配件/游戏/攻略	1000元
腾讯QQ专区	1000元
网络游戏点卡	1000元
移动/联通/电信充值中心	1000元
床上用品/布艺软饰	1000元
玩具/模型/动漫/早教/益智	1000元
童装/童鞋/亲子装	1000元
零食/坚果/特产	1000元
家装主材	1000元
电影/演出/体育赛事	1000元
奶粉/辅食/营养品/零食	1000元
本地化生活服务	1000元

知识点滴

发布以上类目宝贝时，如果没有提交消保保证金只能发布“二手”或“闲置”商品，必须提交消保保证金才可以发布全新商品。

9.6.4 退出消保服务

要退出消费者保障服务，用户可登录淘宝网，进入卖家中心，在【淘宝服务】区域单击【消费者保障服务】链接，进入消费者保障服务页面，在【保证金】选项卡中，单击【解冻】按钮，打开解冻保证金页面。

确认无误后，单击【确定】按钮，等待淘宝客服人员进行审核即可。

9.7 进阶实战

本章的进阶实战部分为使用数据雷达这个综合实例操作，用户通过练习从而巩固本章所学知识。

【例9-2】在数据雷达网站中分析宝贝购买数据。视频

01 打开浏览器，在地址栏中输入网址：http://www.ibbd.net/，然后按下Enter键，进入数据雷达的首页。

02 注册账号并登录后，进入页面，单击【添加行业】按钮。

03 在下拉列表中选择【女鞋】选项，然后单击【添加】按钮。

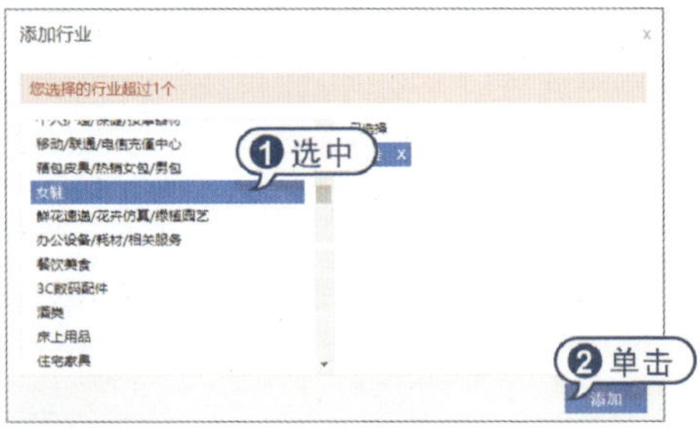

04 打开下图所示页面，可看到【销售趋势】选项卡下的多组分析数据。

05 向下拖动滚动条，显示按月的时间顺序排列女鞋宝贝的各种数据，也可以按季度或按年来显示数据，帮助卖家了解整个行业近期的销售变化趋势。

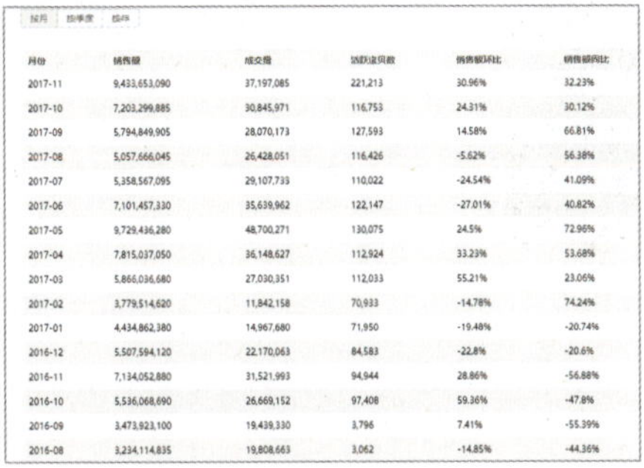

月份	销售额	成交量	动销宝贝数	销售额环比	销售额同比
2017-11	9,433,653,090	37,197,085	221,213	30.96%	32.23%
2017-10	7,203,299,885	30,845,971	116,753	24.31%	30.12%
2017-09	5,794,849,905	28,070,173	127,593	14.58%	66.81%
2017-08	5,057,666,045	26,428,051	116,426	-5.62%	56.38%
2017-07	5,358,567,095	29,107,733	110,022	-24.54%	41.09%
2017-06	7,101,457,330	35,639,962	122,147	-27.01%	40.82%
2017-05	9,729,436,280	48,700,271	130,075	24.5%	72.96%
2017-04	7,815,037,050	36,148,627	112,924	33.23%	53.68%
2017-03	5,866,036,680	27,030,351	112,033	55.21%	23.06%
2017-02	3,779,514,620	11,842,158	70,933	-14.78%	74.24%
2017-01	4,434,862,380	14,967,680	71,950	-19.48%	-20.74%
2016-12	5,507,594,120	22,170,063	84,583	-22.8%	-20.6%
2016-11	7,134,052,880	31,521,993	94,944	28.86%	-56.88%
2016-10	5,536,068,690	26,669,152	97,408	59.36%	-47.8%
2016-09	3,473,923,100	19,439,330	3,796	7.41%	-55.39%
2016-08	3,234,114,835	19,808,663	3,062	-14.85%	-44.36%

06 选择【类目趋势】选项卡，可以显示各类女鞋每年每月的购买趋势。

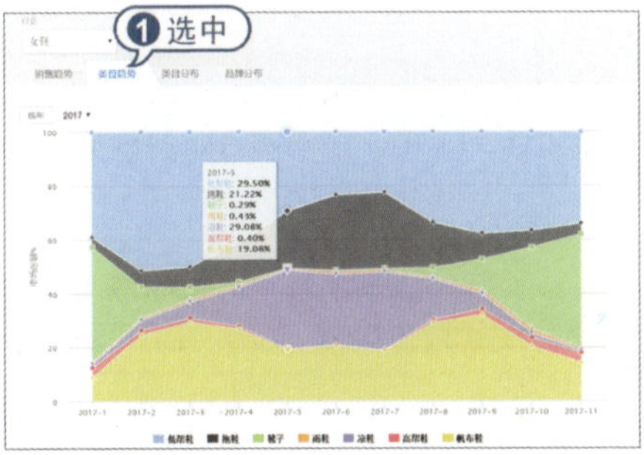

07 选择【类目分布】选项卡，可以显示各类女鞋购买时间的分布。

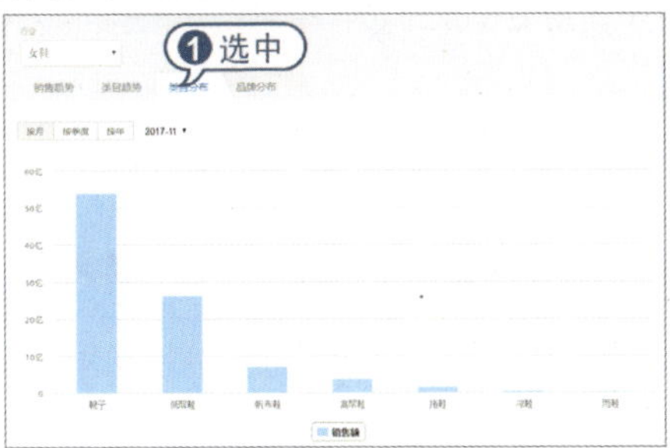

08 向下拖动滚动条，显示类目排行销售额和占比饼图。

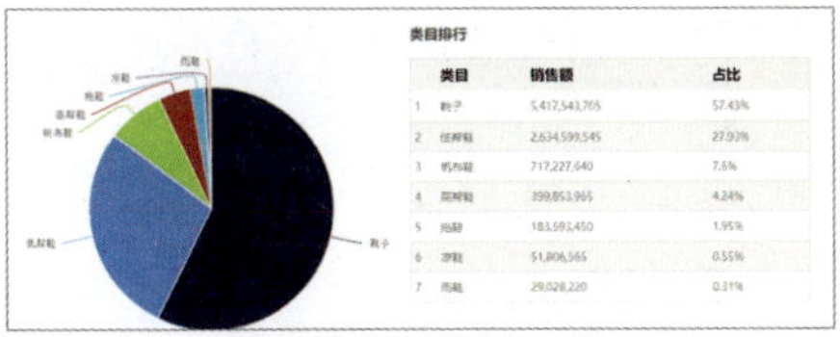

09 选择【品牌分布】选项卡，可以显示女鞋按时间划分的品牌分布趋势。

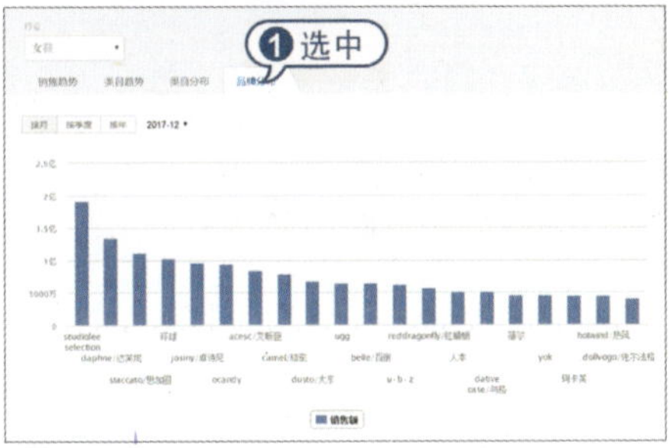

10 向下拖动滚动条，显示品牌分布趋势占比饼图。

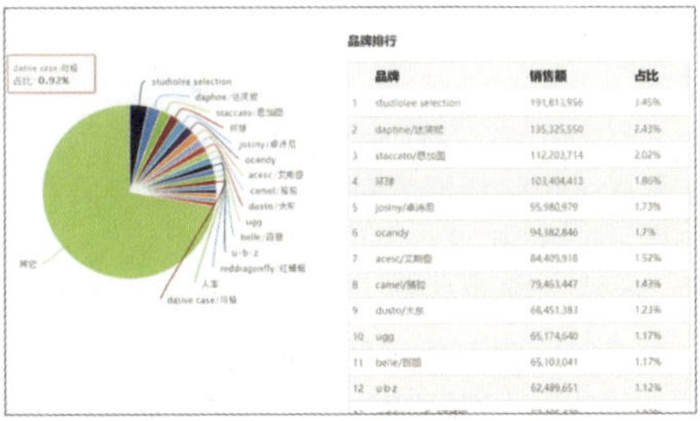

11 选择左侧的【类目细分】选项卡，则可以显示女鞋每个类目下的详细购买数据。

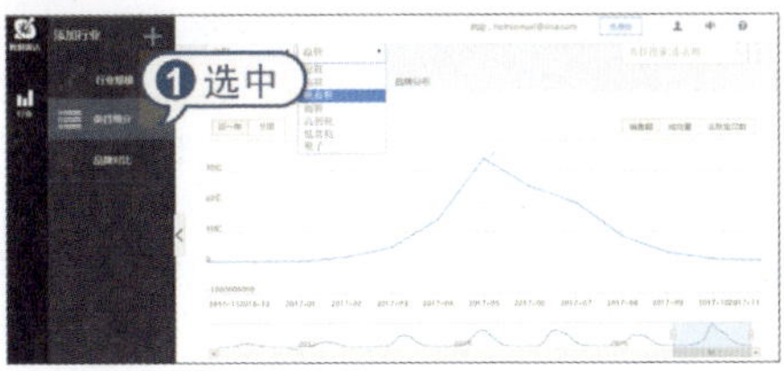

12 在该选项下，也包括【销售趋势】【类目趋势】【类目分布】【类目细分】4个选项卡。

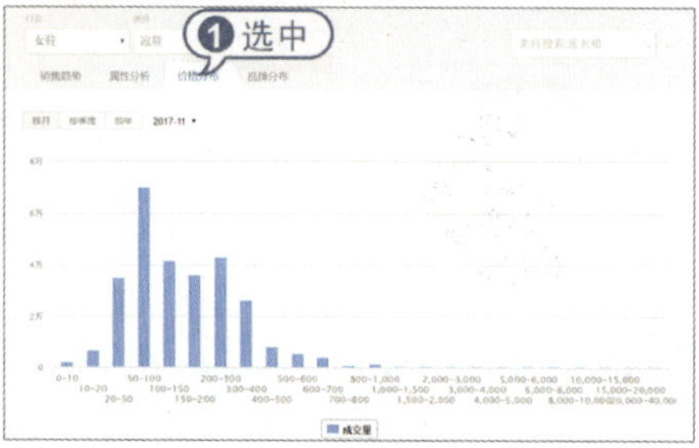

13 选择左侧的【类目细分】选项卡，则可以输入品牌名称，查找各个品牌女鞋的详细购买数据。

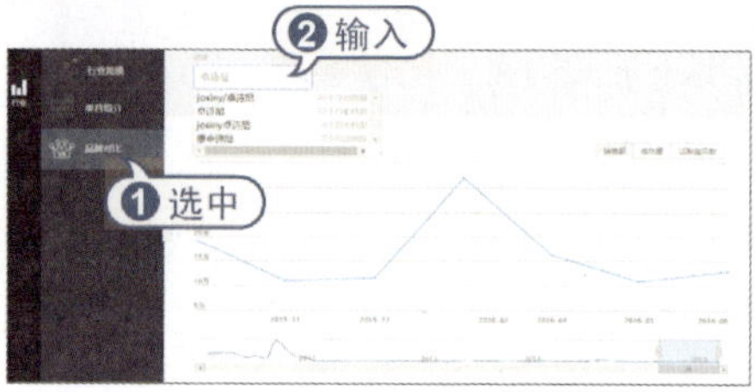

9.8 疑点解答

问：网上骗子的招数有哪些？应当如何应对？

答：为了帮助大家更清醒地认识网上骗子的骗术，这里总结了以下几种常见的骗局，希望大家提高警惕。现在骗子的骗术也会不断地“推陈出新”，但万变不离其宗，只要大家举一反三，灵活运用防骗技巧，就可以有效避免上当受骗。

瞒天过海：骗子首先和卖家联系购物，骗得卖家的信任，然后以没有支付宝为由，要求卖家直接提供银行账户名和账号，之后又对卖家说，有点不信任卖家，要求先付50%，货到后再付50%。等卖家发完货之后，骗子就消失了。对付这种骗子的方法是必须全款发货。

借刀杀人：骗子使用电话和卖家联系，然后说打电话联系太贵了，自己的QQ又用不了，希望借卖家的一个QQ和卖家联系，因为不少职业卖家有多个QQ号码。当卖家把QQ号码和密码泄露后，卖家的QQ号就被他们盗用了。这种骗子只骗卖家的QQ，由于卖家的QQ是用来做生意的，所以很容易泄露商业机密。

暗度陈仓：骗子说要直接汇款到卖家的账户，然后把银行的汇款单传真给卖家。要卖家马上发货，但发完货后，卖家到自己的账户上查询，发现没有这笔款项。因为骗子的传真是假的，不可轻信。对付这种骗子的方法最好是尽量使用支付宝，否则钱不到账坚决不发货。

围魏救赵：骗子以没有注册支付宝为由，要求卖家直接提供银行户名和账号，然后想办法套出卖家的身份证号码，在套出卖家的身份证复印件后，接着卖家银行账户上的钱就莫名其妙地没啦。后来经核查发现是骗子根据身份证信息伪造了假的身份证，然后去银行挂失，并骗取银行卡里的现金。因而，大家都要保密个人的信息，包括身份证号码。对付这种骗子的方法就是千万不要随便泄露自己的身份证号码。

声东击西：骗子先假装购买货物，而且一定是一笔大生意。骗子会再三要求优惠价格，并且要求卖家提供小礼物。而骗子一收到货后，就以货物质量问题为由要求退款，而且要求退款的数量是货物的原价，当然，还会说没有收到过小礼物。对付这种骗子的最佳方法就是使用支付宝，如果不能使用支付宝，就一定要留下实际交易价格的凭据。

第10章

运营网店的其他工具

我们在经营淘宝网店时，可以利用一些辅助的软件来帮助自己更好地管理店铺，例如使用淘宝助理管理店铺中的宝贝、使用生意参谋查看店铺流量，使用Photoshop美化宝贝图片等。

对应光盘视频

例10-1 使用淘宝助理上传宝贝
例10-2 导出为CSV文件
例10-3 使用ACDSee浏览宝贝
例10-4 批量重命名图片
例10-5 批量转换文件格式
例10-6 移动图像
例10-7 调整曝光不足
例10-8 使用滤镜修除斑点
例10-9 调整图片色阶
例10-10 修复照片划痕

10.1 使用淘宝助理

淘宝助理是淘宝网为卖家量身打造的一款功能强大的店铺商品管理工具，是淘宝卖家必备的软件之一。使用淘宝助理，卖家不用登录淘宝网，便可以直接管理店铺中的宝贝，如编辑宝贝信息、上传宝贝等。

10.1.1 下载并安装淘宝助理

用户可以通过http://zhuli.taobao.com网站下载并安装“淘宝助理”软件。

01 启动浏览器后，打开如下图所示的淘宝助理下载页面，单击【淘宝版下载】按钮。

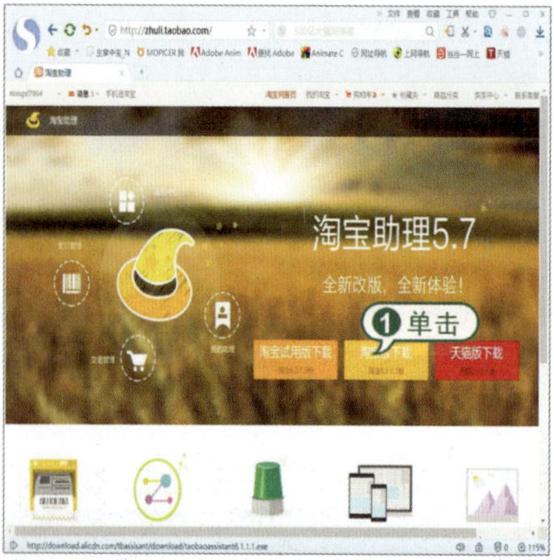

02 下载完毕后，双击可执行安装文件，在打开的【淘宝助理安装】对话框中单击【下一步】按钮。

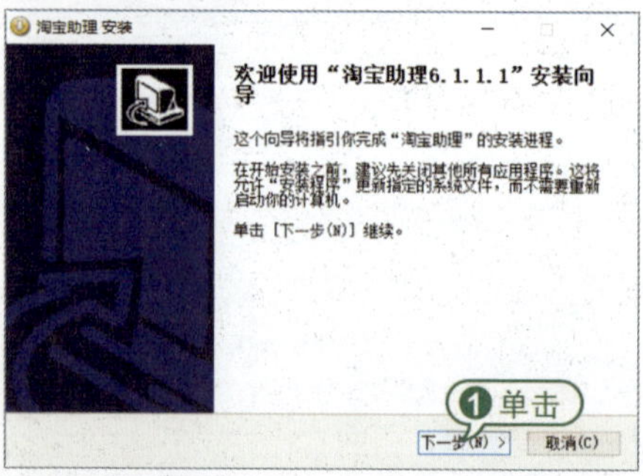

03 在打开的对话框中单击【我接受】按钮，继续淘宝助理的安装。

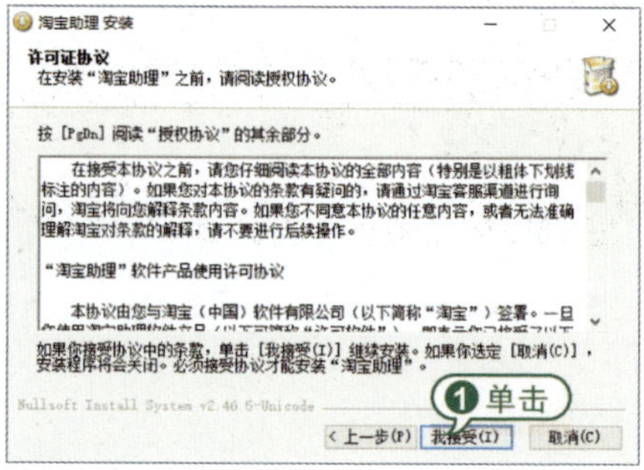

04 设置安装路径，然后单击【下一步】按钮。

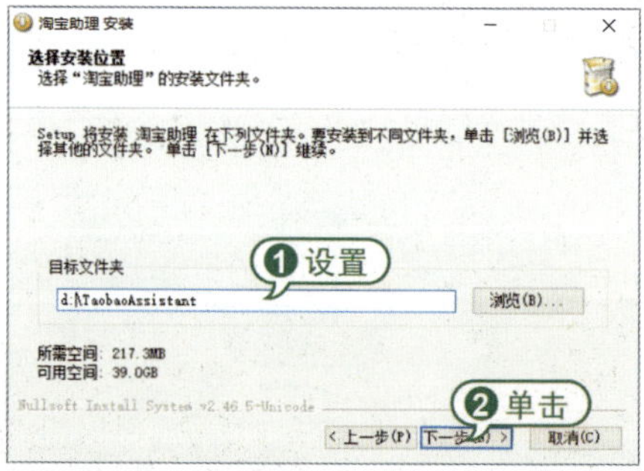

05 在打开的对话框中单击【安装】按钮，即可开始安装淘宝助理。

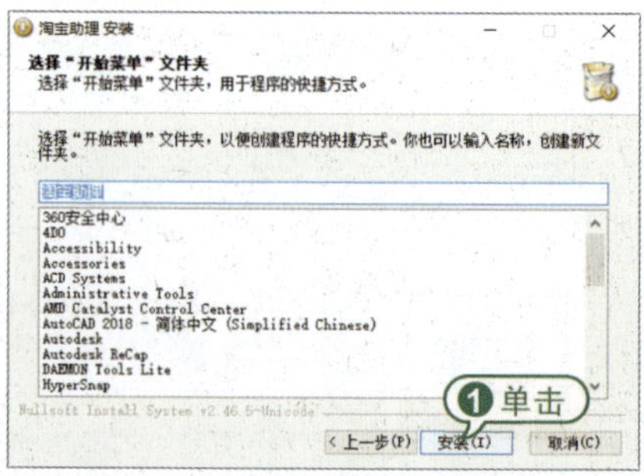

06 淘宝助理安装完成后，在打开的对话框中单击【完成】按钮即可。

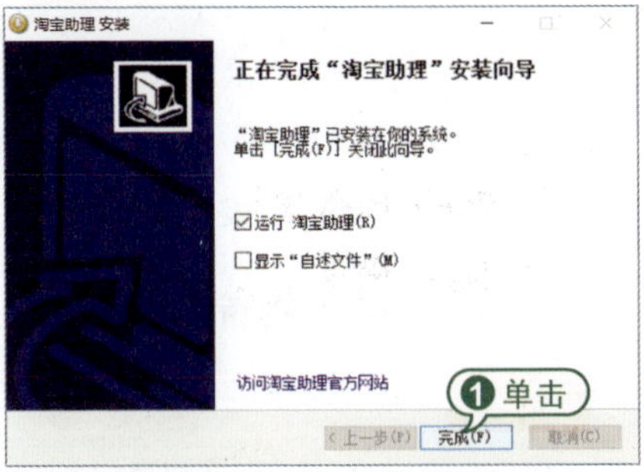

10.1.2 上传宝贝

使用淘宝助理可以快速地上传、下载宝贝，可以大大缩短工作时间，提高了工作效率。

【例10-1】使用"淘宝助理"软件上传宝贝。视频

01 启动淘宝助理，在【会员名】和【密码】文本框中输入账号和密码，然后单击【登录】按钮，登录淘宝助理。

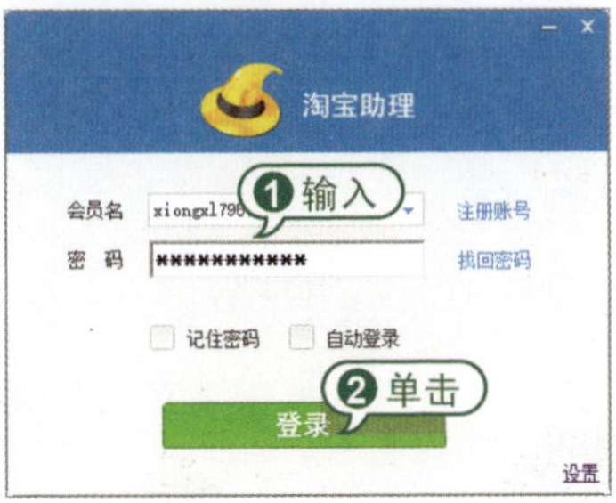

02 数据更新和下载完成后，进入淘宝助理主界面。

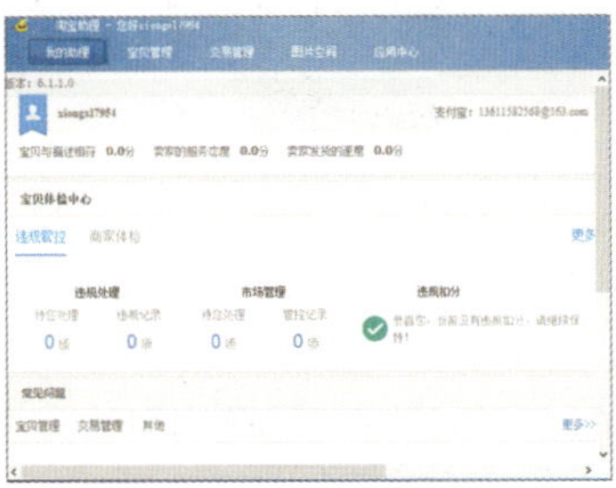

03 单击【宝贝管理】按钮，然后在打开的界面中单击【创建宝贝】按钮。

04 在打开的【创建宝贝】对话框中的【基本信息】选项卡中单击【选类目】按钮，打开【选择类目】对话框。

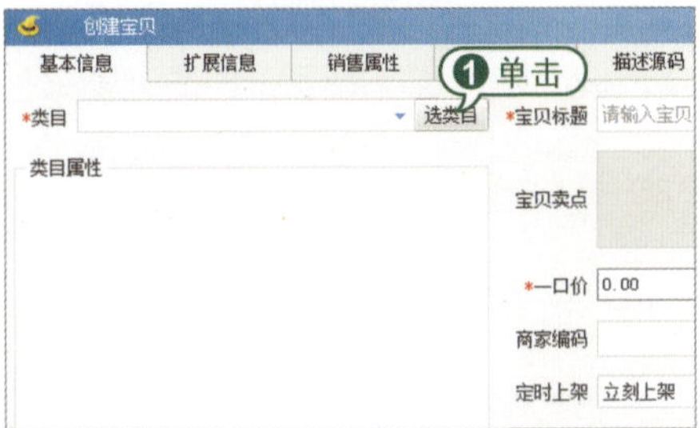

05 在【选择类目】对话框中设置宝贝的类目后，单击【确定】按钮。

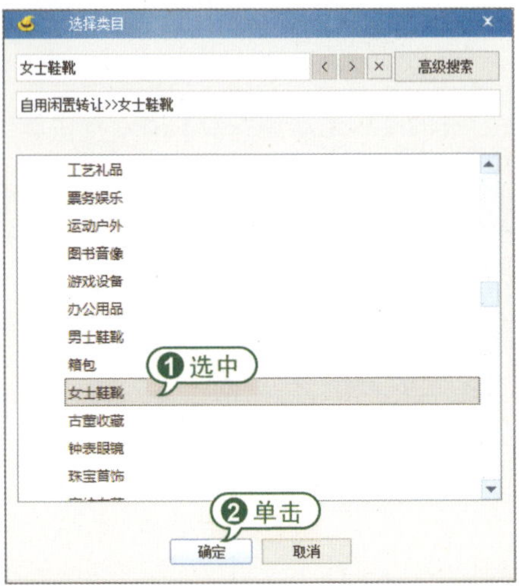

06 返回【创建宝贝】对话框后，在【宝

贝标题】文本框中输入宝贝的标题；在【一口价】文本框中输入宝贝的价格；在【数量】文本框中输入宝贝的数量；在【所在地】文本框中输入卖家所在地，选择运费模板等选项。

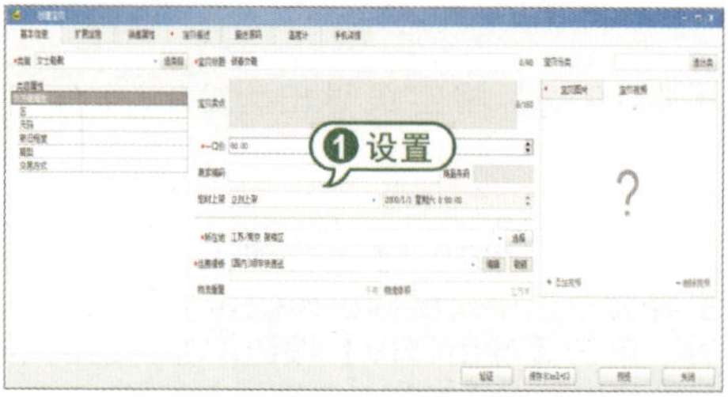

07 在【创建宝贝】对话框中单击【添加图片】按钮，打开【选择图片】界面。

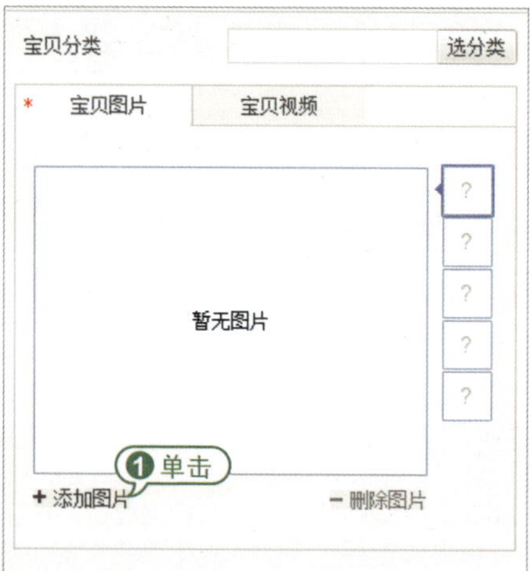

08 在【选择图片】界面中单击【选择要上传的图片】按钮，打开【选择图片】对话框。

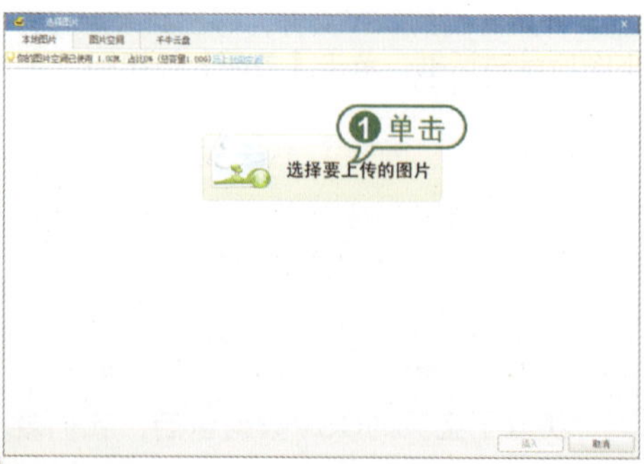

09 选中宝贝的图片后，单击【打开】按钮。

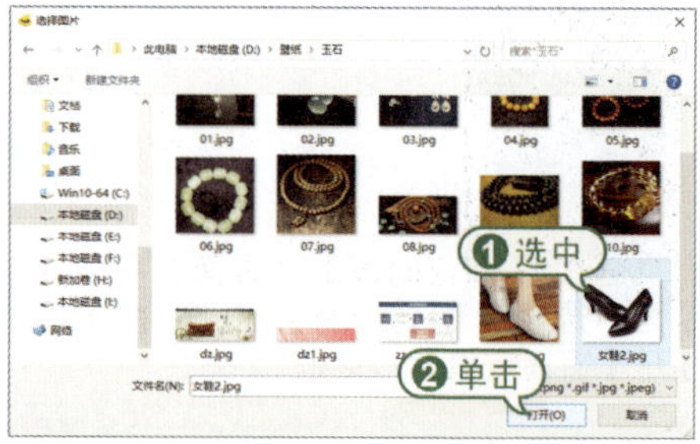

10 返回【选择图片】界面后，单击【插入】按钮。

11 返回【创建宝贝】对话框，添加宝贝的图像预览。

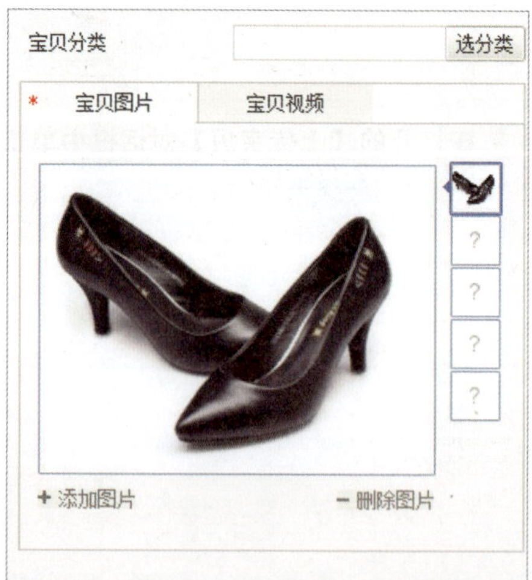

12 在【创建宝贝】对话框中选中【宝贝描述】选项卡，然后在打开的选项区域中输入

宝贝的描述文本，单击【保存】按钮。

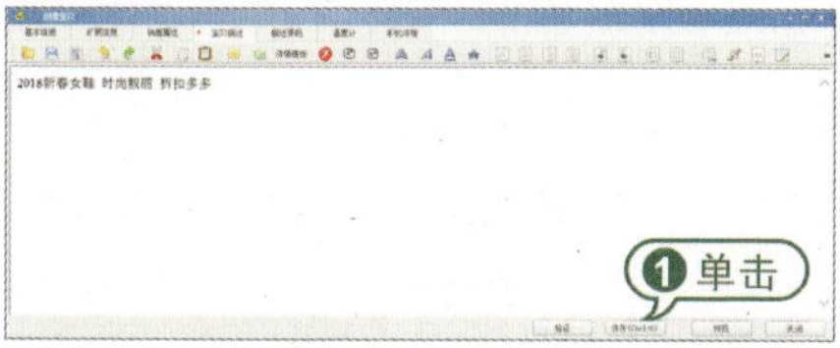

13 返回【淘宝助理】主界面，然后在该界面中选中需要上传的宝贝，双击宝贝，打开【编辑宝贝】对话框。

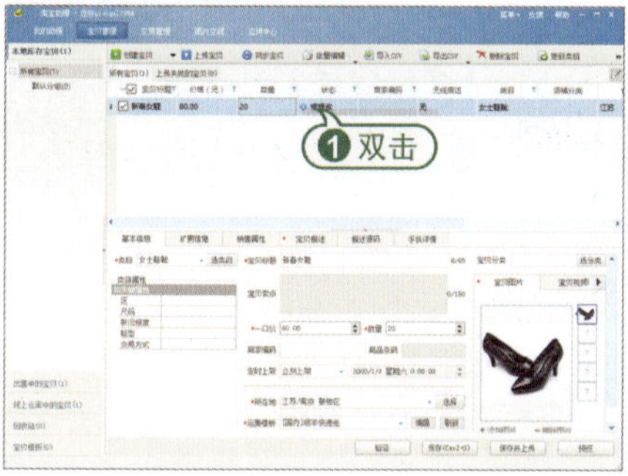

14 在【编辑宝贝】对话框中单击【保存并上传】按钮。

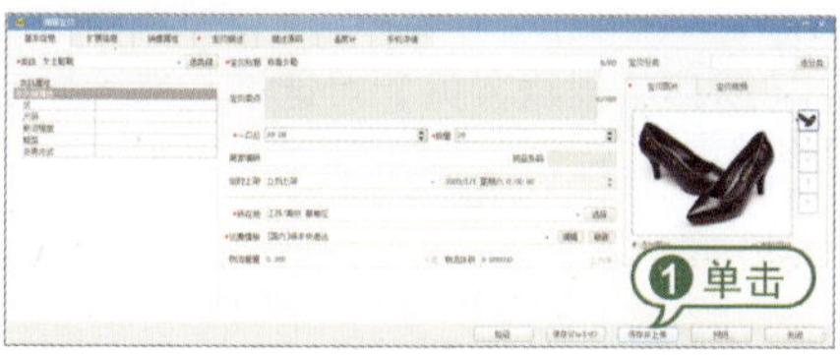

15 在打开的【上传宝贝】对话框中单击【上传】按钮上传宝贝。

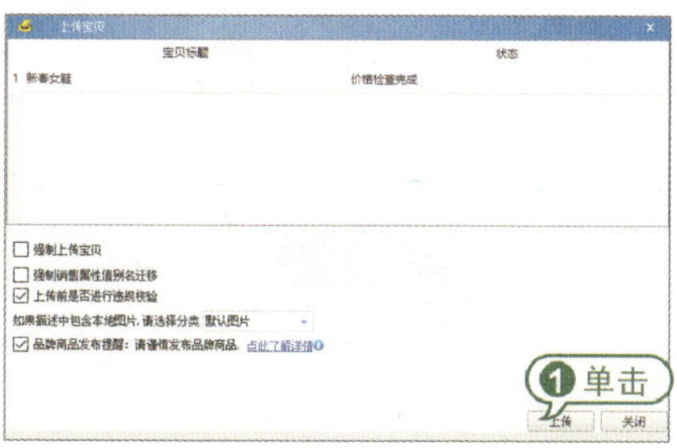

10.1.3 导出为CSV文件

CSV文件通常指的是纯文本文件，通过淘宝助理，我们可以把编辑好的宝贝信息导出为CSV文件，这个文件被称为是宝贝的数据包，有了这个数据包，当用户下次需要再次上传同样的宝贝时，只需将该数据包导入即可。

【例10-2】将宝贝导出为CSV文件。

视频

01 继续【例10-1】的操作，在淘宝助理主界面中选中需要导出为CSV文件的宝贝后，单击【导出CSV】按钮，在弹出的下拉列表中选中【导出勾选宝贝】选项。

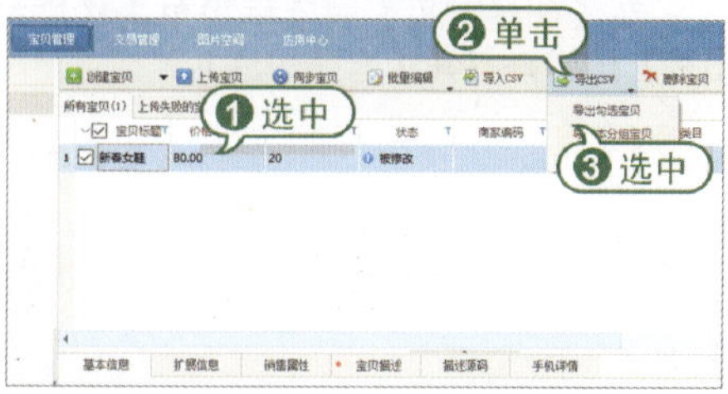

02 在打开的【保存】对话框中设置CSV文件保存的位置和名称后，单击【保存】按钮。

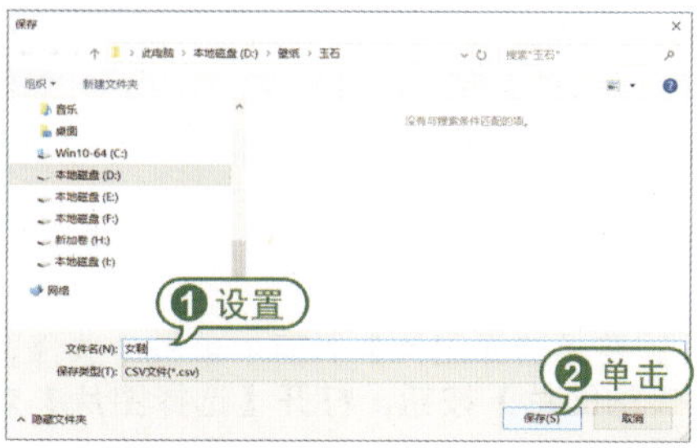

03 开始导出到CSV文件，导出结束后打开下图所示对话框，单击【关闭】按钮即可。

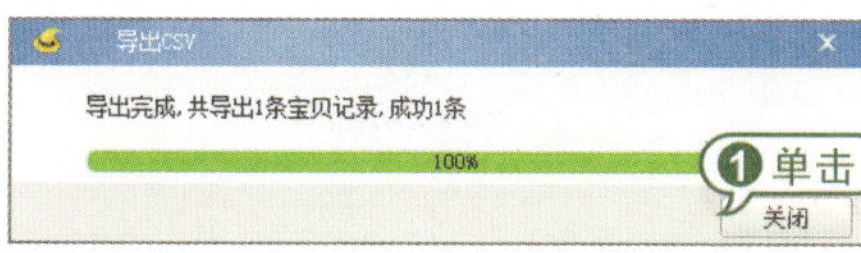

10.1.4 导入数据包并上传

获取了宝贝的CSV数据包后，我们就

可以通过导入CSV数据包来上传宝贝了。

首先启动并登录淘宝助理，选择【宝贝管理】选项卡，单击【导入CSV】按钮。

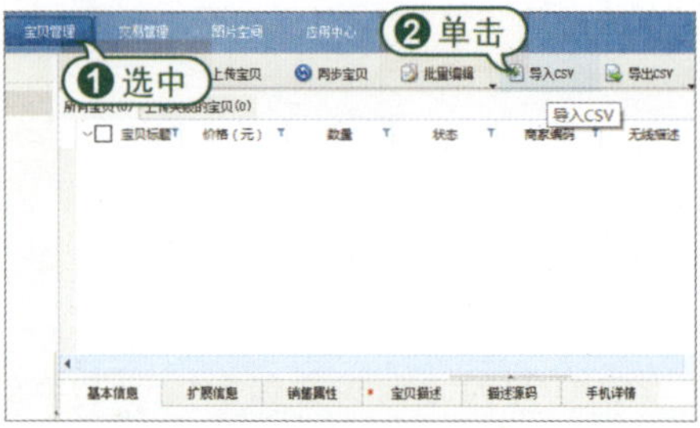

在打开的【打开文件】对话框中，选中要导入的CSV文件，然后单击【打开】按钮，开始导入CSV文件。

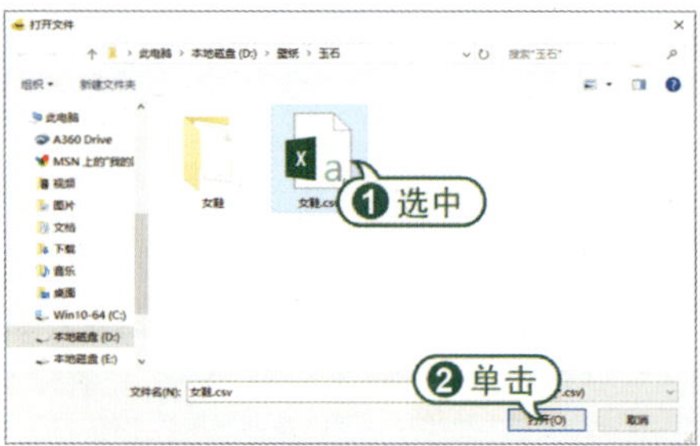

文件导入完成后，在打开的对话框中单击【关闭】按钮即可。

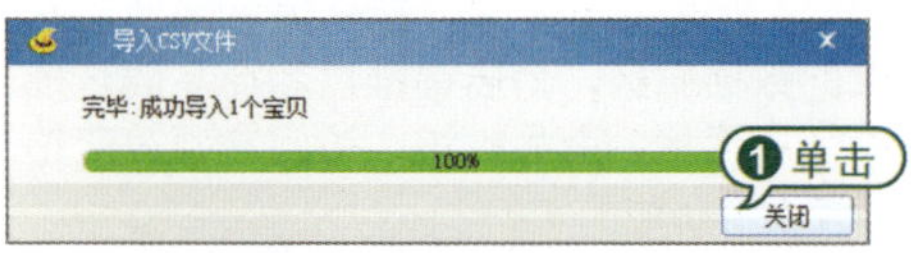

选中需要上传的宝贝，然后单击【上传宝贝】按钮。

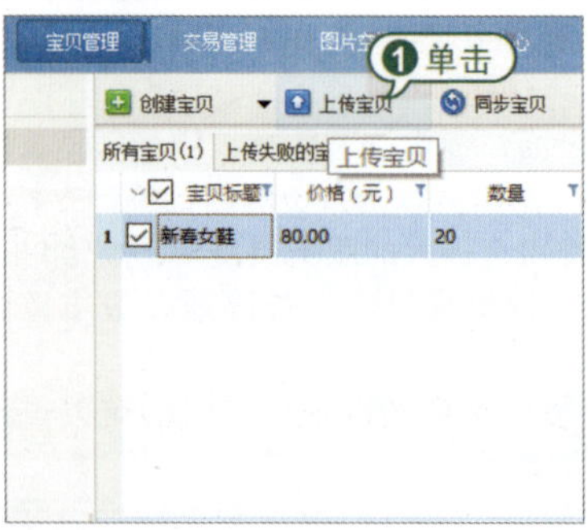

打开【上传宝贝】对话框，然后单击【上传】按钮即可。

10.1.5 将宝贝保存为模板

用户可将编辑好的宝贝或正在出售的宝贝信息保存为宝贝模板，当用户下次需要上传类似宝贝时，就可以使用该模板进行编辑，这样可以大大提高工作效率。

在淘宝助理界面中右击需要保存为模板的宝贝，在弹出的菜单中选中【复制宝贝】命令。

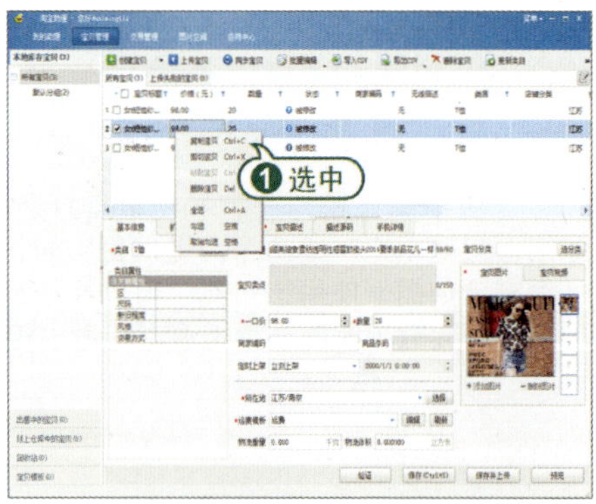

单击界面左侧的【宝贝模板】按钮，切换至宝贝模板界面，在下图所示空白区域右击鼠标，选择【粘贴宝贝】命令。

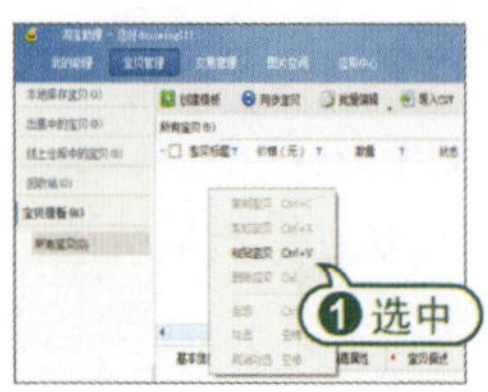

粘贴宝贝后，选中粘贴的宝贝。此时，可对该宝贝的基本信息进行编辑。单击【保存】按钮，即可成功保存宝贝模板。

10.1.6 批量修改宝贝信息

对于多个已经上传至淘宝网店的宝贝，如果卖家需要对这些宝贝中的其中一项信息进行统一修改，则可以使用淘宝助理的批量修改功能。

首先单击界面左侧的【本地库存宝贝】选项，然后在打开的选项区域中选中要修改的宝贝。

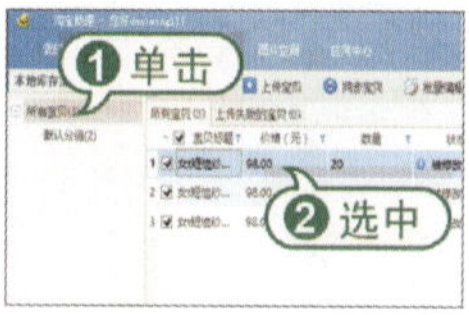

单击“淘宝助理”界面顶部的【批量编辑】选项，在弹出的下拉列表中选中【宝贝数量】选项。

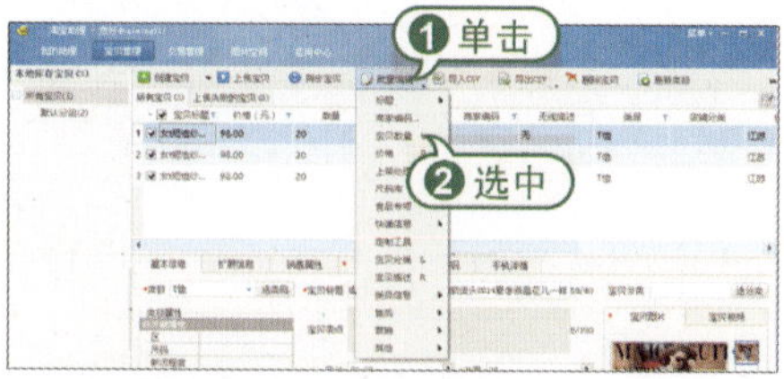

在打开的【宝贝数量】对话框中的【新的数量】文本框中输入10后，然后按下Enter键即可。

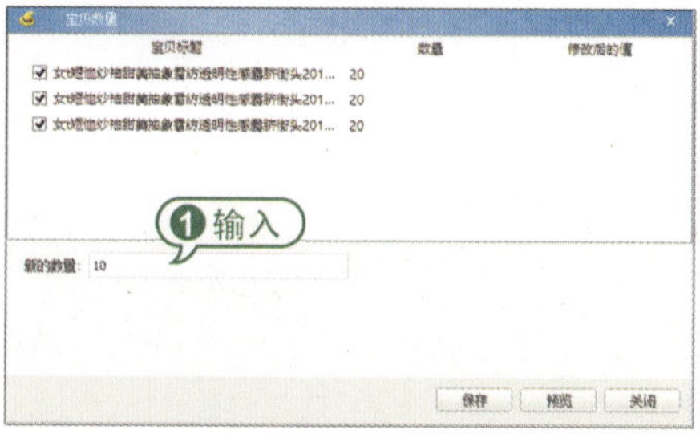

10.2 使用生意参谋

生意参谋是为淘宝掌柜量身打造的专业店铺数据统计系统，每分钟更新访问数据，实时跟踪在线访客，提供最实时、最精准的数据服务，为店铺推广和商品展示提供充分依据。使用该工具，可以快速地查看淘宝店流量、商品被访、访问来源等店铺的详细数据，有助于掌柜清晰地做出相应的经营决策。

10.2.1 生意参谋简介

生意参谋通过统计掌柜店铺的客户行为和特点，帮助掌柜更好地了解客户喜好，为店铺的推广和商品展示提供充分的数据支持。

生意参谋的特点如下所示。

- 准确：淘宝网推出的唯一统计工具，直接获取淘宝数据，提供最精准、最专业的数据分析。
- 快速：每分钟更新访问数据，实时跟踪在线访客，为用户提供及时的数据结果。
- 全面：提供访客数据、销售数据、行业数据等，给卖家全方位的店铺统计支持。
- 稳定：强大的服务器支持，优越的架构设计，提供最稳定、最高效、最丰富的数据服务。

使用生意参谋统计，我们可以查看如下详细数据。

- 流量分析：掌柜可以选择“按天”和“按小时”这两种方式查看流量，为卖家安排店内人手和宝贝上线时间提供参考。
- 实时访问：时刻了解客户访问情况，“跟踪”功能可帮助卖家实时了解买家行为。
- 宝贝排行：店内所有宝贝可根据访客数、浏览量和关注度等不同指标进行排序，方便卖家优化商品。
- 来源详情：提供店内所有浏览的来源情况，帮助卖家全面掌握流量信息。
- 访客地区分析：帮助卖家深度考量不同区域的客户质量和价值，为卖家设定目标用户群、针对不同地区推广活动提供可靠的数据支持。

10.2.2 生意参谋的应用

要开通生意参谋，需要打开卖家中心，在【数据中心】选项卡里单击【生意参谋】链接。

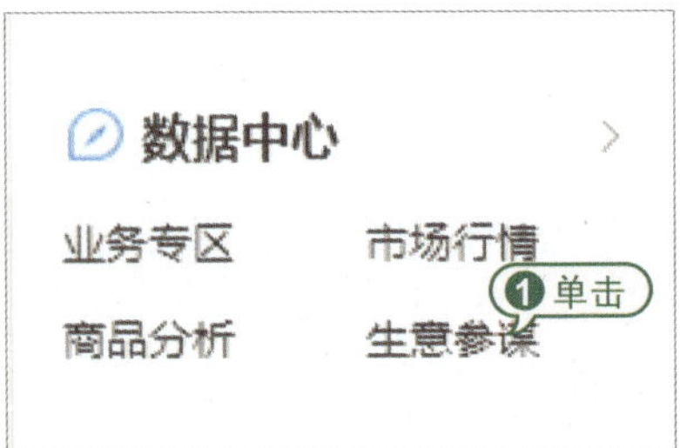

然后按照提示激活即可开通生意参谋，该页面如下图所示。

使用生意参谋可以实时查看店铺的流量状况，方便卖家查看推广效果。

打开生意参谋主页，单击【流量】标签，可查看店铺的流量概况。

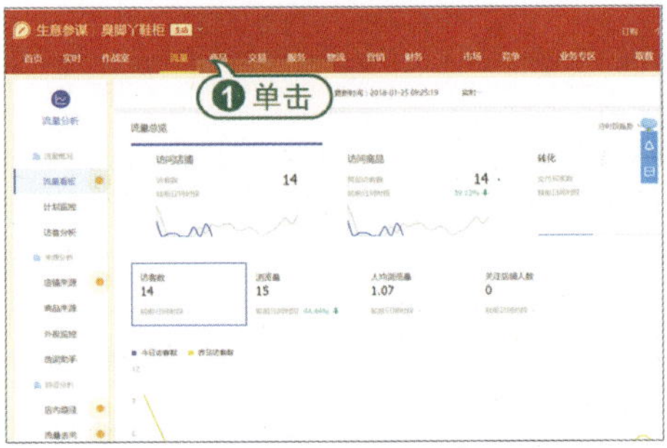

单击左侧的【访客分析】选项卡，可以查看最近访问店铺的客户分布和对比数据。

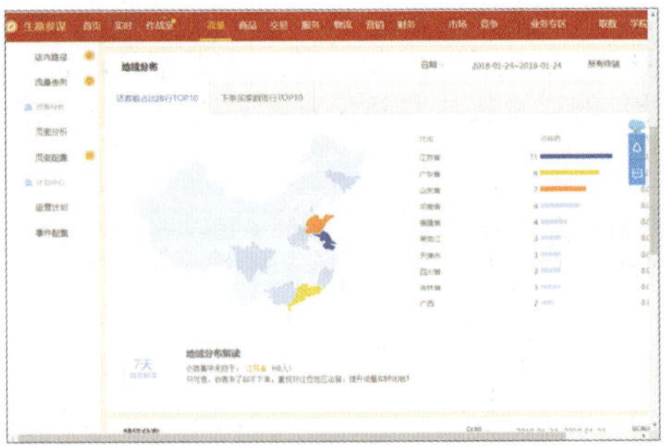

单击左侧的【流量看板】选项卡，单击【更新时间】后的【实时】下拉按钮，弹出菜单，可以查看当天以及指定日期的分时段流量统计信息。

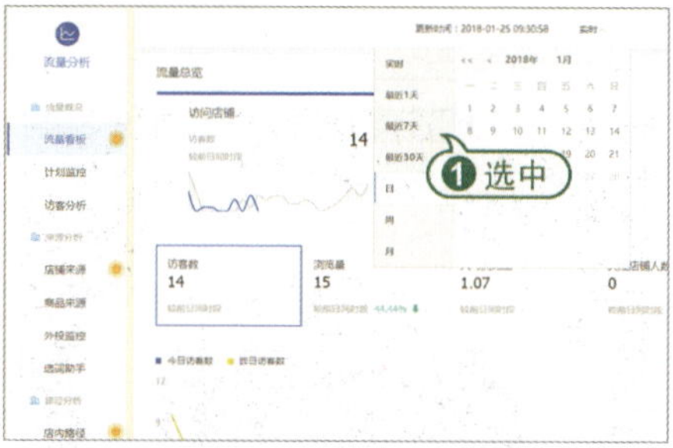

单击【交易】标签，可查看店铺的交易概况。

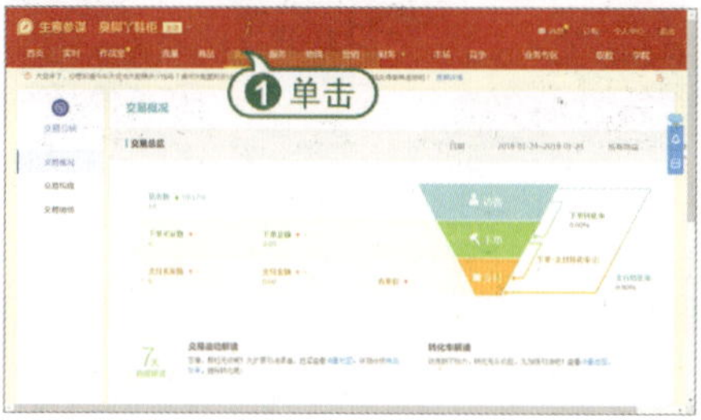

单击【市场】标签，可购买市场行情插件，可以深度分析行业优秀品牌人群定位。

比如单击【立即订购】按钮，打开对话框，选择一个商品项目类型，单击【确定】按钮，购买市场行情分析数据。

10.3 使用ACDSee批量处理图片

ACDSee是一款非常好用的图像查看处理软件，它被广泛地应用在图像获取、管理以及优化等各个方面。

10.3.1 浏览宝贝图片

ACDSee软件为用户提供了多种图片浏览方式，用户在安装ACDSee软件后，双击桌面上的软件图标启动软件，即可启动ACDSee。

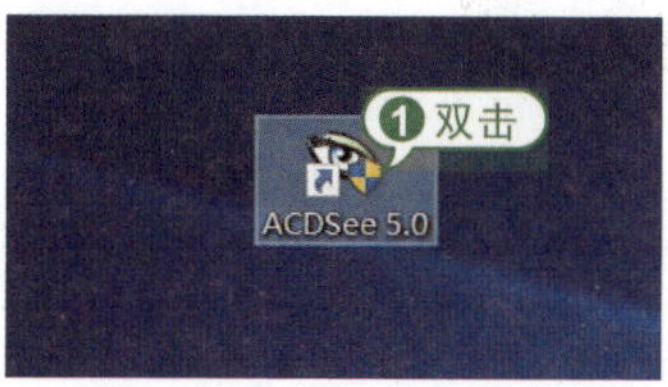

启动ACDSee后，在软件界面左侧的【文件夹】列表框中选择图片的存放位置，双击某幅图片的缩略图，即可查看该图片。

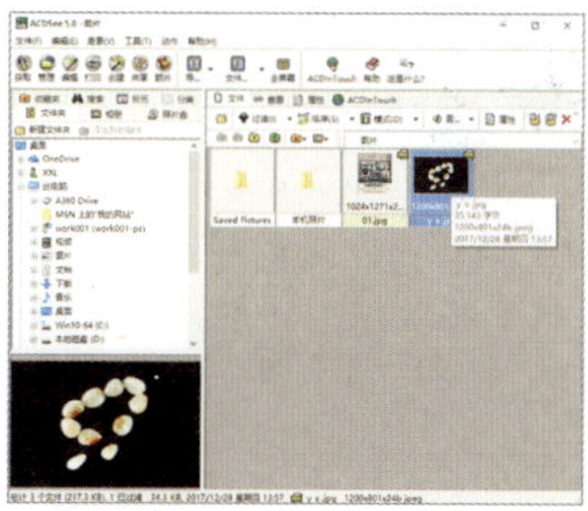

【例10-3】使用ACDSee浏览宝贝图片。视频

01 启动ACDSee后，在软件主界面左侧的列表框中依次展开【此电脑】|【本地磁盘D:】|【壁纸】|【玉石】路径。此时，ACDSee软件主界面中间的文件区域将显示【玉石】文件夹中的所有图片。

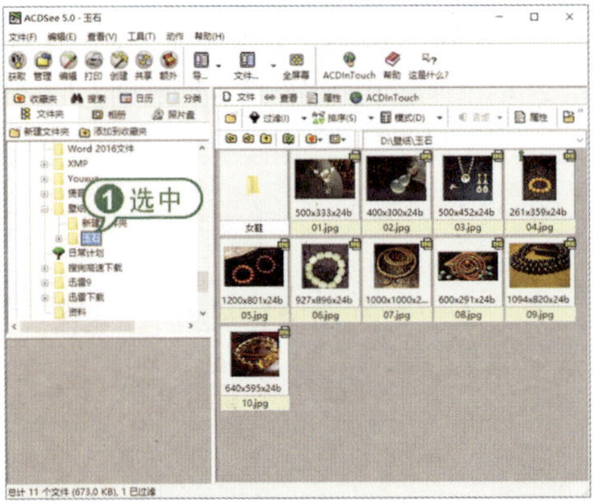

02 选中界面中的一张图片，可以在软件界面左下角查看图片缩略图。

03 双击图片，即可打开单图查看模式，可以查看图片效果，还能对其进行简单编辑。如果要返回浏览模式，单击【浏览】按钮即可。

10.3.2 批量重命名图片

如果用户需要一次对大量的图片进行统一命名，可以使用ACDSee的批量重命名功能。

【例10-4】使用ACDSee对文件夹内所有文件进行统一命名。视频

01 启动ACDSee，在主界面左侧的【文件夹】列表框中依次展开【此电脑】|【本地磁盘D:】|【壁纸】|【玉石】路径。

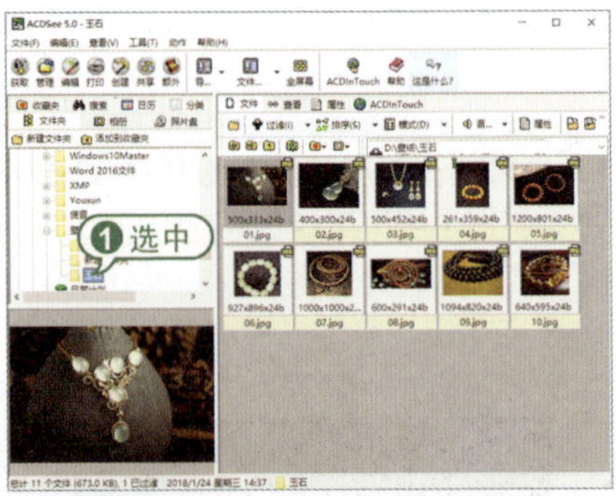

02 此时，在ACDSee软件主界面中间的文件区域将显示【玉石】文件夹中的所有图片。按Ctrl+A组合键，选定该文件夹中的所有图片，然后选择【编辑】|【批量重命

名】命令。

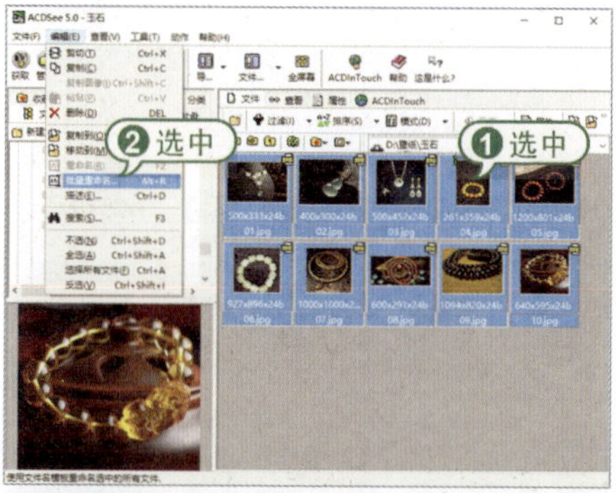

03 打开【批量重命名】对话框，选中【使用模板重命名文件】复选框，在【模板】文本框中输入“宝贝###”。选中【使用数字替换#】单选按钮，在【开始于】后面的微调框中设置数值为“1”(此时，在对话框的【预览】列表框中将会显示重命名前后的图片名称)，单击【确定】按钮。

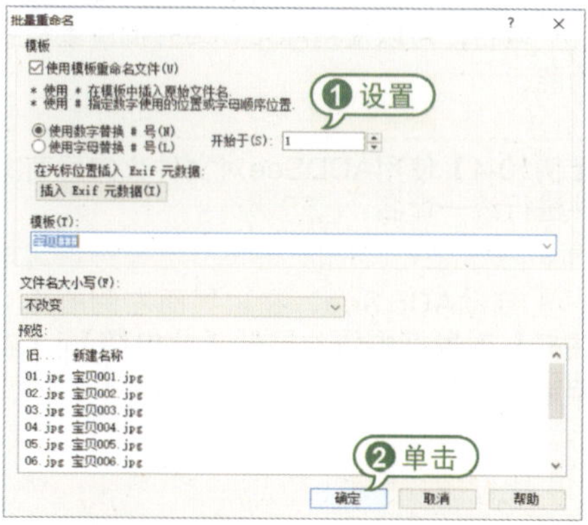

04 批量重命名图片后，图片在ACDSee中的效果如下图所示。

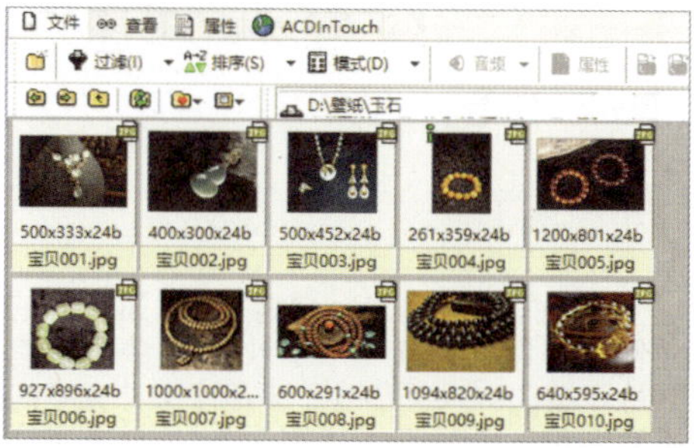

10.3.3 批量转换文件格式

ACDSee具有图片文件格式的相互转换功能，使用它可以轻松地执行图片格式的转换操作。

【例10-5】使用ACDSee将文件夹内的图片转换为BMP格式。视频

01 启动ACDSee，在主界面左侧的【文件夹】列表框中依次展开【此电脑】|【本地磁盘D:】|【壁纸】|【玉石】路径。

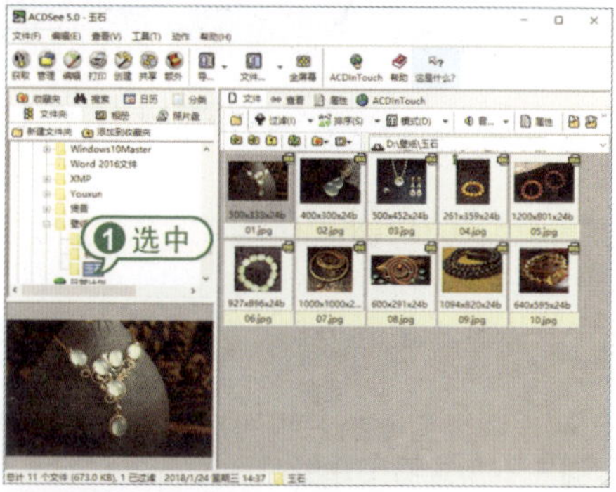

02 选中所有图片，选择【工具】|【格式转换】命令。

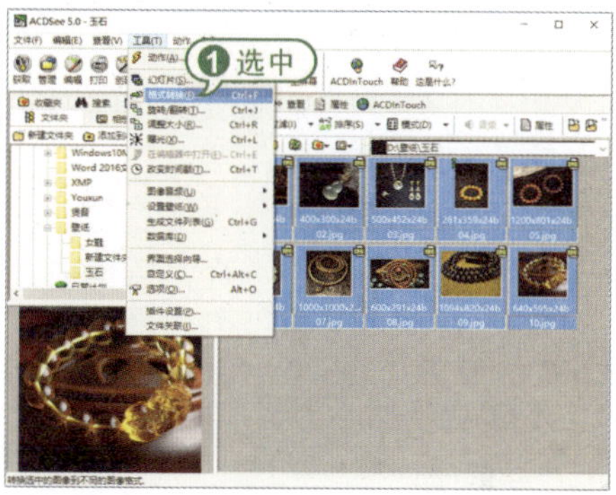

03 打开【图像格式转换】对话框，选中【BMP Windows位图】选项，然后单击【多页设置】按钮。

04 打开【多页转换选项】对话框，这里保持默认设置，单击【确定】按钮。

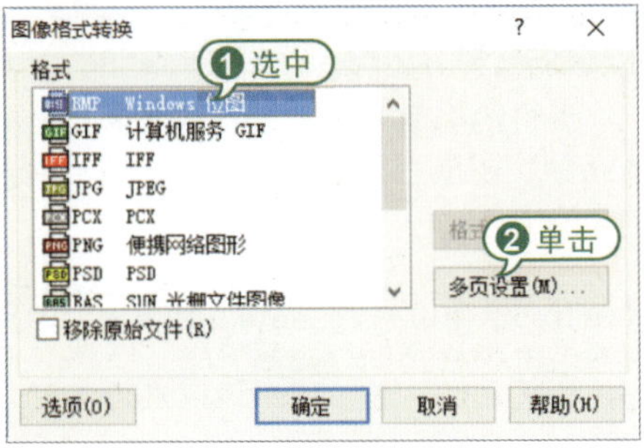

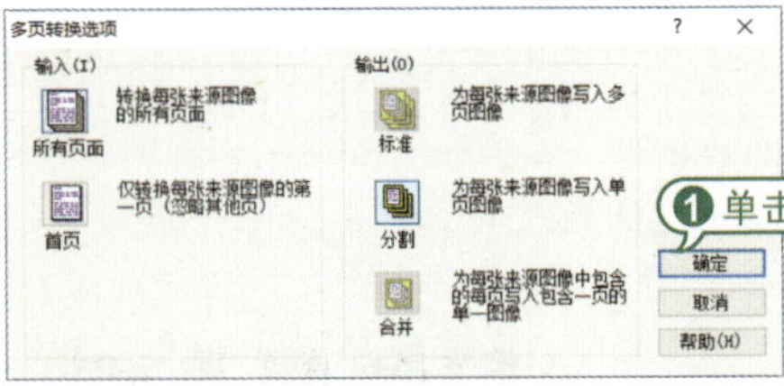

05 返回【图像格式转换】对话框，单击【确定】按钮。此时，ACDSee将开始转换图片文件并显示进度，转换格式完成后，在原文件夹内显示增加的BMP文档。

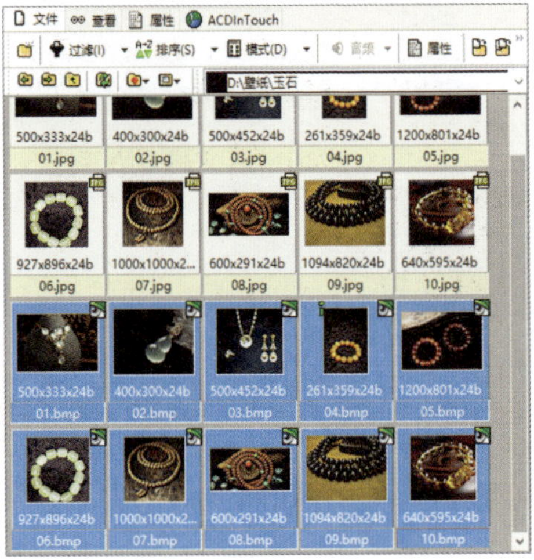

10.4 使用Photoshop处理图片

Photoshop是一款功能强大的专业图像处理软件，使用它提供的众多的编修与绘图工具，可以更有效地进行图片编辑工作，是网店卖家不可或缺的好帮手。

10.4.1 处理图片的基本操作

在处理图片时，可以在Photoshop中打开相应的文件，然后使用一些编辑工具进行编辑操作。

1 打开和置入文件

在Photoshop中，要打开一个照片文件，可以执行【文件】|【打开】命令，在打开的对话框中选中要打开的文件，然后单击【打开】按钮即可。

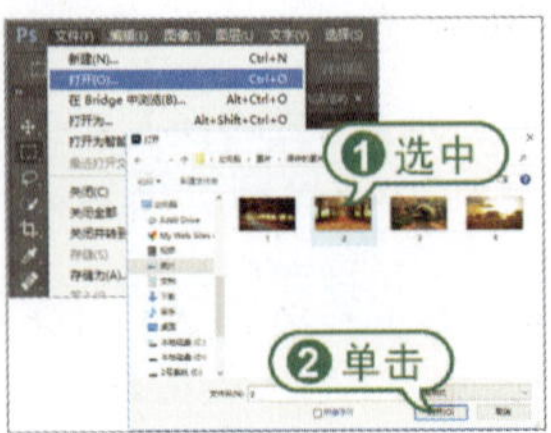

除此之外，Photoshop还有一些其他命令，可以打开图像文档。

- 执行【文件】|【Bridge中浏览】命令，可以运行Adobe Bridge，双击一个图片文件，即可将其在Photoshop中打开。
- 执行【文件】|【打开为】命令，在打开的【打开为】对话框中选中一个文件并单击【打开】按钮，可以打开所选的文件并设置其文件格式。
- 执行【文件】|【打开为智能对象】命令，可以将图像以智能对象的形式打开。

在Photoshop中，置入文件指的是将图片或者任何Photoshop支持的文件作为智能对象添加到当前操作的文档中。执行【文件】|【置入嵌入的智能对象】命令，然后在打开的对话框中选择一个文件，即可将其置入Photoshop中。

2 保存和关闭文件

用户在完成照片的编辑处理后，执行【文件】|【存储】或【文件】|【存储为】命令，打开【另存为】对话框，在【文件名】文本框中输入图片文件的名称后，在对话框地址栏中设置文件保存的路径，然后单击【保存类型】按钮，在弹出的下拉列表中选择图片文件的保存类型，最后，单击【保存】按钮，在打开的提示框中单击【确定】按钮即可将图片文件保存。

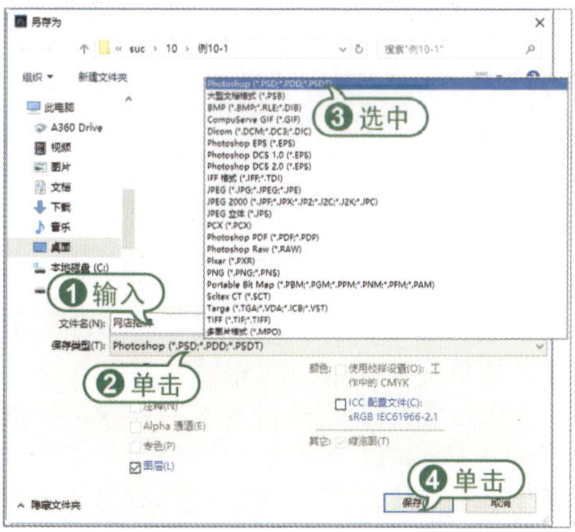

当图片完成编辑并成功保存后，用户可以使用以下几种方法之一关闭图片文件。

- 执行【文件】|【关闭】命令，或按下Ctrl+W组合键，可以关闭当前正在操作的图片文件。
- 执行【文件】|【关闭全部】命令，或按下Alt+Ctrl+W组合键，可以关闭Photoshop打开的图片文件。
- 执行【文件】|【关闭并转到Bridge】命令，可以关闭当前正在打开的图片文件，并转到Bridge。

3 辅助工具

在使用Photoshop处理图片时，常用的辅助工具包括标尺、参考线、网格等，利用这些辅助工具，用户可以进行参考、对齐、对位等精细操作。

标尺在实际工作中经常用于定位图像或元素的位置，从而让用户可以更加精确地处理图像。在Photoshop中，用户可以参考以下方法使用标尺。

01 打开一个图像文件后，选择【视图】|【标尺】命令，或按下Ctrl+R组合键，即可在软件窗口顶部和左侧显示标尺。

02 默认情况下，标尺的原点位于窗口的左上方，用户可以修改原点的位置。方法是：将光标放置在原点上，然后使用鼠标左键拖动原点至合适的位置释放鼠标即可。

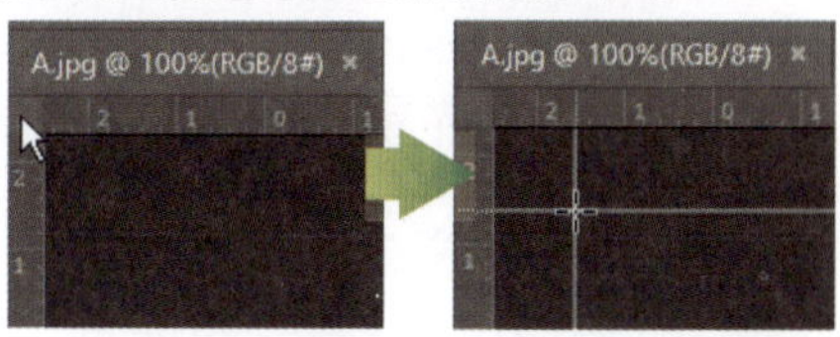

参考线以浮动的状态显示在图像的上方，可以帮助我们精确地定位图形或元素，并在输入和打印图像时，不会被显示出来。

网格主要用于对齐对象。在Photoshop中执行【视图】|【显示】|【网格】命令，在舞台中显示网格。

网格被显示后，用户可以执行【视图】|【对齐】|【网格】命令，启动对齐功能，此后在创建选区或移动图像等操作时，对象将自动对齐到网格上。

在Photoshop中执行【视图】|【对齐】命令，启动“对齐”功能后，可以精确地控制选区、剪裁选框、切片、形状和路径等的位置。此时，在【视图】|【对齐到】子菜单下可以观察到可对齐的对象包括参考线、网格、图层、切片、文档边界。

- 参考线：可以使对象与参考线进行对齐。
- 网格：可以使对象与网格进行对齐。网格被隐藏时不能选择该选项。
- 图层：可以使对象与图层中的内容进行对齐。
- 切片：可以使对象与切片边界进行对齐。切片被隐藏时不能选择该选项。
- 文档边界：可以使对象与文档的边缘进行对齐。
- 全部：选择所有【对齐到】选项。
- 无：取消选择所有【对齐到】选项。

4 撤销、返回、恢复文件

在使用Photoshop编辑照片时，经常会因为误操作导致图像效果欠佳。此时，用户可以使用撤销或返回所做的步骤，使图像重新进入编辑前的状态。

【还原】与【重做】这两个命令是相互关联在一起的。执行【编辑】|【还原】命令或按下Ctrl+Z组合键，可以撤销最近一次对图像的操作，将其还原到上一步操作状态中。

如果需要取消还原操作，可以执行【编辑】|【重做】命令，或按下Alt+Shift+Z组合键。

由于【还原】命令只能够还原一步操作，当用户需要连续还原多个操作时，就需要执行【编辑】|【后退一步】命令，或连续按下Alt+Shift组合键，来逐步撤销操作；如果要取消多个步骤的还原操作，可以连续执行【编辑】|【前进一步】命令，或连续按下Shift+Ctrl+Z组合键来逐步恢复被撤销的操作。

在编辑照片时，执行【文件】|【恢复】命令，可以直接将文件恢复到最后一次保存时的状态，或返回到打开文件时的状态。

在编辑图像时，每进行一次操作，Photoshop都会将其记录到【历史记录】面板中。用户执行【窗口】|【历史记录】命令，打开【历史记录】面板，在该面板中最下方一条记录为图像的当前操作记录，其上方的记录为图像的历史操作记录，单

击其中的记录即可将图像返回到相应的操作状态。

5 剪切、复制文件

使用Photoshop软件中的【剪切】、【拷贝】和【粘贴】功能，用户可以对照片图像执行一些基本的剪切、复制和粘贴操作。

在舞台中使用选区工具在图像中创建选区后，执行【编辑】|【剪切】命令，或按下Ctrl+X组合键，可以将选区中的内容剪切到剪贴板中。

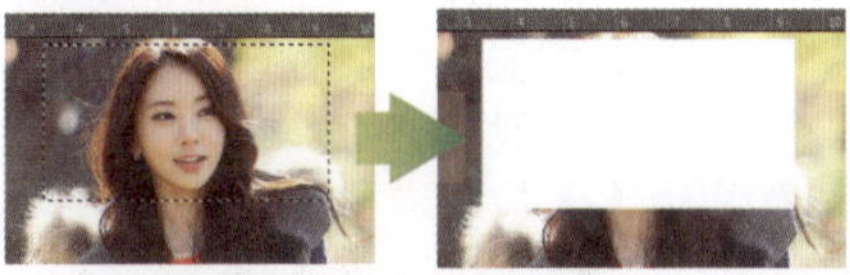

剪切图像后，执行【编辑】|【粘贴】命令，或按下Ctrl+V组合键，可以将剪切的图像粘贴到画布中。

在图像中创建一个选区后，执行【编辑】|【拷贝】命令，或者按下Ctrl+C组合键，可以将选区中的图像复制到剪贴板中，随后执行【编辑】|【粘贴】命令，或按下Ctrl+V组合键，可以将复制的图像粘贴到画布中，并产生一个新的图层。

10.4.2 裁剪与裁切图像

裁剪图像指的是移去部分图像，以提出或加强图像构图效果。裁切图像指的是在Photoshop中基于图像中像素的颜色来裁剪图像。

1 裁剪图像

在Photoshop中选择【裁剪工具】后，在舞台中调整裁剪框，可以确定图像需要保留的部分，或拖动一个新的裁切区域，按下回车键完成裁剪。

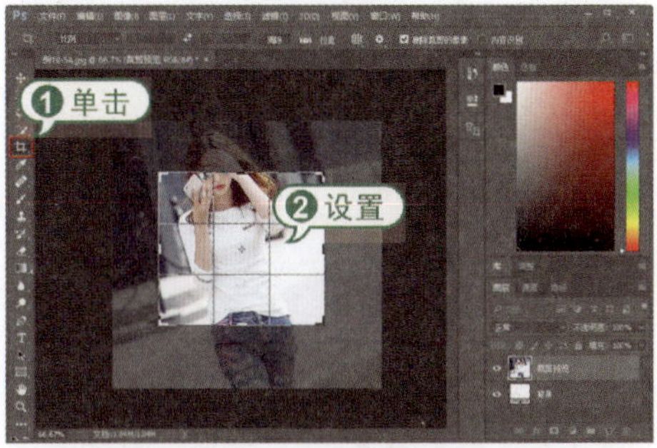

按住【裁剪工具】，在弹出的列表中选择【透视裁剪工具】选项，可以在需要裁剪的图像上制作出带有透视感的裁剪框，方法如下。

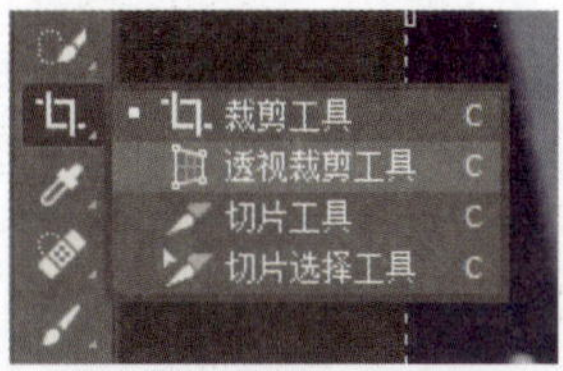

01 选择【透视裁剪工具】选项后，在舞台中按住鼠标左键拖动，绘制一个裁剪框。

02 将鼠标光标定在裁剪框的控制点上，单击并向上拖动。完成后，单击窗口右上角的【提交当前裁剪操作】按钮。

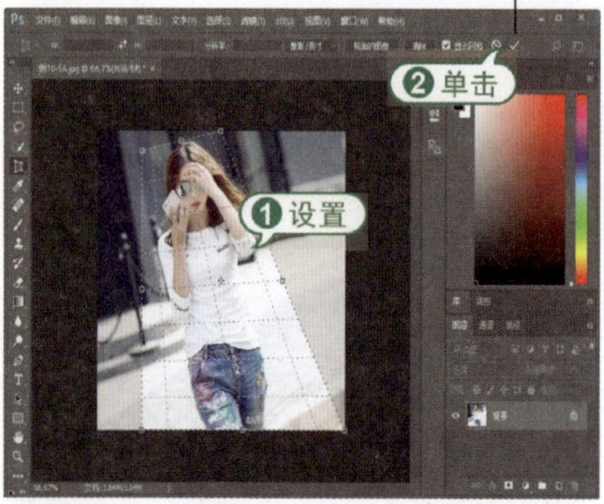

03 此时，图像的裁剪效果如下图所示。

2 裁切图像

选择【图像】|【裁切】命令，打开【裁切】对话框，用户可以基于像素的颜色来裁剪图像。其中主要的选项说明如下。

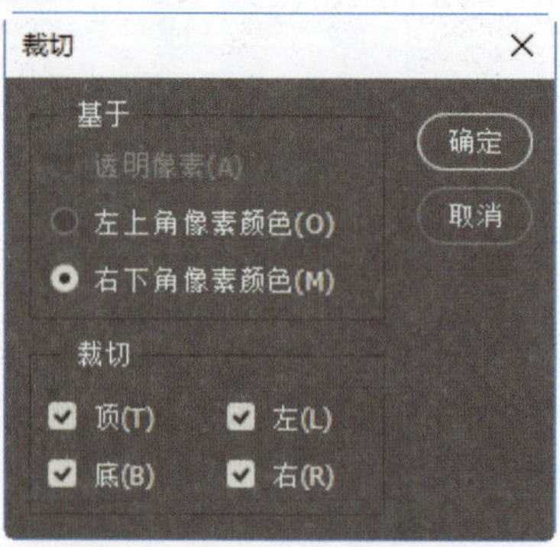

- 透明像素：可以裁剪掉图像边缘的透明区域，只将非透明像素区域的最小图像保留下来(该选项只有图像中存在透明区域时才可用)。
- 左上角像素颜色：从图像中删除左上角像素颜色区域。
- 右下角像素颜色：从图像中删除右下角像素颜色的区域。
- 顶/底/左/右：修正图像区域的方式。

10.4.3 移动图像

移动工具是处理图像时最常用的工具之一，无论是在舞台上移动图层、选区中的图像，还是将其他文档中的图像拖动到当前文档，都需要使用移动工具。

【例10-6】将一张“皮包”图像移动到照片中。
视频+素材 (光盘素材\第10章\例10-6)

01 选择【文件】|【打开】命令，在Photoshop中打开如下图所示的两张图像。

02 选中皮包图像，在窗口左侧的工具栏中单击【钢笔工具】按钮，并使用该工具对皮包的外边缘进行描画。

03 选择【窗口】|【路径】命令，打开【路径】面板，选择【工作路径】选项。在【路径】面板中单击【路径】按钮，将路径转换为选区。

04 在工具箱中单击【移动工具】按钮。单击路径围起来的图像，将其拖动到打开的照片图像上。

05 将图片移动至照片图像中后，继续使用移动工具，按住鼠标左键拖动，可以调整选中图像的位置。

10.4.4 变换图像

在Photoshop中执行【编辑】|【变换】命令后，在弹出的子菜单中用户可以对图层、路径、矢量图形以及选区中的图像进行变换操作，包括缩放、旋转、斜切、扭曲、透视、变形等。

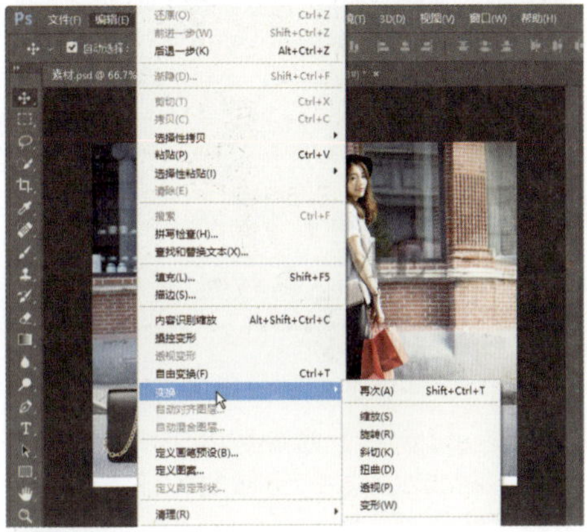

1 缩放

使用【缩放】命令可以相对于变化对象的中心点对图像进行缩放。如果不按下任何快捷键，用户可以任意缩放图像；如果按住Shift键，可以等比缩放图像；如果按Shift+Alt组合键，可以以中心点为基准等比例缩放图像。

2 旋转

使用【旋转】命令可以围绕中心点转动变换对象。如果不按下任何快捷键，用户可以以任意角度旋转图像；如果按住

Shift键，可以以15°为单位旋转图像。

3 斜切

使用【斜切】命令可以在任意方向、垂直方向或水平方向上倾斜图像。如果不按任何快捷键，可以在任意方向上倾斜图像；如果按住Shift键，可以在垂直或水平方向上倾斜图像。

4 扭曲

使用【扭曲】命令可以在任意方向上伸展变换对象。如果不按任何快捷键，可以在任意方向扭曲图像；如果按住Shift键，可以在垂直或水平方向上扭曲图像(效果与上图类似)。

5 透视

使用【透视】命令可以对变换对象应用单点透视。拖动定界框4个角上的控制点，可以在水平或垂直方向上对图像应用透视。

6 变形

如果用户需要对图像的局部内容进行变形，可以使用【变形】命令。执行该命令时，图像将会出现变形网格和锚点，拖动锚点或调整锚点的方向线可以对图像进行更加自由和灵活的变形处理。

10.4.5 调整曝光不足的照片

曝光不足是宝贝照片在拍摄时常常会遇到的问题。曝光不足的照片往往看上去没有质感和光泽度，效果整体偏暗。下面将介绍调整曝光不足照片的方法。

【例10-7】使用Photoshop软件处理曝光不足的照片。

视频+素材 (光盘素材\第10章\例10-7)

01 选择【文件】|【打开】命令(或按下Ctrl+O键)，打开照片文件。

02 在【图层】面板中右击【背景】图层，在弹出的菜单中选择【复制图层】命令，复制两个图层，一个命名为【亮部】，另一个命名为【暗部】。

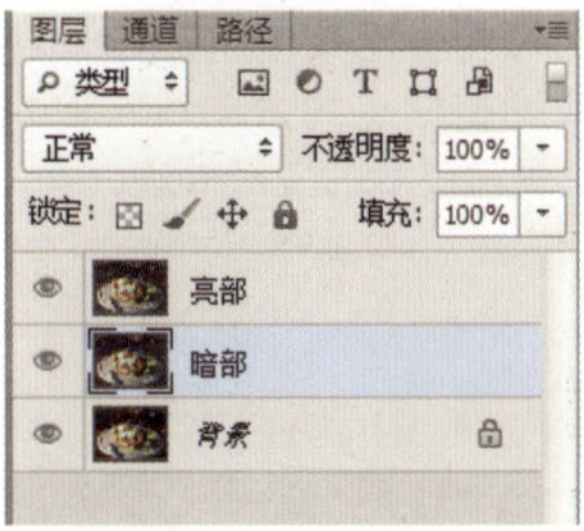

03 在【图层】面板中选中【亮部】图层，选择【图像】|【调整】|【曲线】命令，打开【曲线】对话框，调整曲线将图片调亮。

04 单击【确定】按钮，关闭【曲线】对话框。在【图层】面板中将【暗部】图层拖动至【亮部】图层上方。这样图片在Photoshop中的效果又变为原来的样子。

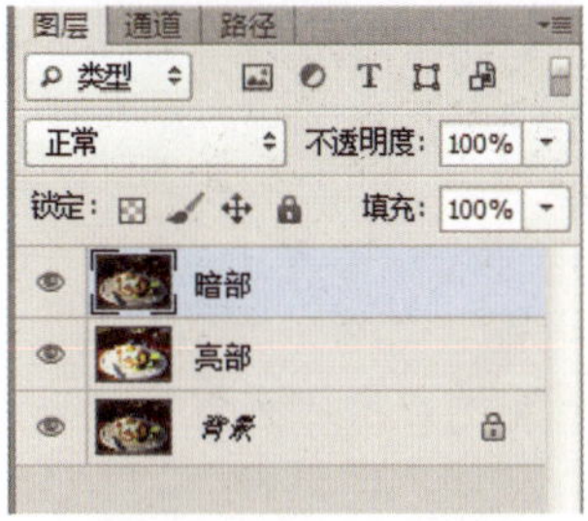

05 在工具栏中选择【橡皮擦】工具，擦除图片中下图所示的位置。

06 选择【图像】|【调整】|【HDR色调】命令，在打开的对话框中单击【是】按钮。

07 打开【HDR色调】对话框，设置各项参数后，单击【确定】按钮。

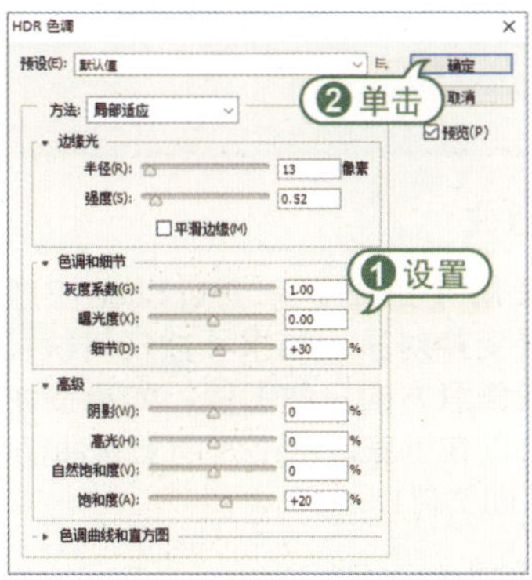

08 完成以上操作后，选择【文件】|【存储】命令，将调整后的图像保存，其最终效果如下图所示。

10.4.6 使用滤镜去除斑点

在环境光线较暗的情况下，使用数码相机的慢快门或高ISO感光度进行拍摄，会使拍摄的照片画面出现大量噪点。要修正照片噪点问题，需要通过分别对各通道进行模糊、锐化处理来完成。

【中间值】滤镜是专门用于去除图像中各种斑点的滤镜，其原理是将图像上的对象进行模糊处理，以此来去除斑点，因此，如果要在整个图像中使用该滤镜，会使图像中的所有对象都变得模糊。

【例10-8】使用Photoshop软件处理图像中人物脸部的斑点。

视频+素材 (光盘素材\第10章\例10-8)

01 在Photoshop中，选择【文件】|【打开】命令打开照片文件，按Ctrl+J组合键复制【背景】图层。

02 设置图层混合模式为【滤色】，【不透明度】数值为60%。

03 选择【滤镜】|【杂色】|【中间值】命令，打开【中间值】对话框。在对话框中设置【半径】数值为40像素，然后单击【确定】按钮应用设置。

04 单击【添加图层蒙版】按钮，添加图层蒙版。选择【画笔】工具，在控制面板中设置柔边画笔样式，【不透明度】数值为20%，然后在图像中擦除不需要保留的部分。

10.4.7 调整图片色阶

Photoshop中的【色阶】是调整照片色彩明暗度最简单的工具。下面通过一个实例介绍其使用方法。

【例10-9】使用Photoshop软件的【色阶】命令调整照片的明暗度。

视频+素材 (光盘素材\第10章\例10-9)

01 启动Photoshop 后，选择【文件】|【打开】命令，打开商品照片文件。

02 选择【图像】|【调整】|【色阶】命令(或按下Ctrl+L组合键)，打开【色阶】对话框。

03 在【色阶】对话框中单击【预设】按钮，在弹出的下拉列表中包含几种软件预设的调整设置，选择相应的选项即可调整照片的明暗效果。

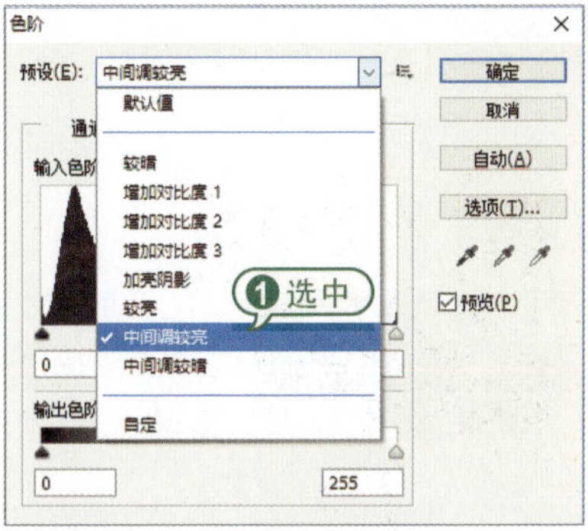

04 例如，在上图所示的列表中选择【中间调较亮】选项，即可使用预设的设置调整照片效果，如下图所示。

05 在【色阶】对话框的【通道】下拉列表中，用户可以选择需要调整的颜色通道进行调整，也可以同时编辑两个单色颜色通道。

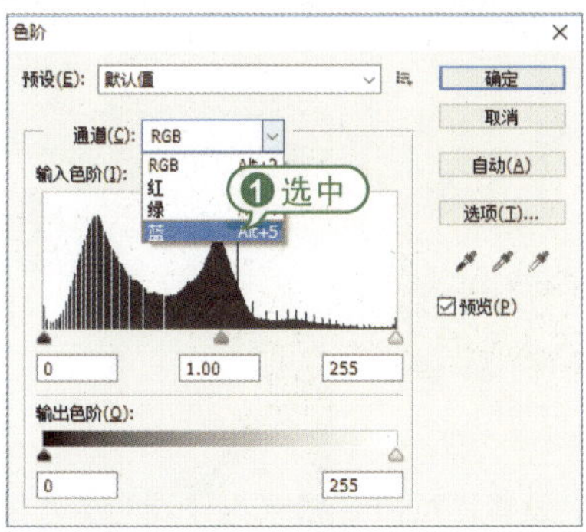

06 例如，选择上图中的【蓝】通道，然后调整【输入色阶】区域中的滑块。

07 在【色阶】对话框中的【输入色阶】区域中，调整滑块的位置可以改变图像的亮度和对比度，向左调整滑块可增加图像亮度，反之则降低图像亮度。

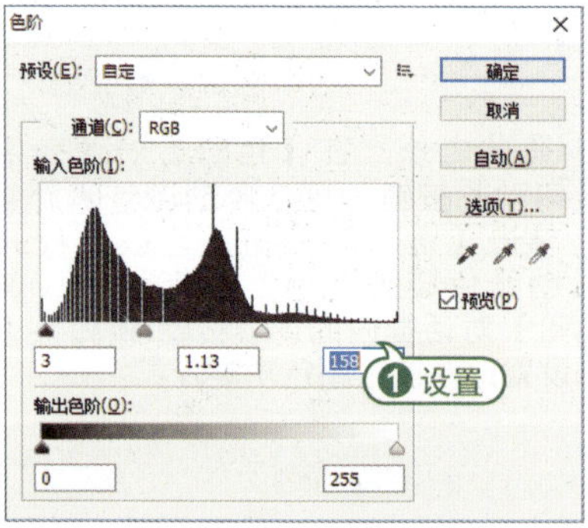

08 例如，在上图所示的【色阶】对话框中调整【输入色阶】区域中的滑块，使其向左移动，图像的效果将如下图所示。

09 在【色阶】对话框的【输出色阶】区域中，用户可以通过调整两侧的滑块调整图像的亮调和暗调。

10 例如上图所示，调整【输出色阶】区域中的两个滑块，图像的效果将如下图所示。

11 在【色阶】对话框右侧包含【黑场】、【灰场】和【白场】3个吸管工具。单击【黑场】按钮，在图像中单击，将所单击的点定义为图像中最暗的区域，也就是黑色，比该点暗的区域都变为黑色，比该点亮的区域相应地变暗。

12 单击【灰场】按钮，然后在图像中单击，可将图像中单击位置的颜色定义为图像中的偏色，从而使图像的色调重新分布，可以用来处理图像偏色，效果如下图所示。

选取作为偏色的位置

13 单击【白场】按钮，在图像中单击，将单击的点定义为图像中最亮的区域，也就是白色，比该点亮的区域都变为白色，比该点暗的区域相应地变亮。

选取图像中最亮的区域

14 除此之外，在【色阶】对话框中单击【自动】按钮，可以自动调整照片的色阶。单击【选项】按钮，可以在打开的【自动颜色校正选项】对话框中，更改【色阶】对话框内的选项设置(例如该设置可以设置自动校正颜色功能)。

10.5 进阶练习

本章的进阶练习部分为使用Photoshop软件修复图像这个综合实例操作，用户通过练习从而巩固本章所学知识。

【例10-10】使用Photoshop软件修复照片上的划痕。

视频+素材 (光盘素材\第10章\例10-10)

01 启动Photoshop，选择【文件】|【打开】命令，打开【打开】对话框，打开需要处理的照片文件。

02 按下Z快捷键，启用放大功能，在图片中需要处理的位置单击，放大图片。

03 在工具栏中单击【污点修复画笔工具】按钮。

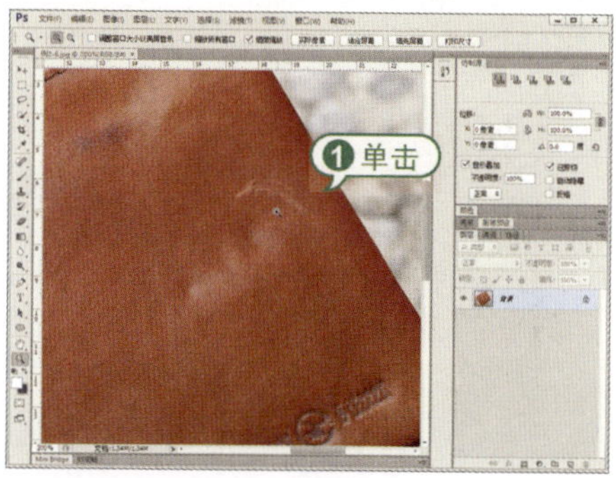

04 在Photoshop窗口的工具属性栏中设

置污点修复画笔工具的大小，并选中【近似匹配】单选按钮。

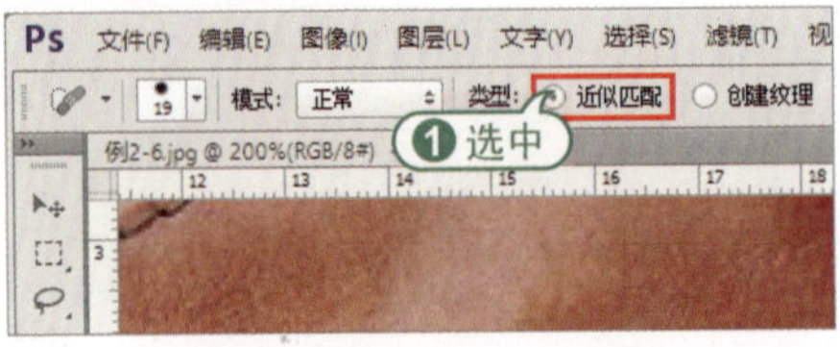

05 按住Alt键在图片效果较好的位置单击，以定义其作为源点，然后松开Alt键，单击需要修复的位置。

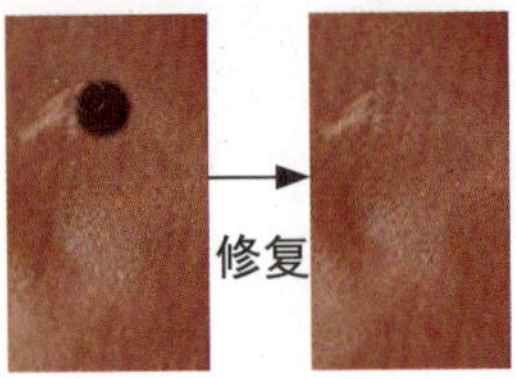

06 重复以上操作，将照片中所有的瑕疵或污点部分用保存的源点替换，完成照片的调整。

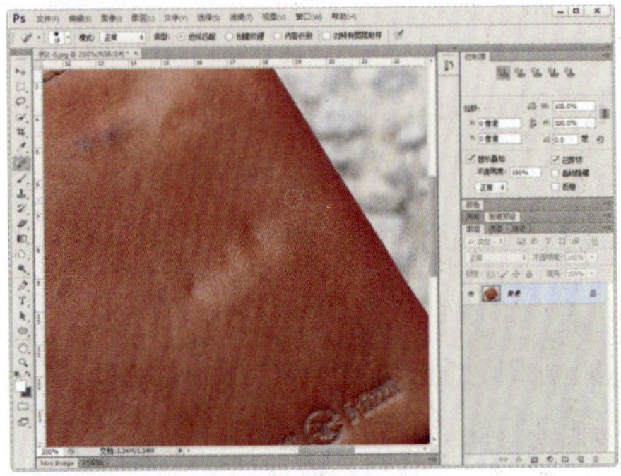

07 按下Ctrl+【-】组合键缩小显示图片。选择【文件】|【存储】命令，保存修改后的照片文件。

10.6 疑点解答

问：如何使用Photoshop中的【海绵】工具？

答：【海绵】工具 可以精确地修改色彩的饱和度。如果图像是灰度模式，该工具可以通过使灰阶远离或靠近中间灰色来增加或降低对比度。

【海绵】工具的使用方法与【加深】【减淡】工具类似。选择该工具后，在画面单击并拖动鼠标涂抹即可进行处理。选择【海绵】工具后，显示工具属性栏。

- 【模式】选项：在该下拉列表中选择【去色】选项，可以降低图像颜色的饱和度；选择【加色】选项，可以增加图像颜色的饱和度。
- 【流量】数值框：用于设置不饱和的程度。
- 【自然饱和度】复选框：选中该复选框，在增加饱和度操作时，可以避免颜色过于饱和而出现溢色。

第11章

做好商品的包装和物流

买家拍下的商品只有经过包装和物流运输才能送到买家手中，良好的物流服务不仅能为买家省下很多运费，也能为卖家赢得顾客的好评。本章将详细介绍如何选择物流并降低物流成本。

对应光盘视频

例11-1 查询平邮邮资
例11-2 查询快递邮资
例11-3 查询顺丰速运网点信息
例11-4 查询中通网点和快递信息

11.1 商品的包装

为了保护商品在运送途中不被损坏，卖家在发货前，应对商品进行适当包装。此外当买家拿到产品时，最先看到的是包装，所以一个漂亮的包装可以给买家留下一个非常好的印象，让买家觉得物有所值。

11.1.1 选择商品包装材料

商品包装是为了使商品在物流过程中不受污染、刮擦、磨损、碎裂等损害，方便货品储运，并予以适当的装饰以促进销售而给商品穿上的外衣。

卖家在选择商品包装时不但要考虑其美观性和实用性，还要考虑商品包装的成本。一个好的包装应该具有成本低、防潮、防震、防水、简洁大方等特性。

1 内包装

内包装是最贴近商品的一层防护，对物品具有直接保护作用。常见的商品内包装材料有以下几种。

- OPP自封袋可以保持商品整洁、增加商品美感。卖家可以选择一些印有图案的OPP自封袋包装小物品或赠品，简单又美观。OPP自封袋透明度高，使商品看起来干净、整洁、美观且上档次。但OPP自封袋密封性差、材料脆、容易破损，且不能反复使用。比较适用于文具、小饰品、书籍或小电子产品等。

- PE自封袋可以用于邮票、小化妆品、纽扣、螺丝或小食品等需要归纳在一起或经常要取放的商品。PE自封袋防水性能好、质地柔软、柔韧性好、不易破损且可以反复使用。

- 热收缩膜广泛应用于医药、食品、五金、玩具、化妆品、礼品、电子元件、地板和装饰材料等制品的外包装。热收缩膜可以紧贴商品，牢固且具有防水、防潮、防尘和美观的作用，保护商品不受外部冲击。

● 防静电气泡袋一般用于包装电子产品，由抗静电PE材料制成，可以防止产品在生产搬运和运输过程中因碰撞或静电引起的损坏，并可根据顾客的需求定制。

● 镀铝气泡袋信封利用气泡的缓冲作用，保护被邮寄物品的安全，防止物品在邮寄过程中因压、碰或跌落而损坏；利用镀铝膜的防潮、防水的特性，更好地保护内部产品。其适用于邮寄集成电路板、磁带、光盘、计算器、钱包、电子组件、光学镜头和陶瓷等物品。

2 中层包装

中层包装是将货品与外包装隔开或为了避免货物之间挤压和撞击而填充的材料。如在购买电器时，通常纸箱内部都会用泡沫隔开，泡沫就是最常见的一种中层包装材料。此外，在商品包装中还有以下几种中层包装材料。

● 气泡膜是当前普遍使用的一种包装材料，由于中间层充满空气，所以很轻，富有弹性，具有隔音、防震、防磨损的性能，能使物品在运输过程中防止破损、缓和外力冲击，它是电子产品、化妆品、音像CD等包装的首选。

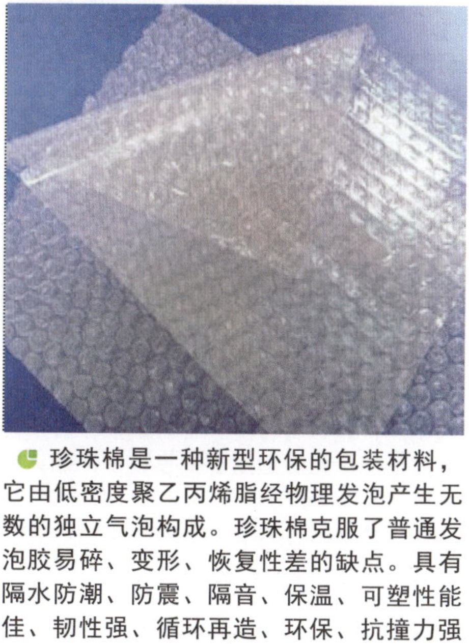

● 珍珠棉是一种新型环保的包装材料，它由低密度聚乙丙烯脂经物理发泡产生无数的独立气泡构成。珍珠棉克服了普通发泡胶易碎、变形、恢复性差的缺点。具有隔水防潮、防震、隔音、保温、可塑性能佳、韧性强、循环再造、环保、抗撞力强等诸多优点，亦具有很好的抗化学性能，是传统包装材料的理想替代品。主要用于电子电器、电脑、音响、灯饰、工艺品、玻璃、陶瓷、家电、家具和酒类等多种产品的包装。

海绵是日常生活中较为常见的一种包装材料，具有保温、隔热、吸音、减震、阻燃、防静电、透气性能好等特点。

报纸通常用于填充一些箱包、鞋类或帽子等需要支撑的商品，以保持其原有形态不会在运输途中因挤压而变形。卖家可以多找一些废旧报纸作为商品的填充材料，经济实用，是一个不错的包装材料的选择。

3 外层包装

商品的外包装不仅要结实耐用，而且要美观大方。常见的外包装有纸箱、塑料袋或纸袋、编织袋等。

纸箱是使用比较普遍的一种包装，其优点是安全性高，可以有效地保护商品，需填充一些报纸或纸屑来对外界冲撞产生缓冲作用，缺点是大大增加了包裹的重量，运输费用也就相应地增加了。

这里建议生意少、利润小且时间比较多的卖家自己做箱子。自制纸箱也有其独特的优点：一是成本低，可以充分发挥废旧纸箱、纸板的再利用价值，降低包装成本；二是适应性强，可以制作符合物品外形的任意尺寸的纸箱，突破了邮政纸箱固定尺寸的限制。

网店出货量大的话，可以购买新纸箱，淘宝网上有卖，大概几毛钱一个，直接从纸箱厂买更便宜，这样可以节约宝贵的时间和精力。卖家可以结合自己的实际情况选择自己做箱子还是买新箱子。

此外快递公司对包装基本无特殊要求，而邮局对自备纸箱的基本要求则有以下几点。

- 箱体必须结实，不容易破损。
- 箱体外表不能有与双方地址资料无关的图案和文字。
- 箱体必须能方便邮局盖印章并且不会掉色。
- 纸箱的基本尺寸要求是长、宽、高之和不少于30厘米。

对于一些不怕挤压且质地较软的商品，如服饰、抱枕、帆布包等，都可以采用塑料袋包装，其可以有效地防水防尘。

牛皮纸袋防挤压性较差，适用于包装那些本身有硬质外包装(如礼盒、鞋盒)、体积不是特别大的物品以及比较厚重的书籍。

使用一些外观时尚、设计独特的环保袋作为商品的外包装，不仅可以给买家带来意外的惊喜，也让买家感到卖家的细心，从而提高卖家店铺的形象。

有创意的卖家可以自己动手制作环保袋，设计一个自己店铺独有的环保袋，既节约成本又能发挥自己的创意，体现个性。卖家可以在包装上给店铺做推广，加深买家对自己的印象。

知识点滴

虽然网店卖家可能做不到像生产企业那样拥有专业的包装技术，但在保证物品能够准确、及时、完整地送到买家手中的同时，也可以凭借自己的智慧在包装上花一些巧妙的心思，这样也能够得到买家的认可和喜爱。

11.1.2 商品包装保护技术

对于一些贵重物品或者是易碎物品来说，包装是一个非常重要的角色，在运输的过程中，包装是物品最有力的保护伞。按包装的保护技术可以分为防潮包装、防震包装以及防破损包装等。

1 防潮包装技术

很多物品的包装都要做好防潮措施，如茶叶、衣服、字画。

防潮包装的技术原理是使用不透湿或低透湿材料把潮湿大气同产品隔绝开，以防止潮气对产品的影响。因此，在进行防潮包装时可采用以下几种方法。

- 添加干燥剂：干燥剂可以吸收密封包装内部残留的潮气以及通过防潮阻隔层透入的潮气，因此为使内装物不受潮气的影响，可在其内放入适当的干燥剂。

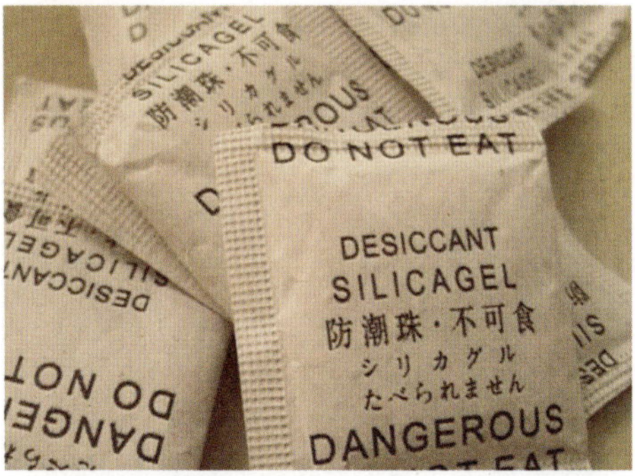

选择合适的防潮材料：影响防潮包装质量的关键因素是防潮材料。只要是能阻止或延缓外界潮气透入的材料，都可当作防潮阻隔层来进行防潮包装。如玻璃、塑料、陶瓷、金属及经过防潮处理的木材、纸、纤维制品等。包装等级、环境条件、材料透湿度与经济性等几方面的因素决定着防潮材料的选用，因而使用最多的是铝箔、塑料等。

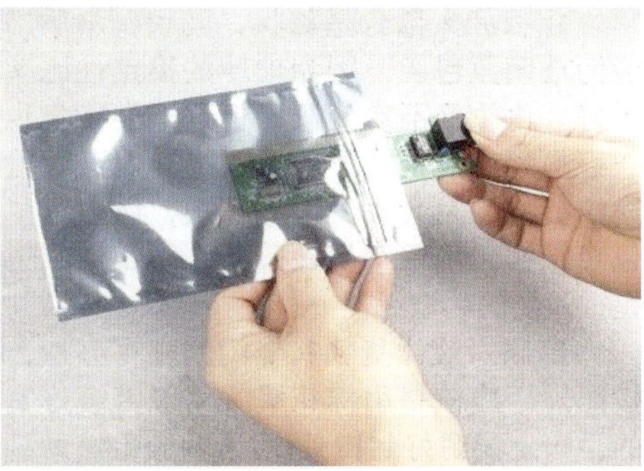

2 防震包装技术

防震包装指的是为减缓内包装受到损坏、震动或冲击而采取的防护措施包装，其在各种包装方法中占据着重要地位，又叫作缓冲包装。防震包装主要有以下3种方法。

悬浮式防震包装方法：对于那些贵重且易损坏的物品，可选择使用较坚固的外包装容器，再把被装物用绑带、弹簧、绳等悬吊在包装容器里，使内装物稳定悬吊，不与包装容器发生碰撞，进而减少损坏的概率。

全面防震包装方法：这里指的是外包装与内装物间的缝隙用防震材料填满而起到防震作用的包装方法。如填充海绵、充气塑料袋、报纸等。

部分防震包装方法：对有内装容器或整体性较好的产品，只要在内包装或产品的局部地方或拐角处使用防震材料进行衬垫就行。如充气型塑料薄膜、防震垫泡沫、塑料防震垫等。

3 防破损包装技术

卖家可以采取以下几种防破损包装技术。

- 捆扎及裹紧技术：捆扎及裹紧技术可以使杂货、散货形成一个牢固整体，以增加整体性，以此来减少破损。

- 选择高强度保护材料：利用外包装材料的高强度来预防内装物受外力作用而破损。因此，在包装时应尽量选择结实耐用的外包装。

11.1.3 特殊商品包装技巧

有的卖家出售的商品运输起来比较麻烦，如液体商品以及易碎品等。本节就将介绍这些特殊商品的包装方法。

1 易脏易污类商品的包装方法

这类商品包装可以用不同种类的纸张单独包住商品以防脏污，像牛皮纸、白纸等，如果用报纸包装的话，记得里面要加一层保护商品的塑料袋。

遇到不规则商品(如皮包)，可用胶带预先封口，并用纸包住手提袋并贴胶带固定，减少磨损的可能。

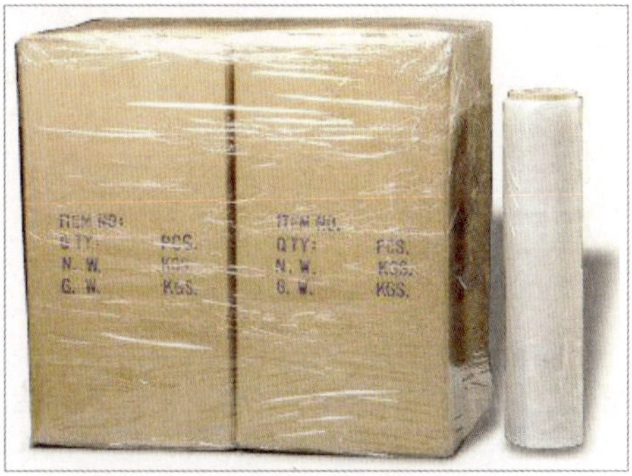

在打包衣服时，要先用塑料袋装好，再装入防水防染色的包裹里。用布袋寄服装时，最好用白色棉布或其他干净、整洁的布袋。

2 装有液体的商品的包装方法

化妆品大部分是霜状、乳状、水质，多为玻璃瓶包装，因为玻璃的稳定性比塑料好，化妆品不易变质。但这一类货物也一直是邮局查得最严的，因为在物流运输途中货物常常会发生泄漏事故，所以除了包装结实，确保不易破碎外，防止渗漏也是很重要的。

邮局对液体货物有专门的邮寄办法，按照规矩应该是用棉花裹好用胶带缠好寄的。一定要封好封口处(用透明胶带使劲绕几圈)，让邮局人员觉得一定不会外漏，然后再用棉花整个包住(要厚一点)，最后再包一层塑料袋，这样即使漏出来也会被棉花都吸收并有塑料袋作最后的保障，不会流到纸盒外面污染到其他包裹。至于香水包装可以买几大卷透明的泡泡纸，在香水盒上多裹几圈，然后用透明胶带紧紧封住，为了更确保安全，最后再把裹好的香水放在小纸箱里，然后塞些泡沫块或报纸。

3 易碎商品的包装方法

易碎的宝贝需要一个好的包装。包装材料包括气泡袋、报纸、泡沫、纸箱和胶带。

少量易碎商品的包装首先要将商品用气泡袋裹3层，防止商品遭受挤压。再将气泡袋裹好的商品用胶带绑紧，让商品不会动摇，防止运输途中商品和商品之间的摩擦，如果没有绑好，两个商品之间摩擦多了，可能就会导致商品刮花、碎裂。然后将泡沫割成和纸箱一样长，厚度为2.5cm~3cm，放在纸箱的底部和侧边，再把整张报纸用手揉成一团(千万不要省报纸，多放一点)。把商品放入纸箱，再放几团报纸和一块和纸箱口一样大小的泡沫。最后用胶带封好即可，这样即使商品在运输过程中遇到撞击也不会有问题。

11.2 淘宝的主要发货方式

淘宝商铺最主要的发货方式有3种，分别是平邮、快递公司与EMS，本节就将详细介绍这3类发货方式的优、缺点。

11.2.1 平邮发货

平邮是普通邮政包裹的简称，首重内6~7元即可(包括邮单费0.5元)，全国各地只要有邮局的地方都能收到，但是速度慢，邮局承诺一个月内送到，具体时间需要看路程的远近以及当地邮递员的素质和服务而定。

平邮正常时间是10~15天，届时邮局会给买家一张邮单，凭邮单和收件人的有效证件，按照邮单上的取货地址，买家去邮局领取即可。若超过3天不去邮局领包裹，需要缴纳一定的滞纳金。用户还可以拨打11185查询具体信息。

1 平邮发货的优、缺点

使用平邮方式发货的优点与缺点分别如下所示。

- 优点：最普通、常见的邮寄方式，到达范围广，价格便宜。
- 缺点：速度慢、发货麻烦，有些商品需要购买邮局的纸箱，加大了成本，此外服饰等商品还需要自己缝制发货包裹。收货也较为麻烦，需收件人到邮局自取，不能及时跟踪(即不能在网上查询包裹的去向及收件人是否签收的情况)。

2 平邮发货的注意事项

平邮的关键是地址要详细并且邮编要准确，这点很重要。

平邮的时间很难控制，而且容易有突发事件而让买家没有收到邮单，不知道货物已经寄到。造成这种情况的原因有很多种，有的是当地邮局没有送，有的是学校里开信箱的同学没有送等，因此遇到时间过长，而迟迟未收到邮单的买家，卖家可以主动告诉买家发货单的邮单号，让买家直接拿着邮单号和有效证件去邮局领。

买家去邮局领时，告知邮局的工作人员邮单遗失了，但是可以提供邮单号。如果邮局的工作人员没有查到，那可能是地址有误，这个需要与卖家再核对一下。

3 查询平邮邮资

根据平邮接收地与货物重量的不同，每次平邮所需的邮费也并不相同，卖家可以通过自己所在地和买家所在地以及货物的具体重量在下面的网页中查询邮资的具体信息：http://www.spb.gov.cn。

【例11-1】查询平邮邮资。视频

01 打开浏览器，在地址栏中输入网址http://www.spb.gov.cn，按下Enter键，打开国家邮政局主页。

02 单击【查询服务】链接，打开信息查询页面，单击【邮政普通包裹资费查询】链接。

03 在打开的页面中，显示邮政普通包裹寄递服务资费上限标准。

邮政局普通包裹资费查询

2017-05-17

邮政普通包裹寄递服务资费上限标准

单位：元

	资费标准	首重 1千克	每续重 1千克
一档	省份面积小于70万平方公里的省内寄递（除新疆、西藏、内蒙古和青海以外所有省份）	5	1
二档	省份面积大于70万平方公里的省内寄递（新疆、西藏、内蒙古和青海四省、自治区）	6	1.5
	相邻省和省会距离不超过500公里的省际寄递	6	1.5
三档	省会距离500-1000公里（含）的省际寄递	7	2
四档	省会距离1000-2000公里（含）的省际寄递	8	3
五档	省会距离2000-3000公里（含）的省际寄递	9	4
六档	省会距离3000公里以上的省际寄递	10	5

04 向下拖动滚动条，单击《邮政普通包裹寄递服务资费分区表》链接。

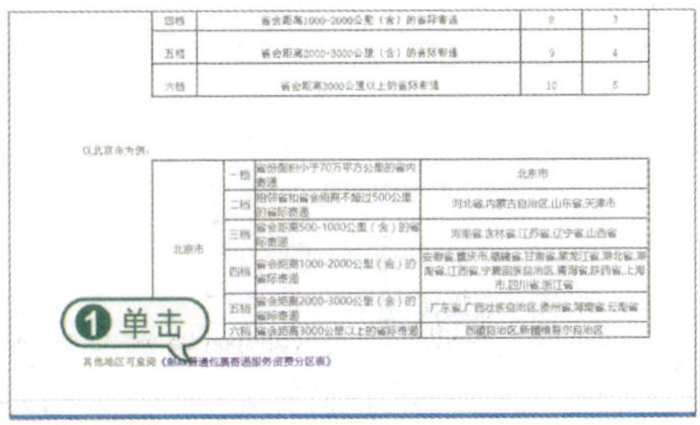

05 打开在线文档，查询各省市的邮政资费明细表。

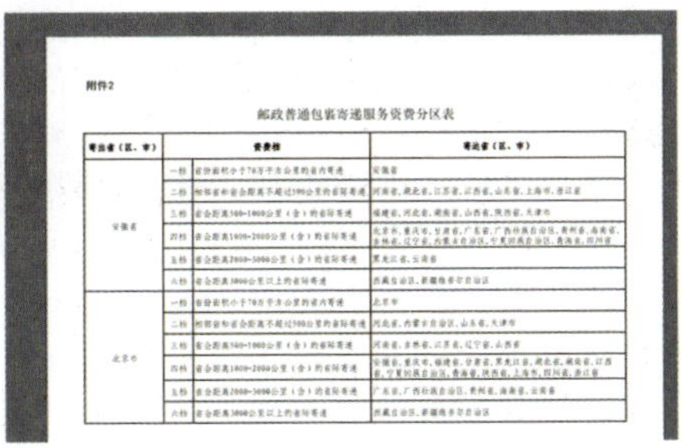

11.2.2 快递发货

通过快递公司发货是目前淘宝网大小商户最常用的发货方式。

随着快递公司的普及，网点的增多，发货收货也是点对点、人对人，现在很多卖家都选择这种物流快递，而且现在快递费的价格也逐渐地透明化。例如从上海发货，全国各地首重在12元左右，江浙沪5元，若有长期合作的快递公司，可能还会便宜。

1 快递发货的优缺点

使用快递公司发货的优点与缺点分别如下所示。

- 优点：速度快、价格适中，发货方便，上门取货，送货上门，可跟踪。
- 缺点：不可预见因素比较多，各地方快递员素质参差不齐，与快递公司打交道比较累。

2 快递发货的注意事项

在遇到比较偏远地方的买家提出要发快递的时候，卖家应首先需要询问买家，他们那里通常什么快递公司可到。如果买家也不知道，那就需要卖家来查询。

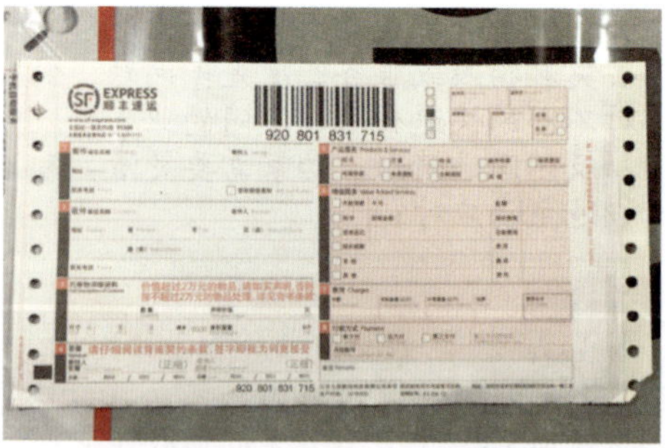

查询的方式有两种：一种是通过快递公司的官网来查，二是通过直接打电话到当地来查。

在交易过程中，卖家还应随时注意买家的收货情况，以便能及时发现快递未能送达的情况，可以比买家更早发现并处理问题。不过通常情况下，卖家不可能面面俱到，当买家询问时，就要积极主动地帮助买家查询。根据快递的运单号去官网查，一旦遇到出现问题的件，或者几天前就在当地派送了，但是一直没有送出去，那就是有问题了。好的快递公司遇到问题，会和发货人联系，不过通常情况下，需要卖家自己主动联系快递公司。最快的方法是打到当地快递公司，找到发件的网点，直接询问货物情况。当通过快递公司发出的货物没有准时到达时，通常可能发生以下一些问题。

- 地址有误：联系买家更改地址并通知快递公司重新发货。
- 发货过去没有人收：快递公司声称对方电话打不通，在确认地址和联系电话无误的前提下，要求快递公司再送次货，同时把快递公司的电话或者业务员的电话直接告诉买家，让买家也同时联系。
- 超出派送范围：通常情况下需要增加一倍的费用，快递公司才会有偿派送。

各类快递公司的详细快递资费可以在http://www.spb.gov.cn的网页中查询。

【例11-2】查询快递邮资。视频

01 打开浏览器，在地址栏中输入网址http://www.spb.gov.cn，按下Enter键，打开国家邮政局主页。

02 单击【查询服务】链接，打开信息查询页面，单击【快递价格查询】链接。

03 在打开的页面中，提供了两种查询方式，分别是地名查询和邮编查询，本例选中【地名查询】单选按钮。在【选择出发地】选项区域的【请选择省份】下拉列表框中选择【江苏省】选项。在【请选择城市】下拉列表框中选择【南京市】选项。在【请选择区县】下拉列表框中选择【鼓楼区】选项。

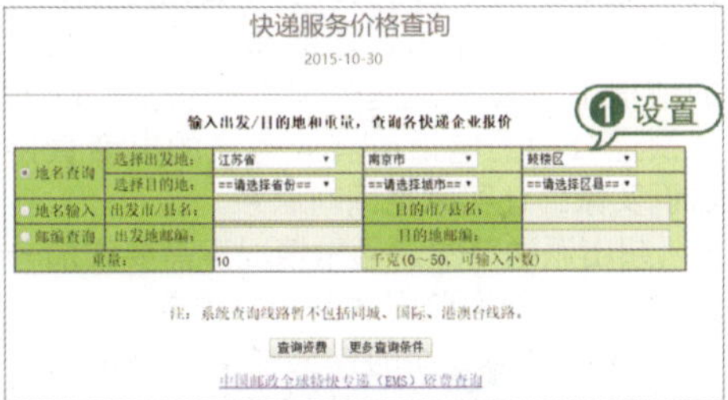

04 在【选择目的地】选项区域的【请选择省份】下拉列表框中选择【北京市】选项。在【请选择城市】下拉列表框中选择【北京市】选项。在【请选择区县】下拉列表框中选择【朝阳区】选项，在【包裹重量】文本框中，输入“10”，然后单击【查询资费】按钮。

05 打开查询页面，查询各快递资费明细表。

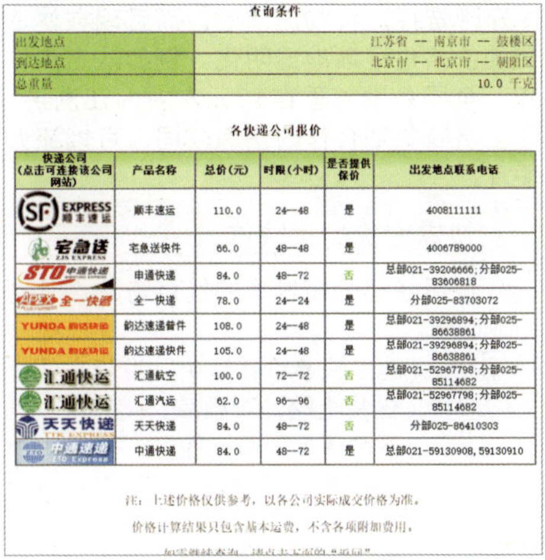

查询条件

出发地点	江苏省 -- 南京市 -- 鼓楼区
到达地点	北京市 -- 北京市 -- 朝阳区
总重量	10.0 千克

各快递公司报价

快递公司（点击可连接该公司网站）	产品名称	总价(元)	时限(小时)	是否提供保价	出发地点联系电话
SF EXPRESS 顺丰速运	顺丰速运	110.0	24—48	是	4008111111
宅急送 ZJS EXPRESS	宅急送快件	66.0	48—48	是	4006789000
STO 申通快递	申通快递	84.0	48—72	否	总部021-39206666;分部025-83606818
全一快递	全一快递	78.0	24—24	是	分部025-83703072
YUNDA 韵达快运	韵达速递普件	108.0	24—48	是	总部021-39296894;分部025-86638861
YUNDA 韵达快运	韵达速递快件	105.0	24—48	是	总部021-39296894;分部025-86638861
汇通快运	汇通航空	100.0	72—72	否	总部021-52967798;分部025-85114682
汇通快运	汇通汽运	62.0	96—96	否	总部021-52967798;分部025-85114682
天天快递 TTK EXPRESS	天天快递	84.0	48—72	否	分部025-86410303
中通速递 ZTO Express	中通快递	84.0	48—72	是	总部021-59130908,59130910

注：上述价格仅供参考，以各公司实际成交价格为准。

价格计算结果只包含基本运费，不含各项附加费用。

知识点滴

随着快递业务的不断增长，快递引发的问题纠纷也越来越多。各大快递公司的服务及素质因人而异，同时快递公司多数是私企，其内部管理也并不健全和完善，因此经常出现货物丢失和损毁或服务态度差等问题。针对不同的快递公司，不同的业务员，以及不同的情形，卖家需要灵活、积极地主动应对。

11.2.3 EMS发货

EMS是一种比较安全的邮寄方式，全国有邮局的地方都可以送到，并且是送货上门。一般而言需要本人签收，不过现在也有代签的现象。速度一般在2~4天内，价格比较昂贵，一般首重22元左右，超重续费也非常贵。

一般昂贵的货物可以采取EMS发货方式，相对而言较为保险。

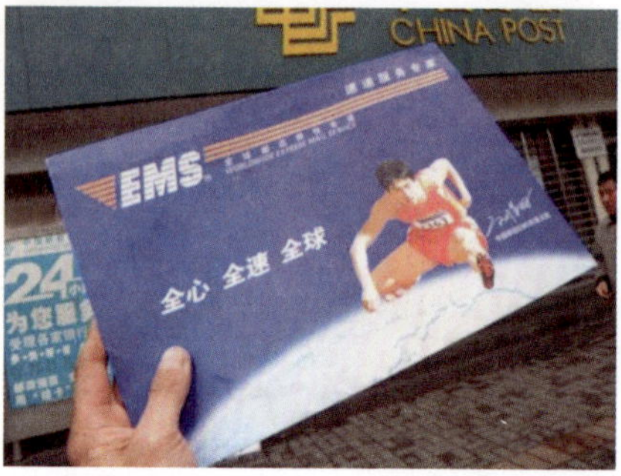

使用EMS发货的优点与缺点分别如下所示。

- 优点：到达范围广，速度快，相对而言比较保险，送货上门，可即时跟踪。
- 缺点：价格昂贵。

目前，国内有近2000个大中小城市可办理EMS业务，我国已与世界上200多个国家和地区建立了EMS业务关系。EMS又分为国内特快专递业务和经济快递业务两类。在经济快递业务中，又有一种“E邮宝”方式。

1 国内特快专递

国内特快专递业务作为邮政的精品业务，凭借高质量、高速度的服务为广大用户传递国内紧急物品及文件资料，同时提供了多种形式的邮件跟踪查询服务。国内特快专递业务包括同城快递业务与国内异地特快专递业务两类。

起重资费(起重500克以内)	续重资费(续重每500克或其零数)
20元	1500千米及以内(一区) 6元
	1500~2500千米(二区) 9元
	2500千米以上(三区) 5元

备注：具体分区方式，请寄件人拨打电话或到当地邮局营业窗口咨询，客服电话11185。

2 经济专递

经济快递的主要服务对象是批量交寄，价值相对较高，对信息反馈、安全与综合性价比要求比较高的大客户。

经济快递邮件资费按邮件的重量计算，起重与续重计费单位为1千克，不足1千克的按1千克计费。全国地市及以上的特快专递业务开办局，都可作为经济快递业务的收寄局，收发寄往全国各特快专递业务开办局的经济快递邮件。

3 E邮宝

E邮宝属于EMS经济快递的一种，是中国速递服务公司与支付宝合作推出的一款针对个人电子商务的速递业务，采用陆运模式，价格大致为EMS的一半，但其享有的中转环境和服务与EMS几乎完全相同，这为卖家节约了不少成本。另外，一些空运中的禁运品也可以使用E邮宝寄运。

范围	首重1千克资费(元)	续重每千克资费(元)	
省内	10	3	
区域(江浙沪互寄和京津互寄)	10	4	
省际(不含区域)	15	1500千米以内(一区)	4
		1500~2500千米(二区)	6
		2500千米以上(三区)	10

备注：

(1) 若选用速递服务公司提供的邮件单式及包装，费用另计。

(2) 保价服务由用户自行选择，费用需另计。

4 EMS发货的注意事项

卖家在通过EMS发货后，应注意即时对货物进行跟踪，保证货物可以及时送到买家手中，并且在出现问题时能够及时处理。用户可访问www.ems.com.cn网站，对货物进行跟踪。

另外，还可通过www.ems.com.cn网站查询EMS邮费，具体的费用查询链接为：www.ems.com.cn/serviceguide/zifeichaxun/zi_fei_cha_xun.html。

用户可设置寄出地、寄达地和计费重量，然后单击【查询】按钮即可。

知识点滴

如果卖家每个月使用EMS的量较大，可以与当地EMS中心负责人商量价格，一般可以得到7折左右的优惠价格。另外，很多快递公司都有代发EMS的业务，价格和快递费差不多。

在对3种淘宝网店常用发货方式有所了解后，可以得出以下结论。

- 价格比较：平邮→快递公司→EMS(注：如果发送地与接收地很近，则可能快递公司更便宜)。
- 地域覆盖范围比较：平邮→EMS→快递公司。
- 速度比较：快递公司→EMS→平邮(注：快递公司比EMS要快一些，尤其是邻近的省市，例如江浙沪之间的发货)。
- 包裹安全性比较：EMS→平邮→快递公司。
- 性价比比较：主要发货方式中，快递公司→平邮→EMS。

11.2.4 选择优秀的快递公司

目前国内的快递公司有很多，其中网点较多的快递公司包括申通、圆通、中通、顺丰以及韵达等。卖家可以选择一家态度好、服务好并且价格便宜的快递公司进行长期合作。

1 申通快递

申通快递是国内成立较早的一家物流服务公司。

公司网点分布广，具有安全、快速、网点多、服务好、价格低廉、性价比高等优点，因此被许多卖家所采用。申通快递的网址为http://www.sto-express.com.cn，在网站中可以查找卖家所在地的申通快递的联系方式。

2 圆通速递

上海圆通速递有限公司是国内大型民营快递品牌企业。公司成立以来，始终秉承“客户要求，圆通使命”的服务宗旨和“诚信服务，开拓创新”的经营理念，是目前国内较为领先的物流配送企业，因此有不少卖家选择该公司。

圆通速递网站的网址为http://www.yto.net.cn。

3 中通快递

中通快递是一家集物流与快递于一体、综合实力位居国内物流快递企业前列的大型集团公司，服务项目有国内快递、国际快递、物流配送与仓储等，提供“门到门”服务和限时(当天件、次晨达、次日达等)服务。同时，开展了电子商务配送、代收货款、签单返回、到付和代取件等增值业务。从成立至今，中通速递致力于为客户提供安全、快捷、周到、优质的服务，赢得了越来越多客户的信赖和支持。

中通快递网点较申通快递和圆通速递而言要少一点，无法送至偏远地区，但价格还算便宜，服务也不错。中通快递的网站为http://www.zto.cn。

4 顺丰速运

顺丰速运(集团)有限公司于1993年成立，总部设在深圳，是一家主要经营国内、国际快递及相关业务的服务性企业。

顺丰速运不断投入资金加强公司的基础建设，积极研发和引进具有高科技含量的信息技术与设备，不断提升作业自动化水平，实现了对快件流转全过程、全环节的信息监控、跟踪、查询及资源调度工作，促进了快递网络的不断优化，确保了服务质量的稳步提升，奠定了业内客户服务满意度的领先地位。

顺丰速运网点较多，价格最贵，但公

司相对而言更加正规，服务也很好，管理体系流畅，除了一些卖家外还有许多企业选择顺丰速运。

卖家若要发送的货物价值比较高，则可以考虑使用顺丰速运。顺丰速运的网站地址为http://www.sf-express.com。

5 韵达快递

韵达快递是具有中国特色的物流及快递品牌，结合中国国情，用科技化和标准化的模式运营网络。

韵达快递价格适中。韵达快递的网站地址为http://www.yundaex.com，在网站中可以查看韵达快递的联系方式。

6 中铁快运

中铁快运股份有限公司简称“中铁快运”是铁道部直属大型国有专业运输企业。

中铁快运的网址是http://www.cre.cn，该公司在全国设有18个分公司、8个子公司，在全国683个城市(含县、区)设有2000多个营业机构。

11.3 控制物流成本

对于淘宝卖家而言，追求最大的利益是根本的目的，因此要尽量在每一个环节中节约成本，而物流是大多数网络交易中都要遇到的中间环节，因此降低物流成本也是节约总体成本的一个重要环节。

11.3.1 节省包装费用的技巧

在寄出商品之前，要对商品进行包装，在整个环节中多少会产生一些费用，如果购买邮局或快递公司的包装工具，那么费用往往会超出预算。

选择一种合适的送货方式不仅可以节省买家的时间和运费，还可以让买家真正体会到网络购物的方便快捷、物美价廉，享受更多的实惠。

1 自制包装用品

卖家可以利用身边一切可以作为包装物的物品来亲自制作商品的包装用具，如喝牛奶剩下的牛奶箱、吃完饼干的饼干箱或者方便面箱等这些平时当作垃圾处理的物品，都可以摇身一变、变废为宝。这些箱子都有一定的厚度，比较结实，稍加改造就能作为邮寄物品的包装箱，为了其外观的美观，还可以将其单色的内包装换到外面，或者在花哨的外包装上贴上较大的白纸，然后用宽大的透明胶或钉书钉进行固定，这样就大功告成了。

2 利用商品自带包装

很多商品本身自带的包装就很适合邮寄，如销售鞋子的卖家可以直接用鞋盒作为包装盒，而销售电脑的卖家可以直接使用电脑的包装盒，从而省去了包装费用。

3 网上购买包装用品

如果卖家生意很好，自己制作外包装就很浪费时间了，此时可以在网上购买质量适中并且价格相对于邮局或快递公司更为便宜的包装用品。淘宝网就有很多出售包装用品的店铺，卖家可以在淘宝网上购买。

11.3.2 节省快递公司费用

目前的快递公司有很多，它们具有价格适中、方便快捷等特点，得到了许多用户的青睐。在使用快递公司快递商品的过程中，一般来说只有快递费用这项花费，因此节省快递费用的技巧主要就是快递费用的砍价技巧。

- 直接和业务员砍价：快递公司虽然对资费标准有规定，但其中还是给用户一定的降价空间，在寄交快递物品的过程中，基本上是跟快递公司的业务员打交道，所以砍价可以直接从业务员入手。卖家可以向其表明自己的身份，说服他们相信自己是个快递的大用户，进而获得最低报价。
- 和其他卖家组成联盟：快递公司在单件快递业务中赚取的利益是非常有限的，只有达到一定的量后才能获取比较大的利益。卖家们可以利用这一点结成联盟，以量取胜，一起和快递公司砍价，以达到双赢的目的。

- 货比三家：快递公司之间的竞争也是非常激烈的，有时不得不打价格战。货比三家，了解到行业最低价后，再找一家品质不错的快递公司以此标准砍价，往往能够在价格和品质方面都得到的保证。

11.3.3 使用网站推荐的物流

淘宝本身没有下属的快递公司，但淘宝有物流平台。目前与淘宝有合作的物流公司有申通、圆通、中通、汇通、韵达、CCES、天天快递、中铁快运、德邦、佳吉、联邦快递、顺丰速运、EMS、E邮宝、一邦速递、宅急送等。

使用淘宝网推荐的物流，具有以下几个方面的优势。

- 价格更优惠。提供各种物流公司的价格对比，同时享受低价策略。
- 多方位服务渠道。各个物流公司都有旺旺在线客服和论坛答疑，方便卖家进行咨询。
- 物流状态一目了然。买卖双方可以随时查看商品的物流情况。
- 批量发货预约上门。可以预约快递上门收件的时间，并且支持批量发货。
- 优越的赔付条件。享受自己联系物流时无法享受到的各类无价保赔付条件。

11.3.4 使用快运或铁路托运

对于不易碎的大件物品，无论使用邮局还是快递公司，其费用都是十分昂贵的，一般这种情况可以使用快运公司或铁路托运最为便宜，效率也很高。

1 汽车托运

汽车托运服务网点往往不会很多，但是速度较快，价格相对较为便宜，而且某些托运站也可以进行适当砍价。

2 火车托运

一般火车站都有托运价格表，价格比汽车托运略高。铁路托运一般由卖家到火车站发货，到货后买家需要凭相关凭证或身份证去火车站取货。

3 物流配送公司

由于汽车托运和火车托运都不提供上门取货和送货上门的服务，于是一些大型包裹快递公司和物流配送公司增加了这项服务，使得大型包裹的运送和普通快递一样方便。

11.4 快递服务查询

快递的网站提供了网点查询，如某个地址的快递是否能到达。网站还提供了快件的跟踪信息，另外，网上还有客服，可以随时解决用户遇到的问题。

11.4.1 快递网点查询

卖家在发货前，可以在快递公司的网站上查询快递公司的服务网点、配送区域和联系电话。下面以顺丰速运为例介绍查询快递网点信息的方法。

【例11-3】查询顺丰速运在南京市的网点信息。视频

01 打开浏览器，在地址栏中输入网址http://www.sf-express.com/cn/sc/，按下Enter键，进入顺丰速运网站的首页。

02 单击网站首页的【服务网点查询】链接，进入查询页面，选择需要查询的地区名称后，单击【查询】按钮。

03 在打开的页面中显示各个服务网点的地图位置，单击某地图位置可以显示该网点的详细地址及联系方式。

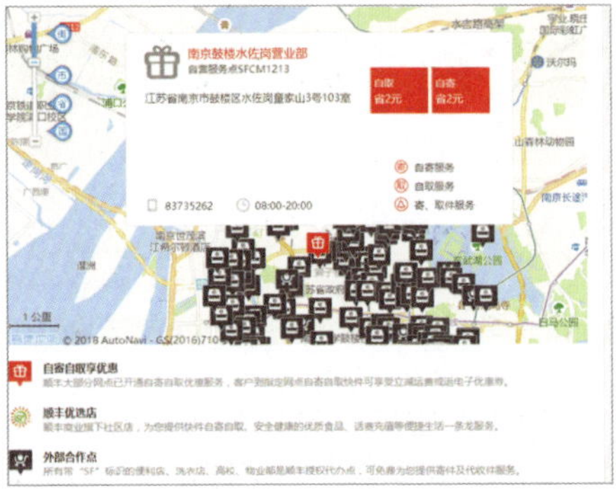

11.4.2 快递跟踪查询

卖家发货后，淘宝网会向买家发送卖家已发货的信息提示。买卖双方都可以根据快递公司提供的运单号实时跟踪商品的运送情况。

例如在申通快递主页中跟踪查询快件，启动浏览器后输入以下网址：http://www.sto-express.com.cn，按下Enter键，进入申通快递网站的首页。在【快件查询】文本框中输入要查询的快递单号，然后单击【查询】按钮。

此时，页面中货物的跟踪记录会以表格的形式列出来。

跟踪查询一次可查询多个快递单号，当货物出现问题，如破损、无法派送，会被列为问题件，并在跟踪记录中显示出来。

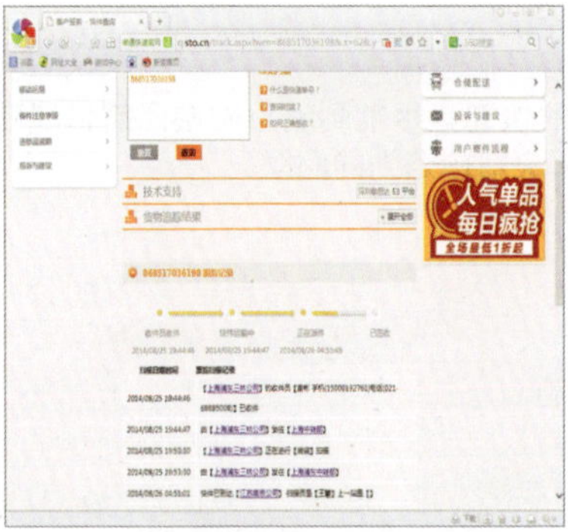

11.4.3 淘宝在线下单

通过淘宝网，选择与淘宝合作的物流，并且使用在线下单功能，可以方便买卖双方及时跟踪商品的配送信息。

使用淘宝网推荐物流进行网上下单与自己联系的物流相比，具有以下优势：

- 网上下单，无须电话联系。
- 价格透明，当实际中的价格高于网上价格时，将以网上价格为准。当实际中的价格低于网上价格时，将以实际中的价格为准。
- 淘宝与物流签订了赔付协议，如出现破损、丢失等情况，可获得更为理想的赔付。
- 物流公司与淘宝网定期举办优惠活动，可得到更多实惠。
- 推荐物流公司优先派送。

首先登录淘宝网，进入卖家中心，然后选择左侧的【物流管理】|【我要寄快递】选项。

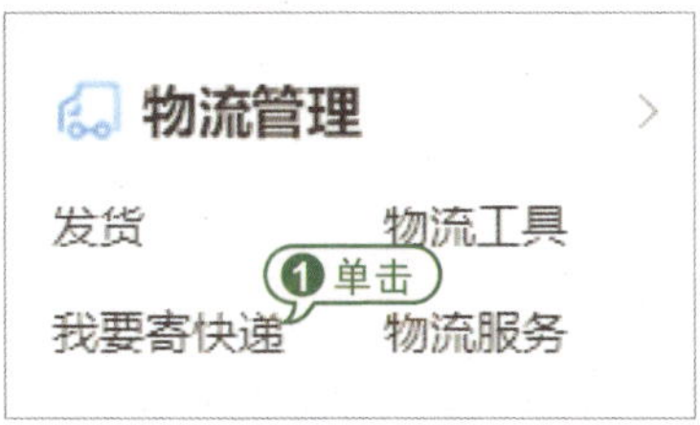

在打开的页面中仔细填入收货信息和货物信息，单击【下一步】按钮。

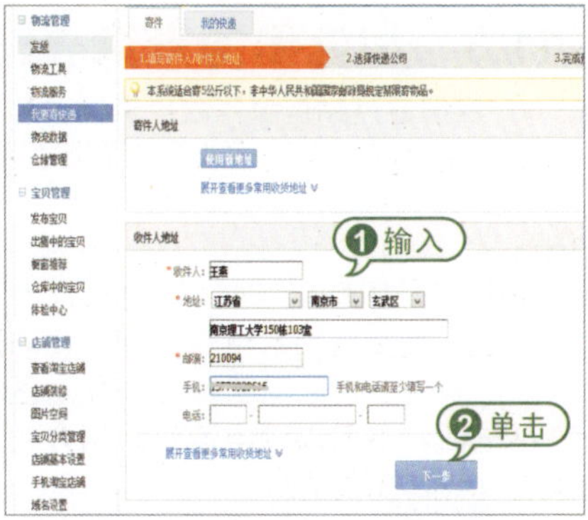

打开信息确认页面，用户可确认发货和收货信息，单击【下一步】按钮。

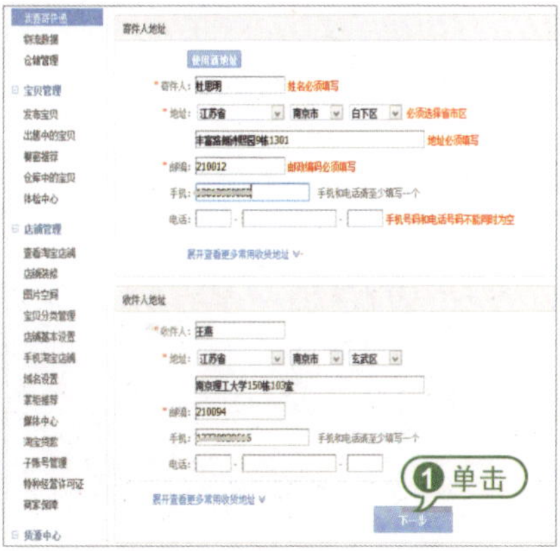

在打开的页面中选中一家物流公司后，可单击【确认预约】按钮预约快递。

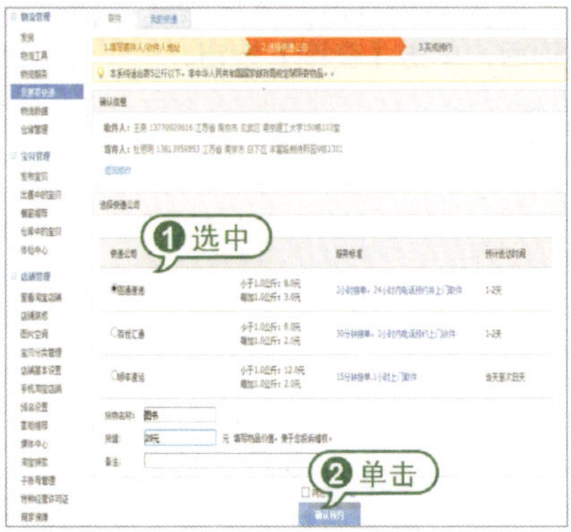

完成以上操作后，即可成功下单，此时等待物流公司确认和取货即可。

11.5 物流中的常见问题

卖家通过物流公司将宝贝发送到买家手中，物流连接着买家和卖家，而避免因物流问题引起交易纠纷也需要三方共同配合。

11.5.1 使用物流注意事项

除了可以在快递公司对应的官方网站来查询快递跟踪信息外，还可以通过综合类网站查询快递跟踪信息。

1 禁寄物品

禁寄物品是指国家法律、法规禁止寄递的物品，主要包括武器、弹药、易燃易爆物品、易腐蚀性物品、生化制品和传染性物品以及国家法律、法规、行政规章明令禁止流通、寄递或进出境的物品等。卖家在邮寄前，需先对其进行了解，如果所售商品属于禁寄物品，就会出现商品无法使用快递运输的问题。

2 快递条款

目前，我国的快递还有很多不规范的地方，快递公司的运输合同也有许多不平等的条款。一些快递运单条款存在法律陷阱，卖家在快递商品时需要注意以下几项。

- 运单的性质和使用范围条款：快递公司往往把运单定性为债权凭证，规定不能转让，以规避合同相对人不确定的风险。当发货人以物品所有人或代理人的名义逐项填写运单，并签字署名后即表示和遵守运单背书条款的各项内容，并受法律保护。另外，快递公司还会规定合同的使用范围，如条款中包括寄件人和代理人。如果卖家委托他人办理托运，合同虽然不是卖家签订，但解决纠纷时，该合同也同样适用于卖家。卖家在发货前，要对此进行仔细阅读和了解。
- 托运物品限制条款：各个快递公司对托运物品的限制不同。有的快递公司不受理私人信函。私人信函是受法律保护的，私拆信件属于犯罪行为。为了运输的安全，很多快递公司都保留了开拆检查的权利。有的快递公司对寄件的总报价进行了限制，如果申报价值每单在5000元以上，快递公司为保护自身利益便不予受理。因此，托运人可能存在这样一种风险，即当快递公司对寄件物品造成损害时，可能会以该寄件不属于承运范围为由来抗辩。建议卖家准确申报所寄物品，即使快递公司以此理由抗辩，也必须因审查过失而承担相应的责任。
- 快递公司免责条款：为了降低风险，快递公司在运单中使用免责条款。虽然这一做法合乎情理，但是免责条款所涉及的情形必须由快递公司予以证明，如果快递公司无法证明损失由免责情形所致，则快递公司必须承担损害赔偿责任。如托运人地址填写错误，快递公司必须证明托运人填写错误与货损之间有因果关系。快递公司若因其他原因造成的货损，仍需承担相应的责任。
- 赔偿责任限制条款：快递公司除了免责条款，还有赔偿数额限制条款。卖家在寄件时必须清楚快递公司的最高赔偿限额，然后对自己的寄件进行估价。如果估价在快递公司的最高限额之下，那么不必选择保险；如果估价高于快递公司的最高限额，为了保证自身利益，最好还是选择保险。

- 保险条款：保险条款几乎是每张运单的必备条款。但并不是每张快递运单都有保险条款，一些规模较小的快递公司，其运单里就省略了保险条款。因此，如果邮寄贵重物品，在选择快递公司时，一定要选择规模较大、信誉较好的快递公司，不要贪图运费便宜而选择不提供保险的快递公司。很多快递公司的保险额是有封顶的，如圆通是1万元，申通默认为500元，EMS为10万元。因此，超过上述保险额封顶的物品，需要认真考虑是否使用快递运输。另外，有些快递公司选择的保险公司有免赔额条款，如宅急送规定了300元的免赔额。如果卖家全额保险是600元，保险公司赔付300元，其余300元属于免赔额。
- 检验签收和索赔限制条款：签收是快递运送过程中的最后一个环节，在此之前收货人必须对货品予以检验，以此证明快递公司完好地履行了运送义务。在检验和索赔之间的限制条款中，各个快递公司的条款都在不同程度上损害了托运人的法定权利。一般来说，收件人在检验货物后进行签收是对承运人良好履行合同的肯定，此时的风险也由承运人转移到收件人。所以建议收件人先拆货检验，然后再签收。另外，在签收环节中还有一个代签收的问题。很多快递在签收时，一般只要求签名，并不要求出示证件。代收件人一般只负责签收，并不检查物品。如果物品在代签收后丢失，便很难解释。
- 运输途中的风险承担问题：运输途中的风险由谁承担，这也是卖家必须关心的问题。如果当事人双方有约定就按约定处理，没有约定就需要按照法律规定解决。在没有约定的情况下，有多种处理方法。结合网络交易的实际情况，买家和卖家的交付地点以快递运送的地址为准。按照《合同法》第141条规定，卖家应当按照约定的地点交付标的物，也即在快递将货品交至买家时风险才算转移。但是如果买家没有检验而直接签收，风险应当由买家承担。

11.5.2 解决常见的物流问题

在网店经营中，包裹丢失、商品损坏、快递员态度恶劣以及快递时间过长等问题一直困扰着网店卖家。

1 退换货的物流服务

买家在收到货后，由于商品大小、颜色、质量等问题需要进行退换货。

遇到这类问题，卖家可以根据自身店铺和商品的情况制定合理的退换货政策，在买家购买商品前，对其进行相关的退换货说明。在卖家认可和同意的情况下再进行交易，这样可以大大减少买家退换货的情况发生。

店家应该提供及时的退换货的物流服务，这需要和物流公司事先做好协商，然后对于符合退换条件的商品进行退换货处理。

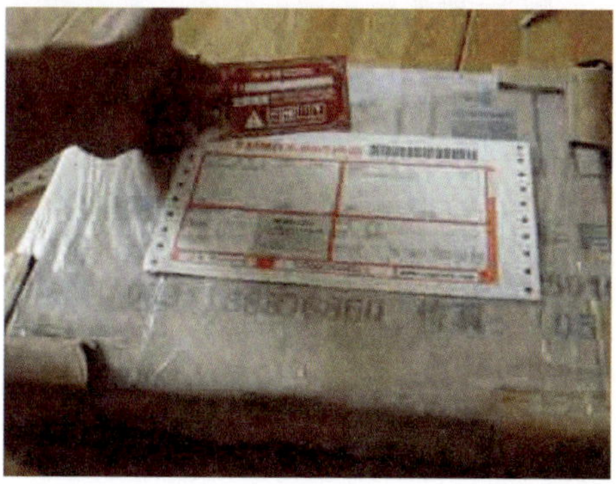

2 商品损坏

在运输过程中，由于商品未受到很好的保护和管理，导致商品在送到买家手中时已经损坏。为避免此类情况的发生，一方面，卖家在发货前要根据商品的特性妥善包装商品，尽量做好防水、防压和防震措施。另一方面，在出现商品损坏时，买家应该拒签并及时联系卖家向快递公司索赔。如果买家是在签收后才发现这种情况，则卖家只能再次提醒买家“先验货再签收”，并对买家承诺下次购买给予优惠，虽然不能直接弥补买家的损失，至少赢得了下次交易的机会。

3 包裹丢失或调换

在商品运输过程中，由于商品保管不妥或者遇到一些突发的状况，造成商品丢件或被调换。商品丢失往往责任在于物流公司，可能是在运输途中丢失，也可能在领取点被他人冒领。货物调换则是在货物运输中被他人恶意调换，将原有的商品换成他物。

在出现包裹丢失的情况时，如果无法通过快递单号查询包裹所在地，卖家应先和买家进行沟通，再联系快递公司进行处理，三方互相配合找到包裹。如果确定包裹已丢失则需向快递公司申请索赔。

对于商品被调换的情况，卖家在发货时尽量使用自己的包装材料进行包装，不要使用快递公司提供的包装盒，以免发生调换货的情况。另外，卖家在选择快递时，应挑选信誉度高、服务完善的物流公司进行合作。

4 快递员态度恶劣

商品是通过快递员送到买家手中的，由于一些快递员态度差而使得买家在收取商品时未得到满意的服务，这会对商品的评价不利。因此，在选择物流时，特别要注重物流公司的服务质量以及运送人员的整体素质，卖家可以事前对其进行了解。

5 快递送达时间过长

在买家付款购买商品后，由于卖家未及时发货或物流公司运输速度慢，就会加长商品的快递时间，如果商品不能在规定时间内送到买家手中，会造成买家的不满。

发生这种情况时，卖家应该主动和买家了解情况，并与快递公司取得联系，找到延期的原因。卖家认真负责的态度，相信会得到买家的理解。

另外，在发货时，卖家要对物流公司的运输速度，以及运输的稳定性进行考察。在发货后，可以告知买家快递大概所需时间，并告知买家快递单号，提醒买家查收。还可以定时关注物流情况，如果出现问题可以及时地解决。

11.6 进阶实战

本章的进阶实战部分为查询中通快递的网点以及快件跟踪这个综合实例操作，用户通过练习从而巩固本章所学知识。

【例11-4】查询中通快递的网点以及快件跟踪查询。视频

01 启动浏览器，输入网址：http://www.zto.com/，然后按下Enter键，进入申通快递网站的首页，然后单击页面中的【服务网点查询】链接。

02 打开服务网点查询页面，设置网点所处的省市地区以及详细地址，然后单击【查询】按钮。

03 此时在页面地图上显示网点地址，单击图标符号，显示详细地址及联系方式。

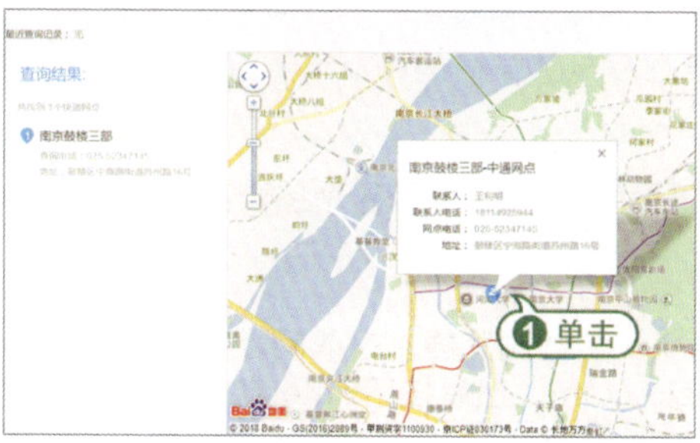

04 返回中通快递首页，在【运单查询】下面的文本框中输入要查询的快递单号，然后单击【查询】按钮。

知识点滴

当货物出现问题，如破损、无法派送，会被列为问题件，将会在跟踪记录中显示。当跟踪记录出现问题件或状态长时间停滞不更新时，应迅速与发件方快递取得联系，查询具体情况。

05 此时，页面中货物的跟踪记录会以列表的形式列出来，如下图所示。

06 单击上图的【满意度评分】按钮可以为这次快递进行评分。

07 单击【在线客服】按钮可以打开对话窗口，和客服进行交流沟通。

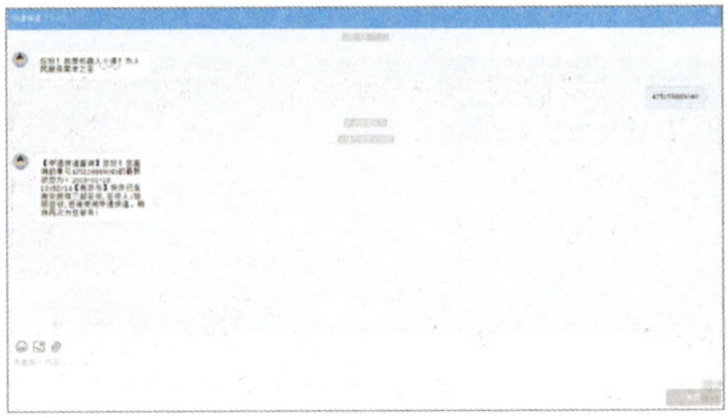

11.7 疑点解答

问：物流服务指数是由什么因素决定的？

答：物流服务指数作为衡量物流公司服务的指标，主要由以下因素决定。

- 服务质量，其中包括该公司在服务中发生的物品丢失、破损的比例；该公司服务态度状况；该公司服务的地域范围，即网点覆盖率；与淘宝的合作配合度；投诉的二次处理的时效，以及投诉的二次处理的比例。
- 该公司的价格优惠程度。
- 该公司在作业流程中优化操作流程带来良好的用户体验的多种措施比例。
- 目前该公司被用户选择使用的线上服务量及其增长状况。

问：如何选择小件商品和大件商品的送货方式？

答：每种商品都有适合自己的送货方式。

- 小件商品：小件商品如明信片或打折卡之类的实物卡片，可以用挂号信邮寄。不建议用平信，容易丢失并且无法追查。如果小件商品是小件的首饰、衣服、化妆品之类的货物，可以使用平邮、邮局快包、快递公司或EMS等运送方式。
- 大件商品：如果是大件的家具或比较重的商品，可以使用快递公司、物流公司。如果用EMS则运费太高不划算。同城的交易可以考虑自己送货。

问：当买家在店铺中一次性购买多件商品时，如何设置邮费？

答：有时候买家会一次性在店铺中购买多件商品，在没有超过首重的情况下可以让买家只为其中的一件付邮费，其他商品则在拍下后，卖家在支付宝管理页面中重新修改商品价格，减去快递的费用。若多件商品超过首重，卖家也可以根据具体情况重新设定邮费并告知买家。

第12章

塑造店铺品牌形象

对于网上店铺而言，品牌就是整体服务感、品牌认知度以及产品信任度的综合体现。因此，一个成功的网店，从开始起步就应该规划好品牌建设推广，努力向企业化发展，从而创立属于自己的网店品牌。

对应光盘视频

例12-1 拜访其他金冠店

12.1 网店品牌的概念与意识

在网上购物时，买家总喜欢认准一个牌子购买，觉得该牌子的价格、款式和风格非常适合自己。这就是品牌效应。本节将介绍品牌与品牌意识的基本概念和相关知识。

12.1.1 品牌的概念

品牌一般被认为是一个名称、一个标记和一个形式，或它们的组合。因此，品牌是一个在消费者生活中通过认知、体验、信任、感受而建立关系，并在消费者心目中占得一席之地的产品。它是消费者感受一个产品的总和。

品牌是形象的标签。商标并不等于品牌，而只是建立品牌的一个不可或缺的条件，是品牌打造过程中不可缺少的元素之一。

每个品牌背后都有一个产品，但并非每个产品都可以成为一个品牌。品牌建立在牢固的忠诚度上，顾客不易被拉走，品牌是产品和消费者之间的长期互动的产物，不能一蹴而就，需要不断地宣传、维护。

品牌不仅意味着产品(质量、性能)的优势，心理和精神消费也是重点。现代品牌策略大师史蒂芬·金认为，产品是工厂所生产的东西，品牌是消费者购买的东西。产品可以被竞争者模仿，品牌却是独一无二的。产品极易过时落伍，但是成功的品牌却能长久不衰。

中国原外经贸部副部长、世贸首席谈判长代表龙永图曾说：“对于一个人、一个企业、一个民族、一个国家来讲，品牌形象都至关重要。”企业的品牌形象在消费者眼力是重要的购物参考标准。在网购中，一家网店的知名度比信誉度更宝贵，就好像现实中的品牌效应一样。创建和推广网店品牌有助于网店向企业化、规范化方向发展。

12.1.2 品牌的意识

有人可能会这样质疑：“一家小小的网店能创出什么品牌来？”其实品牌无处不在。消费者去商店买东西喜欢买“有牌子”的，那是因为有牌子的东西靠得住，服务也令人满意。同样的道理，买家到网上买东西也希望买到质量有保障，且卖家服务态度好的产品。因为网上交易是不见面的，商品也只能通过图片和文字来了解，买家完全是根据自己对卖家的信任度来购物。所以在这样看似“不怎么靠谱”的情况下，品牌的价值更重要，甚至可以说是网店的生存之道。

如果卖家的网店中宝贝价格合理，店铺信誉高，店主自身具有一定的声望，网店的生意一定很好。网上交易中，最宝贵的就是卖家及店铺的知名度，就好比生活中那些大品牌对我们的影响，有时候甚至比信誉度还重要。

那么，网上经营的品牌意识体现在哪里呢？

- 专项经营是根本。选定自己的主营项目，主营商品品种占经营商品品种90%以上。这就像商场里的专卖店，有专门卖女装的、专门卖香水的等。如果一个人想买一瓶香水，一般来说他肯定考虑专门做香水的牌子，因为专卖和专营会显得专业一点。同样的道理，网店主营一个项目，买家对你的信任度也高。

- 要有品牌意识。要明白自己的店铺必须有个“主推点”，要像主营商品一样令人印象深刻。比如，店主名或店铺名叫“小美”，那么卖的宝贝就叫“小美魔术”“小美桌游”“小美玩偶”。要知道，打造个人品牌最简单的途径就是把自己的店名或者ID当品牌来进行推广。

- 要明白品牌的背后都有文化积淀。每个大品牌后面肯定都有许多的故事与文化。比如它的背景，就是品牌的文化。品牌背后的故事也是品牌的宣传方式之一。文化的因素在品牌和消费者之间就可以起一个衔接的作用，用得好将对销售产生很强的推动力。

- 品牌要飞跃。当卖家的品牌价值在某一平台达到最高的时候，也就意味着你打开了另一扇门，另一个领域。因为品牌具有能动性，一旦建立起来就会有拥护者、追随者，哪怕换了另一个经营平台，也照样会吸引买家到来。例如LV的女包，已经有了非凡的知名度，无论在全世界哪个城市开分店，都有拥护者来追随。

商品是基础，定位是推广目标，品牌文化是买家让渡价值的体现。在了解与协调好这一过程后，才能更有效地建立、推

广和发展网店品牌。

12.1.3 品牌的塑造

品牌是产品与消费者之间的纽带，是建立在消费者心目中的。品牌也是最为错综复杂的象征，它所囊括的内容包罗万象——品牌的属性、名称、包装、历史、声誉、价值、广告风格、文化以及个性等的无形组合构成了品牌。消费者自身的知识、体验和购买及使用经验，也会影响品牌在他们心目中的形象。品牌构造何等复杂，品牌成功的难度可想而知，要知道“品牌非一朝一夕就能成功的”，除了品牌所在企业的整合营销能力以外，怎样借助“外脑”的辅助，以通过科学有效的整合传播推广和品牌系统管理，获得持续而长远的发展，也是非常重要的一个方面。

通过科学有序的分析、规划、传播和管理，对品牌进行培育和提升。

- 分析阶段：这一阶段主要是运用分析系统，进行调研和分析，并对涉及品牌的各项构成要素和影响因素的有关资料，进行科学有序的整理、总结和分析，建立品牌识别，以对品牌的现实状况进行科学准确的界定。
- 规划阶段：这一阶段主要是运用品牌规划系统，针对品牌的分析结果进行整合，提出科学的营销策略和广告策略，并制订相应的实施方案。
- 传播阶段：这一阶段主要是运用品牌整合传播的系统，实施和推广规划阶段的主要成果，达到解决品牌存在的问题、打开市场、建立计划中的品牌资产的目的，并且在目标市场和目标顾客心目中认同自己的“识别”，建立自己的品牌定位和品牌形象。
- 管理阶段：这一阶段主要是运用品牌管理系统，对品牌传播阶段的实施和推广进行监控和管理，对品牌传播阶段累积下来的品牌资产进行管理，对品牌未来更长远阶段的发展策略进行深度的规划。

在管理阶段，对品牌未来更长远阶段的深度规划表现在以下几项具体工作中。

- 新品牌开发的决策等前瞻性工作。
- 品牌的改善和创新：主要是根据市场环境和竞争对手的变化，进行产品、技术、传播、组织以及管理等方面的检讨和创新决策。
- 品牌的有效延伸决策：主要是指评估各阶段的营销状况，判断是否有必要引入颇具竞争力的新商品，以加强品牌的活性化，从而满足消费者的最新需求。

12.2 网店品牌的分类

网店的品牌通常分为商品品牌、店铺品牌和个人品牌，也可以将三者结合起来做综合品牌营销。本节将介绍网店品牌的分类。

12.2.1 商品品牌

出售手工制作、设计等原创类商品的卖家可以创建自己的商品品牌。因为这些商品在别处是无法买到的，只有卖家自己掌握着货源，商品中凝结着卖家的个人智慧和个人风格，为这些商品精心打造品牌有利于长远的产品销售和推广。

像手绘、编织、刺绣、布艺、设计产品以及各种手工制造品，或者具有专利的技术和商品都适合创建品牌。例如，“PAPA天然水晶自创品牌”店如下图所示。

又如“3i”，属于自创、原创品牌的设计产品，主营日系、中性英伦男装和情侣装。

12.2.2 店铺品牌

打造店铺品牌是最常见的网店品牌建立方式。在实体店购物时，消费者会优先选择有牌子的商家，同样在网上购物时买家也会更信任有品牌的网店。

例如，箱包品牌“麦包包”网店，女士精品/饰品类网店“萌饰异族”等。

另外，对于知名网店来说，商标注册和品牌保护十分重要，因为可能会被其他网店仿冒。

12.2.3 个人品牌

个人品牌就是打造明星店主，利用名人效应来吸引消费。就像明星代言能引起粉丝追捧一样，明星掌柜在网络购物人群中也有相当大的影响力。卖家的ID、形象、性格以及才华等都是创造个人品牌的关键，很多网店会把卖家的个人特质与所销售的商品结合起来。

例如，“伴美小屋”网店就是将卖家的ID与网店定位巧妙地结合。

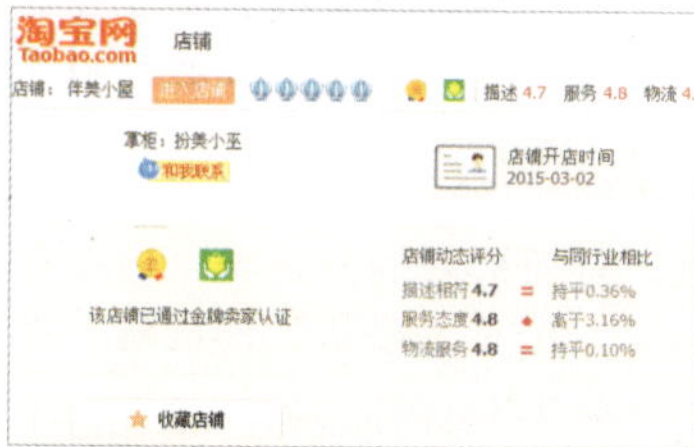

“胖可爱”网店就是将店主的个人形象与网店定位巧妙地结合。这两个网店的店主“扮美小巫”和店主“胖可爱”都是淘宝大学的讲师，具有一定的知名度。

12.3 品牌的定位与命名

明确品牌定位是建设一个品牌的基础，有了这个基础还要为品牌起一个好的名称，品牌名称既关系着品牌的定位，也影响将来的推广和宣传。

12.3.1 明确品牌的定位

品牌定位就是为自己的品牌寻找合适的产品定位，从而使得目标消费者与品牌之间能产生联系。网店店主可以参考以下几方面来建设和发展自己的品牌。

1 找准切入点

如果想要让买家认可自己的品牌，就要找准切入点，选择一个大多数人容易接受的切入点非常重要，这不但能使店铺销售量上升，还能让大多数人记住你的个人品牌。很多网店店主将ID或者店铺名当作个人品牌来进行推广，这也是为什么那些专业卖家很有知名度的原因之一。

2 品牌文化

每一个大品牌背后都会有许多小故事。我们在认知这些品牌时，就是通过这些背景故事体会其蕴涵的品牌文化。因此，用一些精彩的故事来丰富一个品牌是一种非常有效的品牌宣传方式。

3 专项经营

如果买家想买一件衬衫，他一定会优先去主营服装的网店挑选。实践表明：那些上架商品中主营商品高达九成以上的专卖网店，更容易受到买家的信赖。

4 连锁效应

当自创的品牌在网站上站住脚后，卖家可以多开几个分店去卖不同的商品并留下足迹，这样别人就会对这个店铺品牌有认知，之后就有可能去参观该店铺或者购买其中的商品。

5 质的飞跃

当网店的品牌价值达到某一高度时，就需要进一步提高品质。此时这个品牌无论到哪里都有拥护者，各个交易平台都会抛出条件丰厚的橄榄枝，以期望该网店可以加盟。

每个网站都希望更多值得信赖的品牌加盟，因为这些网店会吸引很多追随者，这些追随者们就是网站潜在的顾客群。

品牌与平台的完美结合是电子商务的一股新动力，双方可以实现双赢。

12.3.2 品牌命名的原则

一个品牌的树立首先需要有一个好的品牌名称，优秀的品牌名称应当立意独特、定位贴切、容易记忆并且方便推广。

可口可乐是全球大品牌之一，在品牌设计、品牌定位和品牌营销方面都为其他品牌提供了良好的示范，品牌价值已达700多亿美元。

可口可乐(Coca-Cola)得名于其主要原料中的古柯(Coca)的叶子和可拉(Kola)的果实，命名者罗宾逊为了整齐划一和读音上口，将Kola的“K”改成了“C”，然后在两个词中间加一短横，这样就形成了可口可乐的英文名称Coca-Cola。

一个好的产品名称和品牌名称，是品牌成功的第一步，一个好的名称应该符合下列原则。

- 合法：是指能够在法律上得到保护，这是品牌命名的首要前提，再好的名字，如果不能注册，得不到法律保护，就不是真正属于自己的品牌。
- “七好”：好念、好听、好看、好写、好记、好认、好义。
- 准确传达品牌核心价值和品牌定位、品牌理念、品牌个性等。
- 能引起丰富的品牌联想，给人质量恒久保持的信心和形象。
- 具有很大的可塑空间，可以延伸出品牌形象塑造的远大前景。

进阶技巧

加强营销、引进品牌、实施差异化的经营，是每个淘宝店铺品牌的生存之道和长远发展之道。

12.3.3 品牌命名的要素

那么，该如何确定自己的品牌名称呢？网店店主还需要注意以下几个要素。

- 从店名开始：不要马马虎虎给自己的网店品牌取一个毫无意义的名字。要有长远打算，取什么样的名字，给人什么样的感觉，是不是朗朗上口，与产品关联性如何，都应当考虑。
- 用户名：用户名也很重要，不要认为只有登录的时候才用到用户名。你是否注意到店铺旁边最显眼的位置就是你的用户名。买家决定购买你的商品，就要和你联系，如果你的用户名复杂又难记，不利于买家再次想起你，也影响买家帮你的品牌做口碑宣传。
- 产品名：调动你丰富的想象力，要给你的商品取个好听而又让人印象深刻的名字，更能突出网店的品牌。
- 受众群：通常一个品牌都是针对一类人群或多类人群的，要想照顾到所有买家，那就等于谁都没照顾到。品牌一定要有一个明确的受众群定位，针对什么人，哪些人最需要你的商品，这些人的品味和共同点是什么？这些问题都是需要考虑的。
- 店铺氛围：想给进入店铺的买家什么样的感觉？清新自然还是酷炫后现代的？店铺的装修是最直接将品牌感觉和定位传达给买家的方式。比如，提起麦当劳，人们会想到那个黄色的M；而“玫琳凯”化妆品的专营店装修得带有温馨味，通常买家还没有看到产品，会先看到店铺粉色的墙壁，根据店铺的装修风格，买家就会判断这家店的东西适不适合自己，以及自己是不是喜欢这种风格。

知识点滴

确定了商品受众群后，还需要确定品牌的价位。你的商品打算卖什么样的价格？要建立自己的品牌，就要有自己的价格定位，是高、中还是低？根据明确的价格定位，就可以在此基础上，依照实际情况上下浮动标价了。比如，你的潜在顾客是白领，那么定价可以偏高一些，因为白领们对价格的要求不是很看重，他们最看重的是产品的品质；如果你的潜在顾客是定位在学生群体，那么定价就应该相对偏低一些。

12.3.4 品牌命名的程序

通常情况下，品牌命名的程序如下。

- 前期调查：在取名之前，应该先对目前的市场情况、未来国内市场及国际市场的发展趋势、产品的构成成分与功效以及人们使用后的感觉、竞争者的命名等情况进行摸底，并且店主要以消费者的身份去使用这种产品，以获得切身感受，这非常有助于激发灵感。

- 选择合适的命名策略：前期调查工作结束后，便要针对品牌的具体情况，选择适合自己的命名策略。一般情况下，功效性的命名适合具体的产品名；情感性的命名适合包括多个产品的品牌名；无意义的命名适合产品众多的家族式企业名。人名适合于传统行业，有历史感；地名适合以产地闻名的品牌；动植物名给人以亲切感；新创名则适用于各类品牌尤其是时尚、科技类品牌。当然，在未正式命名之前，也可以各种策略进行尝试。
- 动脑会议：在确定策略后，可以召开动脑会议。在动脑会议上，任何怪异的名称都不应得到指责，都应该记下来，一次动脑会议也许得不到一个满意的结果，但可以帮助我们寻找到一些关键词，这些关键词是命名的大致方向。
- 名称发散：由一个字联想到100个词语，由一个词语，发展出无数个新的词语，这个阶段是名称大爆发的阶段，发动网店所有的人员，甚至向社会征集。
- 法律审查：由法律顾问对所有名称从法律的角度进行审查，去掉不合法的名称，卖家对无法确定而又非常好的名称，应先予以保留。
- 语言审查：由文字高手对所有名称进行审核，去除有语言障碍的名称。
- 内部筛选：对剩下的名称进行投票，筛选出其中较好的10~20个名称。
- 目标人群测试：将筛选出的名称，对目标人群进行测试，根据测试结果，选择出比较受欢迎的2~5个名称。
- 确定名称：与客户一起，从最后的几个名称中送出最终的名称。

12.3.5 品牌命名的策略

下面结合一些典型的品牌与名称的例子来介绍品牌命名的策略。

- 品牌名的传播力要强：在品牌的经营上，一个成功的品牌之所以区别于普通的品牌，其中一个很重要的原因就是，成功的品牌拥有家喻户晓、妇孺皆知的知名度，消费者在消费时能够第一时间回忆起品牌的名称。因此，对于品牌的命名来说，首先要解决一个品牌名的传播力的问题。也就是说，不管你给产品取一个什么样的名字，最重要的还是要能最大限度地让品牌传播出去，要能够使消费者，尤其是目标消费者记得住、想得起来是什么品牌。只有这样，品牌的命名才算得上是成功的。否则，一个再好听的名字，传播力不强，不能在目标消费者的头脑中占据一席之地，消费者记不住、想不起来，也是白费心机。品牌的传播力强不强取决于品牌名词语的组成和含义两个因素，两者相辅相成、缺一不可。例如，在保健品中，脑白金就是一个传播力非常强的品牌名。“脑白金”这3个字朗朗上口、通俗易记，而且这3个字在传播的同时将产品的信息传递给了消费者，使人们在听到或者看到“脑白金”这个品牌名时，就自然而然联想到品牌的两个属性：一个是产品作用的部位，另一个是产品的价值。正因为如此，有了这个传播力极强的品牌名的广泛传播，脑白金能在一个月里销售掉两亿元的产品，也就不足为奇了。当然，脑白金的成功还有很多因素，但假如把脑白金命名为××牌复方褪黑素、脑×健、×××青春口服液等诸如此类的名字，那结果不会太好。所以给品牌命名，传播力是一个核心要素。只有传播力强的品牌名，才能为品牌的成功奠定下坚实的基础。

- 品牌名的亲和力要高：是不是只要品牌名有了较好的传播力，品牌就能很好地传播出去呢？同样是国际知名香皂品牌，同样有传播力很强的品牌名，“舒肤佳”品牌知名度和市场占有率与其他同行业品牌就显现出了很大的差异，这是为什么呢？其实，除了品牌名的传播力因素之外，这里面还有一个品牌名亲和力的问题。品牌名的亲和力取决于品牌名称用词的风格、特征以及倾向等因素。“舒肤佳”这一名词首先给人的感觉是倾向于中性化的用语，它不但更广泛地贴合了目标消费者的偏好，而且通过强调“舒”和“佳”两大焦点，给人以使用后会全身舒爽的联想，因此其亲和力更强。所以，在给品牌命名时，不但要注意品牌名的传播力因素，而且同时也要注意把握品牌名的亲和力因素，只有这样才能使品牌的传播达到最佳效果。
- 品牌名的保护性要好：在谈到品牌名的保护性之前，先让我们来看一个例子，2001年年初，吉林九鑫集团代理了济南东风制药厂的扬帆牌新肤螨灵霜之后，决定进军广州市场。于是投入了几百万的资金进行了市场运作。由于扬帆牌新肤螨灵霜是国内第一个提出“杀螨益肤”概念的产品，加之其广告宣传到位，因此扬帆牌新肤螨灵霜进入市场之后，很快在广州走俏，甚至一度出现过断货现象。 然而，好景不长，在看到扬帆牌新肤螨灵霜热销的市场现象之后，广州的部分化妆品厂打起了歪主意。他们相继向市场推出了与扬帆牌新肤螨灵霜外包装相似，但价格却便宜得多的妆字号新肤螨灵霜，进行终端拦截。在针对消费者的低价和针对药店的高折扣率的双重作用下，消费者和终端药店纷纷弃扬帆牌新肤螨灵霜而走。一时间，扬帆牌新肤螨灵霜受到了巨大的冲击，销量一路下滑。由于长时间滞销，一些终端药店纷纷要求退货。由于济南东风制药厂在给产品命名时采用的是注册商标+通用名的方式，因此从法律意义上来讲，受保护的只有注册商标扬帆牌，而通用名新肤螨灵霜是不受保护的。因此，眼看着张三牌新肤螨灵霜、李四牌新肤螨灵霜在市场上肆虐，吉林九鑫集团和济南东风制药厂也只能哑巴吃黄连，有苦说不出了，最后扬帆牌新肤螨灵霜只好落得个收缩市场的苦果。从上面这个例子，可以看出企业在为产品命名时缺乏对品牌名的保护意识，使企业自己酿成了严重的后果。一直以来，市场中都不乏处心积虑的市场追随者，“螳螂捕蝉，黄雀在后”就是所谓追随者的竞争策略。他们有着敏锐的商业嗅觉，时刻都在打探着机会，而企业不注意保护自己的品牌名恰恰就给他们提供了这样的机会。因此，在给品牌命名时，企业必须考虑品牌名的保护性，最好采用注册商品名来给产品命名。脑白金、泰诺、曲美这些成功的品牌都是以注册商品名来给产品命名的，而消炎药利君沙不但用注册商品名给产品命名，而且为了防止相似品牌的出现，还进行了与注册商品名的近似注册，以全面保护品牌不受侵犯。所以，给品牌命名不能只讲传播力、亲和力，避免被仿效、侵犯也是品牌命名中重要的问题。

12.3.6 品牌命名的技巧

在确定品牌名称时，不同的定位需要不同的命名技巧。

- 立势命名法：有远见的商业品牌当存雄心壮志，强势品牌的名字说出来也要铿锵有力、挟带一股气势，就是所谓的“立势命名法”。立势命名法一般不超过3个汉字，英文长度一般不超过8个字母，发音呈现上扬的风格，发出的音调洪亮清晰、有气魄、有气势，有豪情万丈、一览众山小的文字韵味。例如：日本的SONY、CANON；韩国的LG、SAMSUNG。

● 醒势命名法：品牌命名时，清晰产业背景、吻合行业特征，暗含商品属性与服务定位的寓意，或者清晰锁定目标群体，并与之相互协调，就是所谓的“醒势命名法”。醒势命名法要注意回避市场上雷同的中文和英文名称，而且最好将品牌与目标客户直接联系起来，进而使目标群体产生认同感。例如，太太口服液是一种专为已婚妇女设计的营养补品(女性补血口服液)，这个品牌名称不用过多的语言描述，一听就知道它所针对的消费者是谁，加之色彩上使用鲜红的品牌主色调，利益诉求不言而喻。

● 取势命名法：很多品牌的名称无论听、说、读、写，往往都能引发人们的美好联想，北方人说“好意头”、广东人称之为“好彩头”，根据已知的、潜在的关联命名品牌，就是所谓的“取势命名法”。这种取势命名法取势要巧、否则不但容易落入俗套，甚至会给品牌带来意想不到的负面效应。许多宾馆/饭店都喜欢用诸如“发”“利”“豪”之类的文字作为品牌名称，取发达、顺利、豪气之类约定俗成的文字表意，但是往往会适得其反、感觉低档。一个新颖、独特的品牌名称能使普通商品变成极具吸引力的商品，演绎优美的意境，同时给受众带来欢乐和享受的美好祝愿。例如，福建兴业银行，体现着“兴旺百业、兴盛事业”的价值追求。同样比较成功的还有：金六福(白酒)、好利来(蛋糕)、才子(服装)等。

● 审势命名法：客观审视自己的长处、审视已有资源的优势，把企业产品或品牌与自身所独有的这种优势(或潜在优势)结合起来，由此命名品牌，就是所谓的“审势命名法”。具体命名时，可以审视企业所处的地理位置、地理优势，即与当地地名或当地特色、特产联系起来，通过人们对于地域的信任、进而衍生为对产品和商业品牌的信任感；也可以与产品类型直接结合、巧妙挂钩，使品牌传播出去易于连带到产品，并具有完整的感觉。例如，“蒙牛”把内蒙古的简称“蒙”字作为商业品牌的第一个组词要素，大家只要看到“蒙”字，就会自然联想到那“风吹草低见牛羊”的绿色内蒙古大草原，接着又把产品属性作为第二个组词要素，简化到近乎完美的地步，巧合的是，其品牌统领者牛根生的姓也是牛。

● 预势命名法：古人云“凡事预则立、不预则废”，客观有效地预测品牌未来、建立着眼于未来的品牌战略，并由此命名品牌，就是所谓的“预势命名法”。好的品牌名字不仅要简洁明了、便于传播和联想、具有时代感，还要建立符合国际一体化商业趋势以及对未来市场扩张的有效品牌策略，根据品牌策略来客观预测未来发展再确定品牌名称。众所周知，2006年度美国《财富》杂志评出的世界500强公司之首是埃克森美孚(ExxonMobil)，早在多年前，美国这家石油公司为了设计出既适应世界各地风俗又符合各个国家法律的名字和图案，邀请了多方面专家和机构，历时六年、耗资一亿美元调查了55个国家和地区，最后才确定了埃克森(EXXON)这个名字，并且从设计出来的一万多个商标中筛选出一个，如今这个品牌通行全球，品牌价值已达上百亿美元。

● 借势命名法：不必组字构词、直接借用、挪用、占用已有传播影响力基础的词汇，类似这种命名方法，就是所谓的“借势命名法”。这种商业品牌命名方法的最大优势是在开拓市场时，用草船即可借箭，大大减小了品牌推广阻力、节省大量广告费用、降低品牌推广成本。

例如，早先有个著名的洗涤用品品牌白猫洗洁精，在白猫年代，市场上突然窜出“黑猫”来，而且与白猫是同一类洗涤用品。

- 溶势命名法：随着越来越多的国际品牌进驻中国，着眼于国内市场的建设与推广，给品牌英文名称一个好的中文解释，显得越来越重要。伴随着这种走进来或者走出去的商业行为，必须要对品牌名称进行二次创作、巧妙转化，最好的方法就是用“溶势命名法”来命名，结合当地文化背景与当地消费者的习惯，溶入品牌已有的产品功能或者品类优势，取一个恰如其分的名称。最典型的创新名词为品牌命名、奠定成功基础的例子非宝洁莫属。在宝洁的众多子品牌中，品牌名称几乎个个都是好听又朗朗上口，如飘柔、护舒宝、舒肤佳、汰渍等。

12.4 设计品牌形象

品牌除了要有好的名称，更要有好的形象。品牌和人一样，需要有个性的形象，卖家需要为自己的品牌设计品牌标志、树立企业文化、确定经营理念等，以便更好地传达品牌形象。

12.4.1 设计商标

品牌标志是任何品牌都离不开的视觉元素。网店店主需要为自己的品牌设计独一无二的商标。商标的设计可以是店主亲自动手完成，也可以请专业人士设计。商标设计以能突出品牌形象，能被消费者辨别认知为准则，通常可以由文字、数字、字母、图像和颜色组合而成。原创设计女装品牌——LUNA LIMITED网店，其商标设计是由图像和字母组成的，给人以简单而又独特的感觉。

原创服装设计品牌Artka阿卡随心手艺网店，其商标设计是由文字和字母组成，给人以传统而不失文雅的感觉。

自创女包设计品牌PG美人网网店，其商标设计是由文字、字母、图像和颜色组成的，给人以温馨的感觉。

12.4.2 商标的注册程序

店主在品牌创立之初，就要有品牌保护意识，要及时注册商标，以防别的商家和卖家盗用或仿冒。

根据有关规定，申请商标注册有以下两种途径。

- 委托国家认可的商标代理机构进行办理。
- 申请人直接到商标局的商标注册大厅办理。

申请人如果直接到商标局注册大厅办理，需要按照如下步骤进行办理。

第一步，商标注册申请前进行商标查询(非必经程序)。

进阶技巧

一件商标从申请到核准注册大约需要一年半的时间。如果商标注册申请被驳回，一方面损失商标注册费，另一方面重新申请注册商标还需要大约一年半时间，而且再次申请能否被核准注册仍然处于未知状态。因此，申请人在申请注册商标前最好进行商标查询，了解相关情况，根据查询结果做出判断后再提交申请书。

第二步，准备申请书。

第三步，在商标注册大厅受理窗口提交申请书。

第四步，在打码窗口打印收文条形码。

第五步，在交费窗口缴纳商标注册的费用。

第六步，一个月左右商标局发出《受理通知书》。

第七步，商标注册申请补正(非必经程序)。

12.4.3 构建品牌文化

如果能赋予品牌深刻的文化内涵和丰富的品牌故事，就能让消费者在精神上更能接受和认同这个品牌，慢慢形成品牌依赖。所以促使品牌文化的形成是每个品牌店主都应该考虑的问题。

淘品牌PG美人网的品牌文化表现在品牌故事和品牌大事记上。

知识点滴

品牌文化就是品牌所具备的情感内涵、精神内涵和价值内涵，包含了品牌里凝结的经营理念、态度修养、情感诉求、品味时尚、团队意识等。裂帛文化是一个典型的成功品牌，是值得网店店主学习的榜样。

12.5 品牌的营销与推广

网店品牌推广的主要目的是促进品牌价值的尽快实现，是一种短期即时效益的实现，在进行品牌推广时，要将品牌长远利益的实现考虑在短期的推广活动中，要考虑到品牌形象的树立和品牌忠诚度的建立，使品牌价值在每个环节中得到不断积累。

12.5.1 人脉的力量

不要忽略了人的力量，所谓一传十，十传百，口碑就是这么建立起来的。

如果你在淘宝网上开了自己的店铺，可以告诉你的亲朋好友或同学等，希望他们来光顾。他们又把消息告诉给他们的亲朋好友，这样一路传下去，产生的影响就不可低估了。这就是人脉的力量。

12.5.2 适当利用名人

很多网店都请来明星当代言人，做广告。这是为什么呢？因为名人有名人效应。所以我们的店铺也可以想点办法跟名人搭上关系，比如，一件化妆品起名叫“某某化妆品，大S的最爱”或“某某化妆品，大S美容大王推荐”。如果买家对这件化妆品不怎么感兴趣，至少也会对大S的“最爱”感兴趣吧！进去看了，买不买是次要的，至少你的店铺多少会给人留下一点印象。

又如，在宝贝描述页面使用名人视频讲解宝贝的使用方法、使用技巧等，这样更能吸引买家，从而使他们产生购买欲望。

12.5.3 时刻不忘宣传

品牌的名称和形象首先应该出现在店铺介绍及店主的个人空间和签名档里，其次也可以在商品名称、商品描述中加以突出。

店主名片、商品包装、封口胶带、标签贴纸和会员卡也可以用来进一步宣传品牌。另外，在网上论坛里经常会看到有人拿自己的店铺链接或品牌来当签名，要么索性把自己的商品图片也一并发上去，走到哪里就挂在嘴上，要是一个帖子的点击率超过20万，那么保守估计这个信息至少也被看过10多万次。这也是一种品牌宣传推广的方法。

12.5.4 多参加论坛社区活动

在淘宝论坛里有许多卖家和买家。卖家要懂得积极在论坛里发帖，比如分享一些经营店铺的小诀窍、宝贝图片摄影技巧等，别忘记在帖子最后顺便宣传一下自己的店铺。

另外，也要尽可能参加论坛和社区组织的线上或线下活动，活动是相互认识的最好最快的方式，通过参加这些活动也能让更多的人认识自己和自己经营的店铺。

传播的作用在于表现品牌的外在特点，它能提高品牌的知名度和识别度，树立品牌的外在形象，但是这些不能直接促进销售，只是一个铺垫，能真正实现品牌价值的是品牌的顾客忠诚度和满意度，而这两个重要指标不是单靠传播就能建立的，更多的还是需要从品牌的内涵中去挖掘，包括产品品质、价格、购买便利程度、客户关系、售后服务以及附加利益等方面。

12.6 网店的创新与发展

创新是人类进步的灵魂，开网店也一样。当网店与网店之间的商品质量、商品价格和服务质量接近的时候，创新营销就成了新的有效竞争手段。对于刚刚起步的网店而言，创新是在竞争中立足的法宝，是在众多卖家中脱颖而出的有利条件；对于已经有了一定发展基础的网店而言，创新是保持竞争先进性和进一步发展的必要条件。

12.6.1 坚持正版路线

网店要坚持销售正版、有品位的商品，一方面是因为法律法规的相关要求；另一方面也是促成网店经营、树立网店风格特色以及创立网店品牌的需要。

根据《产品质量法》的规定，销售者不得伪造产地，不得伪造或者冒用他人的厂名、厂址；销售者不得伪造或者冒用认证标志等质量标志；销售者销售产品，不得掺杂、掺假，不得以假充真、以次充好，不得以不合格产品冒充合格产品。《刑法》第一百四十条到第一百五十条也对生产、销售伪劣商品罪做出了详细的规定。

网店也不能销售侵犯知识产权的商品，如盗版的图书、软件、音像制品。《著作权法》第四十七条、第四十八条和《刑法》第二百一十七条都对侵犯著作权的行为及应该承担的民事、刑事责任做出了明确的规定。

知识点滴

正版即“正确地使用版权”。而版权是属于版权所有人的，版权所有人提出使用条件，使用者只要符合条件，就不违反版权法。企业通过开发产品，经过合法注册，受知识产权保护，进而生产产品获利。

另外，《反不正当竞争法》第五条规定，经营者不得采用下列不正当手段从事市场交易损害竞争对手：

- 假冒他人的注册商标。
- 擅自使用知名商品特有的名称、包装、装潢，或者使用与知名商品近似的名称、包装、装潢，造成和他人的知名商品相混淆，使购买者误认为是该知名商品。
- 擅自使用他人的企业名称或者姓名，使人误认为是他人的商品。
- 在商品上伪造或者冒用认证标志、名优标志等质量标志，伪造产地，对商品质量作引人误解的虚假表示。

进阶技巧

销售正版商品(即正品)不仅是创立品牌的需要，更是一个商人的立足之本。

我国的盗版行业十分猖獗，同时也很难取缔，主要原因是有太大的市场需求，导致很多商家铤而走险，再加上法律法规对于盗版行为的处罚和监管不够严格，盗版在我国一直难以根除。淘宝网上表现最突出的就是音像制品，例如，销售的盗版蓝光碟与正版蓝光碟从价格对比上很容易分辨出来。

12.6.2 坚持创新路线

产品创新是创新的根本，生产出好的、先进的产品，其实是最好的营销手段。设计类、创意类商品是时下的大热门，其新鲜、独特的特性正符合年轻人对于自我风格和时尚的追求。设计类产品有的还可以接受定制，可以更大限度地满足买家的个性需求，更能让买家买到自己想要的而市场上没有的商品。

例如，淘宝网的原创品牌店铺“相思龙豆”，是典型的自创的饰品网店，突出了时尚的设计，并提供产品的定制服务，只要买家能提供实物照片，即可进行定做。

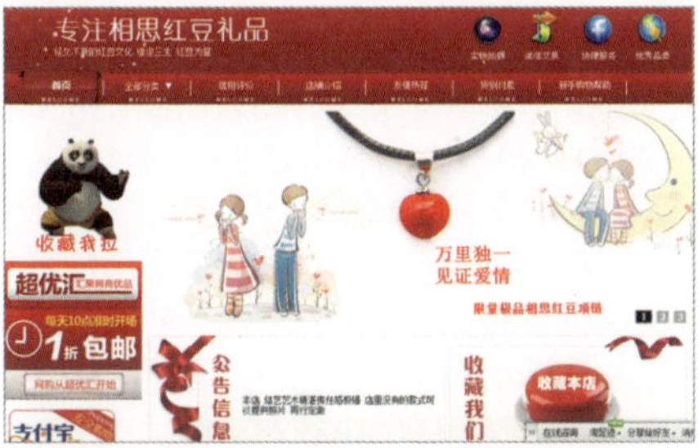

12.6.3 强调服务品牌

商品可能被仿冒，宣传策略可能被照搬，但优质的服务是竞争对手无法复制的，优良的服务可以为网店以及网店品牌整体加分不少。

从买家进店到帮助买家挑选商品，再到完成订单，然后包装发货，最后到售后服务，全程都能让买家感受安心无忧的服务，其实这就是网店的无形声誉。

大多数人都不会轻易相信别人，但是对于已经相信的人却深信不疑，所以销售最重要的就是获得买家的信赖。

买家一旦信赖一家店铺，就会主动跟自己的亲朋好友做推荐和宣传，这种口碑传播对店铺的声誉有很重要的帮助。因为买家说的一句话，比卖家费尽口舌的几十句话都管用，这样介绍来的新买家很容易达成交易。并且通过这种信任的传递，忠实的买家会越来越多，新买家也源源不断，店铺的声誉也将越来越好。

12.6.4 自动销售与智能客服

网店是24小时服务的，但卖家不可能24小时在线。为了能随时服务买家，很多网店采取了自动销售与智能客服的方法。

自动销售服务尤其适合虚拟充值的店铺，如话费充值卡、游戏点卡、Q币等销售商家，可以实现话费、点卡等的全天候即时到账，给急用商品的买家带来极大的方便。

目前，还有专业人士开发了智能客服软件，有智能学习、自动回复等功能。软件可以在买家的对话中学习语言，并根据买家的问题自动回复最匹配的回答。另外，还带有推广营销的功能，可以给指定的买家自动发送消息。

12.6.5 扩大影响力

如果有余力，请帮助别人，予人玫瑰，手留余香。网店店主可以适当参加一些力所能及的公益活动和慈善活动，在帮助到真正需要帮助的人的同时也可以扩大网店的影响力。现在已经有很多网店开展这一类的活动，将爱心从网上送到现实社会中。

例如，自制服装品牌“裂帛”网店所进行的公益活动，则列举在其品牌文化页面的【裂帛印记】栏目中。

卖家可以要求买家一起参与公益活动，如举办买家买多少商品额度，商家就捐出固定比例的利润活动，这样能与买家一起分享帮助他人的快乐。

12.6.6 走出网店平台

必须开始摆脱对网店平台的依赖，着手尝试运营独立网店。

"出淘"一词是网购市场的热门词汇。"出淘"指的是小卖家因为淘宝网店的利润空间越来越小而不得不关闭或者转让淘宝网店另谋出路，而大卖家可以开始在淘宝网之外开设独立的网店或构建自己的B2C网络平台以获得更大的发展空间。

淘宝网推出的"大淘宝计划"招揽了一大批资金雄厚、品牌知名度高的超级卖家。在有限的流量和资源限制下，这些超级卖家带来的新一轮资源和流量竞争让大部分淘宝卖家的空间被严重挤压。加上淘宝网在广告和推广方面的费用有很多上涨，所以引起了淘宝卖家们不小的反响。

淘宝网卖家"出淘"的原因主要是竞争压力过大和期望自主发展。对很多淘宝网大卖家而言，"出淘"是希望逐步减少对淘宝网的依赖，然后创建自己的购物网站，走品牌化经营的道路。但要自己独立构建网店绝对不是件容易的事情，网站建设和维护、客源问题、支付问题等都是亟须解决的难题。

因此，在独立平台尚未成熟之前，继续坚守淘宝网阵地是明智的选择。

12.6.7 品牌的不断发展

品牌也需要发展，否则，品牌也会面临衰落和消亡。品牌需要一个连续性的发展，可以借助以下一些常规手段进行维护和发展。

1 制作名片

店主需要制作名片，进行品牌推广。名片上有店铺的名称、网址和电话号码，另外还有卖家的名字和职务，甚至有店铺的品牌商品等。不管走到哪里，带上名片，必要时起到店铺及品牌的宣传作用。

2 广告传单

利用网络消费者遍布大江南北的特性，可以印制一些广告传单，随产品及物流发放。

3 打折优惠

给第一批买家或限定在一定时间内的所有买家一些折扣或减价优惠。这种措施会鼓励潜在顾客使用你的产品或服务。

4 促销产品

定做一些印有网店名称的帽子、书签、笔或镜子等小礼品，做活动时赠送。甚至还可以把店铺的名字印在购物袋上，跟着产品一起打包，起到促销和宣传的效果。

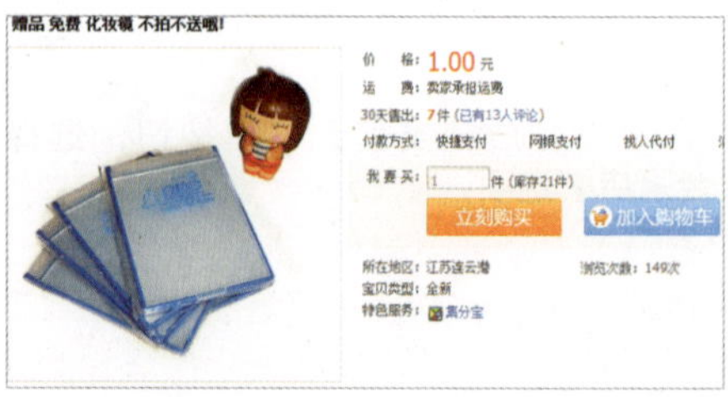

12.7 进阶实战

本章的进阶实战部分为拜访其他高级卖家店铺这个综合实例操作，用户通过练习从而巩固本章所学知识。

直接拜访同行中高级卖家的店铺，也是一个非常好的学习办法，能够做到多皇冠甚至金皇冠的卖家，一定有我们值得学习和借鉴的地方。

【例12-1】使用淘宝网的搜索功能，在“女装”类目下，搜索信誉为金冠的店铺。视频

01 打开淘宝网首页，在【搜索】文本框中输入“女装”，选择【店铺】标签，单击【搜索】按钮。

02 此时显示相关“女装”的淘宝店铺，如下图所示。

03 单击【店铺类型】下拉按钮，选择【金冠店】选项。

04 此时筛选出相关金冠女装店，如下图所示。

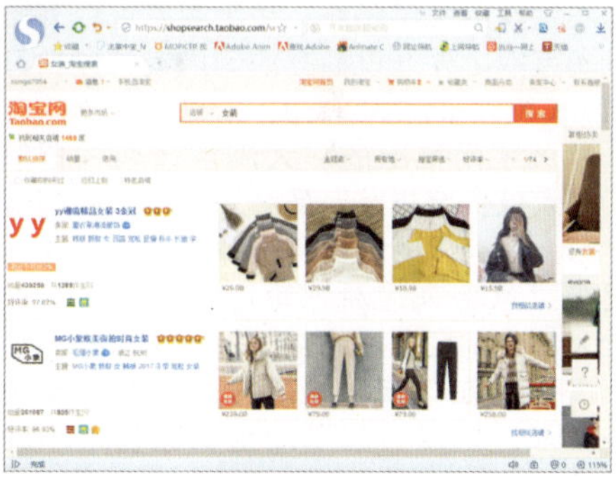

05 单击【好评率】下拉按钮，选择【99%以上】选项。

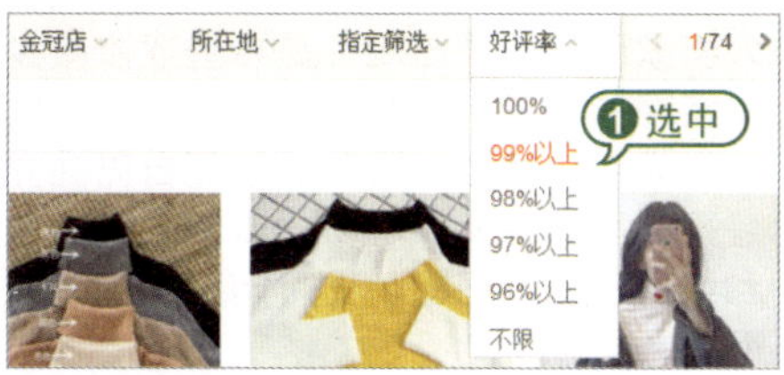

06 此时显示二次筛选出的金冠店铺。

07 单击其中一个金冠店标题，打开其店铺，参考和借鉴该优秀的店铺。

12.8 疑点解答

问：使用微博推广网店时，应注意哪些问题？

答：第一，微博头像、资料尽可能真实详尽；第二，对微博应有个明确的定位；第三，精心设计微博的内容；第四，当微博的活跃分子；第五，注意微博语法的运用；第六，多种手段进行更新；第七，微博营销要有目标性，要尽可能地在以后的互动活动中，多设置与品牌和店铺相关的信息和关键词，并多设计关于品牌定位和广告语的传播活动，以便使品牌的信息更进一步深入买家心中。